KB263806

화에 대하여

루키우스 안나이우스 세네카(Lucius Annaeus Seneca, BC 4-AD 65)

현대지성 클래식 67

화에 대하여

LUCIUS ANNAEI SENECAE OPERA

루키우스 안나이우스 세네카 | 박문재 옮김

현대
지성

일러두기

1. 번역 대본으로는 다음 원서에 수록된 라틴어 원문을 사용했으며, 정확한 본문 이해를 위해 여러 영역본을 참고했다.

   John W. Basore, *Seneca*: *Moral Essays*, 2 Volumes(London and New York: Heinemann, 1928, 1932)

2. 본문 난외주의 숫자는 토이프너(Teubner) 판본(1852~1853)의 절 표시를 따랐다.

3. 라틴어 고유명사는 외래어 표기법을 따랐으나, 그리스어에서 음역된 경우에는 그리스어 본래의 발음을 따라 표기했다.

4. 본문의 각주는 모두 옮긴이가 붙인 것이다.

5. 각 권의 한글판 제목은 해당 권에서 가장 대표적이면서도 현대 독자에게 깊은 울림을 주는 글의 제목을 따왔으나, 전체 구성은 에세이 전체를 주제별로 새롭게 분류한 것이므로, 원서 명은 1권과 2권 동일하게 Lucius Annaei Senecae Opera(“루키우스 안나이우스 세네카 전집”)로 유지한다.

차례

제1편

분노에 대하여 (1)

제1장

노바투스여,[1] 당신이 분노를 다스리는 방법에 대해 글을 써달라고   1
내게 요청했습니다. 모든 감정 중에서도 특히 분노라는 감정을 가장
두려워하시는 것이 당연합니다. 다른 감정들은 어딘가 고요하고 평
화로운 면이 있지만, 분노는 오로지 적개심만을 원동력으로 삼아 맹
렬히 타오르며 공격성을 띠기 때문입니다. 분노는 형벌과 죽음, 고통
을 탐하고, 해를 끼치겠다는 욕망에 사로잡혀 결국 자신까지 파멸시
킵니다. 다른 이에게 해를 끼칠 수만 있다면 자신의 안위마저 돌보지
않고, 자신을 파멸로 이끌 복수라 할지라도 열망하여 자기 자신을 그
칼날 위로 던지고 맙니다.

이러한 까닭에 몇몇 현자들은 분노를 순간의 광기라 일컬었습니   2
다.[2] 분노는 마치 광기처럼 자제력을 잃고, 적절한 행동 기준을 잊어

---

1 노바투스(기원전 약 5년-기원후 65년)는 세네카의 형이다. 수사학자 세네카 1세의 아
들로 태어난 그는 52년 또는 53년에 저명한 수사학자 루키우스 유니우스 갈리오
의 양자가 되어 갈리오로 개명했으며, 같은 시기에 아카이아 속주의 집정관 대리
직을 맡았다. 동생 세네카가 네로 황제의 명령으로 자결한 뒤 얼마 지나지 않아
둘째 동생 안나이우스 멜라가 반역 음모에 연루되었고, 그도 결국 자결한 것으로
전해진다. 이 글에서는 원문의 의미를 살리고자 '형' 또는 '형님' 대신 '당신'이라는
표현을 그대로 사용했다.

2 분노를 광기의 일종으로 보는 관점은 고대 철학에서 널리 받아들여진 견해였다.
이는 플라톤의 『법률』 934d, 아리스토텔레스의 『니코마코스 윤리학』 1147a15-17,
키케로의 『투스쿨룸 논쟁』 IV 77 등 여러 저술에서 찾아볼 수 있다.

버리며, 인간관계를 무시합니다. 한번 시작한 일에 집착하여 몰두하고, 이성적 판단과 충고에는 귀를 닫아버립니다. 사소한 일에도 쉽게 흥분하고 올바른 것과 진실된 것을 구분하지 못하며, 무너져 내리는 건물처럼 산산조각 납니다.

3   분노에 사로잡힌 사람들이 제정신이 아님은 그들의 겉모습만 봐도 알 수 있습니다. 무모하고 위협적인 태도, 울분으로 가득 찬 이마, 험상궂은 얼굴, 성급한 발걸음, 떨리는 손, 변색된 안색, 거칠게 씩씩거리는 숨결… 이 모든 것이 광기의 증상이자 분노에 휩싸인 자의 얼굴입니다.

4   그들의 눈은 이글이글 타오르고, 심장 깊은 곳에서 끓어오른 피가 온 얼굴을 붉게 물들입니다. 입술은 떨리고, 이는 꽉 물려있으며, 머리카락은 곤두서 있습니다. 숨은 가빠지고, 관절은 뒤틀려 우두둑 소리를 내며, 알아들을 수 없는 말을 중얼거리고, 손을 자주 마주치며, 쉴 새 없이 발로 땅을 찹니다. 온몸이 극도의 흥분 상태에 빠져 격렬한 위협을 드러내니, 이것이 바로 분노로 일그러진 사람의 흉측하고 끔찍한 모습입니다.

5   분노는 흉측하고 혐오스러운 악덕이며, 그 어떤 악덕보다도 강렬하고 통제불능입니다. 다른 악덕들은 드러나지 않은 채 은밀히 자라날 수 있지만, 분노는 얼굴로 드러나 표출되며, 그 강도가 세질수록 더욱 뚜렷하게 끓어오릅니다. 모든 동물이 해를 가하려 할 때 먼저 신호를 보낸다는 사실을 아시지 않습니까? 평소의 평온한 상태를 벗어나 온몸으로 사나움을 드러내는 것입니다.

6   멧돼지는 입에 거품을 물고 이빨을 갈아 날카롭게 하며, 황소는 뿔로 허공을 치받고 발로 모래를 흩뿌립니다. 사자는 포효하고, 뱀은 분노로 목을 부풀리며, 광견은 험상궂은 얼굴을 드러냅니다. 가장 무

섭고 위험한 본성을 지닌 동물들 중에서 분노할 때 더욱 사나워지지 않는 것은 하나도 없습니다.

물론 다른 감정들 또한 감추기 쉽지 않다는 것을 저도 잘 알고 있 7 습니다. 욕정, 공포, 만용 역시 그 징후가 나타나 미리 알아챌 수 있습니다. 격렬한 감정이 일어나 마음을 휘저을 때면 필연적으로 표정에 변화가 생기기 때문입니다. 그렇다면 이러한 감정들과 분노의 차이는 무엇일까요? 다른 감정은 내면에 감출 수 있지만, 분노는 드러나지 않고는 견디지 못해 얼굴에까지 표출된다는 점입니다.

제2장

이제 분노의 결과와 해악을 살펴보고 싶다면, 역사를 돌아보십시 1 오. 분노는 어떤 재앙보다도 인류에게 더 큰 상처를 남겼습니다. 곳곳에서 그 흔적을 발견할 수 있습니다. 살육과 독살, 서로를 향한 추악한 고소, 국가의 붕괴, 씨족과 부족의 전멸, 노예 시장에 팔려간 귀족들의 비참한 운명, 그리고 주택가의 방화로 성벽 안팎으로 타오르는 불길이 밤하늘을 밝히는 광경을 목격합니다.

한때 천하에 이름을 떨쳤으나 지금은 그 흔적조차 찾아보기 힘든 2 국가들을 보십시오. 분노가 그들을 파멸로 이끈 것입니다. 수십 리를 가도 인가를 찾아볼 수 없는 황무지를 보십시오. 분노가 그곳을 황폐하게 한 것입니다. 후세에 불의의 표상으로 기억되는 수많은 지도자를 보십시오. 분노는 침상의 잠든 이를 칼로 찔렀고, 신전 제단으로 도망친 자를 때려죽였으며, 법정이라는 공개된 장소에서 사람을 처참히 찢어 죽였습니다. 아들의 손으로 아버지의 피를 흘리게 했고, 노예의 손을 빌려 왕의 목을 베었으며, 십자가 처형도 마다하지 않았습니다.

3   지금까지는 분노가 개인을 죽인 사례만을 말씀드렸습니다. 이제 당신이 괜찮으시다면, 개인을 향한 분노의 사례들은 뒤로하고, 더 큰 비극을 살펴보시지요. 분노가 군중 전체를 칼로 도륙한 일, 침략군의 손을 빌려 평민들을 학살한 일, 한 지역 주민 전체에게 단번에 사형 선고를 내려 몰살시킨 사례들을 말입니다.[3]

4   이처럼 분노는 외부의 불의보다, 자신의 기대가 무시당하고 뜻이 꺾였다는 감정에서 비롯될 때가 더 많습니다. 한번 생각해보십시오. 검투사가 죽음을 거부할 때, 그것이 아무리 인간적인 저항이라 해도, 대중은 분노합니다. 그리고 그 분노는 종종 부당한 현실에 대한 분노가 아니라, 오히려 자신들의 기대가 무시당했다는 느낌에서 비롯된 것입니다. 그 순간 관중의 환호는 단숨에 적개심과 분노로 바뀌고 맙니다.

5   하지만 이러한 반응은 진정한 분노가 아닌 분노와 비슷한 것에 불과합니다. 마치 넘어진 아이들이 다시 일어나 땅을 발로 차며 분풀이하는 것과 같습니다. 아이들은 대개 자신이 왜 화가 났는지조차 모릅니다. 물론 그들도 불의에 의해 상처받았다는 느낌이나 응징하고 싶은 욕망이 있기는 하지만, 실제로는 불의를 당하지도 않았고 분명한 이유도 없이 분노하는 것입니다. 그래서 어른들이 땅을 나무라며 매질하는 척하고, 이어서 땅이 되어 눈물로 용서를 구하면 아이들의 화

---

3   이 문장 뒤에 나오는 내용은 멸실되고 없다.

는 금세 풀립니다. 가짜 벌이 가짜 상처를 없애주는 셈입니다.

제3장

누군가는 이렇게 주장합니다. "우리는 이미 해를 입은 자들에게 분 ₁
노하는 것이 아니라, 해를 가하려는 자들에게 분노한다. 그러므로 분
노는 불의로 인한 피해 때문이 아니라는 점을 알아야 한다." 물론 우
리가 해를 가하려는 자들에게 분노한다는 것은 사실입니다. 그러나
해치려는 의도만으로도 이미 우리는 피해를 입은 것입니다. 불의를
저지르려는 마음을 품은 자는, 실질적인 행동 여부와 상관없이 이미
불의를 저지른 것이나 다름없습니다.

또 다른 이는 이렇게 말합니다. "분노는 벌하고자 하는 욕망이 아 ₂
니라는 사실을 알아야 한다. 가장 약한 자조차 가장 강한 자에게 분
노하지만, 실제로 벌할 수 없기 때문에 벌하려는 시도조차 하지 않는
다." 하지만 우리는 이미 분노가 벌할 수 있는 능력이 아니라 벌하고
자 하는 욕망이라고 말했습니다. 인간은 실현 불가능한 것조차 욕망
할 수 있는 존재입니다. 더구나 아무리 미천한 사람일지라도 가장 높
은 위치에 있는 사람을 벌하고자 할 수 있으니, 우리는 모두 타인에
게 해를 가할 능력이 있는 것입니다.

아리스토텔레스의 정의 역시 우리의 정의와 크게 다르지 않습니 ₃
다. 그는 분노를 자신이 받은 고통을 되갚고자 하는 욕망이라고 정의
했기 때문입니다. 우리의 정의와 그의 정의 사이에 미세한 차이를 설
명하자면 길고 복잡한 논의가 필요할 것입니다. 그러나 누군가는 아

리스토텔레스와 우리의 정의 모두에 반대하며 이렇게 말합니다. "짐 승이 분노하는 것은 불의에 대한 반응도, 타자에게 벌이나 고통을 가 하려는 목적도 아니다. 비록 결과적으로 타자에게 벌이나 고통을 주 긴 하지만, 그것은 본래의 목적이 아니다."

4   그러나 우리는 오히려 짐승들, 즉 인간을 제외한 모든 동물에게는 분노가 없다고 보아야 합니다. 분노는 이성의 적이면서도 이성이 있 는 곳에서만 생겨나기 때문입니다. 짐승들에게는 충동, 광포함, 사나 움, 공격성이 있고, 어떤 쾌락에 있어서는 인간보다 더 자제력이 없 는 것이 사실이지만, 사치를 누릴 줄 모르는 것처럼 분노할 줄도 모 릅니다.

5   어떤 이는 "멧돼지는 분노하는 법을 잊었고, 암사슴은 달아나는 본 능을 잃었으며, 곰은 더 강한 짐승을 공격할 생각조차 하지 않게 되 었다"라고 말했지만,[4] 당신은 그의 말을 믿어서는 안 됩니다. 그가 분 노라고 표현한 것은 단지 흥분하여 달려드는 본능적 반응을 가리킬 뿐입니다. 짐승들은 용서할 줄 모르는 것처럼, 분노할 줄도 모르는 것입니다.

6   말하지 못하는 동물에게는 인간의 정념은 없고, 오직 그것과 비슷 한 본능적 충동만이 있을 뿐입니다. 만약 그렇지 않고 동물에게도 사 랑이나 증오 같은 정념이 존재한다면, 우정과 시기, 불화와 화목도

---

4   이 구절은 오비디우스의 『변신 이야기』 7.545 이하에서 찾을 수 있다. 제우스가 오이오네섬에서 강의 신 아소포스의 딸 아이기나와 동침하여 아이아코스를 낳은 뒤, 그 섬의 이름을 아이기나섬으로 바꾸었다. 이에 질투심에 불탄 제우스의 아내 헤라는 자신의 연적 아이기나의 이름을 딴 이 섬에 무서운 역병과 괴물을 보내 거 의 모든 주민을 몰살시켰다. 이 구절은 그 역병으로 인해 짐승들마저 본성을 잃어 버린 참상을 묘사한 장면이다.

존재할 것입니다. 물론 동물에게도 이러한 정념들을 연상케 하는 어떤 흔적은 분명히 보입니다. 그러나 선이든 악이든, 이런 복합적인 정념은 결국 인간만이 지닌 고유한 것입니다.

　사려분별, 예지력, 근면성실함, 성찰은 오직 인간에게만 주어진 것 7 이어서, 동물에게는 미덕이 없는 것처럼 악덕도 없습니다. 동물은 겉 모습뿐 아니라 내면 구조도 인간과 전혀 다릅니다. 동물을 지배하는 관제소[5]는 인간의 것과는 다릅니다. 동물에게도 일종의 목소리가 있 지만, 그것은 알아들을 수 있을 만큼 명료하지 않고 모호하여 언어를 만들어낼 수 없습니다. 혀가 있기는 하나 고정되어 있어 다양한 움직 임을 만들지 못합니다. 또한 동물을 지배하는 관제소는 충분히 섬세 하거나 정교하지 않습니다. 그래서 동물은 자신이 본 대상에 대해 불 분명하고 모호한 인상만을 받아들일 뿐이며, 이것이 곧 충동을 일으 키게 됩니다.

　그 결과 동물은 혼란에 빠져 갑작스럽게 달려들거나 격렬한 반응 8 을 보이지만, 이는 공포나 걱정, 슬픔이나 분노가 아닌 그러한 정념 들과 비슷한 것일 뿐입니다. 그래서 동물의 행동은 순식간에 정반대 로 바뀝니다. 공포에 질려 사납게 날뛰다가도 곧바로 먹이를 먹기 시 작하고, 으르렁거리며 미친 듯이 이리저리 달리다가도 갑자기 조용 해져서 잠에 빠져듭니다.

5　'프린키팔레'(principale)는 스토아 철학의 핵심 개념으로, 영혼의 중추부이자 인지, 충동, 사고를 총괄하는 정신의 관제소를 가리키는 전문 용어다. 그리스어로는 '헤 게모니콘'(ἡγεμονικόν)이라 한다.

I   분노가 무엇인지에 대해서는 충분히 설명했습니다. 이제 분노와 분노하기 쉬운 기질[6]은 반드시 구분되어야 합니다. 이는 마치 일시적으로 술에 취한 사람과 술꾼을, 또는 순간적으로 두려워하는 사람과 겁쟁이를 구분하는 것과 같습니다. 누군가가 분노한다고 해서 반드시 분노하기 쉬운 기질을 지닌 것은 아니며, 분노하기 쉬운 기질을 가졌다고 해서 항상 분노하는 것도 아닙니다.

2   그리스인들은 여러 종류의 분노를 각각 다른 이름으로 구분했지만, 우리 언어에는 그러한 구분이 없으므로 나는 이를 생략하도록 하겠습니다. 다만 우리에게도 "쓴 분노", "떫은 분노", "짜증", "광분", "고함지르는 분노", "달래기 힘든 분노", "날카로운 분노" 같은 표현들이 있습니다. 이들은 모두 분노의 서로 다른 양상을 나타냅니다. 여기에 우리는 약한 정도의 분노를 뜻하는 "부루퉁함"이라는 말도 더할 수 있을 것입니다.[7]

---

6 라틴어에서 분노를 뜻하는 '이라'(ira)와 분노하기 쉬운 기질을 의미하는 '이라쿤디아'(iracundia)는 구분된다. '이라쿤디아'는 '이라' 뒤에 '~하기 쉽다, 성급하다'를 뜻하는 형용사와 명사화 접미어가 결합된 것으로, 오늘날의 다혈질에 해당한다. 다혈질은 쉽게 흥분하고 욱하는 성향이나 기질을 일컫는다.

7 라틴어의 분노 관련 용어들은 각각 다음과 같은 의미를 지닌다. '아마루스'(amarus)는 쓴맛처럼 쓴 분노를, '아케르부스'(acerbus)는 떫은맛처럼 떫은 분노를, '스토마코수스'(stomachosus)는 불만에서 비롯된 짜증을, '라비오수스'(rabiosus)는 광기 어린 분노를, '클라모수스'(clamosus)는 고함치며 터져 나오는 분노를, '디피킬리스'(difficilis)는 달래기 어려운 분노를, '아스페루스'(asper)는 날카로운 분노를 의미한다. '모로수스'(morosus)는 기분이 상해 뚱한 상태를 가리킨다.

분노에도 여러 모습이 있습니다. 고함을 지르다 그치는 분노가 있 3
는가 하면, 자주 일어나 오래 지속되는 분노도 있습니다. 말은 적지
만 행동이 거친 분노가 있고, 독설과 험담을 쏟아내는 분노도 있으
며, 불만과 혐오감을 표출하는 데 그치는 분노도 있습니다. 또한 마
음 깊은 곳에 자리 잡아 끊임없이 곱씹는 분노도 있지요. 이 악덕은
실로 수천 가지 얼굴로 우리 앞에 나타납니다.

제5장

지금까지 우리는 분노의 본질과, 그것이 인간과 동물 모두에게서 1
나타나는지, 분노와 분노하기 쉬운 기질이 어떻게 구분되는지, 그리
고 분노가 얼마나 다양한 모습으로 나타나는지를 살펴보았습니다.
이제는 분노가 과연 자연의 순리를 따르는 것인지, 우리에게 유익한
것인지, 또 어느 정도까지 허용되어야 하는지를 탐구해보겠습니다.

분노가 자연의 순리를 따르는지 여부는 인간의 본성을 살펴보면 2
자연히 드러날 것입니다. 인간이 본래의 자연스러운 상태를 유지할
때, 이보다 더 온화한 존재가 있을까요? 반면 분노만큼 잔인한 것이
있겠습니까? 타인을 향한 사랑에서 인간을 능가할 수 있는 존재가
있겠습니까? 그러나 분노만큼 적대적인 것이 있겠습니까? 인간은 서
로를 돕기 위해 태어났지만, 분노는 서로를 무너뜨리기 위해 생깁니
다. 인간은 화합을 추구하지만, 분노는 분열을 일으킵니다. 인간은
이로움을 베풀고자 하지만, 분노는 해악을 끼치고자 합니다. 인간은
낯선 이조차 도우려 하지만, 분노는 가장 소중한 이마저 공격하려 듭

니다. 인간은 타인의 안녕을 위해 기꺼이 위험을 무릅쓸 줄 알지만 분노는 남을 파멸시키기 위해서라면 스스로 위험에 빠뜨릴 준비가 되어 있습니다.

3   그렇다면 자연이 빚어낸 가장 고귀하고 완벽한 존재를 이토록 야만적이고 파괴적인 악덕에 내맡기는 것만큼 자연의 섭리를 거스르는 일이 또 있겠습니까? 앞서 말했듯이 분노란 벌하고자 하는 열망입니다. 그런데 응징하려는 욕망이 본디 평화로워야 할 인간의 마음에 들어서는 것은 자연의 이치와 맞지 않습니다. 인간은 선의와 조화를 바탕으로 살아가며, 두려움이 아닌 사랑으로 맺어진 유대를 통해 공동의 이익을 도모하는 존재입니다.

제6장

1   "그렇다면 때로는 꾸짖는 것이 필요하지 않겠습니까?" 왜 그렇지 않겠습니까? 하지만 꾸짖음에는 분노가 없어야 하며 이성이 함께해야 합니다. 꾸짖는 것은 겉으로는 해를 입히는 것처럼 보이지만, 실상은 해침이 아닌 치료입니다. 우리가 구부러진 창자루에 불을 가하고 쐐기 모양의 망치로 두드리는 것은 부수기 위함이 아니라 바로잡기 위함인 것처럼, 우리는 몸과 마음에 고통을 주어 악덕으로 굽어진 성품을 바로잡는 것입니다.

2   잘 아시다시피 의사는 처음에 증상이 가벼울 때는 환자의 일상을 크게 바꾸려 하지 않고, 음식과 운동을 처방하여 규칙적인 생활로 건강을 회복시키고자 합니다. 그다음 단계는 음식의 양을 조절하여 건

                                                                화에 대하여

강을 되찾는 것입니다. 이러한 조치에도 효과가 없다면 특정 음식은 제한하고 어떤 것은 양을 크게 줄입니다. 여기서도 차도가 없으면 금식으로 몸을 정화합니다. 병든 부위가 온몸에 해를 끼치며 병을 퍼뜨리는 상황이 되면, 혈관을 절개하고 수술을 통해 그 부위를 도려냅니다. 그러나 사람들은 이러한 조치를 잔인하다고 여기지 않습니다. 그것이 생명을 구하기 위한 필연적인 조처임을 알기 때문입니다.

마찬가지로 법을 수호하고 국가를 다스리는 이는 먼저 온화한 말 3 로써 치료하는 데 최선을 다해야 합니다. 즉, 설득을 통해 각자의 의무를 다하게 하고, 올바르고 공정하게 행동하려는 마음을 심어주며, 악을 멀리하고 미덕을 소중히 여기도록 이끌어야 합니다. 그다음에는 쓴소리를 하되, 경고와 훈계를 위한 것이어야 합니다. 형벌은 마지막 수단이어야 하며, 가벼우며 되돌릴 수 있어야 합니다. 극형은 가장 극악한 범죄자에게만 선고해야 하며, 죽음이 그 자신을 위한 유일한 구제책이 아니라면 누구도 사형에 처해서는 안 됩니다.

법을 수호하고 국가를 다스리는 통치자는 한 가지 점에서 의사와 4 다릅니다. 의사는 살릴 수 없는 이들이 편안히 죽게 돕지만, 통치자는 많은 이들이 보는 앞에서 사형수의 목숨을 빼앗아 수치를 안깁니다. 통치자가 이렇게 하는 것은 처형을 즐기기 때문이 아니라 모든 이에게 본보기로 삼아 경고하기 위해서입니다. 잔인한 폭력은 결코 현자의 방식이 아니며, 처벌 또한 본래 목적은 복수에 있지 않습니다. 살아 있을 때는 사회에 해만 끼친 자들이지만, 죽는 순간만큼은 국가에 유익한 경고가 될 수 있는 것입니다. 이처럼 형벌은 인간 본성[8]에서

---

8 앞에 나온 '자연'과 여기에 나온 '본성'은 라틴어로는 동일하다. '나투라'(natura)는 라틴어에서 '자연'과 '본성' 모두를 의미한다. 이는 '태어나다'를 뜻하는 동사 '나스

비롯된 것이 아닙니다. 그러나 분노는 벌하려는 충동에서 비롯된다는 점에서, 결코 인간 본성에 따른 것이 아닙니다.

5   나는 플라톤의 논증을 증거로 들고자 합니다. 우리 편의 다른 이들의 논증을 활용하는 것이 무슨 해가 되겠습니까? 플라톤은 이렇게 말합니다. "선한 사람은 누구에게도 해를 입히지 않는다."[9] 그런데 처벌은 해를 끼치는 행위이므로, 선한 사람에게는 처벌이 어울리지 않습니다. 따라서 처벌과 밀접한 관련이 있는 분노 역시 선한 사람에게 어울리지 않습니다. 만약 선한 사람이 처벌을 기뻐하지 않는다면, 처벌에서 즐거움을 찾는 분노라는 감정도 기뻐하지 않을 것입니다. 그러므로 분노는 인간 본성에 부합하지 않습니다.

제7장

1   분노가 비록 본성적이지는 않더라도 때때로 유용하기 때문에 사용해야 하지 않겠습니까? 분노는 일시적으로 마음을 들뜨게 하고 자극하긴 합니다. 그래서 분노 없이 용기만으로는 전장에서 큰 공을 세울 수 없다고들 합니다. 분노가 용기에 불을 지펴 대담한 자들을 자

코르'(nascor)에 결과를 나타내는 접미어 '-투라'(-tura)가 더해진 말로, "생겨난 그대로의 것"을 뜻한다. 따라서 문맥에 따라 자연 또는 본성으로 번역될 수 있는데, 이는 영어의 '네이처'(nature)도 마찬가지다.

9 이는 플라톤의 『국가』 335d에 등장하는 구절이다. 소크라테스는 정의를 논하면서, 정의로운 사람은 타인에게 해를 끼치지 않으며, 정의로운 사람이 곧 선한 사람이므로 선한 사람은 결코 타인에게 해를 입히지 않는다고 주장한다.

                                                           화에 대하여

극하고 부추겨 위험 속으로 뛰어들게 만든다는 것입니다. 이런 까닭에 어떤 이들은 분노를 완전히 제거하기보다는 적절히 절제하여 사용하는 것이 최선이라고 봅니다. 즉, 넘치는 부분만 걷어내고 유익한 정도로만 다스려서, 행동이 무기력해지거나 정신의 힘과 활력이 사그라지지 않을 만큼만 분노를 유지하자는 것입니다.[10]

그러나 무엇보다 강조하고 싶은 것은, 해로운 것은 다스리는 것보 **2** 다 애초에 피하는 것이 쉽고, 받아들인 뒤 제어하는 것보다 처음부터 거절하는 것이 현명하다는 점입니다. 그러한 것은 한번 자리를 잡으면 소유자보다 더 강해져서 억제하거나 약화시키기기 불가능해지기 때문입니다.

또한 이성이라는, 한 인간을 움직이는 고삐는 정념과 분리되어 있 **3** 는 동안에는 그 힘이 강해서 정념을 멀리할 수 있습니다. 하지만 일단 정념과 뒤섞여 오염되고 나면 더 이상 그것을 통제할 수 없게 됩니다. 한번 심하게 동요되고 흔들린 정신은 그렇게 자신을 뒤흔든 것의 노예가 되고 말기 때문입니다.[11]

어떤 것은 우리가 시작은 할 수 있지만, 일단 시작되고 나면 그것 **4**

---

10 이는 아리스토텔레스와 그의 제자들인 소요학파의 견해다. 아리스토텔레스는『니코마코스 윤리학』에서 미덕을 논하며, 도덕적 미덕이란 대개 여러 욕망이나 감정의 중용을 취할 때 비로소 정의로운 것이 된다고 말한다(2.5-7). 따라서 선한 기질이란 중용을 지켜 분노를 적절히 다스리는 것이라고 주장했다(4.5). 키케로 역시『투스쿨룸 논쟁』4.43-47에서 아리스토텔레스의 이런 견해를 같은 방식으로 반박한다.

11 '정념'으로 번역한 '아펙투스'(affectus)는 외부의 영향으로 형성된 마음의 상태, 즉 다양한 감정과 생각, 행동과 관련된 정신적이고 생리적인 상태를 의미한다. 정념은 주관적 경험으로서 주로 기분, 기질, 성격 등과 밀접한 관련이 있으며, 그리스어로는 '파토스'(πάθος)에 해당한다.

이 자신의 힘으로 우리를 사로잡아 끌고 가서 돌이킬 수 없는 지경에 이르게 합니다. 마치 낭떠러지에서 몸을 던진 사람이 그 후로는 자기 몸을 마음대로 할 수 없어서 추락을 멈추거나 늦출 수 없는 것과 같습니다. 추락이 시작된 순간, 아무리 후회하거나 발버둥 쳐도 소용없고, 처음부터 뛰어들지 않았더라면 피할 수 있었던 파국을 결국 맞이하게 됩니다. 사람의 마음도 마찬가지입니다. 분노나 사랑, 혹은 그 어떤 강한 정념 속으로 뛰어든 순간부터 우리는 더 이상 그 충동을 제어할 수 없습니다. 그 정념은 마음을 장악하고 끌어당기며, 자기 스스로의 무게와 악덕의 본성으로 인해 마음은 끝없이 추락하고 마는 것입니다.

제8장

1   가장 지혜로운 태도는 분노의 최초 자극을 미리 차단하고, 그 싹부터 잘라내어 분노가 일어나지 않도록 경계하는 것입니다. 분노가 한 번 우리를 잘못된 길로 이끌기 시작하면, 올바른 길로 돌아오기란 쉽지 않습니다. 우리가 자기 의지로 정념을 받아들여 어떤 힘을 실어주고 나면, 이성은 무력해지고 정념은 우리가 허락한 범위를 넘어 제멋대로 움직이기 때문입니다.

2   그래서 적은 최전선에서 막아내야 한다는 것입니다. 성문이 열리면 적은 이미 승기를 잡은 셈이니, 패배자가 정한 규칙을 따를 리 없기 때문입니다. 정념도 마찬가지입니다. 한번 마음에 스며들어 이성과 뒤섞이기 시작하면, 그때부터는 더 이상 그 격정을 조절하거나 통

                                        화에 대하여

제할 수 없습니다. 오히려 마음 자체가 정념으로 변질되어, 이전에 지니고 있던 유익하고 건설적인 힘을 잃고 회복할 수 없을 만큼 약해지고 맙니다.

앞서 언급했듯 이성과 정념이 제자리를 벗어나 뒤섞이면, 마음은 3 이성과 정념 사이를 오가며 들쑥날쑥하게 됩니다. 그러니 분노라는 악덕에 굴복하여 억눌린 이성이 어떻게 다시 일어설 수 있겠으며, 온갖 부정적인 것이 뒤엉켜 지배하는 혼돈 속에서 어떻게 빠져나올 수 있겠습니까? 어떤 이들은 "분노를 다스릴 줄 아는 사람들도 있다"라고 말합니다.

이는 분노가 시키는 것을 전부 거부할 수 있다는 뜻입니까, 아니 4 면 일부만 거부할 수 있다는 뜻입니까? 만약 전부 거부할 수 있다는 뜻이라면, 이는 흥미로운 모순을 보여줍니다. 당신들은 분노가 이성보다 강하기 때문에 분노가 필요하다고 주장했습니다. 하지만 분노의 명령을 모두 거부할 수 있다는 말은, 결국 분노 없이도 살아갈 수 있다는 말이 되어 당신들의 주장을 뒤집는 셈이 됩니다.

이제 이런 질문을 던지고 싶습니다. 분노는 이성보다 강한가, 아니 5 면 약한가? 만약 분노가 이성보다 강하다면, 약한 것이 강한 것을 다스린다는 것이 말이 되지 않으므로, 어떻게 이성이 분노를 제어할 수 있겠습니까? 반대로 분노가 이성보다 약하다면, 이성은 분노 없이도 스스로 일을 해결할 수 있으므로, 더 약한 것의 도움은 불필요합니다. "하지만 분노가 일어나도 평정을 유지하며 자제력을 발휘하는 사람들이 있다"는 말도 있습니다.

그들이 그렇게 하는 때는 언제입니까? 그것은 분노가 끓어오르는 6 순간이 아니라, 이미 누그러져 저절로 사그라드는 때입니다. 분노가 절정에 이를 때는 이성보다 강해지기 때문입니다.

7   "그렇다면 이것은 어떻게 설명할 수 있는가? 사람들은 때때로 분노하면서도, 미워하는 사람들을 해치거나 건드리지 않고 그냥 놓아주지 않는가?" 그렇습니다. 하지만 언제 그렇게 됩니까? 그것은 두려움이나 욕심 같은 다른 정념이 자신의 목적을 이루기 위해 분노의 정념을 밀어낼 때입니다. 이때 분노가 잠잠해진 것은 이성이 이긴 것이 아니라, 감정들 사이의 교활하고 불순한 타협 때문입니다.

제9장

1   더욱이 분노 자체에는 어떤 이로움도 없으며, 전투와 같은 격렬한 상황에서도 마음을 진정으로 고취하지 못합니다. 미덕은 그 자체로 온전하므로, 악덕의 힘을 빌릴 이유가 없습니다. 강력한 행동이나 공격이 필요한 순간에도, 미덕은 분노 없이 스스로 일어나 상황이 요구하는 만큼 전진하거나 후퇴합니다. 이는 마치 궁수나 투창병이 자신의 판단으로 화살이나 창의 사정거리를 조절하는 것과 같은 이치입니다.

2   아리스토텔레스는 주장합니다. "분노는 반드시 필요하다. 분노 없이는, 즉 마음속에 분노가 가득 차올라 기세가 오르지 않고는 어떤 전투에서도 승리할 수 없다. 다만 분노는 장수가 아닌 병사로 써야 한다."[12] 하지만 이는 잘못된 주장입니다. 분노의 본질은 고집스러움

---

12 이 구절은 현재 전해지는 아리스토텔레스의 저작들에서는 찾아볼 수 없다. 세네카가 아리스토텔레스의 소실된 저작을 참고했거나, 후대의 소요학파 철학자들의 저술에서 인용했을 가능성이 있다.

화에 대하여

이기에, 만약 분노가 이성의 말을 잘 따르고 이성의 인도대로 움직인
다면 그것은 이미 분노가 아니기 때문입니다. 따라서 분노는 이성의
명령을 듣지 않아 제자리를 지키지 못하고, 자신의 거친 욕망에 휘둘
리다가, 퇴각 명령마저 무시하는 병사처럼 마음에 아무런 도움도 되
지 않는 쓸모없는 동반자일 뿐입니다.

그러므로 어떤 분노가 통제 가능하다면, 그것은 분노라 불러서는 **3**
안 되며 다른 이름으로 불러야 마땅합니다. 그것은 결코 분노일 수
없습니다. 제가 아는 분노는 재갈을 물리거나 다스리거나 길들일 수
없는 것이기 때문입니다. 그리고 분노가 통제 불가능하다면, 그것은
조력자가 아닌 파괴적이고 해로운 존재일 뿐입니다. 결국 분노는 실
제로는 분노가 아니거나, 아니면 무용한 것입니다.

어떤 이가 복수심이 아니라 정의로움에서 비롯된 판단으로 처벌 **4**
을 내린다면, 우리는 그를 분노한 사람이라 부를 수 없습니다. 명령
에 복종하는 병사는 유용하지만, 정념은 지휘관으로서도, 조력자로
서도 무익한 존재입니다.

제10장

이러한 까닭에 이성은 결코 무분별하고 거친 충동의 도움을 구하 **1**
지 않을 것입니다. 이성이 충동을 직접 통제할 수 없기에, 오직 그것
과 대등한 힘을 가진 정념들을 서로 맞세우는 방식으로만 제압할 수
있습니다. 이를테면 분노는 공포로써, 무기력은 분노로써, 두려움은
욕망으로써 제압할 수 있습니다.[13]

2   이성이 미덕을 위해 악덕의 도움을 구한다는 것은 있을 수 없는 일입니다! 악의 그늘에서만 안전을 느끼고, 분노 없이는 용기를 내지 못하며, 욕망 없이는 성실하지 못하고, 두려움 없이는 평온을 찾지 못하는 마음은 계속 흔들리기에 진정한 안식을 얻지 못할 것입니다. 어떤 정념의 노예가 된 마음은 참주의 폭정[14] 아래 살아가는 것과 같습니다. 이처럼 미덕들을 악덕들의 보호 아래 두는 것이 얼마나 부끄러운 일이겠습니까?

3   게다가 이성이 정념의 도움 없이는 무력해져서 자기 힘을 잃게 되면, 이성은 정념과 같은 수준이 되어 정념을 닮아가기 시작합니다. 이성의 인도를 받지 않아 분별없는 정념과, 정념의 힘 없이는 아무것도 할 수 없는 이성이 과연 어떤 차이가 있겠습니까? 이성과 정념이 서로가 없이는 존재할 수 없다면, 둘은 대등한 것이 됩니다. 하지만 정념을 이성과 동등한 위치에 두는 것을 누가 받아들일 수 있겠습니까? 누군가는 이렇게 말합니다. "정념도 알맞은 정도라면 도움이 된다."

---

13 세네카는 정념이 이성의 통제를 받지 않는다는 특성 때문에 이를 '충동'(impetus)이라 부른다. 따라서 정념과 충동은 같은 의미를 지닌다. '두려움'으로 옮긴 '티모르'(timor)는 소극적이고 움츠러드는 태도를 의미하는 반면, '공포'로 옮긴 '메투스'(metus)는 진정한 두려움을 느낄 만큼 강력한 공포를 뜻한다. 누군가 분노에 휩싸여 있을 때 더 큰 위험이나 처벌에 대한 공포심을 느끼면 그 분노가 누그러들 수 있고("분노는 공포로써"), 의욕이 없고 무기력한 상태에 있을 때 분노의 에너지가 그 무기력함을 깨뜨릴 수 있으며("무기력은 분노로써"), 실패에 대한 두려움이 있더라도 성공에 대한 강한 욕망이 그 두려움을 극복하게 만든다("두려움은 욕망으로써").

14 라틴어 '티라니스'(tyrannis)는 그리스어 '티라니스'(τυραννίς)를 음역한 것으로, '참주의 지배, 폭정'을 의미한다. 참주(τύραννος, '티라노스')는 고대 그리스 도시국가에서 불법적으로 왕이 된 일인 통치자를 가리키고, 반드시 독재자나 폭군을 가리키는 것은 아니다. 다만 참주는 자신의 권력을 불법적으로 행사할 수 있다는 점에서 독재자나 폭군으로 불리는 것이 마땅하다. 이 문맥에서는 두 의미가 모두 함축되어 있다.

                                         화에 대하여

그렇지 않습니다. 정념이 유익하려면, 그것은 처음부터 본질적으 4
로 유익한 것이어야 합니다. 그러나 정념은 이성의 명령에 따르지 않
습니다. 따라서 정념도 적절한 수준이라면 유익할 수 있다는 말은,
사실상 정념이 적을수록 해로움도 줄어든다는 말일 뿐입니다. 다시
말해, 정념이 적절한 수준이라는 것은 결국 악이 적절한 수준이라는
말과 다르지 않습니다.

제11장

어떤 이는 이렇게 주장합니다. "적과 맞설 때는 분노가 꼭 필요하 1
다." 하지만 전혀 그렇지 않습니다. 오히려 적과 맞설 때일수록, 충동
을 억제하고 모든 행동을 절제와 규율 속에 두어야 하기 때문입니다.
이방인들은 강인한 체력을 지니고 온갖 고난을 잘 견디지만, 그들을
무질서한 군중으로 만드는 것이 바로 그들의 가장 큰 적인 분노가 아
니겠습니까?

검투사들도 마찬가지입니다. 기술은 그들을 지켜주지만, 분노는 2
오히려 그들의 방어를 무너뜨립니다. 게다가 이성만으로도 같은 결
과를 얻을 수 있다면, 왜 굳이 힘들게 분노를 끌어들여야 하겠습니
까? 사냥꾼이 짐승을 사냥하려면 분노해야 한다고 생각하십니까? 사
냥꾼은 짐승이 나타나면 잡고 도망치면 쫓아가지만, 이 모든 것을 분
노 없이 이성으로 행합니다. 알프스에서 쏟아져 나온 수천의 킴브리
족과 테우토니족은 완전히 패망하여, 그들의 소멸을 고향에 알린 것
은 전령이 아닌 소문뿐이었습니다.[15] 이런 결과를 초래한 것이 바로

그들이 용기 대신 분노로 맞섰기 때문이 아니겠습니까? 분노는 때로 장애물을 부수고 뚫기도 하지만, 더 많은 경우 스스로 파멸시킵니다. 게르마니아인보다 더 용맹한 이가 누가 있겠습니까? 그들보다 더 맹렬하게 돌격하는 이가 누가 있겠습니까?

3   무기 속에서 태어나 무기 속에서 자라나 오직 무기만을 삶의 전부로 아는 게르마니아인보다 더 전쟁에 몰두하는 이가 누가 있겠습니까? 몸을 가릴 옷도, 혹독한 날씨를 피할 거처도 없이 온갖 고난을 견뎌내는 그들보다 더 강인한 이가 누가 있겠습니까?

4   그러나 이런 게르마니아인이 로마 군단을 마주치기도 전에 히스파니아인과 갈리아인,[16] 심지어 전투에 약한 아시아인과 시리아인에게 몰살당했는데, 이는 그들이 쉽게 들끓는 분노에 휘말렸기 때문입니다. 이제 우리는 몸은 단련하되 마음은 이성으로 무장하여 쾌락과 사치를 멀리해야 합니다. 긴 설명이 필요 없이, 우리는 로마인의 생활 방식으로 돌아가야 합니다.

---

15 가이우스 카이사르(기원전 100-44년)는 라인강 동쪽의 모든 북방 민족을 게르마니아인이라 불렀고, 이후 저술가들도 이를 따랐다. 기원전 113년, 킴브리족과 테우토니족을 포함한 게르마니아인과 켈트인이 유틀란트반도에서 로마 북부로 이동하며 킴브리아 전쟁이 시작되었다. 이 전쟁에서 테우토니족은 기원전 102년 아쿠아이 섹스티아이 전투에서, 킴브리족은 기원전 101년 베르켈라이 전투에서 로마 장군 가이우스 마리우스에게 전멸했다.

16 히스파니아인은 현 스페인, 포르투갈을 포함한 이베리아반도의 주민을, 갈리아인은 라인강 서쪽의 현 북이탈리아, 프랑스, 벨기에 지역 주민을 가리킨다. 로마는 공화정 시기 3차 카르타고 전쟁으로 히스파니아를, 카이사르의 갈리아 전쟁(기원전 58-51년)으로 갈리아를 정복했다. 역사가 헤로도토스(기원전 약 484-425년)는 아나톨리아와 페르시아 제국 영토를 통틀어 아시아(Asia)라 불렀으나, 여기서는 소아시아를, 시리아는 유프라테스강 중심의 서부 아시아를 의미한다.

                                                          화에 대하여

파비우스[17]는 어떻게 쇠약해진 국력을 회복했습니까? 지연 작전을 5
펼치고, 시간을 끌며, 인내할 줄 알았기 때문입니다. 분노에 사로잡
힌 자들은 이런 것을 전혀 할 줄 모릅니다. 만약 파비우스가 분노가
부추기는 대로 무모하게 행동했다면, 당시 위기에 처한 국가는 멸망
했을 것입니다. 그는 국가의 운명을 깊이 생각하며 국력을 냉철하게
평가했고, 작은 손실도 전체를 잃게 할 수 있음을 알았기에 분노와
보복의 마음을 거두고 단 한 번의 결정적 기회를 노렸습니다. 그는
한니발보다 먼저, 자기 안의 분노부터 제압했습니다. 스키피오는 어
땠습니까?

그는 한니발[18]과 카르타고 군대를 비롯해 자신이 분노할 만한 모 6
든 것을 제쳐두고, 심지어 정적들이 그가 안일하게 지위만 즐기며 전
투 의지가 없다고 생각할 정도로 천천히 전선을 아프리카로 옮기지
않았습니까?

---

17 제2차 포에니 전쟁(기원전 218-201년, 일명 한니발 전쟁) 당시 집정관 파비우스 막시
무스는 한니발을 상대로 연패 후, 로마에 회복 시간이 필요하다고 판단해 지연 전
술을 폈다. 로마인들은 그의 전술을 비난하며 기원전 216년 그를 해임하고 바로
와 파울루스를 집정관으로 선출했다. 이들은 칸나이 전투에서 대패해 7만의 병력
을 잃었고, 파울루스는 전사했다. 이후 로마인들은 파비우스를 재임명했고, 그는
기원전 204년 스키피오 아프리카누스(기원전 약 235-183년)를 보내 카르타고 본국
을 공략하게 했다. 이로써 한니발을 본국으로 불러들여 자마 전투에서 승리하고
제2차 포에니 전쟁을 종결지었다.

18 한니발(기원전 247-183년)은 피레네 산맥과 알프스를 넘어 로마를 거의 멸망시킬
뻔한 카르타고의 장군이다. 로마는 카르타고를 '포에니'라고도 불렀으며, 지중해
패권을 놓고 세 차례 전쟁을 벌였다. 한니발 전쟁이라고도 불리는 제2차 포에니
전쟁(기원전 218-201년)은 카르타고가 한니발을 앞세워 로마의 동맹도시 사군툼을
공격하며 시작됐다. 초반 한니발은 특히 기원전 216년 칸나이 전투에서 로마군
7만을 죽이고 자신은 6천의 손실만 입는 대승을 거뒀다. 그러나 기원전 206년 스
키피오 아프리카누스가 이베리아의 카르타고 거점을 평정하고 북아프리카를 침
공해 기원전 202년 자마 전투에서 승리하며 전쟁은 끝났다.

7   다른 스키피오[19]는 어땠습니까? 그는 누만티아를 포위하는 긴 시간 동안, 누만티아 정복이 카르타고 정복보다 더디다며 자신과 조국을 향해 쏟아진 비난을 담담히 받아들이지 않았습니까? 그의 포위 작전으로 적들은 결국 스스로의 칼에 쓰러질 수밖에 없었습니다.

8   따라서 분노는 전투나 전쟁에서 전혀 쓸모가 없습니다. 분노는 경솔하고 무모하기만 할 뿐, 오히려 위험을 피하거나 대비하지 못하게 만듭니다. 가장 참된 미덕은 자신을 다스려 오랫동안 상황을 면밀히 살피며 천천히 목표를 향해 나아가는 것입니다.

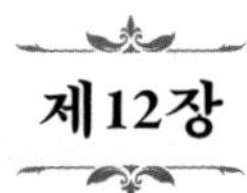

제12장

I   누군가는 이렇게 반문합니다. "그렇다면 이것은 어떻게 설명하겠는가? 선한[20] 사람도 자신의 아버지가 살해되고 어머니가 끌려가는

---

19 스키피오 아이밀리아누스 아프리카누스(기원전 약 185-129년)는 제3차 포에니 전쟁 (기원전 149-146년)에서 카르타고를 멸망시켜 소 아프리카누스라는 칭호를 얻었고, 이후 히스파니아의 켈티베리아인 정착지였던 누만티아를 함락시켰다. 누만티아는 로마와의 20년에 걸친 저항 끝에 기원전 133년, 스키피오의 13개월간 포위 작전 끝에 결국 항복 대신 자결을 택했다. 누만티아인들은 노예가 되느니 도시를 불태우는 길을 선택한 것이다.

20 '보누스'(bonus)는 폭넓은 의미를 지니는 단어로, '선량한, 좋은, 도덕적으로 선한' 등 다양한 의미를 내포한다. 이 단어의 근본적 의미는 자연과 본성에 비추어 적합하고 알맞다는 것이다. 한국어의 '선한'이 도덕적 의미를 강하게 띠는 반면, 라틴어와 그리스어의 '선한'은 항상 자연과 본성의 맥락에서 적절하고 좋은 것을 의미한다. 따라서 여기서 '선한 사람'은 자연과 본성에 따라 행동하는 사람으로 이해해야 한다. 이는 자연과 본성을 따라 사는 것을 핵심으로 하는 스토아 철학의 근본 원리와도 일치한다.

것을 보면서 분노하지 않는다는 말인가?" 그는 분노하지 않고도 그들을 지키고 복수할 것입니다. 어찌하여 당신은 분노 없이 의무감만으로는 사람을 움직이는 충분한 동기가 되지 못할 것이라 걱정하십니까? 당신은 또 이렇게 묻습니다. "그렇다면 선한 사람은 자신의 아버지와 아들이 칼에 찔려 죽는 것을 보고도 눈물 한 방울 흘리지 않고 기절하지도 않는다는 말인가?" 우리는 여인들이 작은 위험에도 놀라 울거나 기절하는 것을 봅니다.

그러나 선한 사람은 당황하거나 두려워하지 않으면서 자신이 마 **2** 땅히 해야 할 일을 할 것입니다. 그는 선한 사람으로서 해야 할 일은 하고, 하지 말아야 할 일은 하지 않을 것입니다. 아버지가 살해당할 위험에 처했다면 그를 보호할 것이고, 이미 살해당했다면 복수할 것입니다. 하지만 그가 복수하는 것은 자신이 상처받았기 때문이 아니라, 그것이 그의 마땅한 의무이기 때문입니다.

"선한 사람들은 자신의 가족이나 친구가 불의를 당하면 분노하는 법이다." 테오프라스토스여,[21] 당신의 이 말은 더 용기 있는 가르침에 **3** 대한 반감을 드러낸 것이며, 공정한 판단을 저버리고 대중의 감정에 영합한 것입니다. 당신은 사람들이 자신의 가족이나 친구가 부당한 일을 당하면 분노한다는 것을 알기에, 그들이 그렇게 하는 것이 옳다고 여길 것으로 생각해 그렇게 말한 것입니다. 사람들은 누구나 자신이 느끼는 정념을 정당하다고 여기기 때문입니다.

---

21 테오프라스토스(기원전 약 371-287년)는 아리스토텔레스의 뒤를 이어 소요학파의 제2대 학장이 되었다. 그의 저작 중 온전히 남아 있는 것은 『식물지에 대하여』와 『식물의 본원에 대하여』이지만, 가장 널리 알려진 것은 인간의 성격을 분류한 『성격론』이다. 본문에서 언급된 그의 견해는 『성격론』에서 비롯된 것으로 추정된다.

4   하지만 사람들은 따뜻한 물이 제대로 준비되지 않았거나, 유리잔
이 깨지거나, 신발에 진흙이 묻었을 때도 똑같이 행동합니다. 이런
일에 분노하는 것은 의무감 때문이 아니라 마음이 연약하기 때문입
니다. 그래서 아이들은 부모를 잃었을 때뿐 아니라, 호두 장난감을
잃었을 때도 울음을 터뜨립니다.

5   가족이나 친구를 위해 분노하는 것은 의무감이 아닌 마음의 연약
함 때문입니다. 순수한 의무감에 따라, 충동과 격정이 아닌 자발성과
분별력과 신중함으로 부모, 자녀, 친구, 시민을 보호하는 것이 올바
르고 마땅합니다. 모든 정념 중에서 복수심이 가장 강한 것이 분노입
니다. 그러나 바로 그 이유 때문에 분노는 복수에 적합하지 않습니
다. 대부분의 욕망이 그렇듯이, 분노 역시 너무나 성급하고 이성을
잃어 목표를 향해 나아가는 데 방해가 됩니다. 그러므로 분노는 평화
로운 때나 전시에나 전혀 도움이 되지 않습니다. 분노는 평화를 전쟁
같은 상태로 만들어버립니다. 전쟁에서는 마르스 신[22]이 양편 모두에
게 공평하다는 것을 알고 자신을 절제해야 하는데도, 분노는 이성을
마비시켜 결국 적의 손아귀에 스스로를 넘겨주고 맙니다.

6   또한 악덕이 가끔 어느 정도 효과를 보였다고 해서 그것을 늘 사
용해서는 안 됩니다. 열이 있는 것이 어떤 병을 낫게 하는 데 도움이
된다 해도, 열이 없는 것이 더 건강에 좋은 것과 같습니다. 병으로 병
을 고치는 것은 최악의 치료법입니다. 이와 마찬가지로, 분노가 독

---

22 마르스는 그리스 신화의 전쟁의 신 아레스에 해당한다. 제우스와 헤라의 아들로,
    피와 살육을 즐기며 잔혹하고 야만적인 성격을 지녔다. 갑옷과 투구를 착용하고
    칼이나 창, 방패를 든 모습으로 묘사된다. 로마인들은 마르스를 군신으로 받들었
    다. 로마 시민들이 운동과 산책을 즐기던 티베리스 강변의 광활한 평원은 그의 이
    름을 따서 마르스 들판(campus Martius)이라 불렸다.

                                                        화에 대하여

약, 추락, 난파처럼 뜻밖의 결과로 일시적인 이익을 가져왔다고 해도, 그것만으로 분노 자체를 유익한 것으로 여겨서는 안 됩니다. 치명적으로 해로운 것도 때로는 이로울 수 있기 때문입니다.

제13장

사람이 갖추어야 할 덕목은 많을수록 더 훌륭하고 바람직합니다. 정의가 선한 것이라면, 그 정의가 조금이라도 줄어들기를 바랄 사람은 없을 것입니다. 용기가 훌륭한 것이라면, 누구도 그 용기가 줄어드는 것을 원하지 않을 것입니다. 1

그렇다면 분노도 좋은 것이라면 더 많을수록 더 나아야 할 것입니다. 좋은 것이 늘어나는 걸 누가 반대하겠습니까? 하지만 분노가 커지는 것은 유익하지 않습니다. 따라서 분노는 처음부터 유익한 것이 아닙니다. 진정으로 좋은 것이라면 그것이 많아진다 해서 나쁜 것이 되지는 않기 때문입니다. 2

어떤 이는 이렇게 말합니다. "분노는 사람을 더욱 호전적으로 만들기에 유익하다." 그런 논리라면 술에 취하는 것도 유익하다고 해야 할 것입니다. 사람들은 술에 취하면 뻔뻔스럽고 대담해지므로, 많은 이들이 취했을 때 오히려 더 쉽게 칼을 들기 때문입니다. 그런 논리대로라면 광기와 광란 역시 힘을 발휘하는 데 꼭 필요하다고 말해야 할 것입니다. 사람은 광분한 상태에서 더 큰 힘을 낼 수 있기 때문입니다. 어떻습니까? 3

때로는 공포가 오히려 사람을 대담하게 만들고, 죽음에 대한 두려 4

움이 비겁한 자들조차 전장으로 나서게 하지 않습니까? 하지만 분노
와 술김, 공포 같은 것은 순간적인 자극제에 불과합니다. 이것은 나
약하고 겁 많은 마음을 잠시 흔들어 깨울 수는 있어도, 참된 덕성을
키우는 데는 아무런 도움이 되지 않습니다. 덕성은 악덕의 도움을 필
요로 하지 않기 때문입니다. 원래 용기가 부족한 사람은 분노 덕에
잠깐 대담해질 수는 있어도, 이미 용기를 지닌 사람이 분노 때문에
더욱 용감해지지는 않습니다.

5 　　분노는 덕성을 돕는 것이 아니라 덕성을 흉내 내며 그것을 대신하
려 합니다. 한번 생각해보십시오. 만약 분노가 좋은 것이라면, 가장 완
벽한 사람일수록 더 큰 분노를 지니고 있어야 하지 않겠습니까? 그러
나 실상 가장 쉽게 분노하는 이들은 아이들과 노인들, 그리고 병자들
입니다. 모든 허약한 존재는 본래 불만으로 가득 차 있기 때문입니다.

제14장

1 　　테오프라스토스는 이렇게 주장합니다. "선한 사람이 나쁜 사람에
게 분노하지 않는 것은 불가능하다." 이런 논리라면 더 선한 사람일
수록 더 큰 분노를 품어야 할 것입니다. 하지만 현실은 정반대입니
다. 선한 사람보다 더욱 평온하고, 정념에서 자유로우며, 누구도 미
워하지 않는 사람은 없기 때문입니다.

2 　　잘못을 저지른 이들은 실수로 인해 그리된 것인데, 그들을 미워할
이유가 어디 있겠습니까? 현명한 자는 잘못 자체를 미워할 뿐입니
다. 만약 그렇지 않다면, 현명한 자는 자기 자신도 미워해야 할 것입

화에 대하여

니다. 자신이 옳은 도리를 어기고 저지른 수많은 잘못을 돌아보아야할 것이며, 그 행동들로 인해 얼마나 많은 용서를 구해야 하는지도 성찰해야 합니다. 그러면 그는 자기 자신에게도 분노하게 될 것입니다. 공정한 재판관이라면 자신을 재판할 때나 타인을 재판할 때나 같은 잣대를 적용하기 때문입니다.

단언컨대, 스스로에게 완전한 무죄를 선언할 수 있는 사람은 없습 3 니다. 스스로를 무죄라 주장하는 것은 양심의 법정 앞에서 정말로 결백하다는 뜻이 아니라, 단지 자신의 죄를 입증할 증인이 없다는 의미일 뿐입니다. 죄인을 끝까지 몰아세워 벌하기보다는 자애로운 아버지처럼 다시 품어주는 것이 인간다운 일입니다. 길 잃은 이들을 내치기보다는 올바른 길로 이끌어주는 것이 더 현명한 선택입니다.

제15장

따라서 죄를 지은 자는 온화한 훈계나 단호한 교정으로 바로잡아, 1 자신과 타인에게 더 나은 사람이 되게 해야 합니다. 이때 질책은 있을 수 있으나 분노는 있어서는 안 됩니다. 치료가 필요한 사람에게 누가 분노하겠습니까? "하지만 그들은 고치기 불가능하다. 나아지려 하지도 않고 나아질 가망도 없다." 손대는 것마다 악화시키는 자들은, 그들이 해악을 끼치지 못하도록 인간 사회에서 격리하는 수밖에 없습니다. 하지만 이 역시 증오 없이 해야 합니다.

스스로 악행에서 벗어날 수 없는 이를 돕는 데 내가 가장 큰 도움 2 이 될 수 있다면, 그를 미워할 이유가 어디 있겠습니까? 누가 자신의 사지가 밉다고 잘라내겠습니까? 절단은 분노가 아니라, 더 큰 해악을 막기 위한 불가피한 처방입니다. 우리는 미친 개를 제거하고, 사나운 소를 도살하며, 병든 가축이 무리를 해치지 않도록 잘라냅니다. 기형으로 태어난 짐승은 제거하고, 심각한 장애를 안고 태어난 아이조차 익사시킵니다. 이렇게 건강한 것에서 해로운 것을 분리하는 일은, 결코 분노가 아니라 이성의 판단에 따른 것입니다.

3 벌을 내릴 때 분노처럼 어울리지 않는 것도 없습니다. 올바른 분별력으로 주는 벌이 교정에 더 효과적이기 때문입니다. 그래서 소크라테스는 노예에게 말했습니다. "지금은 내가 분노하고 있으니 때리지 않겠다. 분노하지 않았더라면 오히려 때렸을 것이다."[23] 그는 노예를 꾸짖는 일을 자신의 이성이 돌아올 때까지 미루고, 먼저 자신의 마음부터 다스렸습니다. 소크라테스마저도 분노 중에는 올바로 행동할 수 없었다면, 누가 감정을 다스려 바르게 처신할 수 있겠습니까?

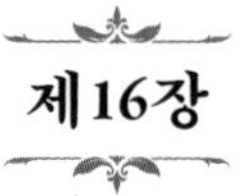

제16장

1 따라서 죄를 지은 자들을 바로잡을 때 분노해서는 안 됩니다. 분노는 영혼이 잘못을 저지르는 것이니, 죄인을 바로잡으려는 사람이 오

---

23 플루타르코스, 디오게네스 라에르티오스, 키케로 등은 이 일화의 주인공이 플라톤의 친구이자 피타고라스학파 철학자인 아르키타스(기원전 4세기)라고 전한다. 세네카는 제3권 제12장 5-6에서 플라톤의 일화라고 말하지만, 아르키타스의 일화가 원본으로 추정된다.

   화에 대하여

히려 죄를 지어서는 안 되기 때문입니다. "그렇다면 강도에게도, 나를 독살하려 한 자에게도 분노하지 말아야 하는가?" 그런 경우에도 분노하지 않아야 합니다. 내가 치료를 위해 피를 뽑을 때 스스로에게 화를 내지 않듯이, 모든 처벌을 치유의 기회로 받아들입니다.

당신이 아직 잘못의 초기 단계에 있어 자주 실수하되 중대한 잘못 2 은 저지르지 않는다면, 나는 먼저 개인적으로, 그다음에는 공개적으로 꾸짖어 바로잡을 것입니다. 이미 말로는 고쳐질 수 없다면, 공개적 망신으로 제어할 것입니다. 더 강력한 벌이 필요하다면 낙인을 찍어 잘못을 절감하게 하고, 유배를 보내 낯선 곳으로 보낼 것입니다. 사악함이 굳어져 더 혹독한 치료가 필요하다면, 쇠사슬로 묶어 감옥에 가둘 것입니다.

마침내 당신의 마음이 온갖 악으로 물들어, 더 이상 핑계나 유혹조 3 차 필요 없이 악을 저지르는 그 자체가 목적이 되었다면, 그 사악함은 당신의 내장 깊숙이 스며든 독처럼, 마침내 육체와 함께 제거되어야 할 것입니다. 가련한 자여, 당신은 이미 오래전에 죽음을 각오한 삶을 살아왔습니다. 우리는 이제 당신이 자신과 타인 모두를 파괴해온 광기를 멈출 수 있도록 자비를 베풉니다. 바로 죽음이라는 마지막 구제의 선물을 드리는 것입니다. 나는 당신에게 최선의 이익을 주는 것이니, 어찌 분노할 수 있겠습니까? 이런 경우에 죽임은 오히려 내가 베풀 수 있는 최고의 자비입니다.

내가 의술을 배워 병원이나 부잣집에서 일한다면, 서로 다른 병을 4 앓는 환자들에게 같은 처방을 하지 않을 것입니다. 나는 수많은 마음속 질병을 봅니다. 그들을 치료하는 소임을 받았다면, 각각의 병에 맞는 치료법을 찾아야 합니다. 어떤 병은 염치를 알게 함으로써, 어떤 병은 여행으로, 어떤 병은 고통으로, 어떤 병은 가난으로, 어떤 병은 칼로 치료해야 합니다.

5   따라서 관리가 되어 재판을 하게 된다면, 나는 광분하거나 적개심을 품은 모습이 아닌 공정한 법의 얼굴을 하고서 재판정에 나아가, 광기 어린 목소리가 아닌 온화하고 엄숙하며 위엄 있는 목소리로 판결을 선고할 것입니다. 엄정하게 법을 집행하되, 거기에 분노는 실리지 않을 것입니다. 죄인을 참수하거나, 친부살해범을 가죽 부대에 넣어 꿰매거나,[24] 군인을 처형하거나, 반역자나 공적을 타르페이아 암벽[25] 위에 세울 때도, 독사와 같은 해로운 동물을 제거할 때와 같은 평정한 마음으로 명령할 것입니다.

6   "벌을 주려면 분노가 필요하다." 어떻습니까? 법이 알지도 못하고 본 적도 없으며 앞으로도 볼 일 없을 사람들에게 분노한다고 생각합니까? 법의 정신은 분노가 아닌 판결이며, 우리는 이를 따라야 합니다. 그렇지 않고 선한 사람이 악행에 분노해야 한다면, 악인들의 형통함에도 분개해야 할 것입니다. 불운으로도 부족할 악인들이 넘치는 행운을 얻는 것보다 더 부당한 일이 있겠습니까? 그러나 선한 사람은 악인들의 악행을 분노 없이 보듯, 그들의 형통도 분개 없이 봅니다. 선한 재판관은 비난받을 행위에 유죄를 선고하되 미워하지는 않습니다. "그렇다면 어떠한가? 현자는 이런 일을 다룰 때 평소와 달리 더 동요하는가?" 그렇습니다. 현자는 약간의 가볍고 미세한 동요를 느낄 것

---

24 사형수를 가죽 부대에 넣어 꿰매어 익사시키는 형벌이다. 친부살해범에게 적용되었다.

25 타르페이아 암벽은 로마 카피톨리아 언덕 남쪽의 절벽으로, 고대 로마의 처형 장소였다. 살인죄, 반역죄, 위증죄 등의 죄인을 이 절벽에서 떨어뜨리는 전통적인 형벌은 세네카 시대까지 이어졌다.

                                                                화에 대하여

입니다. 제논[26]이 말했듯 현자의 마음엔 상처가 아물어도 흔적이 남기 때문입니다. 그러므로 현자는 정념의 흔적은 느끼되, 정념에 휘둘리지는 않습니다.

제17장

아리스토텔레스는 잘 다루기만 하면 정념들도 무기가 될 수 있다고 말했습니다. 만일 정념이 전쟁 무기처럼 사람의 뜻에 따라 움직인다면, 이 말은 옳을 것입니다. 하지만 아리스토텔레스가 미덕의 도구로 삼으려 한 이 무기는 결국 주인의 통제를 벗어나 제멋대로 날뛰고 맙니다. 사람이 이 무기를 지배하는 것이 아니라 이 무기가 사람을 지배합니다.

자연은 우리에게 이성이라는 충분한 무기를 주었기에, 우리에게는 다른 무기가 필요하지 않습니다. 자연이 준 이 무기는 견고하고 영속적이며, 우리의 말을 잘 따르고, 두 마음을 품지 않으며, 주인을 공격하지 않습니다. 계획을 세울 때뿐 아니라 실행할 때도 이성만으로 충분합니다. 이성이 분노에게서 도움과 보호를 구하는 것보다 더 어리석은 일이 무엇이겠습니까? 그것은 불확실한 것에서 확실함을, 신뢰

---

26 스토아학파 창시자 제논(기원전 약 335-263년)은 30세경 아테네에서 여러 학파를 배운 뒤 아고라 광장의 채색 주랑이라 불리는 공회당에서 철학을 가르쳤다. 이곳에서 스토아(주랑)학파라는 이름이 비롯되었다. 그의 철학은 금욕과 극기를 통해 자연과 조화로운 삶을 추구했다.

할 수 없는 것에서 신뢰를, 병든 것에서 건강을 얻으려는 것이 아니겠습니까?

3 어떻습니까? 유독 분노가 필수적일 것 같은 일에서조차 이성만 있을 때가 훨씬 더 강력하지 않습니까? 이성은 일단 무언가를 결정하면 그 결정을 지키기 때문입니다. 더 나은 대안을 찾지 못한다면, 이성은 한번 내린 결정을 고수합니다.

4 반면에 분노는 흔히 동정심[27]에 밀려 물러납니다. 분노는 견고하거나 강인하지 않고, 실속 없이 부풀어 처음에만 맹렬하기 때문입니다. 분노는 땅에서 치솟는 바람과 같아서, 강과 늪에서 생겨난 이 바람은 맹렬하나 오래가지 않습니다.

5 분노는 처음에는 기세가 대단하지만, 시간이 흐를수록 힘을 잃고 시들해집니다. 그래서 처음에는 전례 없는 잔혹한 처벌을 찾아내려 하지만, 막상 처벌할 때는 그 마음이 부서져 누그러집니다. 정념은 빠르게 가라앉지만, 이성은 한결같습니다.

6 분노가 지속되는 경우에도, 죽일 사람이 많더라도 두세 사람을 죽여 피를 본 후에는 더 이상 죽이지 않습니다. 분노의 첫 일격은 강력합니다. 굴에서 이제 막 기어 나온 뱀의 독은 해롭지만, 여러 번 물고 나면 독이 고갈되어 해롭지 않습니다.

7 그래서 같은 죄를 저질러도 같은 처벌을 받지는 않습니다. 분노가 가시지 않은 초기에는 작은 죄도 큰 벌을 받습니다. 분노는 전혀 일관되지 않아서, 때로는 멈춰야 할 곳을 지나치고, 때로는 미치지 못하고

---

27 세네카는 동정심을 마음의 허약함을 드러내는 것으로 보아 미덕이 아닌 악덕으로 분류한다. 현자는 동정심을 갖지 않되, 다른 이들이 동정심으로 하는 일을 이성으로 행한다.

멈춥니다. 분노는 오로지 제멋대로 판단하고, 듣지 않으며, 변명의 기회도 허락하지 않고, 잘못된 판단에 매달린 채 끝까지 물러서지 않습니다.

제18장

이성은 진실을 밝히고자 양측에 시간을 주고, 스스로도 판단을 유 1
보하며 상황을 지켜봅니다. 하지만 분노는 서둘러 판단합니다. 이성은 실제로 공정하기를 바라지만, 분노는 자신의 판단이 공정해 보이기만을 바랍니다.

이성은 오직 판단해야 할 사안만 보지만, 분노는 사소한 외적인 것 2
에도 쉽게 자극받고 흔들립니다. 그래서 자신만만한 표정, 우렁찬 목소리, 거침없는 언변, 세련된 옷차림, 야심찬 변론, 대중의 지지가 분노를 일으킵니다. 때로는 변호인에 대한 적개심 때문에 피고에게 유죄를 선고하기도 합니다. 또한 진실이 눈앞에 명백히 드러나 있어도, 분노는 거짓을 사랑하고 옹호합니다. 분노는 반박을 견디지 못하고, 처음부터 잘못된 판단이라도 그것을 인정하기보다는 끝까지 고집하는 것이 더 존엄한 태도라고 여깁니다.

내가 기억하는 그나이우스 피소[28]는 악덕에 깊이 물든 사람은 아 3
니었으나, 항상심보다는 지나치게 엄격하고 완고한 성정을 지닌 사람이었습니다. 어느 날, 두 명이 함께 휴가를 나갔다가 한 사람만 부대로 복귀하자, 그가 동료를 살해했을 것이라 의심했습니다. 동료를 찾을 시간을 달라는 병사의 간청을 묵살한 채, 분노에 휩싸여 즉시 처형을 명령했습니다. 그 병사는 성문 밖에서 처형을 기다리며 이미 목을 내밀고 있었습니다. 그런데 그 순간, 죽은 줄로만 알았던 동료가 살아서 모습을 드러냈습니다.

4   이에 처형을 담당한 백인대장은 칼을 거두게 하고, 운명이 그러했듯 피소도 무죄를 선고하게 하고자 그 병사를 데리고 돌아갔습니다. 수많은 동료 병사는 크게 기뻐하며, 서로 부둥켜안은 두 병사와 함께 피소에게로 향했습니다. 하지만 연단에 오른 피소는 분노에 사로잡혀, 두 병사 모두를 처형하라고 명했습니다. 이보다 더 부당한 일이 있겠습니까?

5   한 사람의 결백으로 인해 도리어 두 사람이 죽었습니다. 거기에 피소는 한 명을 더했습니다. 사형 선고받은 병사를 그에게 다시 데려온 백인대장마저 처형하라 명했던 것입니다. 한 사람의 결백이 세 사람의 죽음을 불러온 것입니다.

6   분노는 핑계를 만들어 광분할 기회를 찾는 데 참으로 능숙합니다! 피소는 이렇게 말했습니다. "너는 이미 사형 선고를 받았으니 죽어야 한다. 너는 동료가 사형 선고를 받게 한 빌미를 제공했으니 죽어야 한다. 너는 상관의 처형 명령에 불복했으니 죽어야 한다." 그들에게서 아무런 죄도 찾지 못한 피소는, 이렇게 세 가지 죄목을 꾸며낸 것입니다.

---

28 그나이우스 피소(기원전 약 44년-기원후 20년)는 아우구스투스와 티베리우스 치하에서 활동한 로마의 정치가이다. 기원전 7년에 집정관을 지냈으며, 기원후 17년에는 티베리우스 황제로부터 황태자인 게르마니쿠스를 견제하라는 특명을 받고 시리아 총독으로 임명되었다. 이후 게르마니쿠스 독살 혐의로 고발되어 재판을 받던 중 스스로 목숨을 끊었다. 그는 본래 성정이 오만하고 반항적이며, 다혈질적인 인물로 알려져 있다.

                                                        화에 대하여

제19장

분명한 것은 분노하기 쉬운 기질은 여러 악덕을 지니고 있다는 것   I
입니다. 이런 기질은 통제받기를 거부하고, 진실이 자신의 기대와 다
르면, 진실을 향해 분노를 터뜨립니다. 고함을 지르고 소동을 일으키
며, 온몸을 떨고 악담을 퍼붓고, 자신이 노린 사람들을 쫓아가 공격
합니다. 이성은 결코 그렇게 하지 않습니다.

그러나 필요한 경우, 이성은 국가에 해로운 집안과 가문 전체를 처   2
자식과 함께 조용히 뿌리째 뽑아버리고, 그 집을 무너뜨려 평지로 만
들며, 자유의 적들의 이름마저 지워버립니다. 하지만 그럴 때도 이를
갈거나 머리를 심하게 흔드는 등 재판관답지 못한 행동은 절대 하지
않습니다. 중대한 선고를 내릴 때 재판관의 표정은 평온하고 차분해
야 합니다.

히에로니모스[29]는 이렇게 말했습니다. "다른 사람을 죽이려 할 때   3
먼저 자기 입술을 깨물 필요가 있는가?" 만일 집정관 대리[30]가 재판
석에서 뛰쳐나와 수행원의 권표를 빼앗거나, 다른 이가 옷을 찢지 못
하게 되자 자신의 옷을 찢는 것을 히에로니모스가 보았다면 어떻게
생각했겠습니까?

---

29 히에로니모스(기원전 약 290-230년)는 로도스섬의 소요학파 철학자로, 당시 학장이
었던 트로아 출신의 리콘과 대립했다

30 집정관 대리(proconsul)는 주로 전임 집정관이 맡았던 총독직을 의미했다. 권표
(fasces, '파스케스')는 도끼가 꽂힌 막대기 다발로, 고위 공직자의 상징이었다. 사형
선고를 받은 죄수는 슬픔의 표현으로 옷을 찢었으나, 공직자가 죄수에게 사형선
고를 내리지 못하게 된 것에 격분해서 자기 옷을 찢는 것은 무례한 행위였다.

4   식탁을 엎고, 술잔을 던지고, 기둥에 부딪치고, 머리카락을 잡아 뜯고 가슴과 넓적다리를 치는 것이 무슨 소용이 있겠습니까? 다른 이에게 분노를 마음껏 표출하지 못해 자신에게 얼마나 많은 분노를 쏟아냅니까? 그래서 그런 사람들은 곁에 있는 이들이 제지하고 만류하여 진정시켜야 합니다.

5   분노에서 자유로운 사람은 이런 것을 전혀 하지 않으면서도 각자에게 합당한 벌을 내립니다. 때로는 죄가 드러난 사람도 풀어줍니다. 즉, 그 사람이 자신의 잘못을 뉘우쳐 개선될 희망이 보이거나, 악행이 마음 깊숙이가 아닌 표면에만 머물러 있음을 알게 되면, 처벌자와 피처벌자 모두에게 해가 되지 않는 사면을 베풉니다.

6   그는 때로 큰 죄보다 작은 죄를 더 무겁게 처벌합니다. 큰 죄가 잔인함이 아닌 실수에서 비롯된 반면, 작은 죄가 오랫동안 숨겨진 채 교묘하게 저질러진 경우가 그렇습니다. 같은 죄라도 부주의로 저지른 사람과 의도적으로 해를 끼치려 한 사람은 다르게 처벌합니다.

7   그는 모든 처벌이 악인을 교화하거나 제거하기 위한 것임을 알고 늘 이 원칙을 따릅니다. 어느 경우든 과거가 아닌 미래를 봅니다. 과거의 죄는 되돌릴 수 없으나 미래의 죄는 막을 수 있기에, 플라톤이 말했듯[31] 현명한 사람은 이미 저지른 죄를 벌하기 위해서가 아니라, 앞으로 죄를 저지르지 못하게 하기 위해 처벌합니다. 범죄가 성공할 수 없다는 본보기를 보여주고자 할 때는 공개 처형을 하는데, 이는 죄인을 그렇게 처형하려는 것이 아니라 다른 이들의 범죄를 막으려는 것입니다.

---

31 플라톤의 대화편 『법률』 934a-b에 나온다.

                                                    화에 대하여

당신이 알다시피, 생사를 결정하는 권한은 가장 신중히 다뤄져야   8
하므로, 이 모든 것을 저울질하고 판단하는 사람은 정념의 동요에서
자유로워야 합니다. 분노하는 자에게 칼을 맡겨서는 안 됩니다.

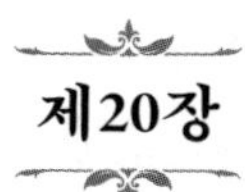

제20장

분노가 큰 마음[32]을 만들어낼 수 있다고 생각해서는 안 됩니다. 분   1
노는 마음을 성장시키는 게 아니라, 겉으로만 부풀게 할 뿐입니다.
마치 병든 체액이 퍼져 몸이 부은 것은 성장이 아니라 해로운 것으로
가득 찬 것으로 보듯 말입니다.

광기에 사로잡힌 이들은 자신이 이성에 따라 움직이는 것이 아니라,   2
어떤 위대한 영감에 사로잡혀 고양된 상태에 있다고 믿습니다. 하지만
그들은 단단한 기반 위에 서 있는 것이 아니며, 토대 없이 세워진 것은
쉽게 무너지기 마련입니다. 분노는 발 디딜 곳이 없습니다. 분노는 견
고하고 지속적인 것에서 나오는 것이 아니라, 바람처럼 허상에 불과합
니다. 만용이 용기와, 오만이 자부심과, 가혹함이 엄격함과, 잔인함이
준엄함과 거리가 먼 것처럼, 분노는 큰 마음과는 거리가 멉니다.

---

32 '마그니투도 아니미'(magnitudo animi)는 직역하면 '마음의 큼'인데, 그리스어로는
'메갈로프쉬키아'(μεγαλοψυχία)라는 미덕이다. 이는 위기의 순간에도 흔들리지 않고
평정을 유지할 수 있는, 넓고 깊은 마음의 상태를 뜻한다. 스토이학파에서는 운명
앞에서도 초연할 수 있는 정신적 태도를 이 덕목으로 보았다. 본 문맥에서는 '큰
마음', '대범함', 또는 '위대한 영혼'이라는 표현으로 옮겼는데, 이에 반대되는 개념
은 '편협하고 옹졸한 마음'이다. 후자는 외부의 자극에 쉽게 흔들리고, 사소한 일
에도 쉽게 분노하는 마음가짐을 의미한다.

3   숭고한 마음과 오만한 마음은 크게 다릅니다. 분노하기 쉬운 기질은 결코 위대하고 우아한 것을 좇지 않습니다. 오히려 온몸이 아파서 살짝만 건드려도 신음하는 병자처럼, 분노하기 쉬운 기질은 약하고 불안정한 영혼이 자신을 방어하려다 드러내는 고통의 몸부림일 뿐입니다. 그래서 분노는 흔히 여성적이거나 유년기의 미숙함에서 비롯된 악덕입니다. "하지만 남자도 분노하지 않는가?" 이는 남자에게도 아동적이고 여성적인 면이 있기 때문입니다.

4   "그렇다면 분노한 자들의 말이 때로 위대한 영혼의 말처럼 들리는 것은 왜 그러한가?" 이는 위대함의 진정한 의미를 모르는 이들의 착각일 뿐입니다. 그런 말들은 실상 끔찍하고 혐오스러운 것입니다. "사람들이 나를 두려워하기만 한다면, 나를 증오해도 좋다."[33] 이 말이 술라[34] 시대의 것임을 당신은 알 것입니다. 증오와 공포, 이 둘 중 어느 것이 더 나쁜지 나는 알지 못합니다.

"증오해도 좋다." 술라는 자신이 언젠가 저주받고 몰락할 것을 예감했습니다. 그는 이 말 뒤에 무엇을 덧붙였습니까? 신들이여, 증오

---

33 이 구절은 로마의 비극시인 루키우스 아키우스(기원전 약 170-86년)의 비극 『아트레우스』에서 나온다. 그의 비극들은 대부분 그리스의 비극들을 모방한 것이거나 번안한 것이었다. 미케네의 왕 아트레우스는 동생 티에스테스와 왕권을 두고 다투던 중, 아내 아에로페의 배신을 겪는다. 그는 복수로 티에스테스의 아들들을 죽여 그에게 먹이고, 이로 인해 왕국은 흉년과 기아에 시달린다. 후에 티에스테스는 근친상간으로 낳은 아들 아이기스토스를 통해 복수를 이룬다.

34 술라(기원전 138-78년)는 로마 공화정의 몰락을 초래한 장군이자 정치가다. 기원전 91년 동맹시 전쟁을 진압하고 88년에 집정관이 되었으나, 호민관 술피키우스 루푸스와 마리우스에게 쫓겨난다. 이후 군대를 이끌고 로마로 돌아와 평민파인 루푸스와 그 일파를 잔인하게 숙청한다. 또한, 미트라테스 원정 중 마리우스가 그를 반역자로 몰자, 다시 로마로 돌아와 대대적인 숙청을 단행한다. 술라와 평민파 지도자 마리우스 사이에서 벌어진 세 차례 내전(기원전 88-87년, 83-72년, 82-81년) 동안 그는 잔혹한 악명을 떨쳤다.

                                          화에 대하여

에 대해 그런 해결책을 찾은 자를 저주하소서. 그는 "증오해도 좋다"라고 하기 전에, "복종하기만 한다면"이라 했습니까? 아닙니다. "인정하기만 한다면"이라 했습니까? 아닙니다. 그는 "두려워하기만 한다면"이라 했습니다. 나라면 그런 조건으로는 사랑받기조차 거부했을 것입니다. 이런 말이 위대한 정신에서 나온다고 보십니까? 그렇다면 당신은 속고 있는 것입니다.

이는 위대함이 아닌 기괴함입니다. 분노에 휘말린 자들의 말을 믿 5
어서는 안 됩니다. 그들의 고함은 크고 위협적이나, 그 속은 두려움에 떨고 있기 때문입니다.

티투스 리비우스[35]가 뛰어난 말솜씨를 지녔다 해서, "선한 성품이 6
아닌 위대한 성품을 지닌 남자"라는 그의 말이 진실은 아닙니다. 선함과 위대함은 하나이며, 선한 것이 위대하지 않을 수는 없습니다. 위대한 영혼은 확고부동하고 속까지 견고하며 시종일관 강인한데, 악한 성품은 그렇지 못하기 때문입니다.

악한 성품은 무시무시하고 요동치며 파괴적일 수는 있으나, 결코 7
위대할 수는 없습니다. 위대함의 근간은 선함이기 때문입니다. 물론 악한 성품도 말과 행동 등 온갖 겉모습으로 사람들을 속여 자신을 위대하다고 믿게 만듭니다.

가이우스 황제[36]처럼, 악한 성품은 위대한 영혼의 말처럼 들리는 8

---

35 티투스 리비우스(기원전 59년-기원후 17년)는 로마 제국을 건설한 로마인의 도덕과 힘을 찬양한 편년체 역사서인 『로마 건국사』를 썼다.

36 가이우스 황제는 칼리굴라(재위 37-41년)를 지칭한다. 4년간 재위 후 왕궁에서 암살되었다. 이 구절은 『일리아스』 제23권 724행의 것으로, 트로이아 전쟁에서 그리스군의 영웅 아킬레우스가 죽은 후 그를 기리는 장례 경기에서 아이아스가 오디세우스와 레슬링 시합을 하면서 한 말이다. "나를 들어 엎지 못하면, 내가 당신을 들어 엎겠다"라는 뜻이다.

것을 내뱉습니다. 평소에도 무언극을 보기보다 따라 하기를 좋아하던 그는, 자신의 연회에서 벼락이 쳐서 공연이 중단되고 사람들이 두려워하자, 하늘을 향해 분노하며 유피테르의 이름을 부르고 호메로스의 시구를 인용해 죽기 살기로 싸우자 외쳤습니다. "나를 들어올리시오. 아니면, 내가 당신을 들어올리겠소."

이 얼마나 광기 어린 행동입니까! 그는 유피테르가 자신을 해칠 수 없다고 여기거나, 자신이 유피테르마저 해칠 수 있다고 생각했던 것입니다. 이 말이 그를 죽이려 한 자들의 결심을 굳히는 데 한몫했으리라 생각합니다. 유피테르에게조차 맞서는 자를 참는 것은 인내의 한계를 넘어선다고 여겼을 테니까요.

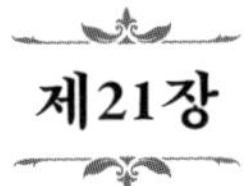

제21장

1   분노에는 위대함도 고귀함도 없습니다. 신들과 인간들을 무시하며 격분하는 모습에서 위대함과 고귀함을 찾을 수는 없습니다. 분노가 위대한 영혼을 만든다면, 사치도 위대한 영혼을 만든다고 해야 할 것입니다. 사치는 상아 궁전을 짓고, 자주색 옷을 걸치며, 황금으로 장식하고, 땅을 옮기고, 바다를 막아서고, 강을 폭포로 만들며, 공중에 숲을 만들려 하기 때문입니다.

2   탐욕도 위대한 영혼을 만든다 해야 할 것입니다. 탐욕은 금은을 깔고 눕고, 속주를 자신의 농장으로 삼아, 한 명의 관리인이 집정관들의 몫보다 더 넓은 땅을 다스릴 만큼 광대한 영지를 여러 관리인을 통해 다스리기 때문입니다.

욕정도 위대한 영혼을 만든다 해야 할 것입니다. 욕정은 바다를 헤 3
엄쳐 건너고, 미소년들을 거세하며, 남편의 칼날 아래 죽는 것도 하
찮게 여기기 때문입니다. 야심도 위대한 영혼을 만든다 해야 할 것입
니다. 야심은 일 년 임기의 공직에 만족하지 않고, 할 수만 있다면 역
대 집정관 명단을 자신의 이름 하나로 채우려 하며,[37] 세상 곳곳에 자
신의 기념비를 세우려 하기 때문입니다. 이 모든 정념은 아무리 크게
퍼져나가도 결국 옹졸하고 가련하며 비천할 뿐입니다.

오직 미덕만이 진정 숭고하고 탁월합니다. 평온한[38] 마음만이 진 4
정한 위대함을 이룰 수 있습니다.

---

37 집정관(consul, '콘술')은 1년 임기의 선출직으로 연임이 금지되었다. 후에 로마 제
국의 초대 황제가 된 아우구스투스 옥타비아누스는 황제 즉위 전인 기원전 31년
부터 23년까지 이례적으로 집정관을 연임했다.

38 '플라키두스'(placidus)는 격정이나 충동과 반대되는 상태를 나타내는 형용사로, '고
요한', '차분한', '평온한', '온화한' 등의 의미를 지닌다.

제2편

분노에 대하여 (2)

제1장

노바투스여, 우리는 제1권에서 많은 내용을 다루었습니다. 악덕은 **1** 가파른 내리막길처럼, 한 번 빠지면 쉽게 굴러떨어지기 때문입니다. 이제는 범위를 좁혀, 다음과 같은 것을 살펴보겠습니다. 분노는 판단과 충동 중 어디에서 시작되는가? 분노는 저절로 생기는가, 아니면 다른 많은 정념처럼 우리의 인식 아래에서 움트는가?

더 높은 단계의 논의로 나아가기 위해서는 기초부터 꼼꼼히 살펴 **2** 봐야 합니다. 우리 몸 역시 아름답지는 않으나 필수적인 뼈와 근육, 관절로 구성된 골격이 먼저 형성되고, 그 다음에 얼굴과 용모의 아름다움을 만드는 부분들이 만들어지며, 마지막으로 매력적인 피부색이 더해져 비로소 완성되기 때문입니다.

누군가 불의로 해를 입었다고 느낄 때 분노가 일어난다는 것은 분 **3** 명합니다. 우리가 궁금한 것은 그런 인식과 동시에 분노가 따라오고 마음의 동의 없이 생기는가, 아니면 마음이 동의해야만 생기는가 하는 점입니다.

우리 스토아학파는 분노가 독자적으로는 절대 생길 수 없고, 마음 **4** 의 동의가 있어야만 한다고 봅니다. 단순히 불의로 피해를 입었다고 인식하는 것과 그 피해에 응징하고자 하는 마음, 그리고 '해를 입지 말았어야 했다'는 생각이 복수의 의지로 이어지는 과정은 단순한 충동이 아니기 때문입니다. 충동은 단순하지만, 분노는 여러 요소로 이뤄집니다. 사건을 인식하고, 분개하고, 단죄한 뒤에야 응징에 이르는 것입니다.

5   이 모든 과정에서 마음이 동의하지 않는다면, 이런 일들은 일어날 수 없습니다.

제2장

1   "이런 질문을 하는 목적이 무엇인가?"라고 당신은 묻습니다. 분노의 본질을 알아내기 위해서입니다. 만약 분노가 우리 의지와 무관하게 생긴다면, 결코 이성의 통제를 받지 않을 것이기 때문입니다. 의지와 무관한 모든 움직임은 억제할 수도, 피할 수도 없습니다. 찬물에 닿아 몸이 떨리는 것, 갑작스러운 접촉에 움찔하는 것, 나쁜 소식에 머리카락이 곤두서는 것, 불쾌한 말에 얼굴이 붉어지는 것, 높은 곳에서 어지러워지는 것이 그렇습니다. 이런 반응은 우리의 의지로 조절할 수 없고, 이성으로도 제어되지 않습니다. 하지만 분노는 이성의 명령으로 물리칠 수 있습니다.

2   분노는 의지를 가진 마음의 악덕일 뿐, 가장 지혜로운 사람을 포함한 모든 인간에게 필연적으로 존재하는 것이 아닙니다. 물론 불의를 당했다고 느낄 때 곧바로 찾아오는 첫 번째 정신적 충격[1]은 모든 인간이 겪는 것입니다.

3   이런 정신적 충격은 연극을 보거나 옛이야기를 읽을 때도 일어납

---

1 '익투스 아니미'(ictus animi). '익투스'는 '때리다, 찌르다, 쏘다'를 뜻하는 동사 '이코'(ico)에서 파생된 말이다.

                                          화에 대하여

니다. 클로디우스가 키케로를 추방하거나 안토니우스가 그를 죽이는 장면을 보면 우리는 분노를 느낍니다.[2] 마리우스가 일으킨 내전과 술라가 작성해 공표한 살생부를 보고 누가 분개하지 않겠습니까?[3] 테오도토스와 아킬라 그리고 어린아이답지 않은 범죄를 저지른 아이를 보고 누가 분노하지 않겠습니까?[4]

노래와 빠른 리듬, 전쟁의 나팔 소리가 우리를 흥분시키기도 합니다. 끔찍한 그림이나, 정당한 처형이라 해도 잔혹한 처형 장면을 보 4

---

2 여기서 세네카는 공화정 말기에 일어난 여러 충격적인 사건들을 상기시킨다. 클로디우스(기원전 93-52년)는 제1차 삼두정치기의 평민파 정치가이자 선동가였다. 그는 명문 클라우디아 가문의 귀족 신분을 버리고 평민 가정의 양자가 되어 호민관이 되었는데, 특히 정적들을 집요하게 괴롭혔다. 공화정 수호자였던 키케로는 기원전 58년 클로디우스에 의해 추방되어 16개월간 유배 생활을 했다. 기원전 49년 카이사르와 폼페이우스의 내전에서는 폼페이우스 편에 섰으나, 승리한 카이사르의 사면을 받았다. 그러나 카이사르가 암살된 후 새로운 실력자 마르쿠스 안토니우스를 공개적으로 비판하다가 원한을 사, 기원전 43년 제2차 삼두정치의 주역 안토니우스가 보낸 자객들에게 암살당했다.

3 술라(기원전 138-78년)는 로마 공화정 몰락의 기초를 놓은 장군이자 정치가다. 카이사르가 공화정을 완전히 무너뜨렸다면, 술라는 그 발판을 마련한 인물이다. 기원전 89년, 흑해의 미트리다테스가 그리스를 침공하자 정벌군 총사령관 자리를 놓고 평민파의 마리우스와 벌족파의 술라가 경쟁했다. 이 싸움에서 밀린 마리우스는 호민관 술피키우스 루푸스를 앞세워 무장봉기를 일으켜 벌족파의 원로원을 공격한 뒤 총사령관직을 빼앗았다. 하지만 기원전 88년 술라가 군대를 이끌고 로마로 진격하여 루푸스를 처단하자, 마리우스는 북아프리카로 도피했다. 술라가 동방 원정에 나선 기원전 87년, 마리우스는 로마로 돌아와 벌족파를 숙청하고 집정관에 올랐으나 곧 병으로 세상을 떠났다. 술라는 다시 군대를 이끌고 로마로 돌아와 루푸스 일파를 잔인하게 숙청했으며, 일명 '프로스크립티오(proscriptio, 살생부)'를 공표했다. 명단에 오른 이들의 재산을 몰수해 경매에 부쳤고, 이들을 찾아내 무자비하게 처형했다. 키케로는 『의무론』에서 당시 군중들이 살생부에 오른 자들을 무리지어 색출하고 살해하던 공포의 순간을 생생히 기록하고 있다.

4 폼페이우스는 기원전 48년 파르살로스 전투에서 카이사르에게 대패한 뒤 이집트로 도망쳤으나, 당시 '아이'였던(대략 12살) 프톨레미우스 13세가 국사 테오도토스의 조언을 받아 장군 아킬라를 시켜 그를 처형했다.

면 마음이 동요됩니다.

5   다른 이들이 웃으면 우리도 웃고, 많은 이들이 슬퍼하면 우리도 슬퍼지며, 다른 이들이 싸우면 우리 피도 끓어오릅니다. 하지만 이것은 진정한 분노가 아닙니다. 마치 난파된 배의 연기를 보며 찌푸린 얼굴이 진짜 슬픔이 아니고, 칸나이 전투[5] 후 한니발의 로마 포위를 읽고 느끼는 동요가 진짜 두려움이 아닌 것처럼 말입니다. 이 모든 것은 의지가 개입되지 않은, 정념이라기보다는 정념의 서막[6]에 불과한 마음의 움직임입니다.

6   그래서 군인들은 평화로운 때 사복을 입고 있어도 귀를 쫑긋 세우고, 군마들은 무구가 부딪치는 소리만 들어도 벌떡 일어납니다. 알렉산드로스는 크세노판토스의 피리 소리만 들어도[7] 자연스레 손이 무기로 향했다고 합니다.

5　칸나이 전투는 제2차 포에니 전쟁(한니발 전쟁) 중 가장 중요한 전투 중 하나로, 이 전투에서는 기원전 216년 남부 이탈리아 칸나이에서 집정관 바로가 이끈 8만의 로마군이 한니발의 5만 군대에 궤멸당했다. 한니발이 실제 로마로 진격한 것은 5년 후인 기원전 211년이었다.

6　'프린키피아'(principia)는 어떤 것의 시작, 기원, 단초, 발단을 의미한다. 이는 의지나 정념이 개입되지 않은 순수한 감각적 자극 단계를 가리킨다.

7　원문은 '크세노판토스가 노래하면'(Xenophanto canente)이라고 되어 있다. 크세노판토스는 피리 연주가였으므로 '피리가 연주되면'이라는 뜻으로 해석해야 하나, 그의 이름을 살려 번역했다. '아울로스'라 불린 피리는 폐부를 찌르는 듯한 강렬함과 정신을 고양하는 힘이 있어 군대에서 자주 사용되었다. 크세노판토스의 활동 시기는 빨라도 기원전 283년경으로, 기원전 323년에 죽은 알렉산드로스 대왕을 위해 연주했을 가능성은 낮다. 세네카는 앞서 한니발의 로마 성문 위협을 서술한 방식을 여기서도 적용한 것으로 보인다.

제3장

의지와 무관하게 마음이 받는 이런 타격들은 정념이라 할 수 없습 1
니다. 이는 마음이 자발적으로 행하는 것이 아니라, 그저 수동적으로
겪는 반응일 뿐입니다. 따라서 정념은 마음이 어떤 것을 인지할 때
겪는 움직임이 아니라, 그런 움직임을 겪은 후에 취하는 후속적인 반
응입니다.

어떤 이는 창백해지거나, 눈물을 흘리거나, 싱기가 흥분하거나, 한 2
숨을 쉬거나, 눈을 부릅뜨는 것 등을 정념의 증거이자 마음의 표현이
라 여깁니다. 하지만 이는 단순한 신체의 움직임일 뿐임을 알지 못하
는 것입니다.

그래서 용감한 사람도 무장하는 동안 얼굴이 창백해지고, 호전적 3
인 군인도 전투 신호를 듣고는 무릎이 떨리며, 위대한 장군도 전열을
갖춘 아군과 적군이 격렬하게 맞붙기 직전에는 심장이 뛰고, 뛰어난
연설가도 연단에 오를 때는 온몸이 굳어버립니다. 그러나 분노는 단
순히 움직이는 것이 아니라 돌진해 나갑니다. 그것이 바로 충동이기
때문입니다.

하지만 마음의 동의 없이는 어떤 충동도 일어날 수 없습니다. 마음 4
이 모르는 사이에 복수하거나 처벌하는 것은 불가능합니다. 누군가
해를 입어 복수하고자 하는 마음이 들었다가, 어떤 이유로 진정되어
그만두었다고 합시다. 이처럼 마음의 움직임이 이성에 따르는 경우
는 분노라 하지 않습니다. 분노란 이성을 휘어잡아 끌고 가는 것이기
때문입니다.

따라서 불의를 인지하는 것도, 그로 인한 마음의 첫 움직임도 분노 5

는 아닙니다. 불의를 알아차리고 그에 대한 복수를 결심했을 때 따라오는 충동이 바로 분노입니다. 즉, 분노는 의지와 판단으로 복수를 결심할 때 일어나는 마음의 격동[8]입니다. 두려움이 도망치려는 욕구를, 분노가 공격하려는 욕구를 품고 있음은 자명합니다. 그렇다면 마음의 동의 없이 무언가를 공격하거나 피하는 것이 가능한지 생각해 보십시오.

제4장

I 정념이 어떻게 시작되어 자라나고 표출되는지 알아야 합니다. 정념의 준비 단계이자 일종의 경고인 첫 단계, 즉 최초의 움직임에는 의지가 개입되지 않습니다. 두 번째 단계에서는 의지가 개입되지만, 아직 통제할 수 없을 만큼 강하지는 않습니다. 이때는 내가 해를 입었으니 복수해야 한다거나, 저 사람이 죄를 지었으니 벌을 받아야 한다고 생각하는 정도입니다. 세 번째 단계는 이미 정념을 통제할 수 없는 상태입니다. 복수가 마땅한지를 따지는 것이 아니라 반드시 복수하겠다고 결심하기 때문에, 이 단계에서는 이성이 정념을 이길 수 없습니다.[9]

---

8 세네카는 앞서 작고 일반적인 움직임을 뜻하는 동사 '모베오'(moveo)라는 표현을 계속 사용하다가, 여기에서는 빠르고 격렬한 움직임을 뜻하는 명사 '콘키타티오'(concitatio)로 표현을 바꾼다. '모베오'는 '움직임'으로, '콘키타티오'는 '격동'으로 번역했다.

9 스토아학파는 감각으로 받아들인 '인상'에 마음이 동의할 때 정념이 생긴다고 보는데, 세네카는 이 '인상'을 "마음이 받는 최초의 타격"이라 표현한다.

                                                           화에 대하여

정념의 최초 움직임, 즉 마음이 받는 첫 타격은 이성으로 피할 수 2
없습니다. 이는 앞서 말한 신체 반응들, 즉 다른 사람의 하품에 따라
하품하거나, 눈을 찌르려는 움직임에 눈을 감는 것처럼 이성으로는
피할 수 없는 것입니다. 이런 반응들은 꾸준한 노력과 연습으로 줄일
수는 있어도 이성으로 완전히 이겨낼 수는 없습니다. 반면 판단에서
비롯된 두 번째 움직임은 판단으로 제거할 수 있습니다.

제5장

우리가 주목해야 할 것이 있습니다. 어떤 사람들은 잔인함이 본성 1
이 되어 사람을 죽이고 피를 보는 것을 즐깁니다. 그들은 자신이 당
한 불의도 없고 스스로도 그렇게 여기지 않으면서도 사람들을 죽이
는데, 우리는 이것을 과연 분노라고 할 수 있을까요? 아폴로도로스
나 팔라리스[10]가 바로 그런 자들이었습니다. 이는 분노가 아닌 포악
함[11]입니다.

---

10 아폴로도로스는 기원전 279-276년까지 마케도니아의 카산드리아를 다스린 참주
였다. 카이노멜레스라는 청년을 살해한 뒤 그 인육을 부하들과 나누어 먹는 충성
맹세 의식을 치른 것으로 악명이 높다. 팔라리스는 기원전 약 570년부터 554년까
지 시칠리아의 아그리겐툼(그리스어로는 '아그리기스')의 참주로, 잔혹한 통치로 악명
을 떨쳤다. 특히 속이 빈 청동 황소상을 만들어 그 안에 사람을 가두고 불로 달궈
죽이는 형벌로 공포의 대상이 되었다. 그러나 기원전 554년 텔레마코스가 이끈
민중 봉기가 일어나자 팔라리스는 자신이 만든 바로 그 청동 황소 안에 갇혀 화형
당하는 최후를 맞았다.

2   그들은 불의를 당해서 다른 사람을 해치는 것이 아닙니다. 오히려 자신이 해를 입을 것을 알면서도 남을 해치려 하고, 복수가 아닌 쾌락을 위해 사람들을 채찍질하고 살해합니다.

3   그렇다면 이런 일은 어떻게 일어나는 것일까요? 이 모든 악의 뿌리에는 분노가 있습니다. 분노가 습관이 되어 관용을 잃고 인간적 유대를 완전히 저버리면, 그 끝은 반드시 잔혹함으로 이어집니다. 이렇게 잔인해진 자들은 웃으며 즐거워하고, 깊은 만족감에 빠져 여유롭게 잔혹한 일을 저지릅니다. 그래서 그들의 표정은 분노에 찬 사람들과는 전혀 다릅니다.

4   한니발은 사람들의 피로 가득 찬 해자를 보고 이렇게 말했다고 합니다. "오, 얼마나 아름다운 광경인가!"[12] 다른 강이나 호수가 사람들의 피로 가득했다면, 그에게는 얼마나 더 아름답게 보였겠습니까? 핏속에서 태어나 어린 시절부터 학살 속에서 자란 사람에게 그것이 최고의 장관으로 보였다 한들, 무슨 놀라운 일이겠습니까? 운명은 20년 동안 그를 따라다니며 그의 잔혹함에 호의를 베풀고, 어디를 가든 그의 눈을 즐겁게 하는 광경들을 보여줄 것입니다. 그는 트라시메누스와 칸나이에서, 그리고 결국 자신의 조국 카르타고 주변에서도 그러한 광경을 목격하게 될 것입니다.[13]

---

11 '페리타스'(feritas, 포악함)는 야수와 같이 사납고 거친 성질을 뜻하며, 야만적이고 잔인한 것을 일컫는다.

12 한니발의 야만성과 잔혹함은 로마의 작가들과 연설가들 사이에서 널리 회자되었다. 세네카가 인용한 이 발언은 현존하는 문헌에는 나타나지 않는다.

13 한니발(기원전 약 247-183년)은 제1차 포에니 전쟁(기원전 264-241년) 패전 후 아버지와 매형을 따라 히스파니아로 건너갔다. 기원전 221년, 26세의 나이로 히스파니아 주둔군 총사령관이 되었다. 어린 시절부터 로마에 대한 복수심을 품었던 그는 제2차 포에니 전쟁(기원전 218-201년)을 일으켰다. 피레네산맥을 넘어 현재의 남프

　　최근에는 신과 같은 아우구스투스[14] 치하에서 아시아 속주의 집정 　5
관 대리였던 볼레수스[15]가 하루에 300명을 도끼로 처형한 뒤, 마치
찬사를 받을 만한 위대한 일을 해낸 듯이 의기양양하게 시체들 사이
를 걸으며 그리스어로 외쳤습니다. "이것이 왕이 하는 일이다!" 만일
이 자가 진정 왕이었다면, 어떤 짓을 저질렀을까요? 이는 분노가 아
닌, 분노보다 훨씬 더 사악하고 치유할 수 없는 악입니다.

랑스를 정복한 뒤, 다시 눈 덮인 알프스를 넘어 이탈리아로 진격했다. 기원전
217년 이탈리아 중부의 트라시메누스 호반 전투에서 로마군을 격파한 것을 시작
으로 연승을 거두었고, 특히 기원전 216년 칸나이 전투에서는 8만 명에 달하는 로
마군을 거의 전멸시켰다. 그러나 로마의 장군 대 스키피오가 히스파니아의 카르
타고군을 격파하고 카르타고 본토를 공격하려 하자, 한니발은 이를 저지하기 위
해 회군했다. 기원전 202년 자마 전투에서 대패함으로써 제2차 포에니 전쟁은 막
을 내렸고, 카르타고는 사실상 쇠락의 길로 접어들었다.

14　로마 제국의 초대 황제는 가이우스 율리우스 카이사르 옥타비아누스(Gaius Julius
Caesar Octavianus, 기원전 63년-기원전 14년)로, 가이우스 율리우스 카이사르(기원전
100-44년)의 양자였다. 기원전 31년 악티움 해전에서 안토니우스를 격파하면서 제
2차 삼두정치는 종식되었다. 원로원과 민회가 그에게 독재권을 부여했으나 그가
이를 거부하자, 대신 '아우구스투스'(Augustus, 지존)라는 칭호를 수여했다. 그는 재
정 운영 성공, 원정에서 얻은 전리품, 제국 전역에 걸친 후견 관계, 군인들의 충성,
원로원이 부여한 권한과 명예, 그리고 민심을 바탕으로 절대 권력을 확립했다. '팍
스 로마나'(pax Romana, 로마의 평화)로 불리는 태평성대는 2세기 이상 지속되었다.
기원후 14년 그의 서거 후 원로원과 민회는 그를 신으로 추대했고, 로마인들은 그
를 신격화하여 '디부스 아우구스투스'(divus Augustus, 신과 같은 아우구스투스)로 칭하
게 되었다.

15　볼레수스는 유력 귀족 가문 출신의 원로원 의원으로, 5년에 집정관을 지냈다.
12년 아시아 속주의 집정관 대리로 재직하던 중 아우구스투스 황제에 의해 반인
도범죄 혐의로 원로원에 고발되어 유죄 판결을 받았다. 아우구스투스는 그의 몰
락을 다룬『볼레수스 메살라에 대하여』를 저술했다.

제6장

1   누군가는 이렇게 주장합니다. "미덕은 도덕적으로 옳은 일에 호의를 보이므로, 도덕적으로 부끄럽고 그릇된 일에는 분노하는 것이 마땅하다." 그렇다면 미덕이 위대하면서도 동시에 비열해야 한다고 말하는 것과 무엇이 다르겠습니까? 올바른 일에는 호의를 보이고 부끄러운 일에는 분노한다는 말은 미덕을 찬양하는 동시에 폄하하는 것입니다. 바른 행위를 기뻐하는 것은 빛나고 위대한 일이지만, 타인의 잘못에 분노하는 것은 비루한 짓이며 마음의 옹졸함을 보여주는 것이기 때문입니다. 미덕은 악덕을 다스릴 때조차 악덕의 수단을 빌리지 않습니다.

2   미덕의 관점에서 보면, 분노는 그 분노를 유발한 잘못보다 결코 나은 것이 아니며, 오히려 때로는 더 큰 해악이 됩니다. 기쁨과 즐거움은 미덕의 본성이지만, 분노는 슬픔만큼이나 미덕과 어울리지 않습니다. 분노는 언제나 슬픔을 벗 삼아 나타나며, 결국에는 후회와 실패 속에서 슬픔으로 되돌아갑니다.

3   만약 타인의 잘못에 분노하는 것이 현자의 도리라면, 더 큰 잘못에는 더 큰 분노를, 잦은 잘못에는 잦은 분노를 보여야 할 것입니다. 결국 현자는 이따금 분노하는 것이 아니라 분노하기 쉬운 기질을 지니게 될 것입니다. 하지만 큰 분노도, 잦은 분노도 현자의 마음에 있을 자리가 없습니다. 그렇다면 현자는 이런 정념으로부터 완전히 벗어나 있다고 보는 것이 마땅하지 않겠습니까?

4   잘못의 크기에 따라 분노해야 한다면, 분노는 끝이 없을 것입니다. 잘못의 크기가 각기 다른데도 모든 잘못에 똑같이 분노한다면, 그것

                                                화에 대하여

은 불공평할 것입니다. 사람들이 악을 저지를 때마다 분노해야 한다면, 결국 끊임없이 분노에 시달리는 삶이 될 것입니다.

제7장

현자의 마음이 타인의 악에 휘둘린다면, 이보다 더 부적절한 일이 있겠습니까? 그렇다면 저 소크라테스도 집을 나설 때와 같은 표정으로 돌아오는 것이 불가능했을 것입니다.[16] 만약 현자가 부도덕하고 부끄러운 일들에 분노해야 하며, 남들의 악행 때문에 늘 마음이 동요하고 울분을 토해야 한다면, 현자보다 더 괴롭고 비참한 이는 없을 것이며, 현자는 온통 분노와 울분 속에서 살아가게 될 것입니다.

현자가 비난하고 단죄해야 할 일을 보지 않고 지낼 순간이 있겠습니까? 그는 집을 나설 때마다 범죄자들, 탐욕스러운 자들, 방탕한 자들, 파렴치한 자들, 그런 악행을 저지르며 기뻐하는 자들을 마주쳐야 합니다. 그가 눈을 돌리는 곳마다 어김없이 분개할 일을 보게 됩니다. 분노할 일이 있을 때마다 분노한다면, 그는 지쳐 쓰러질 것입니다.

이른 새벽부터 법정으로 달려가는 수많은 이들의 소송이 얼마나

---

16 소크라테스는 언제나 같은 평온하고 침착한 표정을 유지한 것으로 알려져 있다. 키케로는 『의무론』 제1권 90에서 이렇게 말한다. "일생 한결같은 마음가짐으로 행동과 모습을 변함없이 유지하는 것이 훌륭한 일이다. 우리는 소크라테스가 그러한 삶을 살았음을 알고 있다."

부끄럽고 그릇된 것이며, 그들을 변호하는 자들은 얼마나 더 부끄럽고 그릇된 자들입니까! 아버지의 유언을 존중하는 것이 더 나은데도 이의를 제기하여 소송하는 자도 있고, 어머니를 법정에 세워 다투는 자도 있으며, 자신은 더 큰 죄를 저지르고서도 남의 범죄를 고발하러 법정에 가는 자도 있습니다. 범죄자들과 같은 죄를 저지른 자가 재판관이 되어 그들을 단죄하고, 군중은 변호인의 그럴듯한 말에 속아 악한 편에 섭니다.

제8장

1 이런 일들을 하나하나 꼽을 필요가 있겠습니까? 인파로 넘쳐나는 법정, 사람들이 북적이는 투표소, 시민들이 모여드는 원형 경기장[17]을 볼 때, 당신은 그곳에 사람 수만큼이나 많은 악덕이 있음을 알고 있습니다.

2 그들은 당신이 보듯 평화로운 차림새를 하고 있지만, 그들 사이에 평화는 없습니다.[18] 작은 이익을 얻고자 서로를 해치려 듭니다. 누구든 다른 이에게 해를 끼치지 않고서는 이득을 얻을 수 없기 때문입니다. 그들은 성공한 자를 증오하고 실패한 자를 멸시합니다. 강자에게

---

17 '키르쿠스'(circus)는 세 면이 계단식 관람석으로 이루어진 고대 로마의 타원형 경기장으로, 전차 경주와 육상 경기, 검투사 경기 등이 열렸다.

18 '토가투스'(togatus)는 '토가를 입고 있는'이라는 뜻이다. 토가(toga)는 고대 로마 시민들이 둘러 입던 긴 겉옷으로 대개 흰색이었다. 후에는 군사력에 대비되는 시민 권력과 평화를 상징하게 되었다.

    화에 대하여

억눌리고 약자를 억누릅니다. 온갖 욕망에 휘둘리며, 하찮은 쾌락과
전리품을 위해 모든 것을 파괴하기를 원합니다. 그들의 삶은 한솥밥
을 먹는 동료들과 목숨을 걸고 싸워야 하는 검투사의 운명과 다르지
않습니다.

이는 야수들의 무리와 같습니다. 다만 야수들은 같은 종끼리는 서 3
로 해치지 않고 평화롭게 지내지만, 인간들은 서로를 찢어발기고서
야 만족한다는 점이 다를 뿐입니다. 짐승과 인간의 유일한 차이는 짐
승은 먹여주는 이에게 순종하지만, 인간의 광기는 길러준 이마저 집
어삼킨다는 것입니다.

제9장

현자가 분노해야 한다면, 한번 분노하기 시작한 뒤에는 멈출 수 없 1
을 것입니다. 악행과 악덕이 어디에나 가득하기 때문입니다. 벌을 줘
도 고쳐지지 않을 정도로 악행이 만연합니다. 사람들은 누가 더 크고
많은 악을 저지를 수 있는지 경쟁합니다. 악을 저지르려는 욕망은 날
로 커지고 부끄러움은 줄어듭니다. 선과 정의에 대한 존중은 사라지
고, 욕망은 탐하는 것이라면 가리지 않고 달려들며, 이제는 악행조차
공공연히 자행됩니다. 이 모든 것이 눈앞에서 벌어지고 있습니다. 악
이 너무도 만연해서 죄를 짓지 않는 자가 드문 것이 아니라 아예 없
다는 생각이 모든 이의 마음속에 자리 잡았습니다.

더 이상 소수만이 간혹 법을 어기는 시대가 아닙니다. 마치 세상에 2
전쟁의 나팔이라도 울린 듯 모든 이가 옳고 그름을 뒤섞기 위해 사방

에서 일어섰습니다.

> 손님은 주인으로부터 안전하지 않고,
> 사위는 장인으로부터 안전하지 않으며, 형제애도 드물다.
> 남편은 아내를, 아내는 남편을 죽이고자 하고,
> 소름 끼치는 계모들은 무서운 독약을 제조하며,
> 아들은 일찍부터 아버지가 언제 죽을지를 계산한다.[19]

3   이는 인간이 저지르는 악행의 극히 일부에 지나지 않습니다. 서로 맞서 싸우는 동족, 적대적 진영에 충성을 맹세한 부모와 자식, 조국에 불을 지르는 시민, 처형 명단에 오른 이들을 찾아 적의를 품고 돌아다니는 기병대, 독이 풀린 우물들, 고의로 퍼뜨린 전염병, 자식들이 부모를 에워싸고 판 구덩이, 사람들로 가득 찬 감옥, 도시 전체를 태운 대화재, 살육으로 물든 폭정, 독재와 학살을 위한 음모, 저지를 수 있었을 때는 범죄였으나 이제는 자랑거리가 된 것, 곧 납치와 강간을 비롯한 입에 담기조차 힘든 욕망에 대해서는 이 시인은 언급조차 하지 않았습니다.

4   여기에 국가 간의 노골적인 거짓 맹약, 조약 파기, 힘없는 자들이 빼앗겨 강자의 전리품이 된 모든 것, 기만, 절도, 사기를 더해야 합니다. 이런 사건들을 다루고자 법정을 세 배로 늘려도 여전히 부족합니다. 만약 악행이 일어날 때마다 현자가 분노하기를 바란다면, 현자는 단순히 분노하는 데 그치지 않고 광기에 사로잡혀야 합니다.

---

19 오비디우스의 『변신 이야기』 제1권 444-448에 나온다.

제10장

따라서 사람들의 잘못에 대해 전혀 분노하지 말아야 한다고 말하 1
는 편이 더 나을 것입니다. 어둠 속에서 발을 헛디딘 이들, 귀가 들리
지 않아 지시를 제대로 듣지 못한 이들, 또래들과 장난치며 놀다 해
야 할 일을 소홀히 한 아이들, 병들고 늙어 쇠약해진 이들에게 누가
분노할 수 있겠습니까? 인간의 약점 중 하나는 우리의 마음이 무지
할 뿐 아니라, 그 무지한 상태에서 잘못을 저지르기를 좋아한다는 점
입니다.

개인에게 분노하지 않으려면 모든 이를 용서하고 인류 전체에게 2
관용을 베풀어야 합니다. 젊은이와 노인의 잘못에 분노한다면 유아
에게도 분노해야 할 것입니다. 그들 역시 잘못을 저지를 테니까요.
하지만 어려서 아직 사리를 분별하지 못하는 아이들에게 누가 분노
하겠습니까? 그러나 어린아이이기 때문이 아니라 인간이기에 용서
한다고 말하는 것이 더 고귀하고 정당할 것입니다.

우리는 그런 조건 속에서 태어납니다. 인간은 신체의 질병만큼이 3
나 마음의 병에도 종속된 존재입니다. 우리의 마음은 둔하거나 느린
것이 아니라, 오히려 그 영리함을 악한 방향으로 활용하여 서로에게
악덕의 본보기가 되곤 합니다. 앞서간 이들의 그릇된 길을 따르는 이
들은, 많은 이들이 가는 길이라 자신도 어쩔 수 없었다고 말할지도
모릅니다.

지휘관은 한 병사가 탈영할 때는 엄히 다스려야 하지만, 군대 전체 4
가 탈영할 때는 관용을 베풀어야 합니다. 현자가 분노하지 않는 이유
는 무엇일까요? 잘못을 저지르는 이가 너무나 많기 때문입니다. 현

자는 수많은 사람이 저지르는 악에 분노하는 것이 얼마나 부적절하고 위험한지 알고 있습니다.

5 　헤라클레이토스[20]는 매번 집을 나설 때마다, 거리에서 비참하게 살아가는 이들, 아니, 사실상 죽어가고 있는 이들의 모습을 보고 눈물을 흘렸습니다. 그는 스스로를 행복하다 믿으며 순진하게 살아가는 나약한 영혼들을 안타깝게 여겼고, 자신 역시 그가 한탄해야 할 대상 중 하나였습니다. 반면 데모크리토스[21]는 사람들 앞에서 늘 웃었다고 합니다. 사람들이 심각하게 생각하고 행동하는 일들 중 그에게 심각해 보이는 것은 없었기 때문입니다. 거기에 분노가 들어설 자리가 어디 있었겠습니까? 모든 것은 웃거나 울어야 할 일이었기 때문입니다.

6 　현자는 잘못을 저지르는 이들에게 분노하지 않습니다. 왜 그럴까요? 현자는 타고나지 않고 길러진다는 것을 알며, 또한 역사의 흐름 속에서 현자의 길에 이르는 이가 얼마나 드문지를 알기 때문입니다. 또한 인간이 어떤 조건 속에서 살아가는지를 꿰뚫어보고 있으며, 제정신인 사람이라면 자연과 본성에 분노할 수 없음을 알기 때문입니

---

20 헤라클레이토스(기원전 약 540-480년)는 소아시아 에페소스 출신으로, 고대 그리스의 소크라테스 이전 주요 철학자 중 한 사람이다. 그는 만물의 근원을 불로 보았으며, 대립물의 충돌과 조화, 다원성과 통일성의 긴밀한 관계인 로고스(Logos)를 중시했다. 인간을 불신하고 혐오했던 그는 우울과 고독 속에서 오만하고 어두운 삶을 살았다. 이런 그는 '웃는 철학자' 데모크리토스와 대조적으로 '우는 철학자'로 알려졌다.

21 데모크리토스(기원전 약 460-370년)는 트라키아 지방 압데라 출신으로, 고대 그리스의 소크라테스 이전 주요 철학자 중 한 사람이다. 그는 원자론적 우주관을 체계화했으며, 사람의 영혼과 지성 역시 원자로 이루어진 섬세한 물질이라고 보았다. 그는 원자로 구성된 혼의 안정되고 명랑한 상태인 쾌활함, 즉 행복을 인간 삶의 궁극적 목적으로 여겼다. 이러한 가르침으로 인해 '웃는 철학자'라 불렸다.

　화에 대하여

다. 가시덤불 숲에 사과가 열리지 않는다거나, 엉겅퀴와 찔레에 쓸모 있는 열매가 맺히지 않는다고 이상하게 여길 사람이 있겠습니까? 자연이 태생적으로 만든 결점에는 누구도 분노하지 않습니다.

그래서 현자는 잘못에 관대하고 차분하며, 잘못을 저지른 이들의 적이 아닌 조언자가 되어, 매일 이런 마음으로 집을 나섭니다. "나는 술에 만취한 많은 이들, 욕정에 사로잡힌 이들, 배은망덕한 이들, 탐욕스러운 이들, 야망에 미친 이들을 만나게 될 것이다."[22] 의사가 환자를 바라보듯, 현자는 이 모든 이들을 따뜻한 마음으로 대할 것입니다. 7

배의 이음새가 벌어져 사방에서 물이 새어들 때, 선장이 선원들과 배를 향해 분노하겠습니까? 오히려 그는 서둘러 달려가 어떤 물은 막고 어떤 물은 퍼내며, 보이는 구멍과 보이지 않는 틈새를 막는 일을 멈추지 않을 것입니다. 물을 퍼낼수록 배가 떠오르기에 그는 그 일을 계속할 것입니다. 끊임없이 넘쳐나는 악에 맞서 끈질기게 노력하는 것은 악을 완전히 없애기 위해서가 아니라, 악이 세상을 지배하지 못하게 하기 위해서입니다. 8

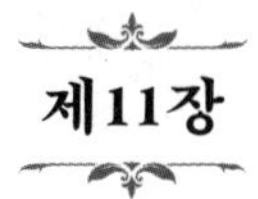

제11장

누군가는 이렇게 주장합니다. "분노는 경멸을 막고 악인들에게 두 1

---

22 모든 것을 미리 예상하고 마음의 준비를 하여 실제 일어났을 때 담담히 대처하는 것은 스토아학파의 가르침이자 심리치료 방법이었다.

려움을 심어주므로 유용하다." 하지만 분노가 그런 위협적인 힘을 가지려면 그 자체로 두렵고 혐오스러워야 하는데, 이는 멸시당하는 것을 피하려다 더 위험한 상황을 자초하는 일입니다. 게다가 분노가 그만한 힘을 발휘하지 못한다면, 오히려 더 큰 경멸을 받고 조롱을 피할 수 없게 됩니다. 헛되이 소란만 피우는 분노보다 더 공허한 것이 있겠습니까?

2　더 두렵다고 해서 반드시 더 강한 것은 아닙니다. 그래서 나는 "야수뿐 아니라 현자의 무기 또한 두려움을 줄 수 있다"는 말을 현자에게 적용하고 싶지 않습니다. 열병이나 통풍, 악성 궤양 같은 질병도 사람들에게는 두려움의 대상입니다. 하지만 그런 것들 속에 과연 어떤 좋은 점이 있겠습니까? 오히려 그것들은 본래부터 경멸스럽고 혐오스럽고 역겨워서 두려운 것이지, 존경이나 힘에서 비롯된 두려움이 아닙니다. 분노도 마찬가지입니다. 그것은 본질적으로 위엄이나 힘이 아니라 추함과 역겨움으로 사람을 두렵게 만듭니다. 아이들이 보기 흉한 가면에 놀라는 것처럼, 분노 역시 그 흉측한 얼굴로 많은 이들을 겁에 질리게 할 뿐입니다.

3　더구나 두려움은 늘 그것을 심어준 사람에게 되돌아오기 마련이어서, 남을 두렵게 만든 자는 스스로도 두려움의 포로가 됩니다. 여기서 라베리우스[23]가 내전 중 극장에서 읊었던 시구를 떠올려봅시다.

23　라베리우스(기원전 약 106-43년)는 로마 공화정 말기의 기사 계급 출신 희극작가이다. 기원전 46년에 독재관이었던 가이우스 카이사르는 모든 작가들이 자신의 작품에 직접 배우로 출연하여 실력을 다투는 경연대회를 열었다. 이 자리에서 라베리우스는 시리아 출신 노예로 분장하여 독재자 가이우스 카이사르를 날카롭게 풍자하는 여러 대사를 했는데, 여기 인용된 것이 가장 유명하다. "네케세 에스트 물토스 티메아트 퀨 물티 티멘트"(Necesse est multos timeat quem multi timent: "많은 이들이 두려워하는 자는 필연적으로 많은 이들을 두려워한다").

"많은 이를 두렵게 하는 자는 많은 이를 두려워하게 된다." 이 구절이 모든 이의 가슴을 울린 것은, 바로 대중의 마음을 대변했기 때문입니다.

자연은 이처럼 남을 두렵게 해 힘을 얻으려는 자 누구도 두려움에 4
서 벗어나지 못하게 했습니다. 사자의 심장도 작은 소리에 떨리며, 가장 사나운 맹수도 그림자와 소리, 낯선 냄새에 놀랍니다. 두려움을 주는 자는 누구나 스스로도 두려움에 빠집니다. 이것이 현자가 남을 두렵게 하는 존재가 되길 기부하고, 공포를 일으키는 분노를 대단하게 여기지 않는 이유입니다. 독이나 썩은 뼈나 물어뜯는 짐승처럼 하찮은 것도 사람들에게 두려움을 줄 수 있기 때문입니다.

수많은 들짐승 무리 앞에 깃털 장식을 단 그물을 쳐 놓으면, 짐승 5
들은 그것을 통과하지 못하고 주춤거리며 돌아섭니다. 이러한 본능을 이용해 짐승들을 덫으로 유인하는 것은 흔한 수법입니다. 실체 없는 것이 허황된 것에게 공포를 불러일으킬 때[24] 우리는 이를 공포 효과라고 부릅니다. 사자는 전차가 움직이는 것만 보아도 겁을 먹고 달아나고, 코끼리는 단지 돼지의 울음소리만으로도 놀랍니다.

이처럼 분노가 사람들에게 주는 두려움은 그림자가 아이들을, 붉 6
은 깃털이 들짐승을 놀라게 하는 것과 다르지 않습니다. 분노는 그 자체로는 아무런 힘이나 용기도 없으면서, 연약한 마음을 뒤흔들 뿐입니다.

---

24 라틴어 원문에서 "실제 없는 것"과 "허황된 것"으로 번역한 표현은 동일한 단어 '비 눔'(vanum)을 사용하고 있다. Vanum은 본래 '비어 있음', '속이 빈 상태'를 뜻하며, 문맥에 따라 '헛된', '무의미한', '실체 없는' 등의 의미로 해석된다. 따라서 번역문에 나타난 "실체 없는"과 "허황된"이라는 표현은 문맥에 따라 vanum의 의미를 다르게 풀어낸 것이다.

제12장

1   누군가는 이렇게 주장합니다. "분노를 없애려면 자연의 질서에서 악을 제거해야 한다. 그러나 이것은 둘 다 불가능하다." 우선 자연의 질서 속에서 겨울인데 춥지 않거나, 한여름인데 덥지 않을 수는 없습니다. 하지만 자연이 은혜를 베푼 지역에는 일 년 내내 춥거나 더운 계절이 없고, 단련된 몸은 더위와 추위를 이겨냅니다. 이제 반대로 생각해보십시오.

2   분노를 받아들이려면 먼저 미덕을 마음에서 지워야 합니다. 미덕과 악덕은 함께할 수 없으며, 병든 사람이 동시에 건강할 수 없듯이 선한 사람이 동시에 분노할 수는 없기 때문입니다.

3   누군가는 이렇게 말합니다. "분노를 마음에서 완전히 지우는 것은 불가능하다. 인간의 본성이 그것을 허락하지 않는다." 하지만 인간 정신이 극복하지 못하거나 꾸준한 노력으로 익숙해질 수 없을 만큼 어려운 것은 없으며, 훈련으로 다스릴 수 없을 만큼 거친 정념도 없습니다.

4   인간의 정신은 스스로에게 명한 것은 무엇이든 이루어냈습니다. 어떤 이는 평생 웃지 않는 데 성공했고,[25] 어떤 이는 술을, 어떤 이는 성생활을, 어떤 이는 물을 전혀 취하지 않았습니다. 어떤 이는 짧은 잠으로 만족하며 계속 깨어 있었고, 어떤 이는 높이 매단 가는 줄을 타는 법을 익혔으며, 어떤 이는 인간의 힘으로는 감당하기 어려운 거

---

25 대중연설가 마르쿠스 크라수스는 평생 단 한 번만 웃었다고 전해진다.

    화에 대하여

대한 짐을 나르는 법을 배웠고, 어떤 이는 깊은 바닷속에서 숨을 참고 견디는 법을 터득했습니다.

이 밖에도 불굴의 의지로 온갖 장벽을 넘어서고, 인간의 정신이 스 5 스로에게 견디라고 명한 것은 이루지 못할 일이 없다는 사실을 증명해주는 사례는 무수히 많습니다. 제가 방금 언급한 이들은 그들의 끈질긴 노력에 걸맞은 보상을 받지 못했거나, 그에 미치지 못하는 대가를 받았습니다. 공중의 줄 위를 걷는 법을 익힌 사람, 무거운 짐을 어깨에 짊어지는 법을 배운 사람, 졸음을 이기고 깨어 있는 법을 터득한 사람, 깊은 바닷속으로 들어가는 법을 익힌 사람이 과연 얼마나 큰 보상을 받았겠습니까? 그들은 자신의 수고에 걸맞은 보상을 받지 못했지만, 스스로 정한 목표는 이루어냈습니다.

그런데 결코 흔들리지 않는 평온한 마음이라는 위대한 선물이 기 6 다리고 있는데, 어찌하여 인내의 힘을 빌리려 하지 않습니까? 분노라는 최악의 악덕뿐 아니라, 그 추종자들인 광기와 폭력, 잔혹함, 광란과 같은 정념들로부터 자유로워질 수 있다면, 이보다 더 귀중하고고귀한 일이 어디 있겠습니까?

제13장

우리는 그런 정념들이 유용하거나 불가피하다는 말로 자신을 변 I 명하거나 그것에 빠진 상태를 합리화해서는 안 됩니다. 모든 악덕에는 변명거리가 있지 않습니까? 그것을 완전히 없앨 수 없다고 말하지 마십시오. 우리가 앓는 병은 치료가 가능합니다. 우리는 옳은 일을 하도록 태어났기에, 치료받고자 한다면 자연이 도와줄 것입니다. 어떤 이들의 생각과 달리, 미덕으로 향하는 길은 가파르고 험난하지 않고[26] 평탄합니다. 제가 여러분에게 허황된 이야기를 지어내는 것이 아닙니다.

2   행복한 삶에 이르는 길은 쉽습니다. 좋은 징조와 신들의 은혜로운 도움을 받아 그 길에 들어서기만 하십시오. 지금 여러분이 하는 일들이 오히려 더 힘듭니다. 평정심보다 더 편안한 것이 무엇이며, 분노보다 더 수고로운 것이 무엇이겠습니까? 관용보다 더 여유로운 것이, 잔인함보다 더 분주한 것이 무엇이겠습니까? 욕망이 없으면 한가하지만, 욕망이 많으면 해야 할 일도 많아집니다. 결국, 모든 미덕을 지키는 것은 쉽지만, 악덕을 키우고 유지하는 데는 큰 대가가 따릅니다.

3   분노는 제거되어야 합니다. 이는 분노를 줄여야 한다고 말하는 이들도 어느 정도 동의합니다. 분노는 완전히 사라져야 합니다. 조금도 이로운 것이 없기 때문입니다. 분노가 없다면 악행을 근절하고 악인을 처벌하여 교화하는 일이 더 쉽고 올바르게 이루어질 것입니다. 현자는 자신의 의무를 수행하는 데 있어 어떤 악의 도움도 필요로 하지 않으며, 악을 빌려 적당한 수준에서 악을 통제하려는 어설픈 시도 역시 하지 않을 것입니다.

---

26 헤시오도스가 『노동과 나날』 287절 이하에서 "악덕의 길은 쉽고 미덕의 길은 가파르고 험하다"고 말한 이후, 이는 널리 알려진 통념이 되었다. 이러한 두 길의 주제와 관련해 유명한 것은 헤라클레스의 일화다. 그리스 신화의 최고 영웅 헤라클레스는 18세가 되던 해에 쾌락과 미덕이라는 두 아름다운 요정의 방문을 받는다. 그들은 헤라클레스에게 자신들의 이름 중 하나를 선택하여 삶의 목적을 정하라 하면서, 쾌락을 택하면 늘 즐겁고 편안한 삶을, 미덕을 택하면 살아가는 동안 많은 고난을 겪되 후에 불멸의 삶을 얻게 된다고 말했다. 헤라클레스는 깊이 고민한 끝에 미덕을 선택했다고 한다.

     화에 대하여

제14장

그러므로 우리 안에 분노하는 성향이 자리 잡게 해서는 안 됩니다. 1 물론 때로는 학생들의 정신이 해이해졌을 때 그들을 각성시키기 위해 분노하는 듯한 모습을 보여야 할 때도 있습니다. 이는 느리게 가는 말을 채찍과 횃불로 다그쳐 달리게 하는 것과 같습니다. 이성이 닿지 않는 이들에게는 때로 두려움을 주어야 할 때도 있습니다. 하지만 분노는 슬픔이나 두려움만큼이나 쓸모없습니다.

"그렇다면 어떻습니까?

분노하지 않을 수 없는 일들이 일어나지 않습니까?" 하지만 그럴 2 때일수록 분노와 치열하게 맞서야 합니다. 마음을 다스리는 일은 생각만큼 어렵지 않습니다. 격투기 선수들은 온몸의 신경을 곤두세우면서도, 상대의 기력을 소진시키고 분노가 아닌 적절한 순간을 노려 반격하기 위해 맞는 고통을 견뎌냅니다.

격투 선수를 가르치는 최고의 스승이었던 피로스[27]는 제자들에게 3 늘 분노하지 말라고 가르쳤다고 합니다. 분노는 오직 상대방을 해칠 기회만을 찾게 만들어 기술을 제대로 쓰지 못하게 한다는 이유에서였습니다. 이성은 인내를 권하지만, 분노는 주로 복수를 부추깁니다. 그래서 처음에 입은 해를 피할 수 있었는데도, 분노 때문에 더 큰 화를 자초하게 됩니다.

어떤 이들은 한 마디 모욕을 침착하게 참지 못해 추방되었고, 어떤 4

---

27 피로스에 관해서는 더 알려진 바가 없다.

이들은 작은 부당함을 묵묵히 견디지 못해 큰 손해를 보았으며, 어떤 이들은 누리던 자유가 조금 줄어든 것에 분개하다가 노예 신세가 되었습니다.

제15장

I 누군가는 이렇게 주장합니다. "게르마니아인과 스키타이인[28] 같은 자유로운 부족들을 보라. 그들은 누구보다도 쉽게 분노하는 기질을 지녔으니, 이는 분노 자체가 고귀하고 뛰어난 면을 지니고 있음을 보여준다." 그러나 이런 부족들이 그런 성향을 갖게 된 것은, 본래 용맹하고 강인한 기질이 교육으로 다듬어지기 전에는 분노하기 쉽기 때문입니다. 어떤 성질은 훌륭한 본성에서만 자라나는데, 이는 마치 강한 땅이 저절로 울창한 숲을 이루고, 기름진 땅에 큰 나무들이 자라는 것과 같습니다.

2 이처럼 본래 용맹한 기질은 쉽게 분노를 품으며, 불길처럼 뜨겁고 거세어 섬세함이라곤 조금도 없습니다. 하지만 수련으로 다듬어지지 않고 자연스러운 장점만으로 생겨난 모든 것이 그렇듯, 이런 기질의 활력은 미완성이어서 빨리 길들이지 않으면 용맹과 함께하던 악덕인

---

28 스키타이인들(Scytha, '스키타')은 이란계 고대 유목 기마민족을 일컫는다. 기원전 9-8세기에 걸쳐 중앙아시아에서 카스피해와 흑해 연안의 초원지대로 이주해 살았다. 로마인들은 유럽과 아시아 북방, 흑해 너머에 살던 유목 민족들을 통틀어 이렇게 불렀다.

 화에 대하여

만용과 성급함이 자리 잡게 됩니다. 어떻습니까?

온순한 마음에도 겁약함과 애착과 부끄러움 같은 작은 결점들이 ₃ 함께하지 않습니까? 저는 이런 약점들을 통해 오히려 누군가의 선한 본성을 증명해 보일 수도 있습니다. 하지만 그것이 더 나은 성품의 징표일 수는 있어도, 결점이라는 사실에는 변함이 없습니다.

또한 이런 야성적이고 자유로운 부족들은 사자나 늑대처럼 노예 ₄ 가 되지는 않지만, 그렇다고 다른 이들을 다스리거나 이끌 수도 없습니다. 그들은 인간다운 힘이 아닌 길들여지지 않은 야수의 힘을 지녔기 때문입니다. 통치받을 수 없는 자는 통치할 수도 없습니다.

그래서 지금까지 제국을 세운 이들은 대개 온화한 기후에서 살았 ₅ 던 사람들이었습니다. 추운 북방의 사람들은 성격이 거칠고 둔탁했습니다. 어떤 시인이 말했듯 "그들은 그곳의 날씨를 닮았다"²⁹라고 합니다.

제16장

누군가는 말합니다. "동물은 분노가 많을수록 더 고귀하고 뛰어난 ₁ 존재로 여겨진다." 하지만 동물의 예를 인간에게 적용하는 것은 잘못입니다. 동물에게는 이성 대신 충동이, 인간에게는 충동 대신 이성이 있습니다. 게다가 어떤 특정한 성질이 모든 동물에게 이로운 것도 아

---

29 출처는 알려지지 않았다.

닙니다. 사자에게는 분노하기 쉬운 성질이, 사슴에게는 겁많은 성질이 도움이 됩니다. 매에게는 공격성이, 비둘기에게는 도망치려는 성질이 유익합니다.

2 　과연 분노를 가장 많이 품은 동물이 가장 뛰어난 동물일까요? 다른 동물을 잡아먹고 사는 짐승들은 더 많이 분노할수록 더 뛰어날 수 있겠지만, 길들인 소와 말은 순한 성질로 인정받습니다. 인간은 모든 동물 중 유일하게 세상과 신을 알고 닮으려 하는 존재인데, 이런 비참한 짐승들과 비교하는 까닭이 무엇입니까?

　누군가는 말합니다. "분노하기 쉬운 사람들이 가장 순수한 사람들이다."

3 　이는 분노하기 쉬운 이들이 속마음을 다 드러내 보이므로, 사기꾼이나 교활한 자들에 비해 순수해 보이기 때문입니다. 하지만 그들은 순수한 것이 아니라 분별없는 것입니다. 우리는 어리석은 자, 사치스러운 자, 낭비하는 자 그리고 자신의 악덕을 거리낌 없이 드러내는 모든 이를 분별없다고 합니다.

제17장

1 　누군가는 이렇게 말합니다. "대중연설가는 흔히 분노할 때 더 뛰어난 연설을 한다." 실제로 연설가는 진짜 분노에 휩싸였을 때가 아니라 분노하는 듯한 연기를 할 때 더 빼어난 연설을 이끌어냅니다. 배우들도 실제로 화가 난 것이 아니라 분노한 사람의 모습을 잘 연기할 때 청중의 마음을 움직이기 때문입니다. 그래서 배심원들 앞에서든,

민회에서든 또는 다른 이들의 마음을 우리가 원하는 대로 움직여야 하는 모든 상황에서, 때로는 분노를, 때로는 두려움을, 때로는 연민을 불러일으키려면 우리 스스로 그런 감정을 연기해야 합니다. 실제 감정으로는 이루지 못한 것을 연기한 감정으로 이뤄낸 경우가 많습니다.

누군가는 말합니다. "분노 없는 마음은 무기력하다." 마음이 분노 [2] 보다 더 강한 것을 지니지 못했다면, 이 말이 맞을 것입니다.

우리는 강도가 되어서도 안 되고 강도의 희생자가 되어서도 안 됩니다. 너무 유약해서노, 너무 잔인해서도 안 됩니다. 전자는 지나치게 여린 마음을, 후자는 지나치게 강한 마음을 지닌 것입니다. 현자는 중도를 지켜야 하며, 더 큰 힘이 필요한 일을 할 때는 분노가 아닌 자신의 힘을 의지해야 합니다.

제18장

지금까지는 분노에 관해 살펴볼 것을 다루었으니, 이제는 분노를 [1] 어떻게 다스려야 하는지를 논하고자 합니다. 제가 보기에 분노를 다스리는 방법에는 두 가지가 있습니다. 하나는 애초에 분노에 빠지지 않는 것이고, 다른 하나는 분노 중에도 잘못을 저지르지 않는 것입니다. 몸을 돌보는 데는 건강을 지키는 처방이 있고 잃은 건강을 되찾는 처방이 있듯이, 마찬가지로 분노를 막는 처방이 있고, 분노를 다스리는 처방이 있습니다. 우리는 분노를 피하기 위해 평생 지켜야 할 처방들을 제시할 것입니다.

2   인생은 교육을 받는 시기와 그 이후의 시기로 나뉩니다. 교육에는 큰 노력이 필요하지만, 그만큼 큰 이익을 줍니다. 아직 부드러운 마음을 원하는 모습으로 만드는 것은 쉽지만, 이미 자리 잡은 악덕을 몰아내기는 어렵기 때문입니다.

<h2 style="text-align:center">제19장</h2>

1   타고난 기질이 불같은 사람은 쉽게 분노하게 됩니다. 불, 물, 공기, 흙이라는 네 원소가 있듯, 각각에 상응하는 뜨거움, 차가움, 건조함, 습함이 있습니다. 이 네 원소의 배합에 따라 지역, 동물, 신체, 성격의 다양한 차이가 생겨납니다. 그렇게 어떤 원소가 우세해지면, 성격도 그쪽으로 치우치게 됩니다. 그래서 우리는 어떤 지역을 습하다거나, 건조하다거나, 덥다거나, 춥다고 말합니다. 이러한 차이는 동물뿐 아니라 인간에게도 그대로 나타납니다.

2   각 개체 안에 있는 습한 기운과 뜨거운 기운의 양에 따라 개체 간의 차이가 생깁니다. 어떤 원소가 더 많이 들어 있느냐에 따라 성격과 기질이 정해집니다. 본래 뜨거운 기운이 많은 사람은 쉽게 분노하는 성질을 갖게 됩니다. 불은 활동력이 강하고 거세어 쉽게 꺾이지 않기 때문입니다.[30] 차가운 기운이 많은 사람은 겁 많고 소심한 성질

---

30 '활동력이 강하고'는 '악투오수스'(actuosus)를, '거세어 쉽게 꺾이지 않는'은 '페르티낙스'(pertinax)를 번역했다. '악투오수스'는 끊임없이 움직이고 활동하는 성질을, '페르티낙스'는 고집 세고 완고하여 굽히지 않고 굴하지 않는 성질을 뜻한다.

화에 대하여

을 갖게 됩니다. 차가운 기운은 움츠러들고 수축하는[31] 성질이 있기 때문입니다.

그래서 우리 스토아학파의 일부는 사람이 화날 때 심장 주변에서 3 피가 끓어오른다는 점에서, 분노가 가슴에서 생긴다고 봅니다.[32] 분노의 발생지로 가슴을 가장 유력하게 보는 이유는 단순히 몸 전체에서 가슴이 가장 뜨겁기 때문입니다.

습한 기운이 많은 사람에게는 분노가 천천히 올라옵니다. 그들은 4 열기가 미리 축적되지 않았기 때문에, 몸을 움직여야만 열이 생깁니다. 그래서 아이들과 여자들의 분노는 무겁지 않고 날카로우며, 처음에는 더 가볍습니다. 인생에서 건조한 시기를 지나는 이의 분노는 격렬하고 강하지만, 더 커지거나 늘어나지는 않습니다. 열기가 줄면서 차가움이 그 자리를 대신하기 때문입니다. 그래서 노인들은 아프거나 건강할 때나 까다롭고 불평이 많습니다. 기력이 떨어지거나 피가 줄어 열기를 유지하지 못하기 때문입니다.

목마름이나 굶주림으로 쇠약해진 사람들, 피가 부족하거나 영양이 5 떨어진 사람들도 같은 이유로 그렇습니다. 술은 열기를 더해 분노를

---

31 '움츠러들고'는 '피게르'(piger)를, '수축하는'은 '콘트락투스'(contractus)를 옮겼다. '피게르'는 어떤 일을 주저하고 피하며, 물러나고 회피하려는 태도, 즉 소극적이고 나태한 성향을 나타낸다. 반면 '콘트락투스'는 바깥으로 퍼지지 않고 안으로 모이며 응축되는, 즉 좁아지고 줄어드는 성질을 가리킨다. 두 단어는 모두 위축된 상태를 나타내지만, 전자는 의지적 태도에, 후자는 물리적·심리적 반응에 더 가깝다.

32 아마도 포세이도니우스(기원전 약 135-51년)를 뜻하는 것으로 보인다. 그는 스토아학파 철학자이자 정치학자, 천문학자, 역사가, 지리학자로서 스토아학파에서 가장 박식한 인물로 알려졌다. 아테네에서 파나이티우스(기원전 약 185-109년)에게 배운 뒤 히스파니아, 아프리카, 이탈리아, 갈리아, 시칠리아 등지를 여행하며 자연을 연구했다. 이 견해는 아리스토텔레스의 『영혼론』 403a31로 거슬러 올라간다.

일으킵니다. 타고난 체질에 따라 어떤 이는 많이 마셔야 열이 오르고, 어떤 이는 조금만 마셔도 열이 오릅니다. 금발인 사람이나 얼굴빛이 붉은 사람이 쉽게 화를 내는 것도 같은 이치입니다. 그들은 피가 본래 활발하게 움직여 늘 들끓고 있어서, 다른 사람들은 화가 났을 때만 띠는 안색을 타고난 것입니다.

제20장

1 사람들이 쉽게 분노하는 성질을 갖게 되는 것은 타고난 체질 때문만이 아니라, 여러 우연한 원인도 한몫합니다. 어떤 이는 병이나 신체의 상처로 그렇게 되고, 어떤 이는 고된 노동, 잠을 못 이루는 밤, 끝없는 걱정과 고민 혹은 욕정에 빠져 그렇게 됩니다. 이처럼 몸과 마음을 해치는 모든 것이 불평으로 가득한 병든 정신을 만들어냅니다.

2 하지만 이런 것은 모두 시작이자 계기에 불과합니다. 가장 중요한 것은 습관입니다. 습관이 깊이 자리 잡으면 악덕을 키우고 강하게 만듭니다. 본성은 바꾸기 어렵습니다. 태어날 때 한번 섞인 원소들은 되돌릴 수 없기 때문입니다. 그러나 알아두면 도움이 되는 것이 있습니다. 뜨거운 체질은 술을 피해야 합니다. 플라톤은 아이들에게 술을 주어서는 안 된다고 보았고, 불에 불을 더하는 것을 금했습니다.[33] 또

---

33 플라톤의 『법률』 666a에 나온다.

                        화에 대하여

한 과식을 삼가야 하는데, 몸이 부풀어 오르면 마음도 함께 팽창하기 때문입니다.

뜨거운 기운이 많은 사람은 체력이 완전히 소진되지 않을 만큼만 3 적당히 힘든 일을 하여, 과도한 열기를 밖으로 배출해야 합니다. 뜨거운 기운을 모두 없애는 것이 아니라 적절히 줄이는 것이 좋습니다. 놀이도 좋은 방법입니다. 알맞은 즐거움은 마음을 풀어주어 평온한 상태로 만들어주기 때문입니다.

습하거나 건조하거나 차가운 체질을 가진 사람들은 분노의 위험에서 4 는 벗어나 있지만, 겁이 많고 까다롭고 좌절하기 쉽고 의심이 많은 등의 소극적인 악덕을 경계해야 합니다. 그래서 이런 체질은 칭찬하고 따뜻 하게 감싸주며 즐거움을 이끌어내야 합니다. 분노와 우울에는 서로 다 른 치료법이 필요한데, 단순히 정도가 다른 것이 아니라 성향 자체가 정 반대이므로, 언제나 더 강한 기질에 초점을 맞춰 치료해야 합니다.

제21장

아이들을 꾸준히 건강하게 키우는 것이 가장 좋지만, 그 균형을 잡 1 기는 쉽지 않습니다. 분노를 키워서는 안 되지만, 타고난 좋은 기질 을 억눌러서도 안 되기 때문입니다.

이를 위해서는 세심한 관찰이 필요합니다. 칭찬할 만한 성향과 꾸 2 짖어야 할 성향은 자주 닮은 모습을 하고 자라나기에, 아무리 주의해 도 그 유사함에 쉽게 속기 마련입니다.

아이의 기운은 자유롭게 두면 커지고 억압하면 작아집니다. 칭찬 3

받고 희망을 보면 의기충천해지지만, 오만과 분노의 성질도 함께 자
라납니다. 그러므로 때로는 제어하고, 때로는 북돋우며 이 둘을 조절
해야 합니다.

4   아이에게 비굴한 행동을 하게 해서는 안 됩니다. 무언가를 구걸하
게 해서도, 구걸로 보상받게 해서도 안 됩니다. 대신 과거의 바른 행
동과 미래의 올바른 약속을 통해 스스로의 힘으로 얻게 해야 합니다.

5   또래와의 경쟁에서 아이가 좌절하거나 분노하게 해서는 안 됩니
다. 경쟁 관계에 있는 아이들과 오히려 친구가 되게 하고, 경쟁을 통
해 상대를 해치려 하기보다는 이기려는 태도를 기를 수 있도록 도와
야 합니다. 다른 아이들보다 뛰어나거나 칭찬받을 만한 일을 할 때마
다 격려하되, 지나치게 기뻐하게 해서는 안 됩니다. 과도한 기쁨은
의기양양함을 낳고, 이는 자만과 과대평가로 이어지기 때문입니다.

6   적당한 휴식은 필요하지만, 게으르게 놀게 하거나 마음대로 하도
록 내버려두어서는 안 됩니다. 기분을 맞추며 떠받들어 키우는 것만
큼 분노하기 쉬운 성질을 만드는 것은 없기 때문입니다. 이런 까닭에
응석받이로 자란 외동이나, 하고 싶은 대로 자란 고아의 마음은 더
병들어 있습니다. 원하는 것을 한 번도 거절당하지 않고, 걱정 많은
어머니가 늘 눈물을 닦아주며 자랐거나, 보호자의 제재 없이 제멋대
로 살아온 아이들에게는 시련을 견딜 힘이 없기 때문입니다.

7   행운이 찾아올수록 분노하기 쉬운 성질도 커진다는 것을 모르십
니까? 이는 부자와 귀족, 고위 관리들에게서 특히 잘 드러납니다. 그
들의 마음속에 있는 가볍고 헛된 것이 행운의 바람을 타고 부풀어 오
르기 때문입니다. 잘 풀리면 분노하기 쉬운 성질이 자라납니다. 아첨꾼
들이 교만해진 그의 귀에 대고 이렇게 속삭이기 때문입니다. "저자가
감히 당신에게 말대꾸를 하다니요? 저런 자를 그냥 두는 것은 당신의

지위에 맞지 않습니다. 당신을 낮추는 일입니다." 이처럼 본래 선한 성품을 지닌 건강한 정신조차 물리치기 힘든 말들이 쏟아져 나옵니다.

그러므로 아이들에게는 아부하는 말을 하지 말고 진실을 들려주 8 어야 합니다. 또한 어른을 공경하고 만나면 일어서게 해야 합니다. 분노로 자신의 뜻을 이루게 해서는 안 됩니다. 울 때는 아무것도 주지 말고 울음을 그쳤을 때 주어야 합니다. 부모의 재산은 볼 수는 있되 쓰지는 못하게 해야 합니다.

잘못한 일에는 꾸중을 들어야 합니다. 아이들에게 온화한 스승과 9 보모를 두는 것이 좋습니다. 어리고 연약한 존재는 가장 가까이 있는 사람들과 정을 나누며 그들을 자연스럽게 닮아가기 때문입니다. 실제로 많은 젊은이가 유모나 보모의 성격을 그대로 물려받습니다.

플라톤의 집에서 교육받은 아이가 부모 집으로 돌아와 아버지가 10 소리치는 것을 보고 이렇게 말했습니다. "플라톤의 집에서는 이런 모습을 본 적이 없습니다." 그러나 나는 그 아이가 머지않아 플라톤이 아닌 자기 아버지를 닮게 될 것이라 믿습니다.

무엇보다 음식은 소박하게, 옷은 사치스럽지 않게, 생활방식은 또 11 래들과 비슷하게 해야 합니다. 자녀를 다른 아이와 같은 수준으로 키운다면, 그 아이는 남과 자신을 비교하며 분노하는 일이 없습니다.

제22장

하지만 이제 이런 문제는 우리 자녀들의 몫으로 남겨야 합니다. 우 1 리는 이제 타고난 기질이나 받은 교육을 악덕의 핑곗거리로 삼을 수 없습니다. 그러므로 더 이상 그것을 논하는 일은 무의미합니다. 이제 우리는 악덕의 근본 원인과 정면으로 맞서 싸워야 합니다.

2	우리가 분노하는 까닭은 불의한 일을 당했다고 생각하기 때문입니다. 하지만 이러한 생각을 섣불리 믿어서는 안 됩니다. 겉으로 명백해 보이는 일이라 해도 곧바로 받아들여서는 안 됩니다. 진실처럼 보이지만 실상은 거짓인 것이 있기 때문입니다.

3	진실은 시간이 흐르면 드러나는 법이니, 늘 여유를 두고 지켜보아야 합니다. 고발하고 비방하는 이들의 말에 쉽게 귀 기울여서는 안 됩니다. 제대로 듣지도 않고 믿어버리고, 사실을 살피지도 않고 분노하는 것은 인간의 본성적 약점이니 늘 경계해야 합니다.

4	남들이 고발하거나 비방할 때뿐 아니라 의심만 들어도 흥분하고, 다른 사람의 표정과 웃음마저 나쁘게 해석하여 죄 없는 이들에게 분노를 터뜨리는 것은 어떠합니까? 그러므로 누군가가 우리를 비방했다는 말을 들었더라도, 사실임이 밝혀질 때까지는 그 사람 편에 서서 분노를 억제하고 미뤄야 합니다. 미룬 처벌은 나중에라도 할 수 있지만, 이미 행한 처벌은 돌이킬 수 없기 때문입니다.

제23장

1	어느 참주 살해범의 이야기는 널리 알려져 있습니다. 히피아스는 자신을 살해하려다 실패하고 붙잡힌 범인을 고문하여 공범들의 이름을 밝히게 했습니다. 범인은 참주의 측근들이 실제로 그의 안전을 걱정하는 자들임을 알았기에, 의도적으로 그들의 이름을 거론했습니다

	화에 대하여

다. 범인이 참주의 친구들을 지목할 때마다 히피아스[34]는 한 명씩 처형하도록 명했고, 마지막에 더 남은 자가 있느냐고 물었습니다. 그러자 범인이 답했습니다. "이제 당신만 남았소. 당신을 진심으로 아끼는 자들은 하나도 남기지 않았으니까." 이처럼 분노는 참주로 하여금 자신의 손으로 충신들을 하나둘 처형하게 만들었습니다.

알렉산드로스는 얼마나 대담한 인물이었습니까! 주치의 필리포스 2 가 독약을 써서 해칠지 모르니 조심하라는 어머니의 편지를 받고도, 그는 필리포스가 건넨 약을 망설임 없이 마셨습니다. 친구에 대한 자신의 판단을 더 믿었기 때문입니다.

그는 자신을 배신하지 않을 친구를 가질 자격이 있었고, 그의 태도 3 는 친구들이 그를 배신할 수 없게 하기에 충분했습니다. 알렉산드로스는 그 누구보다 분노하기 쉬운 자리에 있었기에, 나는 더욱 그를 높이 삽니다. 왕이라는 자리에서 절제의 미덕을 지키기란 쉽지 않은 법이니, 그의 이러한 태도는 더욱 칭찬받아 마땅합니다.

저 가이우스 카이사르 역시 내전의 승리 이후 크나큰 관용을 베풀 4 어 절제의 미덕을 보여주었습니다. 그는 자신의 반대파이거나 중립적 입장이었던 이들이 그나이우스 폼페이우스에게 보낸 편지들을 발

---

34 히피아스(재위 기원전 527-510년)는 고대 아테네의 제2대 참주다. 기원전 561년 아테네에 참주정을 세운 페이시스트라토스(재위 기원전 561-527년)의 맏아들이자 후계자로, 아버지의 정책을 이어받아 아테네를 경제적, 문화적으로 발전시켰다. 그러나 기원전 514년, 그의 동생 히파르코스가 암살당한 사건을 계기로 점차 폭정을 일삼게 되었고, 결국 알크메온 가문의 요청을 받은 스파르타가 개입하면서 아테네에서 추방당했다. 이후 히피아스는 소아시아로 망명하여 페르시아 왕 다리우스 1세의 보호를 받으며 귀환을 도모했다. 기원전 490년, 다리우스가 그리스를 침공할 때 히피아스는 페르시아군의 길잡이 역할을 맡았으나, 마라톤 전투에서 페르시아군이 참패한 직후 사망한 것으로 전해진다.

견하고도 모두 불태워버렸습니다. 평소에도 분노를 절제했지만, 이 번에는 아예 분노할 기회 자체를 없애버리는 길을 택한 것입니다. 그들의 잘못을 모르는 체하는 것이야말로 가장 훌륭한 용서라고 여겼기 때문입니다.[35]

제24장

1   쉽게 의심하는 태도가 가장 큰 해악을 낳습니다. 때로는 귀를 막아야 할 때도 있습니다. 어떤 경우에는 속는 편이 의심하는 것보다 나을 수 있기 때문입니다. 거짓의 가장 큰 자극제인 의심과 추측을 마음에서 지워야 합니다. "그가 무례하게 인사했다", "내 입맞춤을 거절했다", "대화를 갑자기 끝내버렸다", "저녁 식사에 초대하지 않았다", "표정이 나를 피하는 듯했다" 등, 의심의 빌미를 찾으려 들면 끝이 없습니다.

2   모든 일을 단순하고 좋은 방향으로 보아야 합니다. 눈앞에 분명한 것 외에는 믿지 말아야 하고, 우리의 의심이 헛된 것이었음이 드러날

---

35 가이우스 카이사르(기원전 100-44년)는 로마 공화정을 무너뜨린 결정적 인물이다. 평민파와 벌족파의 갈등이 격화되던 공화정 말기에 평민파 지도자로 성장했고, 기원전 60년 그나이우스 폼페이우스(기원전 106-48년)와 거부 크라수스를 설득해 제1차 삼두정치를 결성했다. 이로써 원로원 중심의 벌족파를 견제하며 정치 기반을 다졌고, 기원전 48년 폼페이우스가 이끄는 벌족파를 제압해 권력을 장악했다. 그렇게 독재관(Dictator)이 되어 로마 제국의 토대를 닦았으며, 그의 양자 옥타비아누스는 기원전 43년 제2차 삼두정치를 결성한 후 기원전 31년 악티움 해전에서 안토니우스를 물리치고 사실상 로마의 초대 황제가 되었다.

때마다 스스로를 꾸짖어야 합니다. 이러한 자책이 습관이 되면 쉽게 의심하지 않게 될 것이기 때문입니다.

제25장

쉽게 의심하지 않는 것과 함께 명심할 점은 사소하고 하찮은 일에 **1** 흥분하거나 분노하지 말아야 한다는 것입니다. 노예가 느리다거나, 물이 미지근하다거나, 침상이 어질러졌다거나, 식탁이 제대로 차려지지 않았다는 이유로 흥분하는 것은 제정신이 아닙니다. 약한 바람에도 몸을 움츠리는 이는 병든 사람이고, 흰 옷만 봐도 불편한 이는 눈에 이상이 있는 사람이며, 남이 고된 노동을 하는 모습만 봐도 옆구리가 저려온다면, 그는 사치와 방종으로 건강이 망가진 사람입니다.

시바리스의 시민 민디리데스[36]는 누군가 곡괭이질하는 모습을 보는 **2** 것만으로도 피곤하다며, 자기 앞에서 그런 일을 못하게 했습니다. 또 깔고 누운 장미꽃잎이 겹쳐져 몸이 더 안 좋아졌다고 불평했습니다.

쾌락으로 정신과 육체가 모두 망가지면 아무것도 견디지 못하게 됩 **3** 니다. 이는 일이 고되어서가 아니라 정신과 육체가 허약해졌기 때문입

---

36 남부 이탈리아 연안에는 기원전 8세기부터 그리스인들이 세운 식민도시들이 많았다. 로마인들은 이 지역을 '마그나 그라이키아'(Magna Graecia)라 불렀다. 시바리스는 이 도시들 중 하나였다. 민디리데스는 그리스의 역사가 헤로도토스(기원전 약 484-425년) 시대에도 지나친 사치와 방탕으로 악명 높은 인물이었다.

니다. 남의 기침이나 재채기, 쫓아도 떠나지 않는 파리, 눈앞을 오가는 개, 노예가 실수로 떨어뜨린 열쇠에 화를 내는 이유가 무엇이겠습니까?

4   바닥에서 의자 끄는 소리조차 귀에 거슬린다는 사람이 어찌 시민들의 고함과 원로원의 악담을 견디겠습니까? 차가운 물을 제대로 내오지 못한[37] 노예에게 분노하는 자가 어찌 여름 원정의 굶주림과 갈증을 견디겠습니까? 절제와 인내 없는 사치와 방탕만큼 분노를 키우는 것은 없습니다. 고된 일로 마음을 단련해 진정 중대한 일 외에는 흔들리지 않게 해야 합니다.

제26장

1   우리가 분노하는 대상은 두 가지입니다. 의도적으로 해를 끼칠 수 있는 것과 그럴 수 없는 것입니다.

2   전자에 속하는 것 중에는 생각이 없는 것이 있습니다. 우리는 때때로 작은 글씨의 원고를 집어던지고, 오자가 많은 원고나 마음에 들지 않는 옷을 찢어버리기도 합니다. 우리의 분노를 느끼지도, 알지도 못하는 이런 것에 화를 내는 것이 얼마나 어리석습니까!

3   "그런 것을 만든 사람들에게 화를 내는 것이다." 그러나 우리는 그런 생각조차 없이 무턱대고 화를 냅니다. 게다가 사람들이 그렇게 만

---

37 고대 그리스와 로마에서는 음료를 차게 만들 때 주로 녹인 눈을 썼다. 그리스의 역사가 플루타르코스(약 46-120년)도 『분노의 절제에 대하여』에서 비슷한 맥락으로 같은 표현을 쓴다(461b).

                                        화에 대하여

든 데는 그럴 만한 이유가 있을 수 있습니다. 최선을 다했으나 능력이 거기까지인 사람도 있고, 당신을 모욕할 뜻이 전혀 없었던 사람도 있으며, 당신의 화를 돋우려고 일부러 그런 것이 아닌 사람도 있을 것입니다. 결국, 사람들에 대한 분노를 물건에 쏟아내는 것보다 더 어리석은 일이 어디 있겠습니까?

생명 없는 사물에 화를 내는 것이 제정신이 아닌 것처럼, 의지를 4 지니지 못한 말 못하는 동물에게 분노하는 것 역시 이치에 맞지 않습니다. 의도적으로 한 것만이 불의이기 때문입니다. 따라서 칼이나 돌은 우리를 해칠 순 있어도, 불의를 저지를 수는 없습니다.

그런데도 어떤 이들은 특정 말이 다른 기수에게는 순종하면서 자 5 신에게만 고집을 부리면, 그 말이 자신을 무시한다고 여깁니다. 마치 말이 스스로 판단해서 사람을 차별하는 것처럼 생각하기 때문입니다. 하지만 말이 사람마다 다른 반응을 보이는 것은 그저 말의 성질과 조련 방식에 따라 누구에게는 더 잘 따르고 누구에게는 고분고분하지 않는 것뿐입니다.

아이들이나 분별력에서 아이와 다름없는 이들에게 화내는 것도 6 어리석습니다. 공정한 재판관의 눈으로 보면, 이들의 잘못은 분별력이 없어서 생긴 것이며, 악의는 없습니다.

제27장

신들과 같은 존재는 오직 선의와 이로움만을 줄 뿐, 해를 끼치지 1 않습니다. 불사의 신들은 사람에게 해를 입힐 의도도, 능력도 없습니다. 신들은 온화하고 평화로워서 불의를 당하거나 저지르는 일과는 거리가 멉니다.

2   그런데도 어리석은 자들은 거친 풍랑, 폭우, 혹독한 겨울을 신들의 탓으로 돌립니다. 이런 일들은 우리에게 이롭든 해롭든 우리를 겨냥한 것이 아닙니다. 세상에 겨울과 여름이 오는 것이 우리를 위한 것이 아닌 것처럼 말입니다. 이 모든 것은 자연의 법칙을 따를 뿐이며, 신들 역시 이 법칙에 따라 움직입니다. 이런 일들이 우리를 위해 일어난다고 생각하는 것은 우리 자신을 지나치게 과대평가하는 것입니다. 따라서 이런 일들은 우리를 해하거나 이롭게 하려는 의도와는 무관합니다.

3   우리에게 해를 끼칠 수 없는 것과 해를 끼치려 하지 않는 것이 있다고 말했습니다. 후자에는 선한 공직자, 부모, 선생, 재판관이 있습니다. 그들의 처벌은 수술용 칼이나 단식처럼 이롭게 하려고 주는 고통이므로 받아들여야 합니다.

4   처벌을 받았다면, 어떤 벌을 받았는지만이 아니라 무슨 잘못으로 그런 벌을 받게 되었는지도 돌아보아야 합니다. 우리의 삶을 깊이 성찰해야 하는 것입니다. 우리가 진실되게 자신을 돌아본다면, 우리는 더 많은 고발과 처벌을 받았어야 했음을 인정하게 될 것입니다.

제28장

1   모든 일에서 공정한 판단을 하려면, 먼저 우리 모두에게 잘못이 있다는 것을 인정해야 합니다. 우리가 화를 내는 것은 대개 "나는 잘못

                                              화에 대하여

이 없다"거나 "나는 아무 짓도 하지 않았다"고 여기기 때문입니다. 하지만 그것은 단지 우리가 그렇게 여기는 것일 뿐입니다. 누군가의 훈계나 처벌에 분노한다면, 우리는 그 순간 자신의 악행에 오만과 고집을 더하는 잘못을 저지르는 것입니다.

모든 법을 지켜 죄가 없다고 자부할 수 있는 사람이 누가 있겠습 2 니까? 설령 그런 사람이 있다 해도, 법적으로 죄가 없다고 자신은 선하다 주장하는 것은 너무 좁은 해석이 아니겠습니까? 우리의 의무는 법이 정한 것보다 훨씬 더 넓지 않습니까? 인류, 인간성, 관용, 정의, 신의가 요구하는 것 중 법전에 없는 것이 얼마나 많습니까? 그러나 우리는 법이 정한 최소한의 기준으로도 죄가 없다 말할 수 없습니다.

우리는 어떤 죄는 시작했고, 어떤 죄는 계획만 했으며, 어떤 죄는 3 마음속으로 원했거나 유혹에 이끌렸을 뿐입니다. 우리가 죄가 없다고 말하는 것은 단지 그 일이 끝까지 실행되지 않았기 때문일지도 모릅니다. 이를 생각하면 우리는 잘못을 저지른 이들에게 더 너그러워야 하고, 우리를 꾸짖는 이들의 선의를 믿어주어야 합니다.

어떤 경우에도 선한 이들에게 화를 내서는 안 됩니다. 선한 이들에 4 게도 화를 낸다면, 누구에게 화를 내지 않겠습니까? 절대로 신들에게 화를 내서는 안 됩니다. 우리가 나쁜 일을 겪는 것은 신들 때문이 아니라 인간의 한계 때문입니다. "하지만 병과 고통이 우리를 괴롭힙니다." 분명한 것은 우리의 썩어질 거처인 몸이 언젠가는 끝날 수밖에 없다는 것입니다. 누가 당신을 험담한다는 것을 알았다면, 당신이 먼저 그 사람을 험담하지 않았는지, 또 얼마나 많은 이를 험담했는지 돌아보아야 합니다.

어떤 이들은 우리가 먼저 잘못을 저질러서 그에 대응한 것이고, 어 5 떤 이들은 우리를 위한 마음에서였으며, 어떤 이들은 어쩔 수 없는 상황 때문에, 또 어떤 이들은 모르고 한 일이었을 것입니다. 설사 알면서도 일부러 그런 행동을 했다 하더라도, 우리를 해치려는 것이 주된 목적은 아니었을 겁니다. 아마도 재미있는 농담을 하려다 실수를 저질렀거나, 우리에게 해를 끼치려 한 것이 아니라 자신의 이익을 위해 어쩔 수 없는 선택을 했을 것입니다. 그런데도 우리는 때로 칭찬하는 말에도 화를 내곤 합니다.

6 우리가 얼마나 자주 이유 없는 의심을 받아왔는지, 또 아무런 잘못도 없었는데 나쁜 의도로 오해받은 일이 얼마나 많았는지, 그리고 처음에는 미움을 샀다가 나중에는 오히려 신뢰를 얻게 된 사람들이 얼마나 많은지를 진지하게 돌아보십시오. 화가 날 때마다 '나 역시 그런 실수를 했었지'라고 스스로를 되돌아보는 사람은 쉽사리 분노하지 않습니다.

7 하지만 공정한 재판관은 어디에서 찾을 수 있겠습니까? 남의 아내라는 이유만으로 모든 여인에게 욕심을 품는 자는 정작 자신의 아내가 다른 사람의 시선을 받는 것조차도 못 견뎌합니다. 신의 없는 자가 타인에게는 엄격하게 신의를 요구하고, 거짓 맹세를 일삼는 자가 남의 거짓말에는 끝없이 집착합니다. 거짓 고소를 일삼는 자는 자신이 고소당하면 분노하고, 자신의 처신은 돌아보지 않으면서 노예의 행동 하나로 분노합니다. 우리는 타인의 잘못은 눈 부릅뜨고 지적하면서, 자기 잘못은 철저히 외면합니다.

8 그래서 날마다 술판을 벌이는 아버지가 친구들과 술자리를 함께한 아들을 꾸짖고, 사치를 즐기는 자가 남의 사치를 용납하지 않으며, 사람을 죽이는 참주가 살인자에게 분노하고, 신전을 약탈한 자가 절도를 벌합니다. 대부분은 잘못 자체가 아닌 잘못을 저지른 자를 탓합니다. 이럴 때 우리 자신을 돌아보며 '우리는 그런 적이 없는가? 우

리는 그런 실수를 한 적이 없는가? 그렇게 단죄해서 얻을 것이 무엇인가?'를 생각한다면, 우리는 분노를 많이 다스릴 수 있을 것입니다.

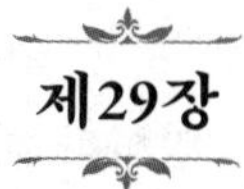

제29장

분노를 다스리는 가장 좋은 방법은 시간을 갖는 것입니다. 분노에 1
게 처음부터 용서를 구하자는 것이 아니라, 성낼 화를 내야 할 일인
지 생각할 여유를 달라고 하십시오. 분노는 처음에는 거세지만, 시간
이 지나면 잦아듭니다. 분노를 한꺼번에 없애려 하지 마십시오. 조금
씩 걷어내다 보면 분노를 이겨낼 수 있습니다.

우리를 화나게 하는 것 중에는 다른 사람에게서 전해 들은 것도 2
있고, 직접 보고 들은 것도 있습니다. 전해 들은 것은 쉽사리 믿어서
는 안 됩니다. 거짓말을 하는 사람도 많고, 자신도 속아서 그렇게 말
하는 사람도 많습니다. 어떤 이들은 우리의 호의를 얻으려고 악의적
인 험담을 하며, 누군가가 우리를 비방하는 것을 참을 수 없었다며
없는 일까지 지어냅니다. 친한 사이를 갈라놓으려는 악의를 품은 자
들도 있고, 사람들을 이간질하고는 멀리서 그들이 다투는 모습을 즐
기려는 나쁜 자들도 있습니다.

우리는 사소한 소송 하나를 다룰 때도 증인 없이는 아무것도 인정 3
하지 않고, 선서하지 않은 증인의 진술은 채택하지 않으며, 양쪽 모
두에게 충분한 변론의 시간과 기회를 주고, 여러 차례 신중히 심문해
야 합니다. 진실은 더 자주 살필수록 더욱 분명히 드러나기 때문입니
다. 당신은 친구가 고발당했다고 해서 즉시 유죄 판결을 내리겠습니

까? 친구의 말도 듣지 않고, 물어보지도 않은 채, 무슨 죄목으로 고발 당했는지도 모르면서 화를 내겠습니까? 당신은 양쪽의 이야기를 다 들어보았습니까?

4   말을 전한 사람에게 증명을 요구하면, 그는 이렇게 말하며 스스로 물러설 것입니다. "저를 끌어들이지 마십시오. 증인으로 부르시면 제가 한 말을 부인하겠습니다. 증명하라 하시면 아무 말도 하지 않겠습니다." 그는 분란과 다툼을 부추기면서도 정작 자신은 빠져나가려 합니다. 공개적으로 말할 수 없는 말이라면, 하지 않은 것이나 다름없습니다. 남이 몰래 전한 말을 믿고 공개적으로 분노하는 것보다 더 불공정한 일이 무엇이겠습니까?

제30장

1   화가 날 만한 일을 직접 목격했더라도, 그 일을 저지른 사람이 어떤 사람인지, 그리고 어떤 의도로 그렇게 했는지를 살펴보아야 합니다. 어린아이입니까? 나이를 감안해 용서해야 합니다. 자신의 잘못을 알지 못하기 때문입니다. 아버지입니까? 우리에게 너무나 큰 은혜를 베푼 분이라 해를 입힐 자격도 있는 분입니다. 혹은 우리가 모르는 사이 그것이 오히려 은혜일 수도 있습니다. 여자입니까? 실수일 것입니다. 명령을 받고 한 일입니까? 불가피하게 한 일에 분노하는 것은 공정하지 않습니다. 당신에게 해를 입은 사람입니까? 당신이 먼저 불의를 저질러 그가 갚은 것이라면, 그건 불의가 아닙니다. 재판관입니까? 당신의 판단보다 그의 판단을 더 믿어야 합니다. 왕입니

           화에 대하여

까? 당신이 과오를 저질러 벌을 받은 것이라면 정의의 결과로 받아들이고, 그렇지 않다면 그 벌을 운명이라 여기십시오.

짐승이나 그와 비슷한 존재입니까? 그것에 화를 내면 당신도 그들 **2** 과 다를 바 없습니다. 병이나 재앙입니까? 참고 견디면 더 쉽게 지나갈 것입니다. 신입니까? 신에게 화를 내는 것은 다른 이를 벌해달라고 기도하는 것만큼 헛된 일입니다. 선한 사람입니까? 그가 당신에게 불의를 저질렀다고 믿지 마십시오. 악인입니까? 그리 놀랄 일도 아닙니다. 그의 죗값은 세상이 알아서 갚게 될 것이며, 그의 악행 자체가 이미 벌이 되고 있습니다.

제31장

앞서 말했듯이, 우리의 분노를 일으키는 것은 두 가지입니다. 하나 **1** 는 우리가 불의를 당했다고 여기는 경우이고, 이는 충분히 다루었습니다. 다른 하나는 부당하게 불의를 당했다고 여기는 경우인데, 이제 이것을 말하고자 합니다. 사람들은 자신이 그런 일을 당할 만한 사람이 아니라고 생각하거나, 예상하지 못했다는 이유로 부당하다고 판단합니다. 우리는 예상치 못한 일을 겪는 것을 부당하다고 여깁니다.

그래서 사람들은 예상을 벗어난 일을 겪으면 크게 동요합니다. 가 **2** 정 내의 사소한 일에도 쉽게 화를 내고, 친구가 보인 작은 소홀함조차도 큰 불의로 받아들이는 이유가 여기 있습니다.

"그렇다면 적들의 불의에 분노하는 이유는 무엇입니까?" 그들이 **3** 그런 짓을 할 것이라 예상하지 못했거나, 그 정도로 심한 짓을 할 것이라 생각지 못했기 때문입니다. 이는 우리의 지나친 자기애가 불러온 반응입니다. 우리는 스스로를 너무 높게 평가한 나머지, 적조차도 감히 자신을 해쳐서는 안 되는 존재라고 여깁니다. 누구나 마음으로는 마치 자신이 왕이라도 된 듯 생각합니다. 자신은 누구든 비판하고 상처 줄 수 있다고 여기면서도, 자신은 그 어떤 비판이나 공격도 용납하지 않으려 듭니다.

4   따라서 우리를 쉽게 분노하게 만드는 것은 오만과 무지입니다. 악인이 악을 행하고, 적이 해를 끼치며, 친구가 우리를 실망시키고, 자식이 잘못을 저지르며, 노예가 죄를 짓는 것이 무슨 새로운 일이겠습니까? 파비우스는 "미처 생각하지 못했다"는 말이 지휘관의 가장 부끄러운 변명이라 했는데, 나는 이것이 인간의 가장 부끄러운 변명이라 생각합니다. 모든 것을 생각하고 예상하십시오.

5   선한 사람들조차도 때로는 거친 면을 보일 수 있습니다. 인간의 본성은 기만과 교활함을, 배은망덕함을, 탐욕을, 불경함과 사악함을 만들어냅니다. 개인의 성품을 생각하면서 대중의 성향도 함께 보십시오. 가장 기쁠 때 가장 경계하십시오. 모든 것이 고요해 보인다고 해도, 그것은 위험이 없어서가 아니라 아직 움직이지 않았을 뿐입니다. 언제든 당신을 분노하게 할 일이 생길 수 있다고 여기십시오. 현명한 조타수는 돛을 빨리 접을 준비를 완벽히 갖추지 않고는 결코 돛을 펼치지 않습니다.

6   무엇보다 먼저 기억할 것은, 폭력은 끔찍하고 가증스러우며 인간에게 가장 낯선 것인 반면, 선의는 사나운 짐승조차 길들인다는 점입니다. 멍에 맨 코끼리, 아이들과 여인들을 안전히 태우는 황소, 해를 끼치지 않고 무릎과 술잔 사이를 지나가는 뱀, 조련사를 편안히 대하는 곰과 사자, 주인을 반기는 짐승들을 보십시오. 주인은 이런 짐승

                                          화에 대하여

들보다도 못한 성품이 된 자신을 부끄러워할 것입니다.[38] 조국을 해치는 것은 불경한 범죄입니다.

한 시민을 해치는 것 역시 불경한 범죄입니다. 시민은 조국의 일부 7 이기 때문입니다. 전체가 공경의 대상이라면, 그것을 이루는 부분 역시 신성합니다. 따라서 한 사람을 해치는 것도 불경한 범죄입니다. 그 사람은 더 큰 국가의 시민이기 때문입니다. 손이 발을, 눈이 손을 해치려 한다면 어떻겠습니까?[39] 몸의 각 부분이 서로를 지키고 보호하는 것이 전체에 이롭듯이, 사람들도 서로를 소중히 여기고 아껴야 합니다. 우리는 공동체를 이루며 살도록 태어났고, 구성원들을 보호하고 사랑하지 않는다면 공동체가 온전할 수 없기 때문입니다.

독사와 물뱀이 이빨과 발톱으로 사람을 해치지만, 다른 짐승처럼 8 길들여서 위험하지 않게 할 수 있다면 우리는 그것을 죽이지 않을 것입니다. 마찬가지로 잘못을 저지른 사람이라고 해서 해쳐서는 안 됩니다. 또한 처벌은 이미 저지른 잘못에 대한 앙갚음이 아니라 앞으로의 잘못을 막기 위한 것이어야 합니다. 비뚤어지고 악한 본성을 벌한다면, 처벌을 피할 수 있는 사람은 아무도 없을 것이기 때문입니다.

---

38 "주인은 그런 짐승들보다 못한 성품이 된 자신을 부끄러워할 것입니다"의 라틴어 원문은 "그는 동물들과 성품을 완전히 맞바꾼 것을 부끄러워할 것입니다"이다. 이는 동물은 호의에 호의로 답하여 오히려 인간 같고, 호의를 받고도 폭력을 휘두르는 인간은 오히려 짐승 같다는 의미이다.

39 국가와 시민을 몸과 그 부분에 비유한 것은 로마의 역사가 리비우스(기원전 59년-기원후 17년)의 『로마 건국사』(제2권 32.9-11)와 신약성경 고린도전서(12:14-26)에도 나온다. 이 비유는 스토아학파에서 시작되었다.

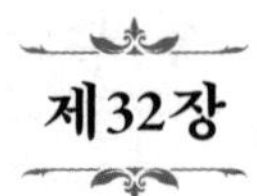

제32장

I   "하지만 분노에는 쾌감이 있고, 고통을 되갚는 것은 즐거운 일이다." 그렇지 않습니다. 은혜를 은혜로 갚는 것은 올바르지만, 불의를 불의로 갚는 것은 올바르지 않습니다. 받은 은혜보다 적게 갚는 것이 부끄러운 일이듯, 받은 상처보다 더 큰 해로 되갚는 것도 부끄러운 일입니다. 복수나 동해보복[40]은 인간성을 해치는 행위임에도 종종 정당하다고 여겨집니다. 그러나 자신이 받은 고통을 핑계로 또 다른 잘못을 저지르는 것은, 시간 순서만 다를 뿐 불의를 저지르는 것과 다르지 않습니다.

2   어떤 사람이 공중목욕탕에서 마르쿠스 카토[41]를 알아보지 못하고 실수로 부딪쳤습니다. 카토를 알면서 감히 그에게 불의를 저지를 사람이 있었겠습니까? 나중에 그 사람이 사과하자 카토는 "나는 맞은 적이 없네"라고 말했습니다. 그는 복수하는 것보다 모르는 척하는 것이 낫다고 여겼던 것입니다.

---

40 '탈리오'(talio, 동해보복)는 가해자에게 피해자가 받은 것과 같은 손해를 주는 것이다. 이는 가장 기본적인 응보 원칙으로, 원시 사회의 정의 관념을 보여준다. 무제한 복수를 허용하던 단계에서 동해보복의 정도까지 보복을 제한하여, 공공질서 아래 둔 것은 큰 진전이었다. 이 법칙은 함무라비 법전에 있으며, "눈에는 눈, 이에는 이"로 알려져 있다.

41 대 카토라 불리는 마르쿠스 카토(기원전 234-149년)는 로마 공화정의 장군이자 정치가, 문인이다. 기원전 184년 감찰관이 되어 국수주의와 보수주의 입장에서 로마의 도덕적, 사회적, 경제적 재건을 꾀했다. 엄격하고 강직한 성품으로 유명했으며, 카르타고를 없애야 한다고 주장해 제3차 포에니 전쟁(기원전 149-146년)을 이끌어냈다. 로마는 이 전쟁으로 카르타고를 멸망시키고 세계 제국으로 발돋움하기 시작했다.

       화에 대하여

"그가 그런 무례한 짓을 하고도 아무 벌도 받지 않았다는 말인가?" 3
오히려 그에게 좋은 일이 생겼습니다. 카토를 알게 된 것입니다. 자
신에게 가해진 불의 앞에서도 초연함을 유지할 줄 아는 것이야말로
진정한 대인(大人)[42]의 품격입니다. 복수하는 방법 중 가장 모욕적인
것은 그 사람을 복수할 가치도 없는 사람으로 여기는 것입니다. 작은
불의를 당하고도 거기에 복수함으로써 더 큰 불의로 만들어버리는
사람들이 많습니다. 사자가 강아지 짖는 소리를 무시하듯 그러한 일
을 흘려듣는 자가 진정 위대하고 고귀한 사람입니다.

제33장

"자기가 당한 불의에 복수하지 않으면 더 무시당한다"라고 말하는   1
이가 있습니다. 복수를 해결책으로 쓰고자 한다면, 즐거움이 아닌 필
요에 의한 것이므로 분노 없이 해야 합니다. 그러나 복수보다는 무시
하는 편이 더 나은 경우가 많습니다. 권력자들에게 불의를 당했다면
그저 참는 것이 아니라 기꺼이 참아야 합니다. 그들은 자신이 원하는
결과를 얻었다고 여기면 같은 짓을 반복하기 때문입니다. 운이 지나
치게 따라준 이들이 오만해졌을 때 가장 자주 드러나는 악덕은, 남에
게 해를 입히고도 그 사람을 더 미워하는 태도입니다.

여러 왕을 오래 모신 어떤 노인의 유명한 말이 있습니다. 누군가   2

---

42 '마그누스 아니무스'(magnus animus)는 '큰마음', '대범함', '위대한 영혼' 등의 뜻을 가
진 말이다.

나이 들어서도 왕을 모시는 드문 일을 어떻게 해낼 수 있었느냐고 묻자, "불의를 당할 때 감사를 표하는 것"이라 답했습니다. 세상에는 억울함을 되갚기는커녕, 그 부당함을 인정하는 일조차 해가 되는 경우가 많습니다.

3   가이우스 황제[43]는 로마 기사 파스토르의 아들이 말쑥한 옷차림과 단정한 머리를 하고 있다는 이유만으로 그를 감옥에 가뒀습니다. 아버지가 아들의 목숨을 구하려 탄원했으나, 황제는 마치 이 탄원이 처형해야겠다는 생각을 되살려주기라도 한 것처럼 즉시 사형을 명했습니다. 그러면서도 자신이 완전한 폭군은 아님을 보이려는 듯 그날 저녁 파스토르를 만찬에 초대했고, 파스토르는 아무 원망도 없다는 듯한 표정으로 만찬장에 왔습니다.

4   황제는 그에게 술잔을 하사하고, 사람을 시켜 감시하게 했습니다. 이 불쌍한 사람은 마치 아들의 피를 마시는 듯한 상황을 견뎌냈습니다. 황제는 다시 향유와 화관을 보내며 그가 받는지 지켜보라 했고, 그는 받았습니다. 아들의 장례도 치르기 전에 만찬의 백 번째 손님으로 참석해, 자식들 생일에도 마시지 않았을 만큼 술을 마셨습니다. 그러면서도 눈물 한 방울 흘리지 않고 고통을 감췄으며, 마치 탄원이 받아들여진 것처럼 먹고 마셨습니다.

5   왜 그렇게까지 한 것이냐고 물을 것입니다. 그에게는 또 다른 아들이 있었기 때문입니다. 프리아모스[44]는 어땠습니까? 그도 분노를 숨기고 왕의 무릎을 잡고 탄원했으며, 아들을 죽인 손에 입을 맞추고 태연히 먹고 마시지 않았습니까? 다만 그에게는 황제가 강요한 향유

---

43 '가이우스 황제'는 칼리굴라를 가리킨다. 고대 로마 제정기의 전기작가인 수에토니우스(약 69-122년)의 『황제전』에도 비슷한 이야기가 나온다.

    화에 대하여

와 화관도, 위로하는 척하며 식사를 권하는 잔인한 적들도, 감시 속
에 비워야 할 거대한 술잔도 없었습니다.

　만약 저 로마인 아버지가 자신이 두려워서 그랬다면 경멸받았겠　6
지만, 그는 자식을 위해 분노를 삼켰습니다. 황제는 그가 아들의 유
해라도 수습하도록 만찬장을 나가게 해야 했습니다. 하지만 젊은 황
제는 겉으로만 인자하고 예의 바른 척하며 그마저도 허락하지 않았
습니다. 오히려 근심을 잊으라며 계속 건배를 청해 노인의 분노를 자
극했지만, 노인은 즐거운 듯 굴며 그날의 일을 잊은 척했습니다. 만
찬에서 살인자의 비위를 맞추지 않았다면 다른 아들마저 잃었을 것
입니다.

제34장

　분노를 일으킨 상대가 나와 동등한 사람이든, 나보다 우월한 사람　1
이든, 열등한 사람이든 상관없이 분노해서는 안 됩니다. 동등한 자와
의 싸움은 승패를 예측할 수 없어 위험하고, 우월한 자와의 싸움은
어리석은 짓이며, 열등한 자와의 싸움은 비겁한 행동입니다. 남이 물
었다고 해서 나도 무는 것은 천박한 사람이나 하는 일입니다. 쥐나

44　호메로스의 『일리아스』(기원전 8세기경)는 트로이와 그리스 연합군의 전쟁을 그
　　린 대서사시다. 트로이아군 총사령관인 헥토르가 그리스의 영웅 아킬레우스에게
　　죽자, 그의 아버지 프리아모스는 그리스 진영을 찾아가 아킬레우스(여기서는 '왕'으
　　로 지칭되고 있다)에게 몸값을 내고 아들의 시신을 돌려달라고 애원한다. 세네카는
　　『일리아스』 제24권 477-479행의 장면을 묘사한다.

개미가 손을 가까이 대면 무는 것처럼, 약한 것은 누군가가 손대기만 해도 자신들이 해를 입는다고 생각하기 때문입니다.

2   분노를 일으킨 사람이 과거에는 우리에게 도움을 준 사람이었음을 떠올리는 것만으로도 분노는 누그러질 수 있습니다. 그가 베풀었던 선의를 기억한다면 현재의 분노는 절로 가라앉을 것입니다. 또한 너그러운 사람이 되어 얻게 될 주위의 존경과, 용서하는 마음으로 살아갈 때 얻게 될 진정한 친구들을 생각해보십시오.

3   개인적인 원수나 정적의 자녀들에게 분노를 품어서는 안 됩니다. 술라[45]가 보여준 잔혹함 중 하나는 자신이 처형하려 했던 이들의 자녀들까지 공직에서 몰아낸 일이었습니다. 부모에 대한 증오를 자식에게까지 물려주는 것보다 더 부당한 일은 없습니다.[46]

4   용서하기 어려울 때마다, 모든 이가 서로를 끝까지 용서하지 않는다면 과연 우리에게 이로울지 생각해보아야 합니다. 다른 이의 용서를 거부했던 사람이 나중에는 스스로 용서를 구하게 되는 일이 얼마나 많습니까! 남의 용서를 뿌리친 사람이 후에 다른 이의 발 앞에 엎드려 용서를 빌게 되는 일이 얼마나 흔합니까! 분노를 우정으로 바꾸는 것보다 더 고귀한 일이 무엇이겠습니까? 지금 로마 시민들이 가장 신뢰하는 동맹들이 한때는 가장 큰 적이었다는 사실을 보십시오. 승자와 패자를 포용하고 하나로 아우르려는 지혜로운 선견과 관용이 없었더라면 지금의 로마 제국은 존재하지도 않았을 것입니다.

5   누군가 당신에게 분노를 품고 있습니까? 그렇다면 오히려 그 사람

---

45 제2편의 주석 3을 참고하라.

46 가문 간에 대대로 이어지는 원수 관계와 불화는 고대 그리스와 로마에서 흔했다. 여기서 원한과 증오를 대물림하지 말라는 가르침은 스토아 철학의 윤리다.

에게 선의를 베푸십시오. 한쪽이 적대감을 거두면 곧바로 적대 관계는 사라집니다. 맞서 싸울 상대가 없다면 싸움은 성립하지 않기 때문입니다. 양측에서 분노가 일어나 다투면, 먼저 물러서는 쪽이 더 훌륭한 사람이며, 이긴 것처럼 보이는 사람이 오히려 진 것입니다. 누군가 당신을 때립니까? 한 걸음 물러서십시오. 맞서 싸우면 상대가 계속 공격할 구실을 주게 되며, 그 싸움에서 빠져나오기도 점점 어려워집니다.

제35장

자신의 손에 상처를 입히면서까지, 그런 다음 회복할 수 없을 만큼 1 적을 심하게 공격하고자 하는 사람이 있겠습니까? 하지만 분노라는 무기는 바로 그런 성질을 지니고 있습니다. 한번 시작하면 멈추기 어렵기 때문입니다. 우리에게는 편리하고 다루기 쉬운 무기가 필요합니다. 그래야만 돌이킬 수 없는 격정의 부담에서 벗어날 수 있지 않겠습니까?

어떤 행동이든 올바르게 이루어지려면, 명령에 따라 멈출 수 있어 2 야 하고, 정해진 한계를 넘지 않아야 하며, 달리다가도 걸음으로 전환할 수 있어야 합니다. 근육이 우리의 의지와 무관하게 움직인다면, 그것은 몸이 병든 상태라는 신호입니다. 마음은 천천히 가고자 하는데 몸이 말을 듣지 않고 앞서 달려간다면, 그것은 노인이나 병약자의 증세이기도 합니다. 우리 마음이 의지대로 움직이고 제멋대로 행동하지 않을 때, 우리는 그 마음이 진정으로 건강하고 튼튼하다고 말할 수 있습니다.

3   추하고 흉측한 것을 보고 그 위험을 깨닫는 것만큼 유익한 것은 없습니다. 어떤 감정도 분노만큼 사람의 모습을 망가뜨리지는 못합니다. 분노는 아름다운 얼굴도 흉측하게 만들고, 평온한 표정도 사나운 모습으로 바꾸어놓습니다. 분노한 사람에게는 모든 품위가 사라집니다. 격식에 맞춘 옷차림도 소용없이, 옷자락을 질질 끌며 다니게 되고, 본래 아름답거나 공들여 꾸민 머리카락마저 마음처럼 흐트러져 산발이 됩니다. 혈관은 부풀어 오르고 핏발이 서며, 호흡은 거칠어지고 심장은 쿵쾅거립니다. 고함을 지르느라 목이 붓고, 팔다리는 떨리며, 손은 안정을 잃고, 온몸이 요동칩니다.

4   겉모습이 이토록 흉하게 변한 사람의 내면은 어떠할까요? 그 가슴속은 얼마나 더 끔찍하고, 마음은 얼마나 더 사나우며, 충동은 얼마나 더 격렬하겠습니까? 이 분노가 밖으로 터져 나오지 않는다면, 그는 결국 그 감정에 휘말려 스스로 폭발하고 말 것입니다.

5   살육의 피에 물들었거나 살인을 저지르려는 적들과 야수들의 모습은 어떻겠습니까? 시인들이 묘사한 저승의 괴물들, 온몸에 뱀이 감기고 입에서 불을 뿜는 그들은 또 어떻겠습니까? 전쟁을 부추기고 불화를 일으키며 평화를 깨뜨리는 저 흉측한 존재들이 저승에서 나온다면 어떻겠습니까?

분노의 모습을 그린다면 이러할 것입니다. 불타오르는 눈, 씩씩거리며 울분을 토하고 괴로워하며 고함치는 소리, 이보다 더 혐오스러운 소리들이 끊임없이 터져 나오는 것, 자신을 지키는 데는 무관심한 채 두 손으로 무기를 휘두르는 모습, 사나움, 자학으로 얼룩진 온몸의 핏자국과 상처, 퍼런 멍, 광분한 걸음걸이, 짙은 어둠에 둘러싸인 모습, 돌진, 파괴와 추방, 모든 이에 대한 증오와 특히 자기 자신을

                    화에 대하여

향한 증오로 고통받는 모습, 달리 보복할 수 없다면 천지를 뒤엎으려 하는 것, 해악을 끼치면서 동시에 미워하는 것.

우리의 예언자들이 분노를 어떻게 묘사했는지 보십시오.

6

전쟁의 여신은 오른손에 피 묻은 채찍을 휘두르며 달려오고,
불화의 여신은 찢어진 옷을 입고 기쁨에 찬 얼굴로 다가온다.[47]

만약 이보다 더 흉측한 모습이 가능하다면, 그것이야말로 분노라는 감정의 진짜 얼굴일 것입니다.

제36장

섹스티우스[48]에 따르면, 어떤 사람들은 분노했을 때 자신의 모습을 거울로 비춰보는 것이 도움이 되었다고 합니다. 거울에 비친 모습이 너무도 일그러져 자신조차 알아볼 수 없었다고 합니다. 하지만 거울은 분노한 사람의 흉측한 실체 중 겉으로 드러난 극히 일부만을 보여주는 것이 아니겠습니까?

---

47 첫 행은 로마의 시인 베르길리우스(기원전 70-19년)의 대서사시 『아이네이스』 제8권 703행에서 인용했다. 『아이네이스』는 로마 건국의 영웅 아이네아스의 이야기를 다룬다. 둘째 행은 같은 권의 702행에서 가져왔다.

48 섹스티우스(기원전 약 70년에 출생)는 로마의 사상가로 세네카가 깊이 존경한 인물이었다. 스토아학파, 견유학파, 피타고라스학파의 철학을 조화롭게 통합했으며, 금욕적이고 엄격한 도덕적 삶을 실천했다.

2   만약 마음을 들여다볼 수 있는 도구가 있다면, 분노한 사람의 마음 속을 들여다본 우리는 그 거무스름하고 얼룩진 모습, 뒤틀리고 부풀어 오른 채 달아오른 모습에 경악했을 것입니다. 지금도 뼈와 살을 뚫고 드러난 분노의 추악함이 이 정도인데, 그 내면이 그대로 드러난다면 얼마나 끔찍할지 상상해보십시오.

3   그런데도 아무도 자신의 분노에 찬 얼굴을 거울로 보고 놀란 적이 없다고 말합니다. 왜 그럴까요? 분노한 채로 거울 앞에 선 사람이 놀라지 않는 것은, 이미 그때는 분노가 가라앉았기 때문입니다. 사람들은 종종 분노에 사로잡힌 순간, 자신의 거칠고 사나운 모습을 오히려 위풍당당하다고 착각하곤 합니다. 그것은 자신이 남들 앞에서 강인해 보이고자 일부러 취한 태도이기 때문입니다.

4   우리는 분노로 인해 얼마나 많은 사람이 해를 입었는지 주목해야 합니다. 과도한 흥분으로 혈관이 터지고, 목이 쉬도록 고함을 지르다 피를 토하고, 분을 이기지 못해 울어대다 시력을 잃었으며, 허약한 이들은 병상에 눕게 되었습니다. 광기에 이르는 길 중에 분노보다 더 빠른 것은 없습니다.

5   그래서 많은 이들이 분노로 인한 광기에 빠진 뒤 다시는 제정신으로 돌아오지 못했습니다. 아약스[49]를 죽음으로 몰아넣은 것은 광기였

---

49 아약스(Ajax)는 트로이 전쟁의 그리스군 영웅 아이아스(Αἴας)의 라틴식 이름이다. 살라미스의 왕 텔라몬의 아들인 대 아이아스를 가리킨다. 그리스군 최고의 영웅 아킬레우스가 전사하자, 아약스는 시신을 빼앗으려는 트로이아군을 물리치고 오디세우스와 함께 시신을 그리스 진영으로 운반했다. 아킬레우스의 장례식에서는 시신을 지켜낸 공로가 가장 큰 사람에게 망자의 유물을 요구할 권리를 주는 관례가 있었다. 이로 인해 아킬레우스의 갑옷을 두고 오디세우스와 아이아스 사이에 말다툼이 벌어지지만, 결국 말솜씨와 지략에 뛰어난 오디세우스가 갑옷을 차지한다. 이에 분을 삭이지 못한 아이아스는 한밤중에 그리스군 장군들을 모두 죽이려

    화에 대하여

고, 그를 광기로 이끈 것은 분노였습니다. 분노는 자식들에게는 죽음을, 자신에게는 빈곤을, 가문에는 몰락을 가져옵니다. 미친 사람이 자신의 광기를 인정하지 않듯, 분노한 사람도 자신의 분노를 인정하지 않습니다. 분노한 사람은 가장 가까운 이들의 적이 되고, 가장 소중한 이들에게는 기피 대상이 됩니다. 그들은 법도 무시한 채 오직 해칠 궁리만 하며, 사소한 일에도 동요하고, 그 어떤 말이나 호의로도 다가갈 수 없게 됩니다. 모든 것을 힘으로 해결하려 들며, 기꺼이 칼을 들고 남을 해치거나 자신을 상하게 합니다.

그들은 모든 악덕 중 가장 큰 악에 사로잡혔기 때문입니다. 다른 6 악덕들이 서서히 스며드는 것과 달리, 분노의 힘은 갑자기 들이닥쳐 모든 것을 장악하고, 결국 다른 모든 감정을 지배합니다. 분노는 가장 뜨거운 사랑조차 꺾어버립니다. 자신을 향해 칼을 들고, 그 칼에 찔린 몸을 스스로 껴안은 채 쓰러집니다. 분노는 한치도 물러서지 않는 탐욕마저도 짓밟아 애써 모은 재물을 내던지고, 집과 그 안의 모든 것을 불태워버립니다. 보십시오. 명예욕이 강한 사람도 분노하면 큰 명예와 높은 자리도 거부하지 않습니까? 분노가 지배하지 못하는 정념은 없습니다.

한다. 그러나 이를 눈치챈 아테나 여신이 그에게 광기를 불어넣어, 아이아스는 양 떼를 그리스군 장군들로 착각하고 도륙한다. 다음 날 제정신이 든 아이아스는 자신의 행동을 부끄럽게 여기며 자결한다.

제3편

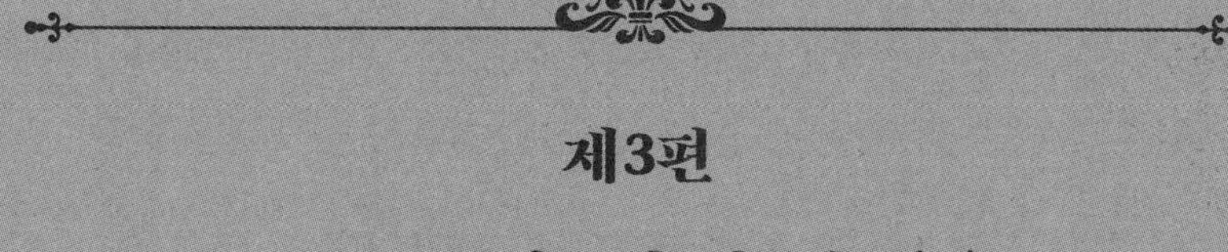
분노에 대하여 (3)

제1장

노바투스여, 이제 당신이 가장 원했던 것, 즉 분노를 마음에서 떨 1
쳐내거나 적어도 분노의 충동에 재갈을 물려 억제하는 것을 시도하
고자 합니다. 분노가 약할 때는 공개적으로 맞서야 하고, 지나치게
불타올라 어떻게 해도 막을 수 없고 점점 거세질 때는 은밀하게 다루
어야 합니다. 분노의 힘이 어느 정도인가에 따라, 때로는 즉각적으로
제압해야 하고, 때로는 처음 격해지는 순간을 감내하며, 치료의 기회
를 놓치지 않도록 시간을 벌어야 할 때도 있습니다.

개개인의 성격에 따라 서로 다른 방법을 써야 합니다. 어떤 이들은 2
간청하면 분노를 그치지만, 어떤 이들은 간청하면 얕보고 더 격해지
기 때문에, 단호한 위엄으로 억제해야 합니다. 어떤 이는 질책을 받
을 때, 어떤 이는 자신의 잘못을 깨달을 때, 어떤 이는 수치심을 느낄
때 분노가 누그러집니다. 어떤 이들은 시간이 지나면서 분노가 잦아
들지만, 이것은 이 갑작스러운 악덕을 다스리기에는 느린 방법이므
로 마지막 수단으로 남겨두어야 합니다.

다른 정념들은 시간을 두고 천천히 치료해도 되지만, 갑자기 맹렬 3
히 일어나 파괴적인 힘을 발휘하는 분노는 그럴 수 없습니다. 분노는
서서히 진행되지 않고 시작하자마자 그 전모를 드러내기 때문입니
다. 분노는 다른 악덕들과 달리 단순히 마음을 흔드는 데 그치지 않
고, 마음을 지배해 자제력을 잃게 만들며 파괴를 향해 치닫게 합니
다. 정해진 대상만이 아니라 자신을 가로막는 모든 것을 파괴하고자

합니다. 다른 악덕들이 마음을 자극한다면, 분노는 마음을 무너뜨립니다.

4 또한 정념을 거스르는 것은 불가능하더라도, 적어도 멈추게 하는 것은 가능합니다. 분노는 번개나 폭풍, 그 밖의 다른 멈출 수 없는 것처럼 앞으로 나아가는 것이 아니라 위에서 떨어지기에, 그 힘은 점점 더 강해집니다. 다른 악덕들이 이성을 잃게 한다면, 분노는 정신마저 잃게 합니다.

5 다른 악덕들이 서서히 진행되어 은밀하게 자라난다면, 분노는 마음 전체를 단번에 휩쓸어버립니다. 그래서 분노보다 더 번개처럼 빠른 것도 없고, 분노보다 더 자기 힘에 압도되는 감정도 없습니다. 분노는 성공하면 오만해지고, 좌절되면 광기에 가까운 격정으로 돌변합니다. 좌절된 경우에도 지치지 않고, 적을 제거하더라도 그 이빨을 자신에게로 돌립니다. 무엇 때문에 어느 정도의 분노가 생겼는지는 중요하지 않습니다. 아주 작은 분노도 어마어마한 크기로 자라나기 때문입니다.

제2장

1 분노는 어떤 나이도 비켜가지 않고, 어떤 인간 종족도 예외로 두지 않습니다. 어떤 종족들은 가난 덕에 사치를 모르고, 어떤 종족들은 유랑하는 삶 덕에 게으름을 벗어났으며, 어떤 종족들은 미개한 풍속과 야생의 삶 덕에 시장에서 자라는 협잡과 사기 같은 악덕을 모릅니다. 하지만 분노를 모르는 종족은 없습니다. 분노는 미개인들 사이에

화에 대하여

서나 그리스인들 사이에서나[1] 똑같이 힘을 발휘하고, 법을 두려워하는 이들에게나 오직 힘만을 법으로 아는 이들에게나 똑같이 해를 끼칩니다.

또한 다른 정념들은 개인을 사로잡지만, 분노는 유일하게 대중 전체를 사로잡는 정념입니다. 대중 전체가 한 여인을 향해 사랑을 불태우지도 않고, 나라 전체가 재물이나 이득에 희망을 걸지도 않으며, 야망은 한 사람의 마음에 불붙고, 무절제 역시 집단의 악덕이 되지 않습니다. 하지만 분노만은 예외입니다. 사람들은 때로 무리 지어, 스스로 분노의 불길 속으로 달려듭니다.

남녀노소와 신분의 귀천을 막론하고 분노하는 모습은 모두 같아서, 선동가의 말 몇 마디에 군중 전체가 분노하여 선동가보다 앞서 무기와 횃불을 향해 달려가 이웃 나라들과 전쟁을 선포하고 시민들끼리 싸웁니다.

집들은 거주민과 함께 완전히 불타고, 얼마 전까지 뛰어난 말솜씨로 칭송받던 이가 청중의 분노를 사게 됩니다. 군인들은 자신들의 지휘관을 향해 창을 겨누고, 평민들은 귀족 전체와 등을 돌립니다. 국가대사를 논의하고 결정하는 원로원은, 정식 절차 없이 군대를 소집하고, 분노를 집행할 자를 갑작스레 임명해 도시 곳곳을 수색하며 고귀한 이들을 색출해 직접 사형을 집행합니다.

타국의 사절들이 유린되고 만민법이 무너지며, 나라 전체가 말로

---

1 '그라이우스'(Graius)는 고대 라틴어에서 그리스인을 뜻하는 말로, 주로 교양 있고 문명화된 사람을 가리켰다. 반면 '바르바루스'(barbarus, 미개인)는 "알아들을 수 없는 말을 하는 자"라는 뜻에서 비롯된 말로, 문명에 이르지 못한 야만인을 의미한다. 이 두 단어는 고대 세계에서 흔히 문명과 비문명, 중심과 주변을 대조하는 개념으로 사용되었다.

표현할 수 없는 집단적 광기에 빠집니다. 군중의 열기가 채 식기도 전에, 급하게 모은 군사들을 가득 실은 함대가 즉시 출항합니다. 규율도 없고 새점을 쳐보지도 않고[2] 오직 분노에 이끌려 손에 잡히는 대로 무기를 들고 나아가 수많은 이들을 살육함으로써 경솔하고 무모한 분노를 달랩니다.

6   미개인들이 충동적으로 전쟁에 뛰어들었을 때의 결과가 이러합니다. 그들의 마음은 불꽃 같은 것에도 쉽게 달아올라 즉시 분노에 휩싸여 전열도 갖추지 않고 두려움도 모른 채 무방비 상태로 위험을 무릅쓰고 로마 군단을 향해 달려들어 스스로 파멸을 자초합니다. 그들은 칼날을 향해 몸을 던지고 창날에 제 몸을 내맡기며, 자신들이 자초한 상처로 죽어가면서도 오히려 그것을 기뻐합니다.

제3장

1   당신은 이렇게 말합니다. "분노가 그렇게나 강하고 파괴적이라면, 도대체 어떻게 치유해야 하는지 알려주시오." 하지만 제1권과 제2권에서 언급했듯, 아리스토텔레스는 분노를 옹호하며[3] 우리에게 분노

---

2 '아우스피키움'(auspicium)은 새의 비행을 관찰해 길흉을 점치는 행위를 말한다. 고대에는 출정을 앞두고 새점을 치는 것이 관례였고, 길조일 때만 출병했다.

3 "분노는 반드시 필요하다. 분노 없이는, 즉 마음속에 분노가 가득 차올라 기세가 높아지지 않고서는 어떤 전투에서도 승리할 수 없다. 다만 분노는 장수가 아닌 병사로 써야 한다"(제1권 제9장 [2]). "아리스토텔레스는 잘 다루기만 하면 정념들도 무기가 될 수 있다고 말했습니다"(제17장 [1]).

                                        화에 대하여

를 제거하지 말라고 합니다. 분노가 미덕을 북돋우므로, 이를 제거하면 마음이 무장해제되어 나태해지고 무기력해져서 위대한 일을 시도하지 못하게 된다는 것입니다.

따라서 우리가 반드시 해야 할 일은 분노의 흉측함과 야만성을 증 2
명하고, 분노에 사로잡힌 인간이 얼마나 끔찍한 괴물이 되는지, 또 그 엄청난 분노의 힘으로 자신을 파괴하고, 그가 아니었다면 온전했을 것을 무너뜨리며, 그 분노가 없었더라면 결코 무너지지 않았을 것을 파괴하는지를 분명히 보여주는 것입니다.

어떻습니까? 정상적으로 걸어가지 않고 폭풍에 휘밀려 끌려가며, 3
광기라는 악의 노예가 되어 행동하고, 복수를 남에게 맡기지 않고 스스로 집행하는 자가 되어 마음과 몸이 모두 광분하며, 잃고 나면 곧 비통해할 것을 파괴하고 가장 소중한 이들을 죽이는 자를 누가 온전한 정신을 가진 사람이라 하겠습니까?

미덕을 행하는 데 필수적인 분별력을 흐리게 하는 이 감정을 누가 4
미덕의 조력자이자 동반자라 할 수 있겠습니까? 병세가 악화되어 가는데도 환자가 일시적으로 힘을 얻는 것은 단지 병의 진행 과정일 뿐이며 죽음이 임박했음을 알리는 불길한 징후입니다.

그러므로 내가 쓸데없는 일에 시간을 낭비한다고 생각하지 마십 5
시오. 분노는 흉악한 것인데도, 사람들 사이에는 그것이 과연 그러한지 의심하는 시선이 있습니다. 심지어 어떤 저명한 철학자조차, 분노에는 나름의 쓰임이 있어서 전쟁이나 격정이 필요한 상황에서 용기를 북돋우는 데 유익하다고까지 공공연히 주장합니다.

바로 그렇기 때문에, 분노가 어떤 상황에서는 유용할 수도 있다는 6
그릇된 믿음에 빠지지 않도록, 나는 분노의 본모습과 그 도구들이 얼마나 끔찍하고 파괴적인지를 분명히 드러내고자 합니다. 분노가 사

용하는 도구들을 보십시오. 고문용 말, 결박용 노끈, 강제 노역, 십자
가형, 산 사람을 땅에 묻고 주변에 불을 지르는 것, 시신을 갈고리로
질질 끌고 가는 것, 온갖 종류의 사슬과 형벌, 사지를 찢는 형벌, 이
마에 낙인을 찍는 것, 맹수의 우리에 사람을 던져 넣는 것⋯ 이 모든
잔혹한 수단의 한가운데에는 그 무엇보다도 흉측하고 혐오스러운 분
노가 도사리고 있으며, 그곳에서 분노는 끔찍하고 섬뜩한 비명을 지
르며 자신을 드러냅니다.

제4장

1   분노와 관련해 다른 것은 의심의 여지가 있을 수 있으나, 분노의
표정만큼 사람을 흉하게 만드는 감정은 없습니다. 이에 대해서는 제
1권과 제2권에서 이미 설명했습니다. 분노한 사람은 사납고 표독스
러우며, 피가 몸속으로 도망치듯 빠져나가 창백해지고, 온몸의 열기
와 기운이 얼굴로 몰려 피처럼 붉어지며, 혈관은 부풀어 오르고 두
눈은 충혈되어 튀어나와 한 곳을 응시합니다.

2   또한 이를 세게 부딪치며, 무언가를 물어뜯고 싶어 안달이 난 듯이
멧돼지가 자신의 무기인 엄니를 갈아 날카롭게 하는 것 같은 소리를
냅니다. 손가락 관절을 마치 부서뜨릴 듯이 꺾고, 연신 가슴을 치며,
숨을 몰아쉬면서 깊은 한숨을 내쉽니다. 몸은 가만히 있지를 못하고,
횡설수설하다가 갑자기 고함을 지르며, 떨리는 입술을 꾹 다문 채 씩
씩거리다가 때때로 욕설과 저주를 내뱉습니다.

3   굶주린 맹수의 얼굴이나, 몸에 무기가 박혀 성난 맹수의 모습, 심

화에 대하여

지어 죽어가는 순간에 마지막으로 사냥꾼을 향해 달려드는 치명상
입은 맹수의 표정조차도, 분노에 불타오르는 인간의 얼굴만큼은 흉
악해 보이지 않습니다. 자, 분노하는 사람의 소리와 위협을 들을 기
회가 있다면, 분노로 고통받는 마음에서 어떤 소리가 나오는지 들어
보십시오!

분노가 무엇보다 자기 자신을 먼저 해친다는 것을 안다면, 누구나 4
분노를 멀리하려 하지 않겠습니까? 최고 권력을 쥔 자가 분노를 휘
두르는 것이 자신의 힘을 증명하는 증거라 여기는 자, 큰 재물을 모
아 복수할 준비가 되었다고 생각하는 자는 힘 있는 자이기는커녕 자
유인도 아닌, 분노의 포로가 되었을 뿐임을 내가 그들에게 상기시켜
주기를, 당신은 바라지 않습니까?

또한, 다른 악덕들은 대개 교양 없고 무지한 사람들에게서 나타나 5
지만, 분노는 배움이 있고 교양 있는 사람에게조차 스며드는 감정임
을 내가 일깨워 주기를, 당신은 바라지 않습니까? 실제로 어떤 이들
은 분노하는 것이 솔직함의 표시라 말하고, 가장 성격이 좋은 사람이
가장 쉽게 분노한다고 믿는 사람이 많습니다.

제5장

당신은 이렇게 말합니다. "당신이 그렇게 말하는 의도는 무엇인 1
가?" 누구도 자신이 분노로부터 안전하다고 여겨서는 안 된다는 것
입니다. 분노는 온순하고 차분한 사람마저 포악함과 폭력으로 이끌
기 때문입니다. 전염병이 허약한 사람이든 튼튼한 사람이든 가리지

않고 덮치듯이, 건강을 아무리 잘 관리해도 전염병 앞에서는 소용이 없는 것처럼, 성질 급한 사람뿐 아니라 침착하고 느긋한 사람도 분노의 위험에서 자유롭지 않습니다. 오히려 후자의 경우 변화가 더 크기에, 그들의 분노는 더욱 흉측하고 위험합니다.

2   분노하지 않는 것이 첫째요, 분노를 그치는 것이 둘째며, 다른 이의 분노를 다스리는 것이 셋째입니다. 따라서 나는 먼저 어떻게 분노에 빠지지 않을 수 있는지를 말하고, 다음으로는 어떻게 분노에서 벗어날 수 있는지를 말하며, 마지막으로 어떻게 분노한 사람을 진정시켜 제정신으로 돌아오게 할 수 있는지를 말하고자 합니다.[4]

3   분노를 피하는 가장 좋은 방법은, 분노가 불러오는 모든 해악을 반복해서 직시하고, 그 실체를 정확히 인식하는 것입니다. 우리는 분노를 단순히 감정으로 용인해서는 안 되며, 적나라하게 고발하고 단죄해야 합니다. 분노가 가져오는 해악을 낱낱이 조사해 드러내야 하며, 그 실체를 밝히기 위해 다른 사악한 악덕들과 비교해야 합니다.

4   탐욕은 끌어모으고 축적하는 것이라 그렇게 모은 것을 잘 쓰는 이도 있습니다. 반면 분노는 소비하는 것이라 분노하고도 손해를 보지 않는 이는 극히 드뭅니다. 분노한 주인 때문에 얼마나 많은 노예가 도망가고 죽음에 이릅니까! 분노의 원인이 된 손해보다 분노로 자초한 손해가 얼마나 더 큽니까! 분노는 가장에게는 탄식을, 남편에게는 이혼을, 관리에게는 백성의 미움을, 공직 후보에게는 낙선을 안겨줍니다.

5   분노는 사치보다 더 나쁩니다. 사치는 자기 쾌락에 머물지만, 분노

---

4 세네카는 5-9장에서 첫 번째 문제를, 10-39장에서 두 번째 문제를, 39-40장에서 세 번째 문제를 다룬다.

                              화에 대하여

는 남의 고통을 즐기기 때문입니다. 분노는 앙심과 시기를 능가합니다. 앙심과 시기는 남의 불행을 바라지만, 분노는 직접 남을 불행하게 만들기 때문입니다. 앙심과 시기는 남이 불운을 만나 해를 입는 것을 기뻐하지만, 분노는 그때까지 기다리지 못하고 지켜보지도 않은 채 직접 해를 가하고자 합니다.

적대감보다 더 큰 위험은 없지만, 그 적대감을 키우는 것이 분노입 6
니다. 전쟁보다 더 파괴적인 것은 없지만, 권력자의 분노가 쏟아지는 곳이 바로 전쟁터입니다. 평민의 개인적인 분노도 무기 없는 전쟁과 같습니다. 게다가 분노는 재성석 손실, 음모, 끊임없는 나둠과 같은 직접적 결과를 낳을 뿐 아니라, 분노하는 자 스스로도 벌을 받게 됩니다. 분노는 인간의 본성을 거스르기 때문입니다. 본성은 사랑을 권하지만 분노는 미움을 부추기고, 본성은 이롭게 하라 명하지만 분노는 해치라 명합니다.

또한, 과도한 자존심이나 과시욕에서 비롯된 분노는 오히려 자신 7
의 옹졸함을 드러내는 행동일 뿐입니다. 남이 자신을 멸시한다고 여기는 사람만큼 보잘것없는 이는 없기 때문입니다. 반면 자신의 가치를 진정으로 아는 위대한 영혼을 지닌 이는 남이 저지른 불의로 자신이 해를 입었다고 생각하지 않기에 복수하지 않습니다.

창으로 단단한 것을 찌르면 오히려 튕겨 나와 찌른 자가 다치듯, 8
어떤 불의도 위대한 영혼을 꿰뚫을 수 없습니다. 오히려 그 불의는 튕겨 나가고 맙니다. 모든 불의와 모욕을 마치 무력한 창처럼 흘려보내는 영혼, 그런 영혼이야말로 얼마나 고귀하고 아름답습니까. 복수는 고통받았다는 고백입니다. 불의에 굽혀지는 것은 위대한 영혼이아닙니다. 당신에게 해를 가한 이는 당신보다 강하거나 약한 사람입니다. 약한 이라면 그를 아끼고, 강한 이라면 당신 자신을 아끼십시오.

제6장

1   진정한 위대함은 어떤 상황에서도 흔들리지 않는 평정 속에서 드러납니다. 별들 가까이에 있는, 세계의 높은 곳에서는 구름이 모이지도 않고, 폭풍우가 일어나지도 않으며, 돌풍에 휘말리지도 않습니다. 이 세계의 아래에서 번개가 치더라도, 그 높은 곳은 고요합니다. 이처럼 숭고한 영혼은 늘 평온하고 차분한 상태를 유지하며, 내면에서 분노를 자극할 수 있는 모든 요소는 이미 다스려지고 절제되어 있습니다. 그 안에는 타인을 존중하는 마음이 자리하고 있으며, 모든 감정과 판단이 자기 자리를 지키고 있습니다. 이는 분노한 영혼에서는 찾아볼 수 없는 것입니다.

2   분노에 굴복하여 광분하는 사람 중에 먼저 수치심을 버리지 않은 사람이 있을까요? 분노에 휩싸여 남을 해치려 달려가는 사람 중에 평소의 공경심을 지키는 이가 있겠습니까? 분노한 사람이 자신의 의무와 그 순서를 생각하겠습니까? 말을 가려 하겠습니까? 몸 하나 진정시킬 수 있겠습니까? 분노에 사로잡힌 후에 자기 자신을 다스릴 수 있겠습니까?

3   데모크리토스[5]의 유익한 가르침을 되새겨봅시다. 그는 사사로운 일이든 공적인 일이든, 많은 일을 하지 않고 우리 능력 밖의 일을 하지 않을 때 평정심을 지닐 수 있다고 보여주었습니다. 여러 일로 분

---

5 이 단락 전체는 데모크리토스의 단편 2번(Diels-Kranz 편집본)에 나오는 내용을 풀어 설명한 것이다. 여기에서 말하는 내용은 모두 해당 단편의 핵심 사상을 바탕으로 하고 있다.

                                                      화에 대하여

주하게 이리저리 뛰어다니는 사람은, 사람이나 일에 대한 분노 없이 하루를 고요하게 보내는 일이 없습니다.

도시의 번잡한 곳을 서둘러 걸어가다 보면 많은 이와 부딪힐 수밖 4 에 없습니다. 어디서는 미끄러지고, 어디서는 막히며, 어디서는 흙탕물을 뒤집어쓰게 됩니다. 마찬가지로 삶에서 하는 일이 잡다하고 번잡하면 많은 방해와 다툼이 생깁니다. 어떤 이는 우리의 희망을 저버리고, 어떤 이는 지연시키며, 어떤 이는 가로채버립니다. 계획한 대로 일이 흘러가지 않습니다.

세상에는 많은 일을 시도해 모두 뜻대로 이루는 사람은 없습니다. 5 그러다 보니, 일이 조금이라도 뜻대로 되지 않으면 사람들은 남을 탓하고, 상황을 탓하고, 장소와 운명을 탓하다가, 마침내는 자기 자신에게까지 화살을 돌리게 됩니다.

그러므로 평정심을 지니려면, 앞서 말했듯이 많은 일이나 큰일 혹 6 은 능력 밖의 일로 지치고 피곤해져서는 안 됩니다. 가벼운 짐은 어깨에 메고 이리저리 옮기기 쉽습니다. 반면 남이 지워준 짐은 감당하기 어려워 견디지 못하고 가까이 있는 이에게 내던지게 됩니다. 짐이 너무 무거워 앞으로 나아가기는커녕 서 있는 것만으로도 다리가 떨리기 때문입니다.

제7장

이는 공적인 일에서도 사적인 일에서도 마찬가지입니다. 자신의 1 능력 안에서 할 수 있는 일은 순조롭게 진행됩니다. 하지만 능력을 벗어난 일은 쉽게 다루어지지 않고, 도리어 그 일을 맡은 사람을 짓눌러 끌고 다니다가, 마침내 통제할 수 있게 되었다고 여기는 바로 그 순간에 함께 무너져버리고 맙니다. 그래서 애초에 쉬운 일을 택하지 않았으면서도, 결과만은 순탄하길 바란다면, 그 기대는 번번이 헛되고 말 것입니다.

2   일을 시작할 때는 자신과 그 일이 지닌 성격, 그리고 얻고자 하는 결과를 신중히 따져보아야 합니다. 그렇지 않으면, 일을 제대로 이루지 못해 실패하고 후회하게 되며, 결국 불만만 쌓이게 될 것입니다. 물론 사람의 기질에 따라 반응은 다르게 나타납니다. 불같은 성정을 지닌 사람은 실패 앞에서 분노를 드러내고, 무기력하고 둔감한 사람은 슬픔에 빠지게 됩니다. 그러므로 우리의 행동은 하찮거나 무모하거나 경솔해서는 안 되며, 실현 가능한 희망이 가까이 있는 일에 집중해야 합니다. 이루고 나서도 어떻게 성공했는지 놀라게 될 일은 시도하지 말아야 합니다.

제8장

1   불의를 어떻게 견뎌야 할지 몰라 해를 입는 일이 없도록 해야 합니다. 온순하고 성격 좋으며 조급하거나 까다롭지 않은 사람과 함께 살아가야 합니다. 어떤 이들과 어울리면 그들의 행실을 닮게 되고, 몸의 질병이 접촉으로 전염되듯 마음의 악도 가까운 이들에게 전파되기 때문입니다.

2   술꾼과 가까이 지내면 술을 좋아하게 되고, 방탕한 이들과 어울리

                                                화에 대하여

다 보면 바위처럼 굳건한 사람도 무너지며, 탐욕은 가까운 이들에게 옮아갑니다. 반대로 이는 미덕에도 적용되어, 미덕은 함께하는 모든 것을 부드럽게 다듬어줍니다. 건강에 이로운 땅과 날씨가 몸을 좋게 하듯이, 아직 성숙하지 못한 마음은 자신보다 더 훌륭한 사람들과 함께 지낼 때 더 나은 방향으로 자라납니다.

미덕의 영향력이 얼마나 큰지 알고 싶다면, 인간과 함께 사는 짐승 **3** 들을 보십시오. 아무리 사나운 맹수라도 인간과 오래 지내다 보면 자신의 사나움을 잃게 됩니다. 모든 거친 성질은 점차 누그러져 잊힙니다. 이와 마찬가지로, 평정심을 지닌 사람 곁에 오래 머물다 보면, 사람은 자연스럽게 그를 본받아 성품이 나아질 뿐 아니라, 분노할 이유를 찾지 못하게 되어, 분노라는 악덕을 행하지도 않게 됩니다. 따라서 자신의 분노를 자극할 만한 사람은 가능한 한 멀리해야 합니다. "그런 사람들이 누구입니까?"라고 당신은 묻습니다.

많은 이들이 서로 다른 방식으로 같은 분노를 일으킵니다. 오만한 **4** 자는 경멸로, 독설가는 모욕으로, 방자한 자는 불의로, 시기하는 자는 악의로, 시비를 거는 자는 다툼으로, 허세를 부리는 자는 거짓된 허풍으로 당신을 분노하게 합니다. 의심 많은 이에게 의심받는 것, 고집 센 이에게 지는 것, 오만한 이에게 멸시당하는 것을 당신은 참지 못합니다.

솔직하고 성격 좋으며 점잖은 사람을 택하십시오. 그런 사람은 당 **5** 신을 받아들여 분노를 자극하지 않을 것입니다. 양보를 잘하고 인간미 있으며 상냥한 이들이 더욱 도움이 되겠지만, 아부하는 사람은 피하십시오. 분노하기 쉬운 사람은 지나친 아부에도 분노하기 때문입니다. 내 친구 중 한 사람은 분명 좋은 사람이었으나 쉽게 분노하는 성격이어서, 그에게 아첨하는 것은 비방하는 것만큼이나 위험했습니다.

6   대중연설가 카일리우스[6]는 가장 분노하기 쉬운 사람으로 알려져 있습니다. 전해지는 바로는, 매우 인내심 있는 한 의뢰인이 그와 식사하면서, 자신의 의견을 고집하다가는 크게 다툴 것 같아 무슨 말을 하든 맞장구치는 것이 최선이라 여겼다고 합니다. 그러자 카일리우스는 계속되는 동조를 참지 못하고 "뭐라도 반박해보시오! 여기 우리 둘이 있지 않소!" 하고 외쳤답니다. 카일리우스는 의뢰인이 분노하지 않는 것에 도리어 화를 냈지만, 끝내 아무런 반박도 없자 곧 분노가 가라앉았다고 합니다.

7   그러므로 우리가 분노하기 쉬운 성격임을 안다면, 우리의 표정과 말에 맞춰줄 수 있는 이들을 선택해야 합니다. 물론 그런 사람들은 우리의 기분만 맞추려 하다 보니, 우리를 나약하게 만들거나, 자신에게 불쾌한 말은 아예 듣지 않으려는 나쁜 습관을 키울 수도 있습니다. 하지만 우리의 분노하는 악덕을 잠시나마 가라앉히는 데는 도움이 됩니다. 성미가 까다롭고 제멋대로인 사람조차도, 자신에게 아첨하는 사람 앞에서는 쉽게 마음을 열고, 사납고 포악한 사람도, 아부하는 이 앞에서는 얌전해지기 마련입니다.

8   논쟁이 길어지고 말다툼이 되어 갈 때는 더 큰 힘을 얻기 전에 멈추어야 합니다. 논쟁은 스스로 힘을 키워 논쟁하는 이들을 더 깊은 수렁으로 끌고 갑니다. 논쟁에서 빠져나오는 것보다 애초에 논쟁을 피하는 것이 더 쉽습니다.

---

6   카일리우스(기원전 82-48년)는 로마 공화정 말기의 대중연설가이자 정치가다. 부유한 기사 계급 출신으로 당대 유명 연설가 중 한 사람이었다. 키케로의 제자로서 서신을 주고받았다. 가이우스 카이사르에 대항하는 봉기를 일으키다 실패하여 목숨을 잃었다.

                                            화에 대하여

제9장

분노하기 쉬운 사람은 어떤 일에도 지나치게 몰두해서는 안 됩니 **1**
다. 특히 피곤하고 지칠 정도로 몰두하는 것은 피해야 합니다. 이런
성향의 사람은 힘들고 어려운 일을 계속하기보다 기분 좋은 일들을
해야 합니다. 시를 읽어 마음을 부드럽게 달래고, 역사 속 흥미로운
이야기들로 마음을 지탱하며, 더욱 온화하고 즐거운 상태를 유지해
야 합니다.

피타고라스는 리라를 연주하여 흐트러진 마음을 다스렸습니다.[7] **2**
뿔피리와 나팔이 마음을 고양시키고, 어떤 노래는 마음을 달래어 긴
장을 풀어준다는 것은 누구나 알고 있습니다. 흐릿한 눈에는 녹색이
도움이 되고, 약한 시력에는 편안한 색이 좋지만 눈부신 것은 피해야
하듯, 즐거운 일들은 지친 마음을 부드럽게 어루만져줍니다.

광장, 법정 변론, 재판을 비롯해 마음의 악덕을 악화시키는 모든 **3**
것을 피해야 하며, 몸이 피로해지지 않도록 주의해야 합니다. 피로는
우리 안의 유순함과 온화함을 고갈시키고 예민하고 날카롭게 만들기
때문입니다.

그래서 소화 기능이 약한 사람들은 중요한 일을 앞두고 미리 식사 **4**

---

7 피타고라스(기원전 약 582-497년)는 고대 그리스의 철학자이자 수학자, 종교가다.
크로톤에 이주해 종교·학술 공동체를 세우고 공동생활을 했다. 수를 만물의 근
본으로 보았고, 만물이 수적 관계에 따라 질서 있는 코스모스를 이룬다고 여겼
다. 그래서 영혼을 진정시키는 음악과 영원불변의 진리를 보여주는 수학 연구에
전념했다. 리라는 기원전 3천 년경에 등장한 발현악기로, 후에 키타라로도 불
렸다.

를 하여, 분노를 자극할 수 있는 담즙의 분비를 사전에 조절하려고 합니다.[8] 몸이 피로하면 열이 나고 피가 나빠져 혈행이 방해를 받으며, 이렇게 약해진 몸 상태는 결국 마음까지 무겁게 만들기 때문입니다. 나이 들고 병든 사람들이 쉽게 분노하는 것도 이 때문입니다. 굶주림과 갈증도 같은 이유로 피해야 합니다. 이러한 상태는 마음을 거칠게 만들고 불안하게 하여 분노의 불씨를 지핍니다.

5   피곤한 사람이 시비를 건다는 옛말이 있는데, 이는 배고프거나 목마른 사람을 비롯해 어떤 이유로든 마음에 불이 붙은 모든 이에게 해당합니다. 염증이 생긴 몸은 살짝 건드려도 아프고 나중에는 건드릴 것 같다는 생각만으로도 아픈 것처럼, 약해진 마음 역시 작은 자극에도 분노합니다. 그래서 어떤 이들은 단순한 인사말, 편지 한 장, 연설의 한 구절, 질문 하나에도 다툼을 일으킵니다. 아픈 곳은 어루만져도 불평이 나오기 마련입니다.

제 10 장

1   따라서 병이 발견되면 즉시 치료하고, 말을 최대한 자제하며, 충동을 억제하는 것이 최선입니다.

---

8   고대 서양 의학에서는 검은 담즙과 노란 담즙이 과도하게 분비되면, 우울함을 유발하거나 공격성을 높인다고 여겼다. '담즙'은 그리스어로 '콜레'($\chi o\lambda\acute{\eta}$)라고 하며, 영어 단어 'melancholia'(우울증)는 바로 '검은 담즙'을 뜻하는 그리스어 '멜라이나 콜레'($\mu\acute{\epsilon}\lambda\alpha\iota\nu\alpha\ \chi o\lambda\acute{\eta}$)에서 유래했다.

                                                          화에 대하여

정념의 발생을 조기에 알아채기는 쉽습니다. 질병에는 반드시 전 **2** 조가 있기 때문입니다. 폭풍과 폭우가 오기 전에 징후가 있듯이, 분노와 애욕을 비롯해 마음을 뒤흔드는 모든 폭풍에도 예고가 있습니다.

간질병[9] 환자들은 피부가 차가워지고, 시야가 흐려지며, 근육이 떨 **3** 리고, 기억이 사라지며, 현기증이 날 때 발작이 올 것을 압니다. 그래서 익숙한 대처법으로 초기에 원인을 제거합니다. 특정한 향을 맡고 약을 먹어 정신을 잃지 않게 하고, 몸을 따뜻하게 해 오한과 경직을 막습니다. 이런 방법이 효과가 없을 때는 많은 사람이 있는 곳을 피해, 아무도 없는 곳에서 쓰러집니다.

자신의 병을 알아 그 힘이 퍼지기 전에 제압하는 것이 유익합니다. **4** 무엇이 우리를 자극하는지 살펴야 합니다. 어떤 이는 모욕적인 말에, 어떤 이는 모욕적인 행동에 자극받습니다. 이 사람은 고귀한 출신을, 저 사람은 외모를 인정받고 싶어 합니다. 어떤 이는 가장 우아하다는 평가를, 다른 이는 가장 박식하다는 평가를 바랍니다. 이 사람은 오만함을, 저 사람은 완고함을 참지 못합니다. 어떤 이는 노예들에게 분노할 가치도 없다 여기고, 어떤 이는 집에서는 난폭하나 밖에서는 온화합니다. 이 사람은 청탁받는 것을 불의로, 저 사람은 청탁받지 못하는 것을 모욕으로 여깁니다. 상처받는 지점이 사람마다 다르므로, 자신의 약점을 알아 그 부분을 특별히 보호해야 합니다.

---

9 간질병(comitialis, '코미티알리스')은 의학적으로 뇌전증이라 하며, 반복적 발작이 특징인 만성 뇌 장애를 말한다. 대뇌 피질 이상으로 일시적 감각 상실이나 이상, 운동조절 능력 상실, 언어장애가 일어나고, 의식을 잃고 몸이 굳은 뒤 사지를 펴다가 근육 경련이 일어난다.

1   모든 것을 보고 듣는 것이 반드시 유익한 것은 아닙니다. 많은 불의를 그저 지나가게 두어야 합니다. 대부분의 경우 누군가의 불의를 알지 못했다면 그것은 불의를 당하지 않은 것과 같기 때문입니다. 쉽게 분노하지 않기를 바란다면 알려고 하지 마십시오. 자신에 대한 남의 말을 캐내고 모르는 악담을 찾아내는 사람은 스스로 평정을 깨뜨리는 셈입니다. 누군가가 자신에 대해 악담하고 불의를 저질렀다고 여기는 것은 해석을 거쳐 나온 결론일 뿐입니다. 그러니 어떤 말은 흘려보내고, 어떤 말은 웃어넘기고, 어떤 말은 모른 척하는 지혜가 필요합니다.

2   분노는 다양한 방식으로 억제할 수 있지만, 가장 효과적인 방법 중 하나는 그 상황을 장난스럽고 유쾌하게 넘기는 것입니다. 소크라테스는 누군가 자신을 뺨 때렸을 때, 사람이 언제 투구를 쓰고 다녀야 할지 모른다는 게 유감이라는 말만 남기고, 그 외에는 아무런 대응도 하지 않았다고 합니다.[10]

3   중요한 것은 불의가 어떻게 저질러졌느냐가 아니라 우리가 그것을 어떻게 받아들이느냐입니다. 행운을 만나 제멋대로 살다 오만방자해진 참주들조차 자신의 성정을 억눌렀다는 것을 나는 압니다. 그

---

10 디오게네스 라에르티오스(3세기경 활동)가 쓴 『고대 그리스 철학자들의 생활과 견해와 저작 목록』(10권)을 비롯한 고대 문헌들은 이 일화의 주인공을 견유학파의 대표적 철학자 디오게네스(기원전 약 400-323년)라고 전한다. 세네카만이 유일하게 소크라테스의 일화로 소개한다.

러므로 내가 보기에 절제는 어려운 일이 아닙니다.

실제로 아테네의 참주 페이시스트라토스[11]에 관한 일화가 지금도   4
전해집니다. 그가 베푼 연회에서 술에 취한 이들이 그의 포악함을 장
황하게 늘어놓기도 하고, 그를 손가락질하기도 했으며, 저마다 다른
방식으로 그의 화를 돋웠답니다. 하지만 그는 차분히 이를 참아내며,
자신을 자극한 이들에게 이런 경우에 화를 내는 것은 앞 못 보는 사
람이 자신에게 부딪혔다고 화내는 것과 같다고 답했다고 합니다.

제12장

많은 이들이 잘못된 의심이나 사소한 것을 부풀려 스스로 불화를   1
만듭니다. 분노가 우리를 덮칠 때도 있지만, 때론 우리가 먼저 분노
를 찾아 나서기도 합니다. 분노를 스스로 불러들여서는 안 되며, 오
히려 찾아와도 물리쳐야 합니다.

하지만 "내가 이 분노를 자초했을지도 모른다"라고 인정하는 사람   2
은 거의 없습니다. 대부분은 타인의 의도를 헤아리려 하지 않고, 겉
으로 드러난 행동만 보고 성급히 판단하려 듭니다. 그러나 우리는 반
드시 그 행동의 배경과 동기를 살펴야 합니다. 그것이 정말 고의였는

---

11 페이시스트라토스(기원전 약 600-527년)는 고대 아테네 최초의 참주다. 솔론의 개혁
   후 참주가 된 그는 솔론의 법을 중시하여 귀족을 제한하고 농민을 보호하며 농업
   을 장려했다. 아테네를 그리스 최강의 폴리스로 키웠고, 외국 예술가들을 초빙하
   고 호메로스의 서사시를 편찬하는 등 문화도 발전시켰다.

지, 우연이었는지, 어쩔 수 없이 강요된 것인지, 누군가에게 속아서 그런 것인지, 미움에서 비롯된 것인지, 이익을 노린 것인지, 자신을 위한 것인지, 혹은 타인을 위한 것이었는지 등 상황의 맥락을 충분히 고려해야 합니다. 때로는 그 잘못을 저지른 사람의 나이나 처지를 살펴야 할 때도 있습니다. 이 모든 것을 깊이 헤아려 참고 용납하는 것, 그것이야말로 인간다운 태도이며, 우리 자신에게도 유익한 길이 될 것입니다.

3 우리를 분노하게 한 이의 입장이 되어보아야 합니다. 그들의 부당한 평가가 우리를 화나게 했다면, 우리도 남을 부당하게 평가하면서 그들이 우리에게 한 행동은 용납하지 않으려는 것은 아닌지 자신을 돌아보아야 합니다.

4 대부분의 사람들은 분노할 만한 일이 생기면 즉시 반응합니다. 하지만 분노를 다스리는 가장 좋은 방법은 시간을 갖는 것입니다. 그래야 처음의 끓어오르는 열기가 가라앉고, 마음을 덮은 안개가 걷히거나 옅어집니다. 당신을 격분시킨 것 중 어떤 것은 한 시간만 기다려도 누그러지고, 어떤 것은 완전히 사라집니다. 그리고 시간이 지나도 여전히 판단이 바뀌지 않았다고 해도, 이제는 분노가 아니라 이성이 당신을 이끌고 있다는 점에서 의미가 있습니다. 진실을 알고 싶다면 시간에 맡기십시오. 마음이 동요할 때는 아무것도 제대로 분별할 수 없습니다.

5 플라톤은 노예에게 분노했을 때 시간을 두지 않고 즉시 채찍질하려 그에게 옷을 벗으라 명령하고 직접 채찍을 들었습니다. 하지만 자신이 분노했음을 깨닫자 손을 든 채 그대로 멈춰 섰습니다. 마침 곁에 있던 친구가 왜 그러느냐고 묻자 "분노하는 자를 벌하고 있네"[12]라고 답했습니다.

                                          화에 대하여

플라톤은 마치 얼빠진 사람처럼 현자답지 않게 분노로 일그러진　6
채 서 있었습니다. 노예보다 더 큰 벌을 받아야 할 다른 이를 발견했
기에 노예를 벌해야 한다는 것을 잊었습니다. 자신의 잘못에 격분한
그는 가슬을 벌할 자격이 없다고 여겨 "스페우시포스,[13] 나는 분노한
상태이니 네가 이 노예를 채찍으로 꾸짖어 주어라"라고 했습니다.

　다른 이라면 그런 이유로 벌을 그만두지 않았겠지만, 플라톤은 그　7
만두었습니다. "나는 분노한 상태이기에 적절한 수준에서 멈추지 못
하고 내 감정이 원하는 대로 벌하게 될 것이다. 자신도 다스리지 못
히는 사람에게 이 노예를 맡기지 않으리라." 플라톤조차 분노한 자신
에게서 처벌 자격을 빼앗았는데, 누가 분노한 이에게 처벌을 맡기겠
습니까? 분노에 휩싸여 있을 때는 그 어떤 것도 스스로에게 허락해
서는 안 됩니다. 그 이유가 무엇이냐고요? 화가 난 당신은 무엇이든
정당화하려 들 것이기 때문입니다.

12　플라톤(기원전 427-347년)은 고대 그리스의 철학자로 소크라테스의 제자다. 아카데
　메이아라는 철학 학교를 열었고, 소크라테스를 주인공으로 한 30편의 대화편을
　남겼다. 또한 이데아론으로 대표되는 객관적 관념론을 창시하여 후대 철학에 지
　대한 영향을 끼쳤다. 한편, 소요학파의 철학자 아리스토크세노스(기원전 4세기 중엽
　활동)는 피타고라스와 그 제자들에 관한 글을 많이 남겼으며, 앞서 소개한 이 분노
　일화가 사실은 피타고라스의 제자 아르키타스의 이야기라고 전했다.

13　스페우시포스(기원전 약 395-339년)는 고대 그리스의 철학자다. 플라톤의 조카이
　자 제자로 아카데메이아의 제2대 학장이 되었다. 피타고라스의 영향을 받아 관
　념보다 수를 중시했다.

제13장

1   가장 먼저 싸워야 할 대상은 바로 당신 자신입니다. 분노를 이기려는 자는 결코 분노에 지지 않습니다. 분노를 감추고 출구를 내주지 않는다면, 이는 승리의 시작입니다. 분노의 징후를 감추고, 최대한 마음속 깊이 숨겨두어야 합니다.

2   물론 이것은 쉽지 않은 일입니다. 분노는 밖으로 뛰쳐나가려 하고, 눈에 불을 켜려 하며, 표정을 바꾸려 할 것이기 때문입니다. 하지만 분노가 밖으로 나가는 것을 허용한다면, 분노가 당신을 지배하게 됩니다. 분노는 가슴 가장 깊은 곳에 감춰두어야 합니다. 우리가 분노를 이끌어야 하지, 분노가 우리를 이끌게 해서는 안 됩니다. 또한 분노의 모든 징후를 정반대로 바꾸어야 합니다. 표정을 누그러뜨리고, 목소리를 부드럽게 하며, 천천히 걸어야 합니다. 겉을 다스리면, 그 영향은 안으로도 미칩니다.

3   소크라테스가 분노했음을 알 수 있는 유일한 징후는 목소리가 낮아지고 말수가 줄어드는 것이었습니다. 그는 이런 방식으로 분노와 맞섰습니다. 친구들은 이를 알아차리고 그의 분노를 지적했지만, 소크라테스는 자신의 분노를 지적하는 친구들에게 언짢아하지 않았습니다. 많은 사람이 그의 분노를 알아차렸지만 누구도 그 분노를 직접 겪지는 않았으니, 이는 분명 기뻐할 만한 일이었습니다. 그는 친구들의 잘못을 지적하곤 했는데, 만약 그가 친구들에게 자신의 잘못을 지적할 권리를 주지 않았다면, 친구들은 분노했을 것입니다.[14]

4   우리는 이보다 더 나아가야 합니다. 설령 그것이 쉽지 않은 일일지라도, 우리가 분노할 때 그 감정을 부추기지 말고 오히려 분노의 잘

                                              화에 대하여

못을 날카롭게 지적해달라고 가장 가까운 친구들에게 미리 부탁해두어야 합니다. 우리 안에서 힘을 키워가는 이 강력한 악에 맞설 수 있도록, 우리가 온전히 제정신일 때 미리 도움을 청해두어야 합니다.

술에 취하면 실수하기 쉽다는 것을 아는 사람이 친구들에게 자신 5
이 취하면 술자리에서 데려가달라 부탁하듯이, 몸이 허약할 때는 자제력이 떨어진다는 것을 아는 사람은 건강이 좋지 않을 때 자신의 말을 너무 심각하게 받지는 말라고 친구들에게 당부하듯이 말입니다.

자신이 저지를 수 있는 잘못들을 미리 파악하고 대책을 세워두어, 6
어떤 일이 생겨도 평정을 유지할 수 있게 히는 것이 가장 좋습니다. 그래야 아무리 심각하고 갑작스러운 일이 생겨도 분노하지 않을 수 있습니다. 그렇게 했음에도 예기치 않은 큰 불의를 당해 분노가 일어난다면, 그 분노를 마음 깊숙이 가두어 고통이 겉으로 드러나지 않게 해야 합니다.

무수한 예시 중 몇 가지만 살펴보면, 이것이 가능하다는 사실이 분 7
명해집니다. 이를 통해 당신은 두 가지를 깨달을 수 있습니다. 하나는 권력자가 분노하여 자신의 힘을 남용할 때 그 해악이 얼마나 큰지를 보여주며, 다른 하나는 인간이 더 큰 두려움이나 이성적 판단 앞에서는 분노조차 억누를 수 있다는 사실을 증명합니다.

14　고대 로마의 그리스 출신 철학자이자 저술가 플루타르코스(약 46-120년)의 저서
　　『분노의 조절에 대하여』 455a-b에서도 유사한 내용을 찾아볼 수 있다.

제14장

I 캄비세스왕[15]이 술에 빠져 지내자, 측근 프렉사스페스가 모든 이의 이목이 집중된 가운데, 왕의 음주 생활이 추하니 술을 줄이라 직언했습니다. 이에 왕은 이렇게 답했습니다. "내 정신이 온전하다는 것을, 그리고 술을 마신 뒤에도 내 눈과 손이 제 역할을 다한다는 것을 네게 보여주겠다."

2 왕은 이 말과 함께 평소보다 더 큰 잔으로 술을 마음껏 마셨습니다. 취기가 오르자 프렉사스페스의 아들에게 문지방 너머에서 왼손을 머리 위로 들고 서있으라 명했습니다. 그러고는 청년의 심장을 과녁으로 삼겠다 선언하고 활시위를 당겨 그의 심장을 꿰뚫었습니다. 왕은 청년의 가슴을 뚫고 심장에 박힌 화살을 가리키며 아버지에게 돌아서서, 자신의 손이 조금이라도 떨렸는지 물었습니다. 그러자 아버지는 아폴로 신[16]도 이보다 더 잘 쏠 수는 없었을 것이라 답했습니다.

---

15 캄비세스왕(재위 기원전 530-522년)은 페르시아 제국을 건설한 키루스 대왕의 아들이자 제2대 왕이다. 고대 그리스의 역사가 헤로도토스(기원전 약 484-425년)는 그가 반쯤 광인에 가까웠고 오만방자하며 잔혹했다고 전한다. 이로 인해 페르시아인들은 그를 폭군으로 불렀다. 프렉사스페스는 캄비세스왕의 심복으로, 왕명을 받아 왕의 동생 바르디야를 암살하기도 했다.

16 아폴로 신은 그리스 신화에서 제우스의 아들로, 예언과 의술, 시와 음악, 궁술의 신 아폴론을 가리킨다. 고대 그리스에서 최고의 신탁소였던 델포이 신전은 아폴론을 모신 곳이며, 그의 의술은 아들 아스클레피오스에게 이어졌다. 아폴론은 태어난 지 사흘 만에 괴물 뱀 피톤을 활로 쏘아 죽일 만큼 뛰어난 궁술의 신이기도 했다.

   화에 대하여

신분은 높으면서도, 마음은 노예보다 더 비굴한 이 자를 신들께서 3
벌하시길 바랍니다! 그는 차마 눈 뜨고 볼 수 없는 일을 칭송했습니다. 아들의 가슴이 갈라지고 심장이 상처 입은 채 뛰고 있을 때, 아버지는 이 순간을 아부의 기회로 삼았습니다. 그는 왕의 자랑에 이의를 제기하며 한 번 더 쏘기를 요청해, 자신을 향해 쏠 때도 과연 손이 떨리지 않는지 시험했어야 했습니다.

피에 굶주린 폭군이여! 모든 신하의 화살을 맞아 마땅한 자여! 연 4
회를 처형과 죽음으로 마무리한 왕은 혐오스럽지만, 그의 행위를 칭송한 것이 화살을 쏜 것보다 더욱 사악히고 끔찍합니다. 이들의 시신 곁에서 그 죽음의 증인이자 원인이 된 아버지가 어떻게 했어야 했는지는 나중에 살펴보겠으나, 이 사건이 보여주는 분명한 사실은 분노가 억제될 수 있다는 것입니다.

아들의 심장이 꿰뚫릴 때 아버지의 가슴도 찢겼지만, 그는 왕을 저 5
주하지도, 고통을 드러내지도 않았습니다. 그가 말을 억제한 것은 현명했다고 할 수 있습니다. 만약 분노에 휩싸여 한마디라도 내뱉었다면, 그는 아버지로서 할 수 있는 모든 것을 잃었을 것이기 때문입니다.

나는 그가 왕에게 절주를 권했을 때보다 이때가 더 현명했다고 봅 6
니다. 사람의 피가 아닌 술을 즐기는 편이 나은 자의 손에 술잔이 들려 있는 것, 그것이야말로 진정한 평화였기 때문입니다. 이 일은 왕 앞에서 진실을 말했다가 얼마나 큰 화를 당할 수 있는지를 보여주는 또 하나의 사례가 되었습니다.

제15장

1   하르파고스[17] 역시 자신이 섬기던 페르시아 왕에게 이와 비슷한 직언을 했음이 분명합니다. 분노한 왕은 그의 아들들을 요리해 연회에서 하르파고스 앞에 내놓고, 그 요리를 먹는 그에게 음식이 만족스러운지 물었습니다. 왕은 그가 자신의 비극으로 배를 채우는 모습을 지켜본 뒤, 아들들의 머리를 들고 오게 하여 대접이 어땠느냐 물었습니다. 그러나 하르파고스는 이런 참혹한 일을 당하고도 입을 다물지 않았습니다. 그는 이렇게 말했습니다. "전하와 함께하는 식사는 언제나 즐겁습니다." 이 아부를 통해 그가 얻은 것은 무엇이었을까요? 왕이 그의 나머지 아들들마저 요리해 다시 그를 초대하는 것을 막을 수 있었습니다.

2   나는 이 아버지에게 왕의 만행을 단죄하지 말라거나, 이 포악한 괴물에게 마땅한 벌을 내리지 말라고 하는 것이 아닙니다. 이 사건이 보여주는 것은 타인의 극악무도한 행위로 인한 분노조차 감출 수 있으며, 마음에 없는 말도 할 수 있다는 점입니다.

3   고통과 분노를 억누르는 것은 꼭 필요한 일입니다. 특히 왕을 모시며 그의 식탁에 초대받는 이들에게는 더욱 그렇습니다. 그들은 그렇게 먹고, 마시며, 대답해야 합니다. 심지어 자기 아들이 죽임을 당해

---

17   하르파고스는 기원전 6세기에 활동한 메디아 왕국의 대장군이다. 그가 섬기던 '페르시아 왕'은 메디아 왕국의 아스티아게스(재위 기원전 585-550년)를 지칭한다. 이 사건 이후 그는 메디아를 침공한 키루스 대왕을 저지하러 출정했다가 오히려 그의 편으로 돌아섰고, 이로 인해 메디아 왕국은 멸망했다.

도 웃어야만 합니다. 이런 삶을 살 가치가 있는지는 다른 문제이니 나중에 논하겠습니다. 나는 궁중이라는 감옥에서 족쇄 찬 노예들을 위로하거나, 폭군의 압제를 견디라고 권하는 것이 아닙니다. 다만 어떤 종류의 노예 상태에서도 자유로 가는 길이 있음을 보여주고자 합니다. 타인의 잘못으로 불행해진 사람이라도 죽음을 통해 그 굴레에서 벗어날 수 있기 때문입니다.

친구들의 가슴에 화살을 겨누는 왕을, 아들의 살점으로 아버지를 4 먹이는 주군을 모시게 된 이에게 나는 이렇게 말하고 싶습니다. "어리석은 자여, 왜 탄식하는가? 적국이 당신의 조국을 멸망시켜 원수를 갚아주기를 바라는가, 아니면 먼 곳의 강한 왕이 달려와 주기를 기다리는가? 당신이 바라보는 모든 곳에 불행을 끝낼 길이 있다. 저 가파른 절벽이 보이는가? 그곳에서 뛰어내리면 자유를 얻을 수 있다. 저기 바다가, 강이, 우물이 보이지 않는가? 그 깊은 곳에 자유가 있다. 저 앙상한 나무가 보이는가? 거기에 자유가 매달려 있다. 당신의 목과 목구멍, 심장이 보이는가? 그것이 당신을 노예의 삶에서 해방시켜줄 것이다. 내가 제시한 방법들이 너무 고통스럽고 용기가 필요해 보이는가? 자유로 가는 길이 무엇이냐고 묻는가? 당신 몸속의 모든 혈관이 곧 그 길이다."

제16장

우리를 삶에서 몰아낼 만큼 견딜 수 없는 상황이 아니라면, 어떤 1 처지에서도 분노를 다스려야 합니다. 특히 아랫사람들의 분노는 자기파괴적이어서 더욱 위험합니다. 그들의 분노는 스스로를 고문하는 것과 같아서, 분노하며 저항할수록 윗사람의 권력은 더욱 고통스럽게 느껴지기 때문입니다. 덫에 걸린 짐승이 몸부림칠수록 덫은 더 조여오고, 올무에 걸린 새가 놀라 벗어나려 날갯짓할수록 깃털은 더욱 끈끈이에 엉겨 붙습니다. 멍에를 맬 때도 저항하는 것보다 순순히 따르는 편이 덜 다치는 길입니다. 벗어날 수 없는 불행 앞에선, 고요히 견디는 것이 유일한 길입니다.

2   아랫사람들에게 정념, 특히 광기처럼 날뛰는 분노를 억제하는 것이 유익하다면, 왕들에게는 더욱 그러합니다. 분노가 시키는 대로 행동하는 왕권은 모든 것을 파괴하고, 많은 이를 불행하게 만드는 권력은 오래갈 수 없기 때문입니다. 각자의 고통이 공통된 두려움으로 하나가 될 때 권력은 위태로워집니다. 그래서 많은 백성의 분노가 한 사람을 향할 때, 수많은 왕들이 때로는 한 사람의 손에, 때로는 민중의 손에 멸망했습니다.

3   하지만 많은 왕은 분노를 왕권의 상징처럼 여겼습니다. 제관 가우마타[18]를 몰아내고 처음으로 페르시아와 동방의 많은 영토를 다스린 다리우스가 그러했습니다. 그가 동쪽 국경의 스키타이인과 전쟁을 선포하자, 늙은 귀족 오이오바주스가 세 아들 중 한 명은 자신을 봉양하게 하고 두 명만 군역을 수행하게 해달라 간청했습니다. 왕은 그

---

18 원문에는 '마구스'(Magus) 한 단어로 되어 있다. '마구스'는 그리스어로는 '마고스'(μάγος)인데, 페르시아의 종교인 조로아스터교의 제관을 의미한다. 제2대 왕 캄비세스가 이집트 원정 도중 사망하자, 제국을 다스리던 가우마타라는 이름의 마구스가 왕위를 계승한다. 이에 박트리아와 페르시스의 총독 히스타스페스의 아들 다리우스(Dareus, 재위 기원전 522-486년)가 반란을 일으켜 가우마타를 축출하고 아케메네스 왕조 페르시아 제국의 제3대 왕이 되었다. 그의 통치 시기에 페르시아 제국은 최대 영토를 보유했다.

의 요청 이상을 들어주겠다 약속하며, 세 아들을 모두 전쟁터로 보내는 것은 잔인한 일이니 세 아들 모두의 군역을 면제해주겠다 말한 뒤, 아버지가 보는 앞에서 그 아들들을 죽여 내던졌습니다.

이에 비하면 크세르크세스[19]는 훨씬 자애로웠다고 해야 할 것입니다! 다섯 아들의 아버지인 피티오스가 한 아들의 군역 면제를 청하자, 왕은 그로 하여금 면제받을 아들을 직접 고르게 했습니다. 그리고는 선택된 아들을 군대를 정화하는 제물로 삼아, 그 몸을 둘로 찢어 길 양쪽에 세워두었습니다.[20] 그의 군대는 이에 걸맞은 최후를 맞았습니다. 군대는 패배하여 사방으로 흩어졌고, 왕은 도서에 흩어진 자신의 몰락을 바라보며 양쪽으로 널브러진 군사들의 시신 사이를 걸어가야 했습니다.

제17장

야만의 왕들이 분노하여 이런 잔혹한 일들을 저질렀습니다. 그들은 배움도 없고 교양도 쌓지 않았습니다. 여기서 아리스토텔레스의

---

19 크세르크세스(재위 기원전 486-465년)는 다리우스의 아들이자 아케메네스 왕조 페르시아 제국의 제4대 왕이다. 기원전 480년 제3차 페르시아 전쟁을 일으켜 그리스를 침공했으나, 살라미스 해전과 기원전 479년의 플라타이아이 전투에서 대패했다.

20 군대 출정 전에는 신들에게 제사를 지냈다. 이 일화는 헤로도토스의 『역사』 제7권 38절 이하에 기록되어 있다.

제자였던 알렉산드로스[21] 왕의 이야기를 들려드리겠습니다. 그는 함께 자란 가장 가까운 친구 클레이토스[22]를, 왕에게 아첨하지 않고 마케도니아의 자유민이 페르시아의 노예로 전락해가는 현실을 받아들이지 않으려 했다는 이유로, 직접 찔러 죽였습니다.

2   그는 또 다른 친구 리시마코스[23]를 사자 앞에 던졌습니다. 리시마코스는 운 좋게 사자의 이빨을 피했지만, 후일 그가 왕이 되었을 때 이 경험으로 인해 더 자비로운 왕이 되지는 않았습니다.

3   리시마코스는 자신의 친구인 로도스 출신 텔레스포로스의 귀와 코를 잘라내고 온몸을 훼손하여, 마치 새로 발견된 괴생명체처럼 만들어 오랫동안 우리에 가두었습니다. 잘리고 절단되어 흉하게 변한 그의 얼굴은 더 이상 사람의 형체가 아니었고, 굶주린 채 배설물 속에 버려져 더러워진 몸도 그를 더욱 비참하게 만들었습니다.

---

21   알렉산드로스(재위 기원전 336-323년)는 마케도니아의 왕으로, 그리스와 페르시아, 인도에 이르는 대제국을 건설하고 그리스 문화와 동방 문화를 융합한 헬레니즘 문화를 탄생시켰다. 그는 소요학파 창시자 아리스토텔레스(기원전 384-322년)의 제자였다.

22   클레이토스(기원전 약 375-328년)는 알렉산드로스 대왕의 유모 라니케의 남자 형제이자, 마케도니아군의 지휘관이었다. 그는 기원전 334년 그라니코스 전투에서 알렉산드로스의 생명을 구한 인물로도 알려져 있다. 어느 연회 자리에서 알렉산드로스는 그에게 그리스 용병대를 맡겨 중앙아시아의 유목민과 싸우도록 명령한 뒤, 자신이 아버지 필리포스 2세보다 더 위대한 업적을 이루었다고 자랑했다. 이에 클레이토스는 자신이 삼류 병력을 이끌며 허허벌판을 떠도는 처지에 대한 불만을 토로하며, 알렉산드로스의 공적은 모두 선왕의 기반 덕분이라 반박했다. 격분한 알렉산드로스는 끝내 창을 들어 그의 가슴을 찔러 죽이고 말았다. 이후 그는 자신의 충동적 행동을 깊이 후회했다고 전해진다.

23   리시마코스(기원전 약 361-281년)는 알렉산드로스의 친위대장이었다. 알렉산드로스의 급사 후 마케도니아 제국이 분열되자 트라키아와 소아시아 북서부를 차지했고, 기원전 306년 스스로를 트라키아의 왕으로 선포했다. 그가 텔레스포로스에게 가한 만행은 플루타르코스의 『추방에 대하여』 606b에 기록되어 있다.

    화에 대하여

좁은 우리에 갇혀 발이 아닌 무릎과 손으로 기어다녀야 했기에, 그 **4**
의 무릎과 손바닥에는 굳은살이 박혔고 옆구리는 마찰로 곪아버렸습
니다. 그의 모습은 보는 이들에게 공포와 혐오를 불러일으켜, 형벌로
괴물이 된 그는 동정조차 받지 못했습니다. 그는 이런 고통 속에서
인간다움을 잃었지만, 그를 그 지경으로 몰아넣은 자는 스스로 인간
다움을 버린 것이었습니다.

제18장

이런 잔혹함이 외국에만 머물렀더라면, 그리고 외국의 다른 악습 **1**
들, 특히 분노가 부른 야만적 형벌이 로마의 풍속에 스며들지 않았더
라면 얼마나 좋았겠습니까! 백성이 거리마다 마르쿠스 마리우스[24]의
동상을 세워놓고 분향하며 헌주하고 기도하자, 루키우스 술라는 그
의 다리를 부러뜨리고 눈을 파내고 혀와 손을 잘라내라 명했습니다.
신체를 한 부위씩 잘라내며 서서히 죽인 것은, 마치 부위 하나를 자
를 때마다 한 번씩 처형해 그를 여러 번 죽이는 것이나 다름없었습
니다.

누가 술라의 이런 명령을 수행했겠습니까? 자신의 손으로 온갖 악 **2**

---

24 마르쿠스 마리우스(기원전 약 125-82년)는 가이우스 마리우스와 루키우스 술라 간
의 내전(기원전 83-81년)에서 마리우스 편에 섰다. 기원전 80년대 로마의 경제 위
기 때인 기원전 82년에 정무관이 되어 화폐 개혁을 단행한 것으로 유명하다. 내
전에서 승리해 전권을 장악한 술라는 살생부를 작성해 처형과 재산 몰수를 자행
했는데, 마르쿠스 마리우스도 그 희생자 중 하나였다.

행을 저질러 온 카틸리나[25]가 아니면 누가 그랬겠습니까? 이 극악무도한 자는 퀸투스 카툴루스[26]의 무덤 앞에서 마리우스를 갈기갈기 찢었습니다. 악의 화신이었으나 민중의 사랑을 받을 만했던, 아니 지나친 사랑을 받았던 자의 피가 가장 자비로운 이의 무덤 위로 한 방울 한 방울 떨어졌습니다. 마리우스는 그런 비극적인 죽음을 맞았고, 술라는 그런 명령을 내렸으며, 카틸리나는 기꺼이 그 악행을 자행했습니다. 그러나 국가가 반역자의 살육과 복수자의 광기, 양극단의 칼날에 동시에 희생되어야 했다는 사실은 참담하고도 부조리한 현실이었습니다.

3   내가 왜 옛일을 이토록 자세히 살피는 것일까요? 최근 가이우스 황제[27]는 전직 집정관의 아들 섹스투스 팜피니우스와, 자신이 임명한 속주 총독의 아들이자 재무관인 베틸리에누스 바수스를 비롯한 원로원 의원들과 기사들을, 심문이 아닌 그저 즐거움을 위해 하루 동안 채찍질하고 고문을 가했습니다.

4   그런 다음 어머니가 꾸민 정원의 회랑과 강둑 사이 길을 거닐다가, 잠시의 지체도 참지 못하고, 곁에 있던 귀부인들과 몇몇 원로원 의원들을 등불 아래에서 참수했습니다. 그의 잔혹성은 모든 쾌락이 즉각적이고 강렬해야만 만족스러워하는 그의 본성을 그대로 드러낸 것이

---

25 카틸리나(기원전 약 108-62년)는 마리우스와 술라의 내전(기원전 83-81년)에서 술라 편에 가담해 살생부에 오른 정적들을 처형하며 막대한 부를 쌓았다. 이후 두 차례 집정관 선거에서 실패하자 기원전 63년 무장봉기로 집권을 시도했으나 사전에 발각되어 실패한 카틸리나 음모 사건의 주역이다.

26 퀸투스 카툴루스(기원전 149-87년)는 로마의 장군이자 저명한 웅변가, 시인, 작가로 그리스 문학에 해박했다. 기원전 102년 가이우스 마리우스와 함께 집정관을 지냈다. 기원전 87년 마르쿠스 마리우스의 소추(탄핵 결의)를 받자 스스로 목숨을 끊었다.

27 가이우스 황제는 칼리굴라를 가리킨다.

                                                    화에 대하여

었습니다. 도대체 무엇이 그렇게 급했던 것입니까? 국가적 위기든, 개인적 불안이든, 그날 밤 당장 해결하지 않으면 안 될 어떤 중대한 위협이라도 있었던 것입니까? 어떤 이유로 날이 밝기를 기다리지도 못한 채 샌들 차림으로 원로원 의원들을 도륙해야만 했단 말입니까?

제19장

어떤 이는 우리가 주제에서 벗어났다고 여길 수 있으나, 가이우스 **1** 황제의 오만한 잔혹함을 살피는 일은 우리의 논의와 관련이 있습니다. 이는 통상적 수준을 넘어선 광포한 분노의 한 형태이기 때문입니다. 그의 채찍에 원로원 의원들이 목숨을 잃었고, 사람들은 "그런 일은 늘 있는 일"이라 말하게 되었습니다. 그는 리라 모양 형틀, 발뒤꿈치 압착기, 말 모양 형틀, 화형, 자신의 표정 등 모든 끔찍한 수단으로 고문을 자행했습니다.

여기서 누군가는 이렇게 말할 것입니다. "그는 원로원 전체를 도륙 **2** 하려 했고, 로마인의 목이 하나뿐인 것이 아쉬워, 오랜 세월에 걸쳐 저질러질 죄악을 하루 만에 끝내고 싶어 했다. 그런 자가 원로원 의원 세 명을 채찍과 불로 죽였다는 게 대수겠는가?" 하지만 밤에 처형한다는 것은 전례 없는 일이 아닙니까? 강도는 어둠을 틈타 몰래 저지르지만, 형벌은 널리 알려질 때 본보기와 교화 효과가 있습니다.

이에 누군가는 내게 이렇게 답할 것입니다. "당신이 그토록 놀라는 **3** 그 일은 저 짐승에게는 일상이다. 그는 이를 위해 살고, 이를 위해 깨어 있으며, 이를 위해 밤새 등불을 밝힌다." 처형될 이들의 입에 해면을 물려 소리조차 내지 못하게 한 것은 가이우스 황제 말고는 없을 것입니다. 이는 죽어가며 신음하는 것조차 허락하지 않은 것이 아니겠습니까? 처형당하는 이가 마지막 고통 속에서 자신이 듣고 싶지 않은 말을 할까 두려웠기 때문입니다. 죽음을 앞둔 순간이 아니면 아무도 감히 하지 못했던 말들, 하지만 자신을 향한 그 많은 원망이 있다는 것을 그 역시 잘 알고 있었던 것입니다.

4   해면이 없을 때는 그 불쌍한 이들의 옷을 찢어 입을 막으라 명했습니다. 이런 잔학함은 도대체 무엇입니까? 마지막 숨은 쉬게 해야 하고, 영혼이 빠져나갈 길은 열어두어야 하며, 영혼이 상처를 통해 새어 나가지 않게 해야 합니다.

5   길어지지만 한 가지 더하자면, 그날 밤 가이우스 황제는 자신이 죽인 이들의 집에 백인대장들을 보내 그들의 아버지들도 처형했습니다. 그의 말로는 이것이 인간적인 배려로, 그들을 슬픔에서 해방시켜 준 것이라 했습니다. 내가 여기서 말하고자 하는 것은 가이우스 황제의 잔혹함이 아닌 분노의 잔혹함, 즉 개인만이 아닌 민족 전체를 갈기갈기 찢고, 심지어 도시와 강물 같은 감각 없는 것까지 매질하는 분노의 잔혹함입니다.

제20장

1   어떤 페르시아 왕은 시리아의 한 지역 주민 모두의 코를 잘라냈고, 이로 인해 '리노콜루라'[28](코를 베인 자들의 땅)라는 지명이 생겨났습니다. 모든 주민의 목을 벤 것이 아니니 이를 자비라 할 수 있겠습니

                                      화에 대하여

까? 그는 단지 새로운 형태의 형벌을 즐긴 것뿐입니다.

오래 산다 하여 '장수하는 사람들'이라 불린 아이티옵스인도 비슷 **2**
한 일을 겪었습니다.[29] 캄비세스는 그들이 두 손바닥을 하늘로 향해
자신의 노예됨을 거부하고, 그의 사신들에게 거리낌 없이 대답하자
크게 분노했습니다. 이는 왕들의 눈에는 모욕으로 비치는 행동이었
기 때문입니다. 그는 보급품도 준비하지 않고 원정길도 살피지 않은
채, 길조차 없는 황무지로 군대를 이끌고 출정했습니다. 첫날부터 물
자가 바닥났지만, 인적 없는 불모지는 아무것도 주지 않았습니다.

처음에는 부드러운 나뭇잎과 이린 가지로 굶주림을 달랬고, 이어 **3**
서 나무껍질을 불에 구워 연하게 만든 것을 비롯해 먹을 수 있는 것
은 모두 먹었습니다. 마침내 나무와 풀조차 자랄 수 없는 모래사막,
짐승도 없는 땅에 이르자, 굶주림에 더욱 잔인해진 그들은 열 명 중
한 명을 제비 뽑아 잡아먹었습니다.

분노가 왕을 무모하게 이 지경까지 몰아가, 군사들 중 일부는 잃고 **4**
일부는 먹어야 했으며, 마침내 자신도 제비뽑기에 걸리지 않을까 두
려워하는 처지가 되었습니다. 그제야 왕은 후퇴를 명했습니다. 왕을

---

28 '어떤 페르시아 왕'은 아케메네스 왕조 페르시아 제국의 제2대 왕 캄비세스(재위
기원전 530-522년)를 가리킨다. 헤로도토스는 그가 반쯤 광인에 오만방자하고 잔
혹했다고 전한다. '리노콜루라'(Rhinocolura, 코를 베인 자들의 땅)는 시리아와 이집
트 접경의 지중해 연안에 있던 도시로, 현재의 '엘-아리쉬'로 추정된다. 로마의 정
치가이자 학자 플리니우스(약 23-79년)의 세계 최초 백과사전『박물지』(37권) 제
5권 14.68에 기록되어 있다.

29 고대 그리스의 지리학자이자 역사가 스트라본(기원전 약 64년-기원후 23년)은『지리
지』제16권 2.31에서 한 에티오피아 왕의 이러한 만행을 기록했다. '아이티옵
스'(Aethiops)는 "검게 탄 얼굴"이란 뜻으로 에티오피아인을 지칭하며, 그리스어
'아이티옵스'(Aἰθίοψ)의 라틴어 음역이다.

위한 귀한 품종의 새들은 여전히 남아 있고 낙타들은 식기를 날랐지
만, 그의 병사들은 누가 비참한 죽음을 맞이하고 누가 더 비참한 삶
을 이어갈지를 제비뽑기로 정해야만 했습니다.[30]

제21장

1   캄비세스왕은 자신도 모르는, 분노할 만한 일을 하지도 않은 민족
에게 분노했지만, 그래도 분노를 느낄 수 있는 존재를 향해 분노했습
니다. 반면 키루스왕[31]은 강을 향해 분노했습니다. 그는 바빌론 공격
을 서두르던 중이었고, 공격의 성패가 시기를 놓치지 않는 데 있었기
에, 폭이 넓은 긴데스강을 건너려 했습니다. 한여름이라 수위가 가장
낮았지만 강을 건너기에는 여전히 위험했습니다.

2   왕의 전차를 끄는 백마 한 마리가 강물에 휩쓸리자 왕은 격분했습
니다. 그는 자신의 말을 앗아간 이 강을 여자들도 걸어서 건널 수 있
게 만들겠다고 맹세했습니다.

3   그는 전쟁을 위해 준비한 모든 것을 그곳으로 옮기고 오랫동안 머
물며, 강을 따라 180개의 수로를 파서 360개의 지류로 강물을 나누
어 흘려보냈습니다. 그렇게 강물이 수많은 곳으로 흩어지게 하여 강

---

30   이 이야기는 헤로도토스의 『역사』 제3권 20-25에 나온다.

31   키루스왕(기원전 약 600-530년)은 아케메네스 왕조 페르시아 제국을 세운 인물이
다. 기원전 550년 메디아 왕국을 멸망시켰고, 기원전 539년 바빌론을 함락해 신
바빌로니아 제국을 무너뜨린 뒤 페르시아 제국을 열었다. 긴데스강은 티그리스
강의 지류로, 현재 동부 이라크를 흐르는 시르완강을 말한다.

                                          화에 대하여

을 말려버렸습니다.[32]

이로써 그는 중대한 전쟁에서 시간을 낭비하여 큰 손실을 보았고, 4
군사들의 힘을 헛된 일에 허비하여 사기를 떨어뜨렸으며, 강이라는
전례 없는 적과 싸우느라 실제 적을 기습할 기회를 놓쳤습니다.

이것을 두고 광기라 하지 않는다면, 무엇이라 부를 수 있겠습니 5
까? 이런 광기는 로마인들에게도 나타났습니다. 가이우스 황제는 자
신의 어머니가 전에 헤르쿨라네움[33]의 아름다운 별장에 갇혀 있었다
는 이유로 그곳을 허물어버렸습니다. 이로 인해 오히려 그의 어머니
의 불행이 더욱 주목받게 되었습니다. 별장이 그대로 있을 때는 사람
들이 무심코 지나쳤지만, 이제는 그 별장이 무너진 이유를 묻게 되었
습니다.

제22장

이것은 당신이 피해야 할 본보기들입니다. 이제부터는 정반대로, 1
분노할 만도 하고 복수할 힘도 있었으나 절제와 온화함을 보인 이들

---

32 헤로도토스의 『역사』 제1권 189에 나온다.

33 칼리굴라의 어머니 아그리피나(기원전 약 14년-기원후 33년)는 초대 황제 아우구스
   투스의 심복 마르쿠스 아그리파와 아우구스투스의 딸 율리아 1세 사이에서 태어
   났다. 그녀는 반역 혐의로 27년 티베리우스 황제의 명령에 따라 체포되어 헤르
   쿨라네움의 별장에 연금되었다가, 29년 원로원의 결정으로 판다테리아섬으로
   유배되어 33년 그곳에서 생을 마감했다. 헤르쿨라네움은 이탈리아 남부 캄파니
   아의 도시로, 79년 베수비오 화산 폭발로 폼페이와 함께 멸망했다.

의 이야기를 들려드리겠습니다.

2   두 병사가 왕의 막사 바로 옆 자신들의 막사에 누워, 가장 위험하면서도 즐거운 일, 즉 자신들의 왕을 험담하고 있었습니다. 왕의 막사와 그들의 막사 사이에는 천막 천 하나만 있어서, 안티고노스왕[34]은 모든 말을 들었습니다. 두 병사를 끌어내 처형하는 것보다 쉬운 일이 무엇이겠습니까? 하지만 왕은 천막을 살짝 흔들며 말했습니다. "왕이 듣지 못하게 좀 더 멀리 가서 하게."

3   어느 날 밤, 안티고노스왕은 병사들 사이에서 자신을 험담하는 소리를 또렷이 들었습니다. 병사들은 왕이 자신들을 빠져나올 수 없는 진흙탕으로 이끌었다며 원망하고 있었습니다. 왕은 아무 말 없이, 진흙에서 빠져나오려고 안간힘을 쓰는 병사들에게 다가갔습니다. 정체를 감춘 채 그들을 도와 진흙에서 끌어내며 이렇게 말했습니다. "왕을 욕하는 건 당연하네. 자네들이 이 고생을 하게 되었으니. 하지만 자네들을 이 진흙에서 꺼낸 사람에게는 좋은 일이 있기를 빌어주게."

4   안티고노스왕은 이런 너그러운 마음으로 자국민은 물론 적군의 험담도 참아냈습니다. 작은 요새에 갇힌 그리스인들이 성벽을 믿고 적을 얕보며 안티고노스의 못생긴 얼굴을 비웃었습니다. 때로는 그의 작은 키를, 때로는 납작한 코를 조롱하자 그는 이렇게 말했습니다. "우리 진영에 실레노스[35]가 있다니 기쁘구나. 좋은 징조로군."

---

34   안티고노스(기원전 약 382-310년)는 알렉산드로스 대왕의 장군으로, 알렉산드로스 사후 마케도니아 제국의 상당 영토를 다스렸다. 기원전 306년부터 스스로 왕이라 칭했다. 그가 세운 마케도니아의 안티고노스 왕조는 기원전 168년 로마에 의해 멸망했다.

35   실레노스는 그리스 신화에 등장하는 늙은 사티로스를 가리키는 말로, 특히 주신 디오니소스를 기르고 가르친 사티로스를 의미한다. 사티로스는 상반신은 인간

                                   화에 대하여

그는 조롱한 자들을 굶겨 굴복시킨 뒤, 포로들 중 군대에 쓸 만한 이들은 자신의 부대에 편입시키고 나머지는 경매에 부쳤습니다. 그리고 저런 독설가들에게는 주인이 있는 것이 좋을 테니 경매에 붙인다고 말했습니다.

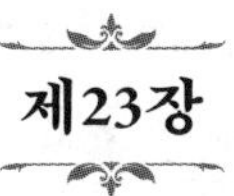

제23장

안티고노스왕의 손자가 바로 그 알렉산드로스왕[36]입니다. 그는 연회에 초대한 사람들에게 창을 던졌고, 앞서 말했듯 두 친구 중 하나는 맹수에게 던지고, 다른 하나는 자신이 직접 죽였습니다. 다만 사자에게 던져진 친구는 살아남았습니다.

알렉산드로스의 이런 악덕은 할아버지나 아버지에게서 물려받은 것이 아니었습니다. 그의 아버지 필리포스에게 있었던 미덕이라면 모욕을 참아내는 것이었고, 이는 왕국을 지켜내는 강력한 수단이 되었습니다. 거침없이 말한다 하여 '파레시아스테스'(모든 것을 말하는

이지만, 말의 꼬리와 다리 또는 염소의 다리와 짧은 뿔을 지닌 반인반수의 들판 요정인데, 추한 외모로 잘 알려져 있다. 디오니소스의 스승인 실레노스는 말의 다리와 꼬리를 지닌 채, 덥수룩한 수염을 기르고 늘 술에 취해 있는 노인의 모습으로 묘사된다. 그는 지혜로운 요정으로 알려져 있으며, 그를 붙잡기만 하면 그의 깊은 지혜를 들을 수 있다고 전해진다.

36 앞의 각주에서 밝혔듯 안티고노스는 알렉산드로스왕의 장군이자 후계자였다. 따라서 이는 세네카의 착오다. 안티고노스에게는 필리포스라는 아들이 있었고, 알렉산드로스왕의 아버지도 필리포스였기에 이런 혼동이 생긴 것으로 보인다. 알렉산드로스의 진짜 조부는 아민타스 3세(기원전 약 393-370년)다.

자)라 불린 데모카레스[37]가 아테네 사신단의 일원으로 그를 찾았습니다. 필리포스는 사신단의 말을 듣고 나서 "아테네인을 위해 내가 무엇을 할 수 있겠소?"라고 물었습니다. 데모카레스는 얼른 그 말을 받아서 "당신이 목을 매는 것이오"라고 대답했습니다.

3   이처럼 무례한 대답에 왕의 측근들이 분노했습니다. 그러나 필리포스는 그들을 진정시킨 뒤, 그 '테르시테스'[38]를 해치지 말고 무사히 보내라 명하며 이렇게 말했습니다. "하지만 다른 사신들이여, 아테네인에게 이렇게 전하시오. 그런 모욕을 처벌하지 않은 사람보다 그런 말을 내뱉은 자가 훨씬 더 오만하다고 말이오."

4   신황 아우구스투스[39]는 역사에 남을 언행을 많이 남겼는데, 자신은 분노가 명한 대로 한 적이 없다는 말도 그중 하나일 것입니다. 역사가 티마게네스[40]는 아우구스투스와 그의 아내 그리고 집안 전체를 헐뜯었고, 그의 말들은 사라지지 않고 계속 퍼져나갔습니다. 남을 헐

---

37   데모카레스(기원전 약 355-275년)는 아테네의 대중연설가이자 정치가로, 반마케도니아 운동의 선봉에 섰던 데모스테네스(기원전 384-322년)의 조카다. 쇠락해가는 아테네에서 영향력 있는 인물이었다. '파레시아스테스'(parrhesiastes)는 그리스어 '파레시아스테스'(παρρησιαστής)의 음역으로, "모든 것을 거침없이 말하는 자"를 뜻한다.

38   '테르시테스'(Thersites, 그리스어 Θερσίτης)는 트로이아 전쟁의 그리스군 병사로, 추한 외모와 거친 입담으로 악명 높았다. 호메로스는 『일리아스』에서 유독 그의 모습을 상세히 묘사했는데, 짧고 휘어진 다리, 안으로 굽은 어깨, 뾰족한 머리 모양을 지닌 저속하고 음란한 인물로 그렸다.

39   로마의 초대 황제 아우구스투스(기원전 63년-기원후 14년)는 선정을 많이 베풀어 사후 원로원이 그를 신으로 추대했기에 '신황'으로 불렸다. 원문의 '디부스'(divus)는 "신, 신적인 존재"를 의미한다.

40   티마게네스는 알렉산드리아 출신으로, 기원전 55년 포로가 되어 로마로 끌려와 독재자 술라의 아들의 노예가 되었다. 그는 가이우스 카이사르(기원전 100-44년) 시기까지의 로마사를 다룬 『보편사』를 저술했다.

                                                        화에 대하여

뜬는 무책임한 말일수록 더 널리 퍼지는 법이기 때문입니다.

카이사르는 여러 차례 그에게 언행을 조심하라 경고했습니다. 하 5
지만 그가 계속하자 결국 왕궁 출입을 금지했습니다. 이후 티마게네
스는 아시니우스 폴리오[41]의 식객이 되어 늙어갔고, 시민들의 추앙을
받았습니다. 왕궁 문은 닫혔으나, 그 밖의 어떤 문도 그에게 닫히지
않았습니다.

티마게네스는 왕궁 출입이 금지된 뒤의 일들을 기록해 사람들 앞 6
에서 낭독했고, 카이사르 아우구스투스의 업적을 담은 책들을 불태
워버렸습니다. 그는 카이사르와 철저히 등을 돌렸지만, 그렇다고 해
서 그와 어울리기를 꺼리는 사람은 없었습니다. 또한, 그를 번개 피
하듯 외면하는 이도 없었습니다. 비록 권력의 정상에서 추락한 인물
이었지만, 그를 기꺼이 받아들이려는 이들은 언제나 있었습니다.

앞서 말했듯이, 황제는 이 모든 것을 묵묵히 견뎌냈습니다. 티마 7
게네스가 자신의 명성과 업적을 훼손해도 흔들리지 않았고, 자신의
앙숙을 식객으로 받아들인 이에게도 불편한 내색을 하지 않았습
니다.

황제는 단지 아시니우스 폴리오에게 "자네는 맹수를 기르는군"[42] 8
이라는 말만 했습니다. 폴리오가 변명하려 하자 그를 막으며 "그와

---

41 아시니우스 폴리오(기원전 75년-기원후 4년)는 로마의 군인이자 정치가, 연설가, 문
인이었다. 『영웅전』의 저자인 그리스 역사가 플루타르코스(약 46-120년)는 그의
역사서를 자주 인용했다. 베르길리우스의 후원자이자 호라티우스의 친구로 명
성이 높았으며, 이들은 그에게 시를 헌정했다. 카이사르와 폼페이우스의 내전에
서는 카이사르 편에 섰고, 정계 은퇴 후에는 작가로 활동하며 문인들을 후원
했다.

42 원문은 '테리오트로페오'(θηριοτροφέω)라는 그리스어 한 단어로 되어 있다. '테리오'
는 "맹수, 야수", '트로페오'는 "기르다, 키우다"를 뜻한다.

잘 지내게, 폴리오, 그와 잘 지내게”라고 말했습니다. 그리고 “황제시여, 명령만 하시면 즉시 그를 제 집에서 내보내겠습니다”라는 폴리오의 말에 “나 덕분에 자네 둘이 다시 화해했는데, 내가 그런 명령을 할 것 같은가”라고 대답했습니다. 폴리오는 전에 티마게네스에게 분노했으나, 황제가 그에게 분노하자 스스로 그 감정을 거둔 데서 비롯된 일이었습니다.

제24장

1   그러므로 분노할 일이 생길 때마다 자기 자신에게 이렇게 말해야 합니다. “필리포스는 나보다 강했지만, 자신을 욕한 자를 벌하지 않았다. 신황 아우구스투스는 온 세상을 다스릴 힘이 있었으나, 나는 내 집안조차 제대로 다스리지 못한다. 그런데도 그는 자신을 욕하는 자를 멀리하는 것으로 만족했다.”

2   노예가 큰 소리로 대꾸하거나, 반항적인 표정을 짓거나, 들리지도 않게 불평했다고 해서 채찍과 족쇄로 벌해야 할 이유가 어디 있겠습니까? 내가 누구라고 내 귀에 거슬리는 말이 불경죄가 된단 말입니까? 많은 이가 원수도 용서했는데, 하물며 사람들이 별생각 없이 떠드는 말을 용서하지 못할 이유가 있겠습니까?

3   아이에게는 나이를, 여자에게는 성별을, 외부인에게는 자유를, 가족에게는 친밀함을 이유로 너그러워야 합니다. 처음 잘못한 자라면 그가 얼마나 오래 우리를 기쁘게 했는지를 생각하고, 자주 잘못한 자라면 오래 참아온 만큼 이번에도 참아야 합니다. 친구라면 고의가 아

                                                          화에 대하여

닐 것이고, 적이라면 그는 당연히 할 일을 한 것입니다.

현명한 자는 믿어주고, 어리석은 자는 용서해야 합니다. 우리에게 4
잘못을 저지른 사람이 누구든 이렇게 생각해야 합니다. '아무리 지혜
로운 사람이라도 실수를 피할 수 없고, 아무리 신중한 사람이라도 항
상 완벽하게 주의를 기울일 수는 없다. 성숙한 사람조차 뜻밖의 상황
에서는 침착함을 잃고 격앙된 행동을 할 수 있으며, 아무리 조심하는
사람이라도 실수를 저지르기 마련이다.'

제25장

위대한 자도 불운 앞에서 흔들리는 모습이 보잘것없는 이에게는 1
위안이 되고, 왕궁의 비통한 장례 행렬을 본 이는 초가집에서 더욱
담담히 자식의 죽음을 애도할 수 있습니다. 마찬가지로 권력자도 불
의와 해악을 피할 수 없음을 아는 이는 사람들의 모멸과 상처를 더욱
평온히 견딜 수 있습니다.

현명한 이도 실수하는 법이니, 누구든 잘못에는 그럴 만한 사정이 2
있지 않겠습니까? 우리도 젊은 시절 해야 할 일을 게을리했고, 말을
가리지 않았으며, 술을 과하게 마신 적이 있음을 돌아보아야 합니다.
누군가 분노할 만한 일을 저질렀다면, 그가 무엇을 했는지 생각할 시
간을 주어야 합니다. 그러면 스스로 잘못을 깨닫고 바로잡을 것입니
다. 처벌은 마지막 수단이어야 하며, 그의 잘못에 똑같은 방식으로
맞설 필요는 없습니다.

남들이 괴롭히고 화나게 해도 흔들리지 않는 이는 분명 군중을 초월 3

한 높은 곳에 있는 사람입니다. 해를 입고도 그것을 해로 여기지 않는 것이야말로 진정한 위대함입니다. 맹수가 개 짖는 소리에 동요하지 않고, 파도가 거대한 바위를 흔들 수 없는 것처럼, 분노하지 않는 이는 불의 앞에서도 굳건하지만 분노하는 이는 흔들립니다.

4   방금 말한 참으로 위대한 사람, 모든 해악으로부터 벗어난 높은 곳에 선 사람은 최고의 선을 가슴에 품은 채 인간만이 아니라 운명에게도 이렇게 말할 수 있습니다. "너는 보잘것없어서 내 평정을 흔들 수 없으니, 네 뜻대로 하라. 나는 삶을 이성에 맡겼고, 그 이성이 내 평정이 흔들리는 것을 지켜준다. 불의보다 분노가 더 큰 해를 끼친다. 불의의 해악은 그 범위가 정해져 있지만, 분노로 인해 내가 입을 피해는 어디까지 번질지 가늠할 수 없으니, 어찌 그렇지 않겠는가?"

제26장

1   "견딜 수 없습니다. 불의를 참기가 너무 힘듭니다." 이는 거짓말입니다. 분노는 참으면서 불의는 참을 수 없다니요? 더구나 지금 당신은 분노와 불의 둘 다 참고 있지 않습니까? 병자의 광기와 미친 이의 말, 아이들의 무례한 행동을 참는 이유는 무엇입니까? 그들이 자신이 무엇을 하는지 모른다고 여기기 때문입니다. 그들 각자의 결함이 그러한 무지를 낳은 것이지만, 그것이 어떤 이유에서 비롯되었는지는 중요하지 않습니다. 자신의 행동을 몰랐다는 말은 누구나 할 수 있는 변명입니다.

2   "그렇다면 그들을 처벌하지 말아야 한다는 말입니까?" 당신이 원

하지 않아도, 그들은 이미 처벌받고 있습니다. 불의를 저지른 자에게 가장 큰 벌은 바로 그 불의를 저질렀다는 사실이며, 후회라는 벌보다 더 무거운 벌은 없습니다.

모든 일을 공정하게 판단하려면, 인간이 어떤 한계 속에서 살아가 **3** 는지를 생각해보아야 합니다. 모두가 저지르는 실수인데도, 어떤 한 사람만 탓하는 건 불공정하기 때문입니다. 아이티옵스인[43]에게 검은 피부는 특별할 것이 없고, 붉은 머리카락을 묶어 매듭짓는 것도 게르마니아인에게는 부끄러울 것이 없습니다. 한 종족 전체에 해당되는 것을 한 개인에게서 발견한다고 해서 그것을 특이하거나 수치스럽다고 판단할 수는 없습니다. 이렇듯 작은 지역의 풍습조차 정당화된다면, 인류 전체에 공통된 결함은 얼마나 더 관대하게 보아야 하겠습니까?

모든 사람은 경솔하고 사려 깊지 못하며, 믿기 어렵고 불만이 많고 **4** 야심이 있습니다. 이런 완곡한 표현으로 인류의 공통된 병폐를 감출 필요가 있을까요? 솔직히 말하면, 모든 사람은 악인입니다. 그래서 누군가를 어떤 악으로 비난하든, 그 악은 자신 안에서도 발견됩니다. 그런데 왜 이 사람은 창백하고 저 사람은 수척하다고 비난합니까? 그것은 그저 그들의 병일 뿐입니다. 우리는 서로를 더 부드럽게 대해야 합니다. 우리는 악인들 속에서 악인으로 살아갑니다. 평화롭게 살수 있는 길은 하나뿐이니, 그것은 서로를 너그럽게 보기로 합의하는

---

43 '아이티옵스'(Aethiops, 그리스어 Αἰθίοψ)는 "검게 탄 얼굴"이라는 뜻으로 에티오피아 인을 가리킨다. 게르마니아인은 본래 스칸디나비아반도 남부에서 북독일 지역에 살았으나, 점차 흑해 연안에서 라인강 유역까지 퍼져나갔다. 민족 대이동 시기에는 유럽 각지에 왕국을 세워 독일, 네덜란드, 영국과 북유럽의 여러 나라를 이루었다.

것입니다.

5 　"나는 그에게 해를 입히지 않았는데, 그는 내게 해를 입혔습니다."
하지만 당신은 이미 다른 이에게 상처를 주었거나, 앞으로도 줄 수
있습니다. 이 순간이나 오늘만을 기준 삼지 말고, 당신의 마음 전체
를 살펴보십시오. 지금까지 악을 저지르지 않았다 해도, 앞으로 저지
를 수 있습니다.

제27장

1 　불의를 고치고 바로잡는 것이 복수하는 것보다 얼마나 더 나은지
요! 복수하려면 오랜 시간이 걸리고, 하나의 불의로 상처받은 우리는
더 많은 불의 속에 빠지고, 상처받은 시간보다 훨씬 오래 분노하게
됩니다. 악에 악으로 맞서지 않고 다른 길을 택하는 것이 얼마나 현
명합니까! 노새에게 차였다고 노새를 차고, 개에게 물렸다고 개를 물
어 같은 방식으로 갚는다면, 누가 그를 제정신이라 하겠습니까?

2 　"짐승들은 자신의 잘못을 알지 못하기 때문에 그들을 해쳐서는 안
된다"라는 식으로 당신은 말합니다. 그렇다면 인간이라는 이유로 용
서받기 어렵다는 것은 얼마나 불공평합니까? 또한 지각이 없어서 짐
승들에게 분노하지 않는다면, 지각이 없는 모든 사람에게도 같은 기
준을 적용해야 하지 않을까요? 옳고 그름을 판단할 수 없다는 이유
로 짐승을 용서한다면, 그 외의 점에서 짐승과 다르다고 해서 사람을
용서하지 못할 이유가 무엇이겠습니까?

3 　누군가 잘못을 저질렀습니다. 이것이 처음이고 마지막일까요? 설

화에 대하여

령 "다시는 잘못하지 않겠다"고 말해도 믿지 마십시오. 그는 또 잘못을 저지를 것이고, 다른 이도 그에게 잘못을 저지를 것이며, 평생 온갖 잘못 속에서 살아갈 것입니다. 거친 것은 부드러움으로 다스려야 합니다.

우는 사람에게 하는 말을 분노한 사람에게 해도 효과적입니다. "언 4 젠가는 그칠 것입니까, 아니면 영원히 계속할 것입니까?" 언젠가 그칠 분노라면, 그 분노가 당신을 떠나게 두기보다 당신이 먼저 내려놓는 것이 낫지 않을까요? 아니면 이렇게 격한 마음으로 영원히 살고 싶으신가요? 그것은 평안 없는 삶을 영원히 살라고 신고하는 깃임을 아십니까? 언제나 분노로 부풀어 오른 삶은 어떤 모습일 것 같습니까?

더구나, 스스로 분노를 부추기고 분노를 일으킨 일들을 계속 되새 5 긴다 해도, 언젠가는 분노가 저절로 사그라들고 시간이 지나면서 약해질 것입니다. 분노가 당신을 이기게 두는 것보다, 당신이 분노를 이기는 편이 낫지 않을까요?

제28장

당신은 이 사람에게 분노했다가 저 사람에게 분노할 것입니다. 노 1 예에서 자유민으로, 부모에서 자식으로, 지인에서 낯선 이로 분노의 대상이 옮겨갈 것입니다. 이성이 통제하지 않는다면, 분노할 구실은 어디에나 있습니다. 광기가 당신을 이리저리 끌고 다닐 것이며, 새로운 자극이 계속해서 생겨나 분노는 끝없이 이어질 것입니다. 자, 불행한 자여, 당신은 언제쯤이나 사랑하게 될까요? 이 좋은 시간을 그런 해로운 일로 낭비하다니요!

2 남의 명예나 재산, 신체에 상처를 입히려 하면, 자신보다 약한 자와 맞붙어도 다툼과 위험은 피할 수 없습니다. 남에게 해를 끼칠 방법을 찾기보다는 친구를 만들고, 적을 달래며, 나라를 위해 일하고, 집안을 돌보는 것이 더 낫지 않을까요?

3 누군가를 묶어두고 마음껏 고문할 수 있다 해도, 지나치게 세게 때리다 스스로 골절상을 입거나, 상대의 이를 부러뜨리려다 근육을 다치는 일이 생깁니다. 일방적으로 제압하는 상황에서도 분노로 스스로를 다친 이들이 많습니다. 게다가 아무리 약한 자라도 죽을 위기에서는 가해자를 해치려 듭니다. 때로는 고통이, 때로는 절박함이 강자와 맞설 만큼 약자를 강하게 만듭니다.

4 우리가 분노하는 대부분의 일은 실제 해악 때문이 아니라, 우리의 자존심을 건드렸기 때문 아닙니까? 우리의 뜻을 적극적으로 반대하는 것과 단순히 따르지 않는 것에는 큰 차이가 있습니다. 이는 우리의 것을 강제로 빼앗는 것과 단순히 주지 않는 것의 차이만큼이나 분명합니다. 그런데도 우리는 빼앗는 것과 주지 않는 것, 희망을 꺾는 것과 무관심한 것, 반대하는 것과 자신을 위하는 것, 다른 이를 사랑해서 하는 것과 우리를 미워해서 하는 행동을 분별 없이 동일하게 판단합니다.

5 사실 어떤 사람들은 정당하고 도덕적으로 올바른 이유로 우리와 맞섭니다. 그들 중에는 자기 아버지를 지키기 위해, 어떤 이는 형제를 위해, 또 어떤 이는 조국이나 친구를 보호하기 위해 우리와 대립하기도 합니다. 이는 마땅히 해야 할 일이기 때문에, 만약 그들이 그렇게 하지 않았다면 우리는 그들을 비난했을 것입니다. 그런데도 막

      화에 대하여

상 그들이 그렇게 행동하면, 우리는 그들을 용서하지 않습니다. 정말 이해하기 힘든 일이지만, 우리는 종종 어떤 행동이 옳다는 것을 인정하면서도, 그 행동을 한 사람은 미워하곤 합니다.

하지만 진정 위대하고 정의로운 사람이라면, 적이라 해도 조국의 6 자유와 안녕을 위해 끝까지 싸우는 용감한 자를 존경하고, 자신도 그런 이가 속한 나라의 시민이자 병사이기를 바랄 것입니다.

제29장

존경해야 할 사람을 미워하는 것도 부끄러운 일인데, 하물며 동정 1 받아 마땅한 이를 미워한다면 얼마나 더 부끄러운 일이겠습니까? 갑자기 포로가 되어 노예가 된 이가 자유민의 습관이 남아 천한 일을 민첩하게 하지 못한다고, 편안하게 살던 습관 때문에 주인의 말과 마차를 빠르게 쫓아가지 못한다고, 밤새워 지키다 지쳐 잠을 이기지 못한다고, 도시에서 편하게 지내던 노예가 시골의 고된 일을 꺼린다고 미워하는 것이 바로 그렇습니다.

능력이 없어 못하는 것과, 할 수 있음에도 안 하는 것은 분명히 구 2 별되어야 합니다. 분노하기 전에 먼저 상황을 살핀다면, 우리를 화나게 한 많은 이들이 사실은 잘못이 없었음을 알게 될 것입니다. 하지만 우리는 첫 충동을 따르고, 아무리 근거 없이 화를 냈더라도 그렇게 보이지 않으려고 분노를 고집합니다. 더 이상한 것은, 우리의 분노가 부당하다는 것을 깨달을수록 오히려 더 고집스럽게 분노한다는 것입니다. 마치 더 세게 화를 내는 것이 분노의 정당함을 증명하기라도 하는 듯, 분노를 키우고 지속하는 것입니다.

제30장

1   분노의 시작을 일찍 알아차려 대처할 수 있다면 얼마나 좋을까요! 처음의 분노는 미미해서 해롭지 않기 때문입니다. 사람도 짐승과 같은 반응을 보인다는 것을 알 수 있습니다. 우리는 사소한 것에도 흥분합니다. 붉은 색에 황소가 날뛰고, 그림자에 코브라가 일어서며, 천 조각에 곰과 사자가 흥분하듯이 말입니다. 본성이 사납고 거친 것들은 하찮은 것에도 놀라 광분하기 마련입니다.

2   이는 본래 침착하지 못하고 우둔한 사람들도 마찬가지입니다. 의심이 많은 그들은 기대한 만큼의 호의를 받지 못하면 모욕과 불의를 당했다고 말하곤 하는데, 이것이 깊은 분노의 원인이 되기 쉽습니다. 우리는 가까운 이들에게서 마음속으로 기대했던 만큼의 대접을 받지 못하거나, 다른 이들보다 홀대받았다고 여길 때 분노합니다. 하지만 이 두 경우 모두 해결책이 있습니다.

3   가까운 이가 다른 사람에게 더 많은 호의를 베풀었다면, 비교하지 말고 우리가 받은 호의만을 생각하며 기뻐해야 합니다. 자신보다 더 행복한 이를 보며 괴로워하는 사람은 결코 행복할 수 없습니다. 가까운 이에게서 기대한 만큼 받지 못했다면, 혹시 우리 스스로가 과도한 기대를 품진 않았는지 돌아보아야 합니다. 이것이 가장 경계할 점입니다. 가장 성스러운 것조차 해치는 파괴적인 분노가 여기서 생기기 때문입니다.

    화에 대하여

신황 율리우스를 죽인 이들 중에는 적보다 친구가 더 많았습니다.　4
그들은 그가 도저히 감당할 수 없을 만큼의 기대를 품었고, 결국 그
들의 과도한 욕심을 채워주지 못했기 때문입니다. 물론 그도 그러고
싶었습니다. 승리를 그보다 더 관대하게 누린 이는 없었습니다. 그는
승리 후에도 분배할 권한 외에는 아무것도 요구하지 않았습니다, 하
지만 한 사람만이 가질 수 있는 것을 모두가 원한다면 어찌 그들의
지나친 요구를 모두 들어줄 수 있었겠습니까?

그래서 율리우스는 자신을 따르던 이들이 그의 자리를 에워싸고　5
칼을 빼드는 것을 보았습니다. 이들은 얼마 진까지 그를 가장 열렬히
지지하던 틸리우스 킴베르[44]와, 폼페이우스가 죽은 뒤 그의 편에 선
이들이었습니다. 기대를 채워주지 못할 때면, 왕의 군대는 자신들의
왕에게 무기를 들고, 왕이 가장 믿었던 이들, 왕 앞에서 목숨을 바치
겠다 맹세했던 이들조차 왕을 죽이려 합니다.

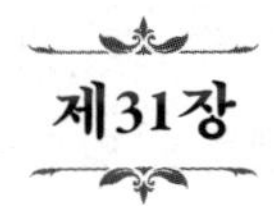

제31장

남의 것만 바라보는 사람은 자기 것을 즐길 수 없습니다. 그래서　ɪ
우리는 신들에게도 화를 내지요. 우리 뒤에 얼마나 많은 이가 있는지

44　틸리우스 킴베르는 원로원 의원으로, 율리우스 카이사르의 강력한 지지자 중 한
　　명이었다. 카이사르의 덕으로 기원전 44년에 비티니아와 폰투스의 총독을 지냈
　　고 정무관도 역임했다. 그는 동생의 유배를 풀어달라는 청원을 하는 척하며 카이
　　사르에게 접근했고, 다른 암살자들이 이에 동조하는 척하는 사이에 카이사르를
　　암살했다.

는 잊은 채 몇 사람이 앞서가는 것만 생각하고, 우리를 부러워하며 뒤쫓는 수많은 사람은 잊은 채 우리보다 앞선 소수만 시기하기 때문입니다. 사람들은 이미 받은 것이 아무리 많아도, 더 받을 수 있다고 생각해 뻔뻔스럽게 불의를 저지릅니다.

2   "그는 나에게 법무관직을 주었지만, 난 집정관직을 바랐다. 열두 개의 권표를 주었지만, 정식 집정관은 만들어주지 않았다. 내 이름을 연호에 넣어주었지만, 제관직은 주지 않았다. 제관단의 일원으로 뽑혔지만, 유일한 제관으로 만들어주진 않았다.[45] 내 명예는 최고로 높여주었지만, 재산은 늘려주지 않았다. 다른 이에게 줄 것을 내게 주었지만, 자기 것은 하나도 주지 않았다."

3   차라리 이미 받은 것에 감사하십시오. 나머지는 기다리십시오. 모든 희망이 아직 이루어지지 않은 것을 기뻐하십시오. 바랄 것이 남아 있다는 건 즐거운 일입니다. 당신이 모든 이를 앞섰습니까? 친구들이 당신을 최고로 여긴다는 것을 기뻐하십시오. 당신보다 나은 이가 많습니까? 당신보다 앞선 이보다, 당신보다 뒤에 있는 이가 훨씬 많다는 사실을 떠올려보십시오. 당신의 가장 큰 잘못이 무엇인지 아십니까? 그것은 바로 잘못된 셈법에 있습니다. 당신은 베푼 것은 과하게 부풀리고, 받은 것은 턱없이 깎아내리기 때문입니다.

---

45 고대 로마의 공직은 재무관, 법무관, 집정관, 감찰관 순으로 높았다. 공화정 때는 선출직이었으나, 제정 때는 제관들처럼 황제가 임명했다. '파스케스'(fasces, 권표)는 막대기 다발에 도끼를 끼운 권력의 상징물로, 집정관은 12명의 수행원이 각각 하나씩 들고 따랐다. "연호에 이름을 사용했다"는 것은 집정관이 되었다는 뜻이다. 집정관은 1월 1일부터 1년간 재임했기에, 그 해는 그의 이름으로 불렸다.

       화에 대하여

제32장

우리는 사안에 따라 각기 다른 이유를 들어 우리의 분노를 억제해 1
야 합니다. 어떤 사람들에 대해서는 두려움 때문에, 어떤 사람들에
대해서는 존경심 때문에, 또 어떤 사람들에 대해서는 그들이 너무 하
찮아 분노할 가치조차 없다는 이유로 우리의 분노를 멈춰야 합니다.
말을 듣지 않는 노예를 강제노역장으로 보내 족쇄를 채우는 일은 분
명 적절한 처분입니다. 그런데 왜 서둘러 채찍으로 때리고, 다리를
부러뜨리려 하는 것입니까? 그런 권한은 조금 뒤로 미룬다고 해서
사라지지 않습니다.

우리가 이성적으로 판단할 때까지 기다립시다. 지금 명령을 내린 2
다면 그것은 이성이 아니라 분노의 명령이기 때문입니다. 분노가 가
라앉은 뒤에야 우리는 문제를 제대로 평가할 수 있습니다. 우리가 자
주 범하는 실수는, 가벼운 채찍이면 족한 일을 칼이나 사형, 족쇄와
감옥, 굶주림으로 과하게 처벌하는 것입니다.

"어떻게 우리에게 해를 끼친 모든 것을 하찮게 여기란 말입니까?" 3
라고 묻겠지만, 내가 말하려는 바는 단순합니다. 너그러운 마음을 가
져야 한다는 것입니다. 우리를 화나게 하고 분주하게 만드는 일들은
사실 하찮고 보잘것없으며, 높은 이상과 위대한 가치를 지향하는 사
람이라면 돌아볼 필요조차 없는 것임을 깨달아야 합니다.

1　가장 큰 소란은 돈 문제에서 일어납니다. 돈은 법정을 지치게 하고, 부자간을 다투게 하며, 독약을 만들게 하고, 군인과 암살자의 손에 칼을 쥐여 줍니다. 돈은 우리의 피로 물들어 있습니다. 돈 때문에 부부는 밤새 다투고, 관리들의 집무실은 사람들로 북적이며, 광분한 왕들은 오랜 세월 일군 나라들을 파괴하고 뒤엎어 도시의 폐허를 샅샅이 뒤져 금과 은을 찾아냅니다.

2　사람들은 집 깊숙이 돈궤를 두고 바라보기를 좋아합니다. 눈에 핏발을 세우며 아우성치는 것도, 법원에서 소송하며 떠드는 것도, 먼 곳에서 불러온 배심원들이 어느 쪽의 탐욕이 더 정당한지 판단하는 것도 모두 돈궤 때문입니다.

3　상속자도 없이 죽음을 앞둔 노인이 돈궤가 아닌 한 줌의 동전이나, 노예가 채무 장부에 적어둔 한 데나리우스[46] 때문에 분통을 터뜨리는 모습을 보십시오. 발은 휘청거리고 손은 돈을 셀 수도 없이 떨리는 대금업자가, 병은 악화되어 가는데도 얼마 되지도 않는 이자를 받으려 고함을 지르고, 안 내면 담보를 처분하겠다 호통 치는 것을 보십시오.

4　당신이 온 힘을 다해 캐낸 모든 금속으로 돈을 만들어 가져오고, 보물창고에 숨겨둔 모든 것을 내 앞에 쏟아부어도, 나는 그런 산더미

---

[46] '데나리우스'(denarius)는 기원전 211년경부터 기원후 240년경까지 쓰인 로마의 은화다. 세네카 시대의 1데나리우스는 현재 한화로 2만 원이 되지 않는다. 성경은 1데나리우스를 일용노동자의 하루 품삯이라 기록한다.

같은 재물은 선한 사람이 한번의 관심도 기울일 가치가 없다고 생각합니다. 그것은 단지 탐욕이 불순한 마음으로 땅에서 캐내어 다시 땅에 숨기고 묻어버린 것일 뿐이니까요. 우리의 눈물을 자아내는 이것을 마음껏 비웃어주는 것이 마땅하지 않겠습니까!

제34장

자, 이제 당신의 분노를 자극하는 다른 것도 살펴보십시오. 음식과 1
음료, 그러한 욕망이 만들어낸 산해진미, 모욕적인 말과 무례한 태도, 말을 듣지 않는 짐승과 게으른 노예, 타인의 말을 의심하고 악의적으로 해석하는 것이 그러합니다. 이렇게 서로의 말을 끊임없이 의심하고 곡해하다 보니, 인간에게 주어진 언어조차 자연의 선물이 아니라 재앙처럼 느껴지게 되었습니다. 이처럼 우리를 격분시키는 것들은, 아이들이 다투는 이유처럼 실제로는 매우 사소한 것에 불과합니다.

우리를 괴롭히는 것 중에서 실제로 중대한 것은 없습니다. 당신들 2
이 분노하고 격분하는 까닭은 하찮은 것을 중요한 것으로 착각하기 때문입니다. 이 사람은 내 유산을 탐내고, 저 사람은 내가 오랫동안 크게 신뢰해온 이에게 나의 잘못을 일러바치려 하며, 또 다른 이는 내 동거녀를 탐합니다. 같은 것을 원하는 마음은 서로를 이어주는 사랑이 되어야 하건만, 도리어 다툼과 미움의 불씨가 되고 맙니다.

좁은 길에서는 다툼이 생기지만, 널찍하게 트인 길에서는 서로 부 3
딪치지 않습니다. 당신이 바라는 것은 보잘것없는 것이지만, 남의 것

을 빼앗지 않고서는 가질 수 없기에, 같은 것을 탐하는 사람들 사이
에서 끊임없이 다툼과 시비가 일어납니다.

제35장

1   당신은 노예와 해방노예, 아내와 가족들이 자신에게 대꾸한다며
분개합니다. 이렇게 하여 당신은 집안 모든 이의 자유를 빼앗아버렸
습니다. 그러면서도 국가가 당신의 자유를 침해한다며 불평하고 있
습니다. 반면 당신이 물었을 때 그들이 대답하지 않으면, 고집을 부
린다며 나무랍니다.

2   그들이 말하고, 침묵하고, 웃게 하십시오! "주인 앞에서?" 당신은
이렇게 말하지만, 좀 더 정확히 말하면 "한 집안의 가장 앞에서"입니
다. 왜 고함을 칩니까? 왜 목소리를 높입니까? 식사 중에 노예가 말
했다고 그를 끌고 나가 채찍질하라 명령하는 이유가 무엇입니까? 사
람들이 모여 있는 곳에서는 적막이 깃들 수 없는 법 아니겠습니까?

3   당신의 귀는 부드럽고 감미로운 음악만을 듣기 위한 것이 아닙니
다. 웃음소리와 울음소리, 아첨하는 말과 다투는 소리, 기쁨에 겨운
소리와 슬픔에 잠긴 소리, 사람들의 말소리와 짐승들의 울부짖음도
들어야 합니다. 불쌍한 이여, 노예들의 떠드는 소리, 쇠붙이가 부딪
치는 소리, 문이 쾅 닫히는 소리에 왜 그리 놀라십니까? 당신이 아무
리 예민하다 해도 천둥소리는 피할 수 없는 법입니다.

4   내가 지금까지 귀에 관해 말한 것을 눈에도 적용해보십시오. 눈도
잘못 길들이면 귀 못지않게 불쾌한 것 때문에 괴로워하게 됩니다. 얼

                                        화에 대하여

룩진 것, 더러운 것, 광이 나지 않는 은그릇, 바닥까지 투명하게 보이지 않는 수영장이 눈을 괴롭힙니다.

이런 눈은 분명 방금 광을 낸 듯 완벽하게 반짝이지 않는 대리석 5 을 견디지 못하고, 나무 무늬가 선명하게 드러나지 않는 식탁을 참지 못하며, 발걸음이 닿는 곳마다 황금보다 값비싼 것이 깔려 있지 않으면 못 견딥니다. 하지만 바로 그 눈이 밖에 나가면 질퍽한 길바닥이며, 지나치는 사람들의 지저분한 몰골이며, 비뚤어지고 금 가 허물어진 빈민가의 건물들까지도 태연하게 바라봅니다. 그렇다면 공공장소에서는 전혀 거슬리시 않던 것이 집에서는 왜 그토록 짜증을 부르는 걸까요? 이는 공공장소에서는 인내하며 평정을 유지하다가, 집에 들어서면 까다롭게 굴며 사사건건 트집을 잡기 때문이 아니겠습니까?

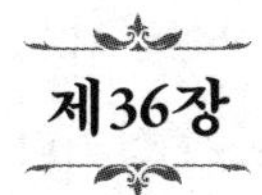

제36장

우리의 모든 감각은 흔들리지 않게 단련되어야 합니다. 본래 우리 1 의 감각은 강인한 것이어서, 마음이 감각을 망치고 훼손시키지만 않는다면 견고해질 수 있습니다. 그러므로 날마다 마음을 불러내어 결산해야 합니다. 섹스티우스가 그렇게 했습니다. 그는 일과가 끝나고 밤이 되면 언제나 조용히 앉아 자신의 마음에 물었습니다. "오늘 너는 어떤 나쁜 습관을 고쳤느냐? 어떤 잘못을 피했으며, 어떤 점에서 나아졌느냐?"

매일 재판관 앞에 서야 한다는 것을 안다면, 분노는 수그러들고 온 2 순해질 것입니다. 하루를 낱낱이 살피는 이 습관보다 더 아름다운 것이 무엇이겠습니까? 자신을 돌아본 뒤의 잠은 또 어떻겠습니까? 자신의 은밀한 조사관이자 감찰관이 되어 하루의 언행을 살펴 마음에 충고와 격려를 해준 뒤의 잠이란 얼마나 고요하고 깊으며 평안하겠습니까!

3   나는 이런 시간을 활용해 날마다 나를 재판합니다. 등불을 보이지 않는 곳에 두고, 내 습관을 아는 아내가 침묵하면, 나는 하루를 샅샅이 살펴 내가 한 행동과 말을 돌아봅니다. 나는 내게서 아무것도 숨기지 않고, 그 어떤 것도 그냥 지나치지 않습니다. 나 자신과 대화하며 잘못을 인정하는 것을 두려워할 이유가 어디 있겠습니까?

4   "앞으로는 그런 짓을 하지 않도록 조심하거라. 이번만은 용서하마. 그 토론에서 너는 다소 공격적이었다. 이제부터는 무지한 자들과 논쟁하지 말라. 배우지 않는 이들은 배울 의지가 없기 때문이다. 네가 필요 이상으로 훈계한 탓에 그들을 바로잡기는커녕 오히려 화만 돋웠구나. 앞으로는 네 말이 진실인지뿐 아니라 듣는 이가 그 진실을 받아들일 수 있는지도 주의 깊게 살펴라. 선한 사람은 훈계를 기쁘게 여기지만, 사악한 자일수록 훈계하는 이를 더욱 원망하기 마련이다.

제37장

1   연회에서 누군가 던진 농담과 말들이 너를 괴롭혔다. 저급한 자들과의 연회는 피해야 한다는 점을 명심하라. 그들은 맨정신에도 부끄러움을 모르는 자들이라, 술이 들어가면 더욱 무절제해지기 마련이다.

                                                        화에 대하여

너는 친구가 어느 부자 변호사의 집 문지기에게 거절당하는 것을 2
보고 분노했고, 그 하찮은 노예에게 화를 냈다. 그렇다면 너는 쇠사
슬에 묶인 개에게도 화를 내겠는가? 사나운 개도 먹이만 던져주면
순해지는 법이다.

물러서서 웃어넘기는 게 좋겠다! 지금 문지기는 대문 앞에 몰려든 3
의뢰인들을 막고 있다는 이유만으로 자신을 대단하다고 여기고 있
다. 또 저 안에 누워 있는 자는 자신이 행운아라 여기며, 자기 집 대
문을 열기 어렵다는 사실이 자신의 행복과 권력을 보여주는 증거라
생각한다. 하지만 그는 감옥의 문이야밀로 가장 열기 어려운 깃임을
모르고 있다. 네가 견뎌야 할 것이 많다는 점을 알고 마음 준비를 하
라. 겨울이면 추위가 있고, 배를 타면 멀미가 있으며, 길을 걸으면 사
람과 마주치기 마련인데, 이를 이상하게 여기는 사람이 어디 있겠는
가? 미리 준비된 마음은 흔들리지 않는 법이다.

너는 상석에 앉지 못했다는 이유로, 너를 초대한 주인, 곧 너보다 4
뛰어난 사람에게 화를 내기 시작했다. 참으로 어리석구나. 어디에 앉
든 그것이 너의 가치와 무슨 상관이란 말인가? 앉은 자리의 높고 낮
음이 곧 네 인격의 높고 낮음을 나타내는 것이란 말이냐?

어떤 이가 네 재능을 깎아내리자 너는 그를 흘겨보았다. 이것이 당 5
연한 법칙이라도 되는 것처럼 여기는가? 그렇다면 네가 엔니우스를
좋아하지 않으니 엔니우스는 너를 증오해야 하고, 호르텐시우스는
너에 대한 적개심을 드러내야 하며, 네가 키케로의 시를 비웃었으니
키케로는 너를 적으로 여겨야 할 것이다.[47] 평가받는 입장에서, 누가
어떻게 평가하든 담담히 받아들이는 자세가 필요하지 않겠는가?"

제38장

I 　어떤 이가 당신을 모욕했다고요? 스토아학파의 디오게네스[48]보다 더 심한 모욕을 당한 이가 있을까요? 그가 분노에 관해 열변을 토하고 있을 때 무례한 청년 하나가 그에게 침을 뱉었습니다. 그는 침착하고 지혜롭게 참아내며 이렇게 말했습니다. "나는 전혀 화가 나지 않네. 다만 화를 내야 하는 건 아닌가 하고 망설이고 있을 뿐일세."

　우리의 카토[49]는 한층 더 훌륭했습니다! 그가 변론하고 있을 때, 선조들이 그저 당파의 앞잡이로만 기억하는 렌툴루스[50]가 입안 가득

47　엔니우스(기원전 약 239-169)는 로마 공화정기의 시인이다. 라틴 문학의 아버지로 불리며, 뛰어난 그리스어 실력으로 그리스 비극을 다수 번역했다. 특히 호메로스의 서사시를 본떠 그리스풍 영웅시 보격을 사용해 로마 역사를 노래한 서사시 『연대기』로 유명하다. 호르텐시우스(기원전 114-50)는 로마 공화정 말기의 저명한 법정 변론가였으나, 신예 키케로에게 패했다. 법정 변론으로 막대한 부를 쌓아 사치스러운 생활로도 이름을 날렸다. 키케로(기원전 106-43)는 로마 공화정 말기의 정치가이자 저술가다. 평생 공화정의 이상을 수호하고자 했으며, 수많은 저작과 연설로 스토아철학을 대중에게 널리 알렸다.

48　디오게네스(기원전 약 230-140)는 제3대 스토아학파 학장 크리시포스(기원전 약 279-206)의 제자로, 후에 자신도 학장이 되었다. 기원전 155년 로마에 파견된 세 철학자 중 한 사람이다.

49　카토(기원전 95-46)는 로마 공화정 말기의 정치가이자 스토아 철학자다. 공화정 수호 신념으로 내전에서 폼페이우스를 지지하며 가이우스 카이사르와 맞섰다. 폼페이우스가 패배하자 메텔루스 스키피오와 함께 잔여 병력을 이끌고 아프리카 우티카로 피신했다가, 패전 후 자결했다. 고결한 인품으로 명성이 높았다.

50　렌툴루스(기원전 114-63)는 로마 공화정 말기에 기원전 71년 집정관을 지낸 인물이다. 카틸리나 파벌에 가담해 반역을 도모하다 발각되어 처형당했다. 기원전 81년 재무관 시절에는 공금을 횡령했고, 기원전 70년에는 부도덕한 행실로 원로원에서 쫓겨나기도 했다.

모았던 침을 그의 얼굴 한가운데 뱉었습니다. 카토는 얼굴을 닦으며 이렇게 말했습니다. "렌툴루스, 당신에게 입이 없다고 하는 자들이 있다면, 내가 그들의 잘못을 바로잡아주겠소."

제39장

노바투스여, 이제 우리는 평정을 얻었습니다. 우리의 마음은 분노 1 에 휘둘리지 않거나, 분노를 이겨낼 수 있게 되었습니다. 이제는 다른 이의 분노를 어떻게 가라앉힐 수 있을지 살펴보아야 합니다. 우리는 스스로 치료할 뿐 아니라, 다른 이도 치료했으면 하기 때문입니다.

누군가 분노하기 시작했을 때는 말로 달래려 하지 마십시오. 분노 2 가 치밀면 남의 말이 들리지 않고 정신이 혼미해지기 때문입니다. 시간을 주어야 합니다. 분노가 수그러들 때 비로소 치료가 효과를 보입니다. 눈이 부었을 때는 건드리지 말아야 하고, 병세가 심할 때는 자극을 피해야 하듯이 말입니다. 다른 병도 마찬가지로, 초기에는 가만히 두는 것이 치료법입니다.

"분노가 저절로 잦아들 때까지 기다리는 것이 치료라면, 그런 치료 3 가 무슨 소용이 있겠소?"라고 말씀하시겠지요. 하지만 이 치료법은 우선 분노를 더 빨리 가라앉히는 효과가 있습니다. 게다가 분노가 다시 일어나는 것도 막아줍니다. 이 치료법은 거센 분노와 정면으로 맞서기보다는, 그 기세를 슬며시 피해가면서 복수의 수단들을 하나둘 없애고, 마치 우리가 그의 분노와 아픔에 깊이 공감하는 듯한 모습을 보여 조언이 더 설득력을 얻게 합니다. 나아가 분노한 사람이 즉각적인 처벌을 유보하고 더 나은 해결책을 찾게 만들어, 시간을 벌 수 있게 합니다.

4 이 치료법은 온갖 방법을 동원해 분노의 광기를 잠재웁니다. 분노가 격해지면 결코 벗어날 수 없는 수치심과 두려움을 심어주고, 누그러들면 즐겁거나 새로운 이야기로 호기심을 자극합니다. 한 의사가 왕의 딸을 치료할 때였습니다. 수술만이 유일한 방법이었기에, 그는 부은 가슴을 찜질하는 척하며 찜질 천 속에 숨긴 칼로 수술을 감행했습니다. 칼을 보였다면 소녀는 거부했겠지만, 예상치 못한 수술이었기에 고통을 견뎌낼 수 있었습니다. 때로는 속임수 없이는 치료할 수 없는 것이 있습니다.

제40장

1 어떤 이에게는 이렇게 말할 수 있을 것입니다. "자네의 분노가 적들의 기쁨거리가 되지 않도록 하게." 또 어떤 이에게는 이렇게 말할 수도 있겠지요. "자네의 대범하고 굳건한 마음을 믿는 많은 이들의 기대를 저버리지 말게. 나 역시 그자에게 분노가 치밀어 견딜 수가 없네만, 때를 기다려야 하네. 그는 반드시 벌을 받게 될 걸세. 그를 벌할 수 있을 때, 이 기다림까지 더해 되갚아주겠다고 마음에 새겨 두게."

2 분노한 사람을 꾸짖거나 그에게 화를 내는 것은 분노에 기름을 붓는 일과 같습니다. 여러 방법으로 그의 마음을 살피며 다가가야 합니다. 물론 당신이 그의 분노를 제압할 만큼 힘이 있다면 그럴 필요가

                                        화에 대하여

없습니다. 신황 아우구스투스가 그랬습니다. 그가 베디우스 폴리오[51]의 집에서 식사할 때, 한 노예가 수정 잔을 깨뜨렸습니다. 베디우스는 그를 끌고 가 평범하지 않은 방식으로 처형하라 명했습니다. 곧 물고기를 키우는 큰 양어장의 곰치들[52]에게 던지라 한 것입니다. 누가 봐도 그가 자신의 권력을 과시하려 한 것이 분명했습니다. 이는 실로 잔혹한 처사였습니다.

그 어린 노예는 붙잡은 이들의 손아귀를 벗어나 황제에게 달려가 3 그의 발 앞에 엎드려, 단지 다른 방법으로 죽여 물고기 밥이 되지 않게만 해달라 빌었습니다. 이 새로운 산혹함에 충격을 받은 황세는 노예를 풀어주고, 눈앞의 모든 수정 잔을 깨뜨리게 한 뒤 양어장을 메우라 명했습니다.

황제는 이처럼 친구를 꾸짖을 수 있었습니다. 이것이야말로 힘을 4 올바로 쓴 것입니다. "식사 자리에서 사람을 끌고 가서 전에 없던 방식으로 처형하여 갈기갈기 찢으라 명하는 것인가? 잔이 깨졌다고 한 사람의 내장을 찢어놓으려 하는가? 그대는 황제 앞에서도 사람을 끌어내어 죽일 수 있다는 것을 과시하고 싶은 것인가?"

이처럼 높은 지위에 있어 남의 분노를 다스릴 힘이 있는 사람이라 5 면, 그 분노를 거칠게 다룰 수 있습니다. 내가 방금 언급한 바와 같이, 그런 사납고 야만적인 분노는 오직 더 큰 힘 앞에서 느끼는 두려움만이 잠재울 수 있습니다.

---

51 베디우스 폴리오(기원전 15년 사망)는 로마의 기사 계급 출신으로 아우구스투스의 측근이었다. 사치스러운 생활과 노예들을 혹독하게 다룬 것으로 악명이 높았다.

52 곰치(murena, '무레나')는 몸길이 약 60센티미터의 뱀장어과 물고기다. 육식성으로 온갖 어류와 무척추동물을 잡아먹는다. 흉측한 외모에 대담하고 사나운 성질을 지녔으며, 날카로운 이빨로 잠수부를 공격하기도 한다.

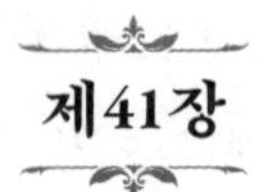

제41장

1 건강하고 유익한 가르침을 꾸준히 되새기고, 선하고 고귀한 일을 실천하며, 오직 도덕적으로 옳은 것만을 생각하고 행하려 할 때 찾아오는 평안을 마음에 심어야 합니다. 선한 일을 해도 비난받을 수 있으니, 명성을 좇기보다 양심을 지키는 것으로 만족해야 합니다.

2 "하지만 대중은 격정적인 사람을 칭찬하고 과감한 사람을 우러르며, 온화한 사람을 무기력하다 여기지 않는가." 처음에는 그렇게 보일 수 있습니다. 그러나 일관된 삶의 태도가 단순한 나태함이 아니라 깊은 평정심에서 비롯된 것임을 깨닫게 되면, 대중은 오히려 그런 사람을 존경하고 칭송하게 됩니다.

3 그러므로 저 흉악하고 적대적인 감정에는 이로운 것이 전혀 없고, 오직 화염과 칼날만이 있을 뿐입니다. 분노는 수치심을 몰아내고, 살인으로 손을 더럽히며, 자식의 사지를 찢고, 명예도 불명예도 아랑곳하지 않은 채 모든 죄악을 저지릅니다. 분노가 한번 증오로 굳어지면 더 이상 고칠 수 없게 됩니다.

제42장

1 이 악을 없애 마음을 정화해야 합니다. 조금이라도 남으면 다시 자라날 것이니 뿌리째 뽑아내야 합니다. 분노를 다스리려 하지 말고 완전히 제거해야 합니다. 어찌 악을 다스릴 수 있겠습니까? 하지만 노

화에 대하여

력한다면 제거할 수는 있습니다.

우리가 언젠가는 반드시 죽을 존재라는 사실을 되새기는 것만큼 2
유익한 것은 없습니다. 누구나 자신이나 타인에게 이렇게 말해야 합
니다.

"영원히 살 것처럼 분노를 드러내어 이미 너무나 짧은 생을 낭비하
는 게 무슨 소용이 있는가? 도덕적으로 옳은 일을 하며 즐거움을 누
릴 시간에 남을 괴롭히고 고문하는 데 쓰는 게 무슨 의미가 있는가?
그럴 시간도 없고 허비할 여유도 없다.

왜 싸움을 걸고 다툼을 부르는가? 왜 스스로의 나약함은 잊은 채, 3
부서지기 쉬운 육신으로 거대한 증오를 짊어지고 남을 해치려 드는
가? 적개심을 품고 풀지 않은 채 살아가다 보면, 결국 열병이나 다른
병이 찾아와 우리를 멈추게 할 것이다. 죽음이 끼어들어 원수들을 갈
라놓을 것이다.

왜 소란을 피워 다툼으로 삶을 어지럽히는가? 죽음이 머리 위에서 4
맴돌며, 우리가 흘려보내는 나날을 세어가며 점점 다가오고 있다. 우
리가 남을 죽이려 시간을 보내는 동안 우리 자신의 죽음이 곧 닥칠지
도 모른다."

제43장

차라리 짧은 생을 모아 당신과 다른 이들에게 평화로운 삶이 되게 1
하면 어떻겠습니까? 살아서는 모든 이의 사랑을 받고, 죽어서는 모
두가 그리워하는 사람이 되는 게 어떻겠습니까? 누군가 아무리 오만

하고 거만하게 당신을 대하더라도, 왜 굳이 그를 높은 자리에서 끌어
내리려 합니까? 윗사람에게 대들어 귀찮게 구는 하찮은 자가 악담을
퍼붓는다 해도, 왜 그런 자에게 당신의 힘을 보이려 합니까? 왜 노예
와 주인과 왕과 피후견인에게 분노합니까? 잠시만 참으십시오. 보십
시오, 우리 모두를 평등하게 만들 죽음이 다가오고 있습니다.

2 우리는 이른 아침 시합장에서 황소와 곰이 서로 뒤엉켜 싸우는 것
을 봅니다. 둘이 서로 치고받으며 다투지만, 결국 둘 다 죽일 자가 기
다리고 있습니다. 우리도 마찬가지입니다. 우리가 서로 도발하고 괴
롭힐 때, 승자든 패자든 모두에게 끝이 다가오고 있습니다. 남은 시
간을 차라리 고요하고 평화롭게 살아갑시다. 우리가 시신이 되어 누
웠을 때 아무도 우리를 미워하지 않게 합시다.

3 서로 다투다가도 이웃집에 불이 났다는 외침에 싸움을 멈추고, 맹
수가 나타나면 강도와 행인이 흩어집니다. 더 큰 두려움 앞에서는 작
은 악과 싸울 겨를이 없기 때문입니다. 당신을 분노하게 한 자와 싸
우고 복수를 꾀하는 이유가 무엇입니까? 당신이 그에게 바라는 최악
이 죽음이라면, 굳이 애쓰지 않아도 그는 언젠가 죽게 되어 있습니
다. 시간이 해결할 일을 지금 하려는 것은 헛된 수고입니다.

4 당신은 말합니다. "나는 그를 죽이려는 게 아니라 추방되거나 불명
예를 당하거나 재산상 손해를 입히려는 것뿐이다." 그러나 나는 차라
리 적을 직접 상처 입힌 사람보다, 그의 몸이 서서히 썩어가길 바라
며 고통을 즐기는 사람을 더 용서하기 어려울 것 같습니다. 그런 사
람은 단순히 나쁜 것이 아니라 마음이 옹졸한 것입니다. 당신이 무거
운 벌이든 가벼운 벌이든 내리고 싶어 하고, 상대방이 그 벌로 고통
받는 모습을 보며 그릇된 기쁨을 느낀다 해도, 당신에게 남은 시간이
얼마나 되겠습니까!

이제 곧 우리는 마지막 숨을 내쉴 것입니다. 숨이 남아 있는 이 짧 5
은 시간 동안만이라도, 인간에 대한 애정을 품고 살아갑시다. 누구에
게도 두려움이 되지 말고, 누구에게도 위험이 되지 맙시다. 누군가
우리에게 손해를 끼치고, 부당하게 대하고, 모욕하고, 조롱하고, 비난
하더라도 하찮은 일로 여깁시다. 잠시의 불편함을 대범한 마음[53]으로
참읍시다. 사람들이 말하듯이, 몸을 돌려 뒤를 돌아보는 그 짧은 순
간에도 죽음은 이미 우리 곁에 와 있을지 모르니까요.

---

53 '대범한 마음'으로 번역한 원문은 앞에서 많이 나온 '마그누스 아니무스'(magnus
   animus)다. '마그누스 아니무스'는 크고 넓은 도량, 관대한 품성, 고귀한 정신, 위
   대한 영혼을 가리킨다.

제4편

관용에 대하여 (1)

제1장

　네로 황제시여,[1] 제가 관용에 대해 글을 쓴 이유는, 최고의 즐거움 1
으로 가는 길을 비추는 거울이 되기 위함입니다. 올바른 행동의 진정
한 열매는 그 행동 자체이며, 미덕에 대한 합당한 보상은 미덕 외에는
없습니다. 그렇지만 선한 양심의 기준을 스스로 되짚어본 뒤, 온갖 반
목과 다툼 속에서도 양심의 굴레를 벗어던지지 않겠다고 다짐하며,
무분별한 자들이 저지르는 악행을 지켜보며 스스로에게 이렇게 말할
수 있다면, 그것은 큰 기쁨이 될 것입니다.

　"나는 모든 인간 중에서 신들의 은총과 선택을 받아 이 땅에서 신 2
들의 대리자가 된 것이 아닌가? 나는 민족들의 운명을 좌우하는 자
다. 모든 이가 어떤 몫과 지위를 가질지는 내 손에 달려 있다. 운명의

1　네로 황제(재위 54-68년)는 로마 제국의 제5대 황제다. 16세에 즉위하여 초기 5년
간은 근위대장 부루스와 스승 세네카의 보좌로 해방노예 중용, 감세, 원로원 존중,
매관매직 근절 등의 선정을 베풀었다. 그러나 이후 어머니의 섭정에서 벗어나며
경쟁자인 의붓동생이자 클라우디우스 황제의 친아들 브리타니쿠스를 살해했고,
59년에는 자신이 사랑한 포파이아 사비나와의 결혼을 반대하는 어머니 아그리피
나를 죽였으며, 황비 옥타비아를 유배시켜 살해했다. 대외적으로는 브리타니아의
반란을 진압하고 동방에 군대를 보내 아르메니아를 점령하고 파르티아를 굴복시
켜 평화협정을 맺는 등 외교적 성과로 인기가 높았다. 그러나 최측근인 근위대장
부루스가 죽고, 노쇠한 세네카마저 정계를 떠나 고향으로 돌아간 뒤 실정이 이어
졌고, 로마 대화재를 구실로 기독교인 300여 명을 잔혹하게 처형하자 원로원 의원
피소의 주도 아래 세네카, 시인 루카누스, 근위대장 플라우스와 코르불로 장군 등
측근과 군인들이 암살을 시도했다. 결국 68년의 반란으로 로마 근교 하인의 집에
숨어 있다가 자결했다. 이 글은 55년 12월과 56년 12월 사이에 쓰였다.

여신이 각자에게 무엇을 주고자 하는지는 내 입을 통해 선포된다. 나의 대답 하나에 백성과 도시들이 환호한다. 이 세상에서 나의 의지와 은혜 없이 번영하는 곳은 없다. 저 수많은 칼들을 나의 평화가 억누르고 있지만, 나의 고갯짓 하나로 사람들은 그 칼을 다시 뺄 것이다. 어느 민족을 전멸시키고, 어느 민족을 강제이주시키며, 어느 민족에게 자유를 주고, 어느 민족에게서 자유를 빼앗으며, 어느 왕들을 노예로 만들고, 누구의 머리에 왕관을 씌우며, 어느 도시를 멸망시키고, 어느 도시를 세울지는 내가 내리는 명령으로 결정된다.

3   분노와 치기, 사람들의 경솔함과 완고함은 때로 아무리 평정심이 깊은 이라 해도 그 인내심을 무너뜨린다. 크나큰 권력을 지닌 자가 자칫 허영심에 빠지면, 그 힘을 증명하려는 유혹에 이끌려 결국 공포로 자신을 드러내고자 한다. 하지만 나는 이토록 큰 권력을 지니고도 불공평한 형벌을 내린 적이 없었다. 내 칼은 감춰져 있고, 아니 칼집에 꽂혀 있어 아무리 하찮은 피도 극진히 아낀다. 인간이라는 이름 외에는 아무것도 가진 것 없는 이라도 내게서는 호의를 얻는다.

4   나는 준엄함은 뒤로 하고 관용은 언제든 베풀 준비가 되어 있다. 나는 먼지와 어둠 속에 방치된 법들을 빛으로 불러내었고, 내가 그 법들에 따라 결산해야 할 것처럼 나 자신을 감시한다. 나는 어떤 이에게는 나이가 너무 어리다는 이유로, 어떤 이에게는 나이가 너무 많다는 이유로 자비[2]를 베풀었고, 어떤 이에게는 고위 공직자라는 이유로, 어떤 이에게는 비천한 신분이라는 이유로 용서했다. 자비를 베풀

---

2 '미세리코르디아'(misericordia)는 '미세레오'(misereo, 불쌍히 여기다)와 '코르'(cor, 마음)의 합성어로, 불쌍히 여기는 마음을 뜻한다. 본문에서는 문맥에 따라 '동정심' 또는 '자비'로 번역했다.

                                        화에 대하여

이유를 전혀 찾지 못했을 때는 나 자신을 위해 자비를 베풀었다. 오늘이라도 불사의 신들이 내게 결산을 요구한다면, 사람들과 관련해 내가 행한 일들을 결산할 준비가 되어 있다."

황제시여, 당신은 당신에게 신의로써 맡겨진 모든 것을 안전하게 5 지키고 있으며, 권력을 남용하거나 국고를 해치는 일 없이, 국가에 어떠한 손해도 끼치지 않으셨기에 누구보다 당당하게 말씀하실 수 있습니다. 당신은 지금까지 어떤 국가원수[3]에게도 주어지지 않았던 드문 칭송, 즉 청렴결백하다는 칭송을 듣고자 하셨습니다. 그 노력은 헛되지 않아 당신의 고귀한 선정을 감사하지 않거나 악의직으로 뀌아내리는 사람은 아무도 없습니다. 오히려 백성은 진심으로 감사하며 고백합니다. 그 누구도 폐하처럼 로마 시민의 깊은 사랑을 받은 이는 없었고, 이처럼 사랑받는 군주를 모신다는 사실이야말로 로마 시민에게 주어진 최고의 축복이라고 말입니다.

하지만 당신은 스스로에게 엄청난 짐을 지우셨습니다. 이제는 신 6 황 아우구스투스나 티베리우스 황제[4]의 초기 치세를 말하는 이가 없고, 당신이 본받을 본보기를 당신 바깥에서 찾는 이도 없습니다. 사람들은 당신의 치세를 겪어보고 그렇게 평가하는 것입니다. 만약 당신의 그런 선하심이 천성이 아닌 일시적인 것이었다면, 그런 평가를

---

3 '프린켑스'(princeps)는 '으뜸인 자'를 뜻하며, 국가에서는 최고 통치자를 가리킨다. "국가원수, 군주, 황제"를 아우르는 말이며, 원로원 의장은 '프린켑스 세나투스'(princeps senatus)라 했다.

4 로마 제국 초대 황제 아우구스투스는 선정으로 태평성대를 이룬 공으로 사후 신으로 추존되었다. 티베리우스 황제(재위 14-37년)는 초기에 공화정 전통을 존중하고 아우구스투스의 정책을 계승하며 사치를 억제하고 빈민을 구휼하는 등 현실적이고 합리적인 정책으로 성군이라 칭송받았다.

받기는 어려웠을 것입니다. 아무도 가면을 오래 쓰고 있을 수는 없고, 가식적인 것은 본성으로 빠르게 돌아가기 때문입니다. 반면 진실에 기초한 것, 즉 견고한 것에서 생겨나는 것은 무엇이든 시간이 흐를수록 더 크고 더 좋은 것으로 발전합니다.

7   로마 시민은 한때 당신의 성정이 어느 방향으로 향할지 몰라 조심스레 지켜보았습니다. 말하자면, 백성은 큰 모험을 감수한 것입니다.[5] 하지만 이제는 백성이 바랐던 것이 확실히 이루어졌습니다. 당신이 권력에 취해 본래의 선한 모습을 잃어버릴 위험이 더 이상 없어졌기 때문입니다. 과도한 행운은 사람을 더 큰 욕망으로 내몰아, 이미 얻은 것에서 그치고 욕망을 절제하기란 불가능합니다. 그래서 큰 것을 얻은 후에는 더 큰 것을 얻으려 나아가고, 얻을 것이라 생각지도 못했던 것을 얻고 나면 터무니없는 희망을 품게 됩니다. 하지만 지금 당신의 모든 시민은 자신들이 행복하다는 것, 현재의 행복이 지속되는 것 외에는 자신들의 복에 더할 것이 없다고 고백할 수밖에 없습니다.

8   이러한 고백은 인간에게서 가장 끌어내기 어려운 고백입니다. 하지만 지금의 로마는 너무도 분명한 현실로 인해, 누구도 이렇게 고백할 수밖에 없습니다. 나라의 평화는 깊이 뿌리내려 안정되었고, 정의는 온갖 불의를 확고히 다스리고 있습니다. 지금 우리가 살고 있는 이 나라는, 스스로를 파멸로 이끄는 무절제한 자유만 제외하면, 더할

---

5 네로는 13세에 클라우디우스 황제의 양자로 입적되었으며, 이후 근위대와 평민들의 지지를 받았으나 귀족층의 반감은 컸다. 54년, 그의 어머니 아그리피나가 클라우디우스를 독살한 후, 네로는 16세의 나이로 근위대의 추대를 받아 이례적으로 황제 자리에 올랐다.

나위 없이 행복하고 풍요로운 자유를 누리고 있습니다.

하지만 무엇보다도 특히 가장 높은 자들이나 가장 비천한 자들이 **9**
나 똑같이 당신의 관용에 탄복하고 있습니다. 다른 복들은 각자의 처
지나 운에 따라 누리는 크기와 기대가 다르기 마련이지만, 당신의 관
용만큼은 누구나 동등하게 바라기 때문입니다. 자신은 결백하다고
자부하면서도 남의 허물은 절대 용서하지 않으려는 태도를, 누구도
자랑스럽게 여길 수는 없습니다.

제2장

어떤 이들은 이렇게 말합니다. "관용은 범죄를 저지른 자들에게만 **1**
필요한 것이며, 죄 없는 이들 사이에서는 아무 쓸모가 없는 미덕이
다. 결국 관용은 가장 사악한 자들에게만 유익한 것이 아니냐." 하지
만 우선 의술이 병자들에게 유용하면서도 건강한 이들에게도 존중받
듯이, 관용 역시 형벌받을 자들이 청원하지만 죄 없는 이들도 소중히
여깁니다. 다음으로 운명으로 인해 죄인이 되는 경우가 적지 않기에,
관용이라는 미덕은 죄 없는 이들에게도 베풀어질 수 있습니다. 또한
관용은 죄 없는 이들뿐 아니라 종종 미덕을 지닌 이들에게도 도움이
됩니다. 시대가 변하여 전에는 칭송받던 것이 이제는 처벌받는 일이
생기기 때문입니다. 더불어 대다수는 죄를 용서받으면 본래의 선한
모습을 되찾을 수 있습니다.

하지만 용서가 일상이 되어서는 안 됩니다. 선과 악의 구분이 흐려 **2**
진 곳에는 혼란이 뒤따르고 악이 만연하게 되기 때문입니다. 따라서

교화될 수 있는 이들과 그럴 수 없는 이들을 구별하여, 각자에게 알맞게 조절해야 합니다. 무차별적으로 관용을 베풀어서도, 전혀 베풀지 않아서도 안 됩니다. 모든 이를 용서하는 것은 아무도 용서하지 않는 것만큼이나 잔인하기 때문입니다. 우리는 적정선을 지켜야 합니다. 그러나 균형 잡기가 어렵다면, 인도적인 쪽으로 기울어지는 편이 나을 것입니다.

제3장

1   그러나 이런 문제들은 나중에 적절한 곳에서 논의하는 것이 좋겠습니다. 저는 관용이란 주제를 세 부분으로 나누어 살피고자 합니다. 첫째는 사면에 관해 다루고, 둘째는 관용의 본질과 특성을 보여주고자 합니다. 미덕처럼 보이나 실은 악덕인 것이 있어서, 이를 구별하는 기준이 없다면 양자를 혼동하기 쉽기 때문입니다. 셋째, 이 미덕을 어떻게 마음속에 심고, 굳건히 다져 실천으로 이끌어낼 수 있을지를 살펴보려 합니다.

2   모든 미덕 중 관용보다 더 인간다운 것은 없다는 데는, 인간을 공동선을 위해 태어난 사회적 동물로 보는 우리뿐 아니라, 인간의 모든 행위를 쾌락과 이익 중심으로 이해하는 이들조차 동의할 수밖에 없습니다. 관용은 평화를 소중히 여기고 폭력을 막아내는 것이기에, 평온한 삶을 바라는 사람이라면 누구나 관용이 자기 본성에 맞는 덕임을 느낄 수 있습니다.

3   무엇보다도, 관용을 베푸는 일은 모든 사람 가운데서도 왕이나 통

      화에 대하여

치자에게 가장 잘 어울리는 미덕입니다. 큰 권력은 생명을 살리는 데 쓰일 때 존귀와 영광을 얻습니다. 사람을 해치는 데 쓰이는 권력은 파괴적이기 때문입니다. 권력자가 자신들 위에 있으면서도 자신들을 위한 존재임을 사람들이 깨달을 때에야, 그 권력의 위대함은 비로소 단단한 기반 위에 설 수 있습니다. 권력자가 그들 모두의 안녕을 위해 늘 관심을 갖고 살피고 있음을 모든 이가 날마다 경험하면, 그가 나타났을 때 사나운 짐승이 굴에서 튀어나온 것처럼 흩어져 달아나지 않고 밝은 별을 보듯 서로 앞다투어 그에게 달려갈 것입니다. 그들은 통치자를 해하려는 자들의 칼 앞에 기꺼이 몸을 던질 것이며, 그의 안전을 위해 많은 이가 희생되어야 한다면 마다하지 않고 목숨을 바칠 것입니다. 밤에는 보초를 서서 그가 잘 잘 수 있게 하며, 위험이 닥치면 온몸으로 그를 보호할 것입니다.

백성과 도시들이 이처럼 한마음으로 그들의 왕을 지키고 사랑하 4 며, 통치자의 안전을 위해 필요할 때마다 자신과 재산을 내놓으려 하는 데는 이유가 있습니다. 수많은 이가 한 명의 수장을 위해 칼날 앞에 서고, 자신의 목숨을 던져 한 사람의 생명, 때로는 늙고 허약한 한 사람의 생명을 구하고자 하는 것은 자신을 하찮게 여겨서도, 광기 때문도 아닙니다.

이는 마치 몸 전체가 영혼을 섬기는 것과 같습니다. 몸은 훨씬 크 5 고 보기 좋은데 비해, 더 여린 영혼은 보이지 않는 곳에 있어 그 위치조차 알 수 없습니다. 하지만 손과 발과 눈은 영혼을 위해 일하고, 피부는 영혼을 보호하며, 우리는 영혼의 지시에 따라 눕기도 하고 쉼없이 이리저리 바삐 움직이기도 합니다.

탐욕스러운 영혼을 지닌 이는 육체를 이끌어 이익을 좇아 바다를 넘고, 야심에 사로잡힌 영혼은 오른손을 불 속에 넣거나,[6] 심지어 자신을 땅속으로 내던지기까지 합니다.[7] 이처럼 수많은 백성은 단 한 사람의 정신을 중심으로 움직이며, 그의 뜻과 판단에 따라 행동합니다. 만일 이 통치자가 이끌어주는 방향과 이성이 없다면, 이 많은 백성은 오히려 자기 자신의 수와 힘에 눌려 스스로 붕괴하고 말 것입니다.

제4장

I   따라서 그들이 한 사람을 위해 열 개 군단을 전투에 내보내고, 스스로 최전선에 몸을 던지며 가슴에 상처를 입더라도 황제의 깃발을 끝까지 사수하려 하는 이유는, 곧 그들이 황제를 지킴으로써 결국 자신들의 안위를 지키기 위함입니다. 황제는 국가를 하나로 묶는 끈이며, 수많은 이가 함께 들이마시는 생명의 숨결이기 때문입니다. 만약

---

6 무키우스 스카이볼라는 고대 로마의 전설적인 영웅이다. 기원전 508년 로마와 클루시움의 전쟁 때 원로원의 승인을 받아 적진에 잠입해 클루시움의 왕 라르스 포르세나를 암살하려다 실패했다. 붙잡힌 그는 자신이 왕을 암살하려는 300명의 로마 청년 중 하나일 뿐이며, 그들 모두가 목숨을 초개같이 여긴다고 말하며 오른손을 불 속에 넣어 새카맣게 타들어가도 움직이지 않았다. 이로써 '스카이볼라'(Scaevola, 왼손잡이)라는 별칭을 얻었고, 충격을 받은 포르세나는 그를 로마로 돌려보내고 화친을 청했다.

7 기원전 4세기 로마 광장 한가운데 생긴 깊은 구멍이 아무리 흙을 부어도 메워지지 않자, 제관은 로마인들이 가진 가장 소중한 것을 던지면 구멍이 메워지고 로마의 영광이 영원히 지속될 것이라는 신탁을 전했다. 대부분이 신탁을 무시하거나 이해하지 못했으나, 마르쿠스 쿠르티우스는 무장한 젊은 군인이야말로 로마의 가장 소중한 보물임을 깨달았다. 그는 무장한 채 말을 타고 구멍으로 뛰어들어 지하세계의 신 플루토에게 자신을 바쳤다. 구멍은 메워졌고 그곳에 생긴 작은 호수는 라쿠스 쿠르티우스(Lacus Curtius)라 불리게 되었다.

      화에 대하여

제국의 영혼과도 같은 황제가 사라진다면, 그들은 흩어진 짐짝이요 타국의 먹잇감에 불과할 것입니다. "왕이 무사하면 모두가 한마음이 되고, 왕이 죽으면 믿음은 무너진다."[8]

이런 재앙이 닥치면 로마의 평화는 끝나고, 이토록 위대한 백성의 운명도 파멸할 것입니다. 그러나 이 백성이 황제의 통수권이라는 재 갈이 필요하다는 사실을 인식하고 있는 한, 그런 위험은 다가올 수 없습니다. 하지만 이 고삐를 끊어버리거나, 어떤 일로 풀린 고삐를 다시 매지 않는다면, 하나로 뭉쳐 있던 이 강대한 제국은 여러 조각 으로 분열될 것입니다. 따라서 복종이 끝나는 곳에서 이 세국의 동치 도 끝날 것입니다. [2]

그러므로 황제든 왕이든, 또는 어떤 다른 이름으로 불리든, 공공질 서의 수호자들이 개인들보다 더 큰 사랑을 받는 것은 당연합니다. 건 전한 정신을 가진 사람이라면 사적인 이익보다 공적 가치를 앞세울 것이며, 그렇다면 국가의 중심에 선 자들이 더 깊은 애정을 받을 수 밖에 없는 것도 자연스러운 결론입니다. 황제는 이미 국가라는 옷을 입고 있어서, 이 둘을 분리하면 둘 다 멸망할 수밖에 없습니다. 황제 에게는 힘이, 국가에는 머리가 필요하기 때문입니다. [3]

---

8 베르길리우스(기원전 70-19년)는 로마 최고의 시인이다. 문인들의 후원자 마이케나 스의 권고로 날씨, 가축, 양봉 등을 노래한 『농경시』를 썼고, 아우구스투스 황제의 권고로 로마 건국의 토대를 놓은 영웅 이야기 『아이네이스』를 썼다. 이 구절은 벌 들의 왕국을 이집트, 리키아, 파르티아, 메디아 왕국에 비유한 『농경시』 제4권 212행 이하의 내용이다.

1 제 말씀이 주제에서 벗어난 듯 보이나, 분명히 말씀드리건대 핵심에 다가가고 있습니다. 앞서 논증했듯 황제가 국가의 영혼이고 국가가 황제의 몸이라면, 관용이 얼마나 필수적인지를 아실 것이기 때문입니다. 즉, 관용은 타인을 아끼는 것 같아도 실은 자신을 아끼는 일입니다. 따라서 버림받아 마땅한 시민이라도 병든 몸의 한 부분처럼 보살펴야 하며 피를 빼내야 할 때도 꼭 필요한 만큼만 힘을 조절해야 합니다.

2 이미 말씀드렸듯 관용을 베푸는 것은 모든 이에게 본성적으로 합당하나, 통치자들에게 가장 잘 어울립니다. 통치자들은 더 많은 이를 구할 수 있고 그럴 기회도 더 많기 때문입니다. 개인의 잔혹함은 소수에게만 해를 끼치지만, 국가원수가 잔인하면 전쟁이 일어납니다.

3 모든 미덕은 서로 조화를 이루고 있어 어느 하나가 다른 것보다 우월하거나 고귀하지는 않으며, 각자에게 더 적합한 미덕은 서로 다릅니다. 하지만 관대함[9]은 가장 미천한 이를 포함해 모든 이에게 적합한 미덕입니다. 불운을 무디게 하는 것보다 더 위대하고 용감한 일은 없기 때문입니다. 관대함은 행운 속에서 더 빛나고, 방청석보다는 재판석에서 더 돋보입니다.

---

9 '마그나니미타스'(magnanimitas)는 '큰'을 뜻하는 '마그누스'(magnus)와 '마음'을 뜻하는 '아니무스'(animus)에 상태를 나타내는 '타스'(tas)를 붙인 말로, "큰 마음을 지닌 상태"를 의미한다. 이는 플라톤과 아리스토텔레스가 강조한 중요한 미덕으로, "위대한 영혼", "넓은 도량", "대범함" 등으로 번역되며 옹졸함의 반대말이다. 세네카는 이보다 "마그누스 아니무스"(magnus animus)란 표현을 더 즐겨 썼다.

관용은 어느 집에 들어가든 행복과 평온을 가져다주지만, 궁정에　4
서는 그 희소성으로 인해 더욱 경탄할 만합니다. 황제의 진노는 아무
도 막지 못하고, 너무 가혹한 판결도 받아들일 수밖에 없으며, 불같
이 화를 내면 누구도 제지는커녕 간청조차 못합니다. 그런 황제가
"모든 이가 법을 어기고 살인하나, 사람들을 살릴 수 있는 이는 나뿐
이다"라고 여겨 스스로 손을 멈추고 권력을 더 선하고 온건하게 쓴다
면, 이보다 더 역사에 길이 남을 일이 어디 있겠습니까?

위대한 영혼[10]은 마땅히 높은 자리에 올라야 합니다. 그러나 높은　5
자리에 오른 뒤에도 그 자리에 걸맞은 성신석 고귀함을 보여주지 못
한다면, 권좌의 위엄은 바닥에 떨어지고 맙니다. 위대한 영혼의 특징
은 온화함과 차분함이며, 불의와 범죄를 당해도 초연하게[11] 하찮은
일로 여깁니다. 분노로 광분하는 것은 여인들의 일이요, 쓰러진 자를
물어뜯고 압박하는 것은 고귀한 자가 아닌 짐승 같은 자들의 일입니
다. 코끼리와 사자는 다른 동물을 쓰러뜨린 후 그냥 지나가지만, 끝
까지 물고 늘어지는 것은 천한 짐승들이나 하는 짓입니다.

사납고 냉혹한 분노는 왕에게 어울리지 않습니다. 누군가에게 분　6
노를 터뜨리면 그와 같은 수준으로 떨어질 뿐, 더 높아지는 것이 아
니기 때문입니다. 반면 목숨과 관직을 잃을 만한 죄를 지어 실제로
잃을 위험에 처한 이들에게 그것을 지켜주는 것은 왕만이 할 수 있는
일입니다. 하급자도 상급자의 목숨을 빼앗을 순 있으나, 목숨을 구하

10　여기서는 '마그누스 아니무스'(magnus animus, 큰마음)를 "위대한 영혼"으로 옮겼으
　　나, "크고 넓은 마음을 지닌 사람"으로 옮겨도 무방하다.

11　'수페르네'(superne, 위에서)를 '초연하게'로 옮긴 이유는, 그 의미가 사물이나 상황의
　　영향을 받지 않고, 그 위에 서서 내려다보는 태도를 내포하고 있기 때문이다.

는 것은 상급자만이 할 수 있기 때문입니다.

7   사람의 목숨을 구하는 것은 최고 지위에 있는 이만이 할 수 있는 일입니다. 선한 자나 악한 자나 생명을 얻어 태어난 것은 신들의 은총 덕분인데, 최고 지위에 있는 이가 더 큰 존경을 받는 것은 신들이 할 수 있는 일을 하기 때문입니다. 국가의 통치자는 마땅히 신의 자비로운 마음을 지녀야 합니다. 백성 중 어떤 이는 유익하고 선하므로 기꺼이 품어야 하며, 어떤 이는 비록 탁월하지 않더라도 해를 끼치지 않기에 시민으로 살아가도록 관용을 베풀어야 합니다. 즉, 기꺼이 가까이할 사람은 환대하고, 그렇지 않은 이들도 포용해야 합니다.

제6장

1   이 도성을 보십시오. 큰 무리가 넓은 대로를 따라 끊임없이 흐르다가, 급류처럼 흐르는 그 무리가 막혀 정체될 때마다 뿔뿔이 흩어집니다. 이 도성에는 동시에 공연할 수 있는 극장이 세 개나 필요하며,[12] 전 세계에서 생산되는 온갖 물자가 이 도시에서 소비되고 있습니다. 그런데 만약 엄정한 재판관이 오직 무죄가 입증된 사람들만 이곳에 머물 수 있도록 한다면, 이 거대한 도시는 얼마나 적막하고 황량한

---

12 이 세 극장은 발부스 극장, 마르켈루스 극장, 폼페이우스 극장이다. 발부스 극장은 기원전 13년 당시 집정관 대리였던 발부스가 마르스 광장에 세웠고, 마르켈루스 극장은 기원전 12년 아우구스투스가 세운 야외극장이며, 폼페이우스 극장은 기원전 55년 폼페이우스가 세운 최초의 극장이다.

  화에 대하여

모습으로 변할지 상상해 보십시오.

검찰관들 중에서 자신이 남을 기소할 때 쓰는 법을 스스로 어기지 **2** 않은 이가 과연 몇이나 되겠습니까? 남을 고발하는 이들 중에 자신은 잘못이 없는 사람이 얼마나 되겠습니까? 아이러니하게도, 가장 많이 용서받아야 할 사람이 남을 잘 용서하려 하지 않습니다.

우리는 모두 죄를 지었습니다. 어떤 이는 중대한 죄를, 어떤 이는 **3** 가벼운 죄를, 어떤 이는 의도적으로, 어떤 이는 우연한 충동이나 남의 악행에 휩쓸려 죄를 지었고, 어떤 이는 선하게 살기로 다짐했으나 그 결심을 지켜낼 힘이 부족해, 여전히 선한 뜻을 품고도 자신의 의지와 반대로 죄를 지었습니다. 우리는 잘못을 저질렀을 뿐 아니라 죽을 때까지 계속해서 잘못을 저지를 것입니다.

설령 누군가가 마음을 깨끗이 씻어내어 이제는 그 무엇도 자신의 **4** 마음을 흔들 수 없다 할지라도, 그는 이미 많은 죄를 지은 뒤에야 그런 경지에 이른 것입니다.

제7장

앞서 신들을 언급했으니, 이제는 국가의 통치자가 마땅히 본보기 **1** 를 어디에서 찾아야 하는지를 확증하고자 합니다. 그는 신들이 자신에게 어떻게 대해주길 바라는지를 먼저 생각하고, 그에 따라 자신도 시민에게 그렇게 대해야 합니다. 신들이 우리의 죄와 잘못을 무자비하게 다루는 것이 좋겠습니까? 그렇게 우리를 적대시해 완전한 파멸로 몰아가는 것이 좋겠습니까? 만약 신들이 그렇게 한다면, 장복술

사가 시신 조각을 일일이 모을 필요조차 없을 만큼, 온전한 모습으로 살아남을 군주는 단 한 명도 없을 것입니다.[13]

2   하지만 신들은 달래기 쉽고 정의로워서 권력자들의 죄를 즉시 벼락으로 치지 않습니다. 하물며 사람을 다스리도록 세움받은 이가 온화한 마음으로 통치하고, 이 세상이 어뗘할 때 사람들 눈에 더 즐겁고 아름다울지 생각한다면, 그것이야말로 진정 정의로운 일이 아니겠습니까? 사람들 눈에 더 즐겁고 아름다운 것은 청명한 날이겠습니까, 아니면 천둥번개가 치고 모든 것이 흔들리며 불꽃이 튀는 날이겠습니까? 질서 잡힌 평화로운 제국의 모습은 찬란히 빛나는 맑은 하늘과 다르지 않습니다.

3   폭정이 자행되면 그 나라는 폭풍우가 몰아치고 암흑에 덮입니다. 사람들은 두려워 떨고 갑작스러운 천둥소리에 놀라며, 이 모든 소동을 일으킨 장본인조차 안전하지 않습니다. 사인(私人)이 복수심을 품을 때는 그 마음이 쉽게 이해됩니다. 그들은 자신이 당한 불의에 분노했고, 복수하지 않으면 비겁하다는 평가를 받을까 봐 두려워 복수에 나서는 것입니다. 사람들은 누군가가 해를 입고도 보복하지 않으면 그것을 관용이 아닌 무력함으로 보기 때문입니다. 반면 쉽게 복수할 수 있는 이가 복수를 포기하면, 틀림없이 자비롭다[14]는 칭송을 받을 것입니다.

4   낮은 신분의 사람들은 폭력을 휘두르거나, 소송을 벌이거나, 큰 소

리로 다투거나, 분노를 드러내는 것이 더욱 자유롭습니다. 같은 지위의 사람들끼리는 한 대 때리는 것이 대수롭지 않습니다. 그러나 왕의 말과 행동은 다릅니다. 그는 소리를 지르거나 언행을 함부로 하는 것만으로도, 스스로의 존엄을 훼손할 수 있습니다.

제8장

말할 권리는 가장 미천한 자들조차 가지고 있는데, 왕에게서 그런 권리를 빼앗는 것은 너무하다고 생각하셔서 당신은 이렇게 말씀하십니다. "그렇게 하는 것은 통치자가 아니라 노예로 살아가는 것이다." 하지만 어찌 그런 말씀을 하십니까? 당신은 온 세상을 통치하지만, 그 무게 때문에 스스로의 자유는 잃고 있습니다. 반면 우리는 지배할 아무것도 없지만, 오히려 그 덕분에 진정한 자유를 누리고 있습니다. 평범함 속에 섞여 사는 이들의 삶은, 높은 자리에 있는 당신과는 본질적으로 다릅니다. 그들은 자신의 미덕을 드러내려면 오랜 시간 고투해야 하지만, 그들의 악덕은 어둠 속에 감춰져 드러나지 않습니다. 반면에 당신의 언행은 소문을 타고 순식간에 퍼져나갑니다. 그러므로 평판이 중요한 사람이라면 자신의 언행이 어떤 평판을 얻을지 누구보다 더 살펴야 합니다.

당신에게는 허용되지 않으나 당신의 은혜로 우리에게는 허용되는 것이 얼마나 많습니까? 저는 이 도성에서는 아무 두려움 없이 홀로 어디든 거닐 수 있습니다. 수행원도, 집에 칼도, 옆구리에 차는 칼도 필요 없습니다. 하지만 당신은 친히 이루신 평화 속에서조차 무장한 채 살아가셔야 합니다. 당신에게 주어진 운명을 피할 수 없습니다. 운명은 당신을 에워싸고서, 당신이 어디로 가시든 수많은 것을 갖추어 뒤따릅니다.

3   이는 결코 줄어들 수 없는 최고의 위대함을 지닌 노예의 삶입니다. 하지만 당신뿐 아니라 신들도 그런 속박의 삶을 삽니다. 신들이 하늘이라는 경계를 벗어날 수 없듯, 당신도 정상에 묶여 있어 그 자리를 떠나면 더 이상 안전할 수 없습니다. 절정에 선 자에게는 내려올 자유마저 허락되지 않는 법입니다.

4   우리의 행동에 신경 쓰는 이는 거의 없습니다. 우리가 나가거나, 돌아오거나, 옷을 갈아입는 것을 대중은 눈여겨보지 않습니다. 반면에 당신이 자신을 숨기는 것은 태양을 숨기는 것만큼이나 어렵습니다. 당신의 주위에는 수많은 빛이 에워싸고 있고, 모든 사람의 눈이 이 빛을 향해 있습니다. 당신은 자신이 외출한다고 생각하시지만, 그것은 태양이 떠오르는 것과 같습니다.

5   당신이 말씀하시면, 모든 민족이 당신의 음성을 듣지 않을 수 없습니다. 당신이 진노하시면, 모든 것이 두려워 떨지 않을 수 없습니다. 당신이 누군가를 치시면, 주위에 있는 모든 것이 흔들릴 수밖에 없기 때문입니다. 하늘에서 번개가 내리칠 때 실제로 다치는 이는 몇 되지 않지만, 모든 이가 몸을 움츠립니다. 이처럼 절대적 권력을 가진 자가 벌을 내릴 때도, 직접 벌을 받는 이는 소수에 불과하지만 더 많은 이들이 공포에 떠는 것은 당연한 이치입니다. 무한한 권능을 지닌 자 앞에서 사람들은 그가 이미 한 일보다 앞으로 할 수 있는 일을 더 두려워하기 때문입니다.

6   또한 사인들은 불의를 당하고도 참아왔기에 앞으로 불의를 당해도 더 잘 견딜 수 있고, 왕은 관용을 베풀 때 비로소 참된 안전을 얻

을 수 있습니다. 잦은 처벌은 소수의 원한을 잠재울 수는 있으나, 오히려 만인의 적개심만 키우게 될 뿐입니다.

분노로 인한 응징은 그것을 야기한 원인보다 가벼워야 합니다. 그 [7] 렇지 않으면 가지를 잘라낸 나무에서 더 굵은 가지가 돋아나고, 솎아낸 초목이 더욱 우거지듯, 왕이 무자비하게 적을 처형할수록 새로운 적만 늘어날 것입니다. 처형된 이들의 부모와 자식들, 그들의 이웃과 벗들이 죽임을 당한 각각의 자리를 이어받기 때문입니다.

제9장

저는 이 말씀이 얼마나 진실인지를 당신의 황실과 관련된 예로 일 [1] 깨워드리고자 합니다. 신황 아우구스투스는 즉위하신 당시 온화한 국가원수였습니다. 하지만 국가를 다른 이들과 나누어 가졌을 때는 칼을 들었습니다. 그분은 지금의 당신 나이, 즉 열여덟 살을 갓 넘겼을 때 이미 친구들의 가슴에 칼을 꽂았고, 책략을 써서 집정관 마르쿠스 안토니우스[15]의 옆구리를 공격했으며, 재산을 몰수하고 사형에

---

15 마르쿠스 안토니우스(기원전 83-30년)는 옥타비아누스(기원전 63년-기원후 14년, 후의 아우구스투스), 레피두스와 함께 삼두정치를 한 인물이다. 레피두스가 죽고 삼두정치가 무너진 뒤 파르티아 원정에서 패해 원로원의 신임을 잃자, 옥타비아누스는 그를 제거하기로 했다. 그는 기원전 31년 악티움 해전에서 옥타비아누스에게 패한 뒤 이집트로 도망가 그곳에서 자결했다.

16 '프로스크립티오'(proscriptio)는 본래 경매 물건을 공고하는 것을 뜻하나, 여기서는 재산 몰수, 추방, 사형 처분을 받은 자들의 명단을 공고하는 것을 말한다. 앞에서는 '살생부'로 옮기기도 했다.

처할 대상자들[16]을 선정하는 일에 가담했습니다.

2   그러나 그분이 40세를 넘어 갈리아[17]에 머무르실 때, 우둔한 천성의 루키우스 킨나[18]가 그를 해치려는 음모를 꾸미고 있다는 제보를 받았습니다. 어디에서 언제 어떤 방식으로 암살을 시도할지까지 상세히 보고되었습니다. 공모자 중 한 명이 제보한 것입니다.

3   그분은 킨나를 처벌하기로 결심하고 곧장 참모회의를 소집했습니다. 하지만 그날 밤, 그는 좀처럼 잠들 수 없었습니다. 루키우스 킨나는 고귀한 가문의 청년이자, 그나이우스 폼페이우스의 손자로서, 이 사건만 아니라면 흠잡을 데 없는 인물이었습니다. 한때는 식사를 하면서도 재산 몰수자와 사형 대상자 명단을 작성하던 그였지만, 이제는 단 한 사람을 죽이는 일조차 주저하게 된 것입니다.

4   그래서 아우구스투스 황제는 깊은 한숨을 내쉬며 혼잣말처럼 중얼거렸습니다. "그렇다면 어찌해야 하는가? 나를 죽이려는 자가 활보하며 나를 불안에 떨게 하는데도, 그를 그대로 둬야 하는가? 수많은 내전에서 나의 목을 노렸으나 모두 실패했고, 숱한 해전과 지상전을 치르고도 무사했던 내가, 이제 육지와 바다에 평화가 깃든 때에 와서 죽음은 물론 산 제물이 되어야 한단 말인가?" 그들은 그분이 신들에게 제를 올릴 때 급습하기로 모의했기 때문이었습니다.

5   잠시 침묵하던 그분은 이번에는 킨나에게 분노했을 때보다 더 큰

---

17 갈리아(Gallia)는 현재의 프랑스, 벨기에, 네덜란드와 스위스, 독일의 일부, 북이탈리아를 아우르는 서유럽 지역이다. 로마 공화정 말기에 이 지역을 정복한 이가 바로 가이우스 카이사르(기원전 100-15년)다.

18 루키우스 킨나(기원전 47-35년 사이 출생)는 폼페이우스의 유일한 손자로 안토니우스를 지지했다. 그는 기원전 16년 레피두스의 손녀 레피다와 함께 아우구스투스 황제 암살을 모의했다가, 황제의 사면을 받은 최초이자 마지막 인물이 되었다.

    화에 대하여

소리로 자신을 향해 분노를 터뜨렸습니다. "이토록 많은 이가 너의 죽음을 바라는데, 어째서 아직 살아 있는가? 그토록 많은 피를 보게 한 너의 진짜 의도는 대체 무엇이더냐? 귀족 청년들이 칼을 갈며 내 목을 노리는 이 상황에서, 나 하나를 지키기 위해 얼마나 더 많은 피를 흘려야 한단 말인가? 내가 살아남기 위해 수많은 이들이 죽어야 한다면, 내 목숨이 과연 그럴 만한 가치가 있기나 한가?"

이때 그분의 아내 리비아[19]가 끼어들어 말했습니다. "여인의 말이 6 나마 들어보시겠어요? 의원들이 쓰는 방법을 써보세요. 통상적인 치료가 효과 없을 때는 반대되는 처방을 내리지요. 당신은 지금까지 엄격함으로는 아무런 성과도 거두지 못하셨어요. 살비디에누스[20] 다음에는 레피두스,[21] 레피두스 다음에는 무레나, 무레나 다음에는 카이피오[22], 카이피오 다음에는 에그나티우스[23]가 반기를 들었지요. 그리고 감히 그런 짓을 하기를 부끄러워한 나머지 그러지 못했던 다른 이들은 제가 말씀드리지 않겠어요. 이제는 관용을 베풀면 어떤 일이 벌

---

19 리비아(기원전 58년-기원후 29년)는 아우구스투스 황제의 둘째 부인이며, 2대 황제 티베리우스의 어머니다. 클라우디우스(3대), 칼리굴라(4대), 네로(5대)가 그녀의 직계 자손이다.

20 살비디에누스(기원전 40년 사망)는 옥타비아누스가 가장 신임한 장군이자 측근이다. 옥타비아누스는 그를 갈리아 총독으로 임명하고 11개 군단을 주었으며, 집정관 대우를 했다. 그러나 안토니우스가 동방에서 대군을 이끌고 오자, 그는 군단과 함께 투항하겠다는 뜻을 안토니우스에게 전했다. 안토니우스가 이를 옥타비아누스에게 알리면서 발각되었고, 반역죄로 처형되었다.

21 레피두스(기원전 13년 사망)는 공화정 말기의 정치가이자 장군으로, 옥타비아누스, 안토니우스와 함께 제2차 삼두정치를 했다. 여기서 말하는 레피두스는 그의 아들 레피두스 2세다. 레피두스 2세는 기원전 31년 안토니우스가 옥타비아누스에게 패한 뒤 옥타비아누스 암살을 모의하다 처형되었다.

어질지 시험해보세요. 루키우스 킨나를 용서하세요. 그의 음모는 이미 밝혀졌으니, 이제 당신을 해칠 수 없을뿐더러 용서하는 것이 오히려 당신의 명성에 도움이 될 수 있을 거예요."

7   아우구스투스 황제는 자신의 뜻을 지지하는 이를 얻은 기쁨에 아내에게 감사를 표하고는, 곧바로 회의 참석을 통보받은 참모들에게 취소를 알리라 명했습니다. 그리고 킨나를 위한 의자 하나를 놓게 한 뒤, 모든 이를 편전에서 물리치고 킨나만을 불러 이렇게 말했습니다.

　"내가 먼저 청하고 싶은 것이 있다. 나중에 네게도 자유롭게 말할 기회를 줄 테니, 내가 말하는 동안에는 끊지도 말고 항의하지도 말아

8   다오. 킨나여, 나는 네가 단순한 반대자가 아니라, 태생부터 나의 적이라는 사실을 알면서도 너를 살려주었다. 네 가문이 소유했던 모든 재산을 네게 물려받게 했고, 지금 너는 누구보다 풍족하고 화려한 삶을 살고 있다. 승리한 자들마저 패자인 너를 부러워할 지경이다. 네가 제관직을 지원했을 때, 나는 나와 함께 전장을 누빈 전우들의 아들들을 제쳐두고 너에게 그 자리를 주었다. 이토록 너를 후대했건만, 너는 나를 죽이려 했다."

9   이 말에 킨나가 자신은 그런 광기 어린 짓과는 무관하다고 소리치자, 아우구스투스 황제가 말했습니다. "킨나여, 너는 신의를 저버렸

---

22 무레나(기원전 22년 사망)는 아우구스투스의 측근 아울루스 테렌티우스 무레나의 양동생으로, 기원전 24-23년 시리아 속주의 군단장을 지냈다. 기원전 22년 그는 법정에서 아우구스투스에게 불리한 증언을 해 곤경에 빠뜨린 뒤, 카이피오가 주도한 아우구스투스 암살 음모에 가담했다가 함께 처형되었다.

23 에그나티우스(기원전 19년 사망)는 로마의 원로원 의원이자 정치가다. 기원전 19년 그는 집정관에 입후보했으나, 아우구스투스가 사주한 집정관 사투르니누스의 방해로 좌절되었다. 그는 아우구스투스 암살을 모의하다 정식 재판 없이 처형되었다.

　　　　　　　　　　　　　　　　　　　　화에 대하여

구나. 너는 내 말을 끊지 않기로 약속했다. 분명히 말하건대, 너는 나를 죽이려 했다." 이어서 그분은 장소와 공모자들, 날짜와 실행 방법 그리고 누가 칼을 맡았는지까지 상세히 밝혔습니다.

이에 킨나는 얼어붙었고, 이번에는 약속 때문이 아니라 양심의 가책으로 말문이 막혔습니다. 이를 본 아우구스투스 황제가 말했습니다. "무슨 마음으로 이런 일을 저질렀느냐? 네가 국가원수가 되고자 했던 것이냐? 정말로 나 하나가 네 앞을 막고 있는 것이라면, 내가 이 자리에 있는 것이야말로 로마에 해가 되는 일이겠지. 하지만 너는 네 집안 하나도 제대로 책임지지 못하지 않느냐. 최근에는 해방노예 하나와의 민사소송에서도 패했다던데.

너에겐 황제를 해치려는 음모를 꾸미는 일이 그토록 쉬운 일이더냐? 어디 말해보아라. 너의 희망을 가로막는 것이 나뿐이던가? 파울루스, 파비우스 막시무스, 코수스, 세르빌리우스[24]를 비롯한 쟁쟁한 귀족들이 있지 않느냐. 그들은 결코 유명무실하지 않으며, 조상의 명성에 자신의 업적까지 겸비한 이들인데, 그런 그들이 너를 용납하리라 생각했느냐?"

저는 아우구스투스 황제의 말씀을 여기서 더 이어가며 이 책을 채우고 싶지는 않습니다. 그분이 두 시간이 넘도록 말씀하셨다는 것은 잘 알려진 사실입니다. 그분은 킨나에게 이 긴 시간의 말씀을 듣게

---

24 파울루스(기원전 약 29년-기원후 14년)는 아우구스투스의 손녀 율리아와 혼인해 기원후 1년에 집정관을 지냈고, 파비우스 막시무스는 아우구스투스의 친구로 기원전 11년에 집정관이 되었다. 코수스는 로마의 장군으로 기원전 1년에, 세르빌리우스는 3년에 각각 집정관을 지냈다. 아우구스투스 황제의 본명은 가이우스 옥타비아누스로, 그가 속한 옥타비아 가문은 평민 가문이었고, 그중에서도 오래되고 부유한 기사 계급 가문 출신이었다. 귀족 가문이 아니었기에, 이는 고대 로마의 뿌리 깊은 신분 질서 속에서 귀족들의 멸시를 받기에 충분했다.

하는 것을 벌로 삼고자 하셨고, 그로써 충분하다고 생각하셨던 것입니다. 마침내 그분은 이렇게 말씀하셨습니다. "킨나여, 나는 다시 한 번 네 목숨을 살려주겠다. 처음에는 적이었던 너를, 이제는 황제를 시해하려 한 너를 살려주는 것이다. 오늘부터 우리 사이에 우정을 맺어보자. 내가 네게 목숨을 주었고 너는 내게 목숨을 빚졌으니, 우리 둘 중 누가 더 신의를 지키는지 겨뤄보자."

12   이후 아우구스투스 황제는 킨나가 집정관직에 나서지 않는 것을 나무라며 먼저 그에게 그 자리를 수여했습니다. 그분은 가장 충성스럽고 신뢰할 만한 이를 얻었고, 킨나는 그분의 유일한 상속자가 되었습니다. 이후로는 그분을 해하려는 음모가 더 이상 없었습니다.

제10장

1   당신의 고조부[25]께서는 패자들을 너그럽게 용서하셨습니다. 만약 그들을 용서하지 않으셨다면, 누구를 다스릴 수 있었겠습니까? 살루스티우스[26]와 코케이우스 가문,[27] 데일리우스 가문[28] 같은 모든 최측근을 적진에서 뽑아 등용하셨습니다. 또한 도미티우스 가문,[29] 메살라 가문,[30] 아시니우스 가문,[31] 키케로 가문[32] 등 나라의 권세 있는 모든 가문이 그분의 관용에 빚을 졌습니다. 심지어 레피두스[33]에게도 생을 마감할 때까지 한결같은 관용을 베푸셨습니다. 레피두스로 하

---

25 네로는 아우구스투스의 유일한 딸 율리아의 손녀 아그리피나 1세가 낳은 아그리피나 2세의 아들이었다. 따라서 외가로 아우구스투스는 네로의 고조부다.

                                        화에 대하여

여금 오랫동안 국가원수의 휘장을 지니게 하셨고, 대제관직도 그가 세상을 떠난 뒤에야 맡으셨습니다. 대제관직이 전리품이 아닌 명예가 되기를 바라셨기 때문입니다.

---

26 살루스티우스는 역사가 크리시푸스의 양자로 아우구스투스의 최측근이 되었다. 같은 이름의 그의 아들은 1세기에 두 차례나 집정관을 지내는 등 뛰어난 활약을 했고, 네로 황제의 계부이기도 했다.

27 내전 때 안토니우스와의 협상에서 옥타비아누스를 도운 루키우스 코케이우스, 기원전 36년 집정관 마르쿠스 코케이우스, 기원전 39년 집정관 가이우스 코케이우스 등 코케이우스 가문은 모두 전에 안토니우스 진영에 있었다.

28 원문에 ‘데일리우스’로 나오는 델리우스는 기원전 1세기 후반의 로마 장군이자 정치가로, 계속해서 주군을 바꾼 인물이며, 마지막으로 기원전 31년에 안토니우스 진영에서 옥타비아누스 진영으로 옮겼다.

29 기원전 32년 집정관 그나이우스 도미티우스는 공화정 지지자로 안토니우스 편이었다가, 악티움 해전 직전 옥타비아누스에게 귀순했다. 기원전 16년 집정관 루키우스 도미티우스는 네로의 할아버지다.

30 마르쿠스 메살라(기원전 64년-기원후 8년)는 공화정 지지자로 안토니우스 진영에 있었다. 그는 기원전 36년 옥타비아누스 편으로 돌아섰고, 기원전 31년 집정관이 되어 악티움 해전에 참전했다.

31 아시니우스 폴리오(기원전 75년-기원후 4년)는 로마의 군인이자 정치가, 웅변가, 문인이었다. 고대 로마의 그리스인 역사가이자 『영웅전』의 저자 플루타르코스(약 46-120년)는 아시니우스의 당대 역사서들을 많이 참고했다. 아시니우스는 베르길리우스의 후원자이자 호라티우스의 벗으로 유명했고, 이들은 시를 그에게 바쳤다. 그는 안토니우스 편에 섰고, 젊은 옥타비아누스와 논쟁을 벌이기도 했다.

32 키케로(기원전 106-43년)는 로마 공화정 말기의 정치가이자 웅변가, 작가로, 열렬한 공화정주의자였다. 그는 공화정을 전복하려 한 평민파 지도자 가이우스 카이사르(기원전 100-44년)를 맹렬히 반대했으나, 카이사르는 그를 용서하고 처벌하지 않았다. 키케로가 안토니우스에게 살해된 후, 가이우스 카이사르의 양자이자 후계자 옥타비아누스는 그의 아들을 등용했다.

33 레피두스(기원전 13년 사망)는 로마 공화정 말기의 장군이자 정치가로, 제2차 삼두정치에 참여했다. 기원전 36년 시칠리아 소유권을 두고 옥타비아누스와 다투다 결국 대제관직만 남긴 채 모든 자리에서 물러나 키르켈리에 유배되었다. 기원전 31년 그의 아들 레피두스 2세가 옥타비아누스 암살을 모의하다 처형됐을 때도 그는 무사했고, 그 후 평안히 살다가 기원전 13년 말 천수를 누리고 죽었다.

2   이러한 관용이 그분을 안녕과 안전으로 이끌었습니다. 무력을 쓰실 때는 로마 백성의 고개가 꼿꼿했으나, 이 관용으로 인해 민심은 그분 편으로 돌아섰습니다. 이 관용 덕분에 그분은 생전에 국가원수들이 누리지 못했던 명성을 돌아가신 후에도 누리고 계십니다.

3   우리가 그분을 신으로 받드는 것은 어떤 명령 때문이 아닙니다. 아우구스투스 황제께서 훌륭한 군주셨고, 국부라는 이름이 그분에게 참으로 잘 어울렸기 때문입니다. 우리가 이를 인정하는 까닭은 그분께서 군주로서 겪을 수 있는 가장 고통스러운 모욕을 당하셨음에도, 잔혹한 벌을 내리지 않으셨고, 비웃는 말을 들으시고도 웃음으로 넘기셨으며, 다른 이를 벌하실 때는 마치 스스로가 벌받는 듯 괴로워하셨기 때문입니다. 심지어 당신 따님의 간통 사건에 연루된 이들을 처단하실 때도, 목숨을 거두기는커녕 추방형을 내리시면서 오히려 그들이 더 안전하게 지낼 수 있도록 통행증까지 내려주셨습니다.

4   당신을 대신해 분노할 자들이 많고, 남의 피를 흘려 당신의 총애를 얻으려는 자들이 넘쳐나는 상황에서는, 반기를 든 자들의 목숨을 그저 살려두는 것이 아니라 보장해주는 것이야말로 진정한 용서가 될 것입니다.

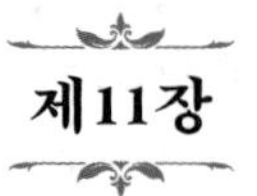

제11장

1   아우구스투스는 노년에 이르러서야, 아니 이미 노년이 깊어서야 이런 모습을 보이셨습니다. 젊으실 때는 쉽게 격분하시어 불같이 화를 내셨고, 다시는 되돌아보고 싶지 않은 일을 수없이 저지르셨습니

                                      화에 대하여

다. 감히 당신의 온화함을 신황 아우구스투스와 견주려 하는 이는 아무도 없을 것입니다. 청년인 당신과 원숙의 경지에 이른 노년의 아우구스투스를 비교하려 드는 이 또한 없을 것입니다. 아우구스투스는 절제와 관용을 보이셨지만, 그것은 어디까지나 악티움의 바다가 로마인들의 피로 물들고, 시칠리아에서 그분의 함대와 적들의 함대가 산산조각 난 뒤의 일이었으며, 페루시아의 대학살과 재산 몰수, 사형 대상자 명단이 공표된 이후의 일이었습니다.[34]

물론 저는 관용이 잔혹함에 대한 염증에서 비롯되었다고 말씀드리는 것이 아닙니다. 황제시여, 신성한 관용은 낭신께서 시금 보여주고 계신 것처럼, 잔학함에 대한 뉘우침에서 시작되는 것이 아니라 처음부터 한 점 흠이 없고 시민의 피를 한 방울도 묻히지 않은 상태에서 나오는 것입니다. 최고 권력자의 관용이란 가장 순수한 의미에서 자제하는 것이며, 온 인류를 자신처럼 아끼는 것입니다. 그러한 관용은 사사로운 속셈도, 경박한 성정도 없으며, 백성에게 자신의 권력이 어디까지 미치는지 시험해보려 했던 이전 통치자들의 잘못된 전례를 따르지도 않습니다. 오히려 스스로 가진 권력의 날카로운 칼날을 무디게 하는 것, 그것만이 있을 뿐입니다.

---

34 세네카는 여기서 주요 사건들을 시기상 역순으로 나열한다. 기원전 43년 안토니우스, 레피두스와 제2차 삼두정치를 시작한 옥타비아누스는 원로원 의원 130~300명, 기사 계급 2,000여 명을 재산 몰수와 사형 대상자 명단에 올렸다. 기원전 40년에는 마르쿠스 안토니우스가 유일한 통치자여야 한다고 믿은 그의 동생(루키우스 안토니우스)과 아내(풀비아)가 페루시아의 움브리아인들과 함께 옥타비아누스에 맞선 페루시아 전쟁이 일어났다. 그들은 잠시 토나를 장악했으나 결국 페루시아로 후퇴했고, 옥타비아누스의 군대가 이 도시를 포위하여 수많은 이가 굶어 죽었다. 기원전 37-36년에는 시칠리아를 장악한 폼페이우스의 아들 섹스투스 폼페이우스의 군대를 힘겹게 물리쳤고, 기원전 31년 악티움 해전에서 안토니우스를 결정적으로 이겨 사실상 1인 통치자가 되었다.

3   황제시여, 당신은 피 한 방울 묻히지 않은 나라를 주셨습니다. 당신께서 온 세상 어디에서도 사람의 피를 흘리지 않으신 것은 자부심을 가지고 자랑하실 만한 일이지만, 더욱 놀랍고 위대한 것은 치세 초기에 칼을 든 자가 아무도 없었다는 사실입니다.

4   그러므로 관용은 통치자에게 더 큰 영예만이 아니라 더 큰 안전도 가져다주며, 제국의 영광이자 가장 확실한 방패가 됩니다. 왕들은 늙어 백발이 될 때까지 다스리다 왕위를 자식이나 손자에게 물려주는 반면, 참주들[35]의 권력은 백성의 저주를 받아 짧게 끝나고 마는 것은 무엇 때문이겠습니까? 참주와 왕의 차이는 어디에 있겠습니까? 이 둘은 지위나 권한만 보면 다를 바 없지만, 참주는 자신의 쾌락을 위해 잔학한 행동을 일삼는 반면, 왕은 오직 그럴 만한 까닭이 있거나 불가피한 경우에만 엄한 조처를 내린다는 점이 다를 뿐입니다.

제12장

1   "그렇다면 이렇게 반문할 수 있겠지요. '왕도 사람을 처형하지 않습니까?'" 그렇습니다만, 오직 공익을 위해서만 그리 합니다. 반면 참주는 잔학함 자체를 즐깁니다. 참주인가 왕인가는 그 칭호가 아닌 행적으로 판가름 납니다. 왕이라 불린 다른 많은 군주보다 더 뛰어났던

---

35 '티라누스'(tyrannus, 참주)는 그리스어 '티라노스'(τύραννος)를 음역한 것으로, 고대 그리스에서는 본래 불법적으로 왕위에 오른 자를 뜻했으나, 점차 독재자의 의미를 갖게 되었다.

화에 대하여

디오니시오스 1세[36]는 참주였음에도 왕이라 불러야 하고, 정적들을 모조리 죽인 뒤에야 살육을 멈춘 루키우스 술라[37]는 오히려 참주라 불러야 마땅하지 않겠습니까?

술라는 스스로 독재관직에서 물러나 일반 시민으로 돌아갔지만, 어느 참주가 그처럼 탐욕스레 피를 마셨겠습니까? 그는 로마 시민 7천 명을 도륙하라 명했고, 벨로나 신전[38] 근처에 앉아 수많은 이들이 칼날 아래 신음하며 지르는 비명을 들으면서도, 공포에 질린 원로원 의원들에게 이렇게 말했습니다. "원로원 의원들이여, 나의 명으로 몇몇 선동가가 처형되고 있을 뿐이니, 우리는 할 일이나 하시지요."[39]

이는 술라의 거짓말이 아닙니다. 7천 명은 그에게 실로 소수에 불

---

36 디오니시오스 1세(기원전 약 432-367년)는 시칠리아섬 시라쿠사의 참주로, 카르타고의 위협과 지도층의 무능으로 몰락 위기에 처한 도시 국가를 재건해 강국으로 일으킨 인물이다. 그는 플라톤을 비롯한 당대의 저명한 철학자들과 문인들과 교류하며 이들을 후원하기도 했다. 세네카는 그의 이런 업적을 높이 평가하며 훌륭한 군주로 언급했지만, 실제로는 잔혹하고 의심이 많으며, 복수를 즐기고 자의적인 통치를 일삼은 전형적인 참주의 기질을 지녔던 인물로 평가된다.

37 루키우스 술라(기원전 138-78년)는 공화정 말기 가장 잔혹한 독재자로 알려진 인물이다. 가이우스 카이사르(기원전 100-44년)가 공화정을 무너뜨렸다면, 술라는 그 토대를 놓은 인물로 평가된다. 그는 정적이던 평민파 호민관 술피키우스, 최대 정적 마리우스, 집정관 킨나가 이끄는 파벌을 대상으로 살생부를 만들어 대대적인 숙청을 자행했고, 후에는 종신 임기의 절대 권력을 가진 독재관(dictator, '딕타토르')에 올랐다.

38 벨로나는 고대 로마에서 전쟁의 여신으로, 그 신전은 로마 제국 전역에 널리 세워졌다. 로마의 벨로나 신전은 기원전 296년 로마의 최초 대로인 아피아 대로(Via Appia)를 건설한 아피우스 클라우디우스(기원전 약 312-279년)가 티베르 강변 마르스 광장 남쪽 끝의 원형 광장인 키르쿠스 플라미니우스(Circus Flaminius)에 세웠다.

39 술라는 기원전 83-82년의 내전에서 승리한 뒤 재산 몰수와 사형 대상자 명단(살생부)을 작성해 공표했다. 이 명단에는 520명 이상이 올랐는데, 그중 원로원 의원이 51명, 기사 계급이 24명이었다. 살생부에 오른 이를 죽인 자는 포상을 받았고, 재산을 몰수하는 과정에서 술라의 측근들은 막대한 부를 축적했다.

과했던 것입니다. 곧 우리는 적들에 대해 어느 정도로 분노해야 하는지, 특히 동포가 적진으로 넘어간 경우 어떤 태도를 취해야 하는지를 살필 때, 술라에 관해 더 깊이 이해하게 될 것입니다. 앞서 말씀드렸듯이, 왕과 참주의 가장 큰 차이는 관용에 있습니다. 둘 다 무기로 둘러싸여 있다는 점은 같지만, 왕은 평화를 지키고자 무기를 쥐는 반면, 참주는 큰 공포로써 깊은 증오를 억누르고자 무기를 듭니다. 참주는 자신의 목숨을 맡긴 경호병조차 믿지 못합니다.

4   공포와 증오는 서로를 부추기며 끝없는 악순환을 이룹니다. 백성은 참주가 두려워 증오하고, 참주는 백성이 증오하니 더욱 두렵게 만들고자 합니다. 참주는 증오가 극에 달했을 때 어떤 광기가 터져 나오는지 모른 채, 수많은 참주를 몰락시킨 저 불길한 문구를 따릅니다. "나를 두려워하기만 한다면, 증오해도 상관없다."[40] 적당한 두려움은 사람의 마음을 조심스럽게 만들지만, 끊임없이 조여드는 극단적 공포는 오히려 땅에 엎드려 있던 이들까지 일으켜 세워, 목숨을

---

40 루키우스 아키우스(기원전 약 170-86년)는 로마 공화정 말기의 저명한 비극 시인이다. 그의 작품은 대개 그리스 비극을 모방하거나 자유롭게 번역한 것으로, 가장 오래된 것은 기원전 140년에 공연된『아트레우스』이며, 이 문구는 이 작품에서 나온다. 아트레우스는 그리스 신화의 영웅으로 탄탈로스의 손자다. 그는 우여곡절 끝에 미케네의 왕이 되나, 동생 티에스테스가 아트레우스의 아내 아에로페를 유혹해 왕위를 빼앗으려다 쫓겨나면서 두 형제는 깊은 원한에 빠진다. 이에 티에스테스는 복수를 꾀해 아트레우스의 아들을 자신의 편으로 끌어들여 아버지를 죽이게 하려 하지만, 계획은 역으로 어긋나 아들이 오히려 아버지 손에 죽고 만다. 이를 알지 못한 아트레우스는 복수심에 사로잡혀 화해를 가장한 연회를 마련하고, 티에스테스와 그의 두 아들을 초대해 두 아들을 살해한 뒤, 그 시신을 요리해 티에스테스에게 먹인다. 저주받은 왕국에 흉년과 기근이 닥치고, 아트레우스는 티에스테스를 찾다 우연히 그의 딸 펠로피아와 결혼한다. 하지만 그때 그녀는 이미 자기 아버지의 아이를 뱄는데, 이 아이가 바로 아이기스토스였다. 훗날 아이기스토스는 자신의 친부 티에스테스의 복수를 위해 양부 아트레우스를 살해한다.

건 반항으로 내모는 법입니다.

그들은 마치 깃털 그물에 걸린 짐승과 같습니다. 창 든 기마병들이 5
뒤에서 몰아칠 때, 짐승들은 도망치려 하다가 두려움마저 잊은 채 자
신을 쫓는 바로 그 사냥꾼들을 향해 돌진합니다. 극한의 절망이 낳는
용기보다 날카롭고 강한 것은 없습니다. 두려움을 주더라도 살길은
남겨두어야 하며, 위협보다는 희망을 훨씬 더 많이 보여주어야 합니
다. 그렇지 않고 모든 이가 똑같이 죽음의 공포에 사로잡히면, 순한
이들조차 목숨을 건 모험을 마다하지 않게 됩니다.

제13장

평화를 사랑하고 인자한 왕에게는 군대가 진심 어린 충성을 바칩 1
니다. 그가 자신의 군대를 오직 공공의 안녕을 위해서만 쓰기 때문입
니다. 이러한 군대의 병사들은 자신이 국가의 평안을 위해 봉사한다
는 것을 알기에, 자부심을 가지고 마치 부모를 모시듯 온갖 시련을
기꺼이 견뎌냅니다. 반면 피에 굶주린 폭군은 자신의 목숨을 지키는
경호병들에게서조차 원한을 사게 됩니다.

군대를 마치 고문대나 쇠로 만든 형틀처럼 휘둘러 사람들을 죽음 2
으로 몰아넣고, 백성을 짐승처럼 군대에 던져주는 그런 왕을 순수한
마음으로 섬기려는 이는 아무도 없습니다. 그런 왕은 자신의 악행을
아는 이들과 신들의 증언과 복수를 두려워한 나머지, 어떤 피고인보
다도 더 큰 번민과 불안에 시달립니다. 그런데도 자신의 행동을 바꾸
는 것조차 불가능한데, 이는 잔학함이 가져오는 가장 끔찍한 결과입

니다. 그는 그 상태를 끝까지 유지할 수밖에 없고, 뒤로 물러나 더 나은 길을 택할 여지조차 없습니다. 범죄는 또 다른 범죄로 지켜야 하기 때문입니다. 선한 길을 걷고 싶으나 악행을 저지를 수밖에 없는 자보다 더 불행한 이가 있겠습니까?

3 오, 가련한 자여! 이런 왕은 최소한 자기 자신에게는 가련한 존재입니다. 타인이 그를 연민하는 것조차 반역으로 여겨질 테니 말입니다. 그는 자신의 권력으로 살육하고 약탈한 자이며, 안팎의 모든 일을 의심의 눈초리로 바라본 자이고, 무기가 두려워 도리어 무기에 의지한 자이며, 벗들의 충성과 자식들의 효성마저 믿지 못한 자이기 때문입니다. 그는 자신이 저지른 일과 앞으로 저지를 일들을 돌아보며, 범죄와 고문으로 얼룩진 자신의 양심을 마주할 때면, 부하들의 증오보다 더 깊은 자기혐오에 빠져, 죽음을 두려워하기보다는 차라리 죽기를 갈망하는 때가 더 많습니다.

4 반면 어진 왕은 모든 것을 두루 보살핍니다. 경중은 있으되 나라의 어느 한구석도 자신의 일부처럼 돌보지 않는 곳이 없습니다. 처벌이 불가피한 경우에도 더욱 관대한 방법을 택하니, 이는 그가 가혹한 조처를 얼마나 꺼리는지를 보여줍니다. 그의 마음에는 악의도 잔인함도 없어, 백성의 안녕을 위해 자신의 권력을 너그럽게 행사함으로써 통치가 인정받기를 바랍니다. 그는 모든 백성이 자신의 영화로운 치세를 함께 누릴 수 있다면, 그것이야말로 가장 큰 행복이라 여깁니다. 그는 말투에서도 온유함이 묻어나고, 표정에는 따뜻한 미소가 떠나지 않으며, 대다수 백성의 마음을 자연스럽게 사로잡습니다. 정당한 청원에는 귀 기울이며 부당한 청원에도 매정하지 않습니다. 이러한 왕은 모든 백성이 사랑하고 보호하며 공경합니다.

5 그런 왕에 대해서는 사람들이 공개적으로 하는 말과 사적으로 하

는 말이 한결같습니다. 사람들은 자녀를 키우고 싶어 하기에, 한때는 혼란한 나라 사정에 자식을 낳는 일조차 꺼리던 시대였지만, 이제는 모두가 이렇게 말할 것입니다. "이런 시대를 살아갈 수 있다면, 자식들이 우리에게 고마워할 것이다." 이런 군주는 자신의 선정으로 인해 이미 안전하기에 경호원이 필요 없고, 무기는 장식용으로만 지니고 다닙니다.

제14장

그렇다면 이러한 군주의 소임은 무엇이겠습니까? 때로는 다정하 1 게, 때로는 엄하게 자녀를 타이르고, 때로는 회초리로 일깨우는 현명한 부모의 역할과 같습니다. 온전한 정신을 가진 이라면, 자식이 처음 잘못을 저질렀다고 해서 곧바로 상속권을 박탈하겠습니까? 수많은 불의를 저질러 더는 참을 수 없고, 아무리 타이르고 훈계해도 나아지지 않을 때에야 비로소 결단을 내려 상속권 박탈 문서에 서명할 것입니다. 그리고 그전에도, 아직 인성이 완성되지 않고 형성 중이라는 점을 감안하여, 비록 자식이 이미 그릇된 길로 접어들었다 해도 바로 잡으려 온갖 노력을 기울일 것입니다. 그러나 희망이 전혀 없다고 판단될 때는 즉시 단호한 조치를 할 것입니다. 어떤 부모도 가능한 모든 방도를 써보기 전에는 그토록 가혹한 처벌을 쉽게 내리지 않습니다.

이는 부모의 도리이자 군주의 책무입니다. 우리가 군주를 조국의 2 아버지라 부르는 것은 아첨하는 빈말이 아닙니다. 우리는 경의를 담아 군주를 '위대하신 분', '축복받으신 분', '존귀하신 분'이라 부르기도 하지만, 그중에서도 '아버지'라는 호칭은 특별한 뜻을 지닙니다.
그 부름은 군주에게 아버지로서의 책무가 있음을 일깨우는 말입니
다. 아버지의 책무란 자녀를 보살피고 자신의 이익보다 자녀의 복리
를 우선하는 것이니, 이는 지극한 절제를 요구합니다.

3　　아버지가 가족 구성원을 잘라내야 할 때는 깊이 생각하여 더디게
행하고, 자른 뒤에도 그들이 돌아오기를 바라며, 자를 때는 오랫동안
망설이며 깊은 한숨을 내쉬며 자릅니다. 경솔히 처단하는 것은 처단
을 즐기는 것과 다름없으며, 과한 형벌은 곧 불의한 형벌이나 마찬가
지이기 때문입니다.

제15장

1　　우리가 기억하기로, 로마의 기사 신분이었던 트리코가 자기 아들
을 매질하여 죽이자, 백성들은 광장에서 그를 첨필[41]로 찔러 공격했
습니다. 아우구스투스 황제는 친히 권위를 행사하여 분노한 부자들
의 손아귀에서 그를 간신히 구해냈습니다.

2　　타리우스[42]는 자기 아들이 아버지인 자신을 살해하려는 음모를 꾸

---

41 첨필(graphium, '그라피움')은 고대 로마에서 나무 왁스판에 글자를 쓸 수 있게 만든
단단한 침 모양의 필기구로, 중세 유럽에서도 계속 사용되었다.

42 타리우스(24년 사망)는 속주 출신의 미천한 가문 사람으로, 선원에서 시작하여 기
원전 16년에는 집정관까지 오른 인물이다. 기원전 31년 악티움 해전에서 옥타비
아누스 휘하 장군으로 싸우며 두각을 나타냈다. 마살리아는 프랑스와 스위스를
흐르는 론강 동쪽 지중해 연안의 고대 그리스 식민지로, 현재의 마르세유다.

　　　　　　　　　　　화에 대하여

미고 있음을 알아채고 아들을 체포해 조사한 뒤 처벌했지만, 사람들은 모두 그를 칭송했습니다. 그가 아들을 단지 유배 보내는 것으로 그쳤기 때문이었습니다. 게다가 그는 자신의 목숨을 노린 아들을 마살리아에서 풍족하게 유배 생활을 하도록 했을 뿐 아니라, 이전처럼 매년 주던 생활비도 한 푼 줄이지 않고 그대로 보냈습니다. 이러한 너그러운 처사 덕분에 이 나라에서 죄인들을 두둔하던 자들조차 그의 처벌이 정당했음을 의심하지 않았습니다. 아들을 미워할 수 없는 아버지가 내린 판결이었기 때문입니다.

저는 이 일화를 통해 현명한 아버지에 비추어 훌륭한 군주란 어떠해야 하는지 말씀드리고자 합니다. 타리우스는 아들을 심문하는 자리에 아우구스투스 황제를 모셨습니다. 황제는 한 사인의 집에 와서 앉아 다른 이의 가정사를 다루는 데 참여했고, "그대가 내 궁으로 오시오"라는 말을 하지 않았습니다. 그랬다면 심문하는 이는 아버지가 아닌 황제가 되었을 테니까요. 3

사건에 관한 심리가 진행되어 청년의 자기변호와 고발 내용을 포함한 모든 것이 검토되었습니다. 황제는 자신이 판결을 내리면 다른 이들이 모두 그대로 따를 것을 염려하여, 각자에게 판결문을 써서 제출하도록 했습니다. 그리고 판결문들을 공개하기에 앞서, 황제는 거부였던 타리우스의 유산을 절대 받지 않겠노라 맹세했습니다. 4

어떤 이는 이렇게 말합니다. "황제가 타리우스의 아들을 단죄하고 그 유산을 가로채려 한다는 의심을 살까 걱정하여 그리 한 것은 너무 소심한 처사였다." 하지만 제 생각은 다릅니다. 우리 같은 평민은 양심만 지켜도 타인의 악의적인 비방에 충분히 맞설 수 있습니다. 그러나 군주는 풍문에도 세심한 주의를 기울여야 합니다. 그래서 아우구스투스 황제는 유산을 거부하겠다고 맹세한 것입니다. 5

6   그날 타리우스는 두 번째 상속자[43]를 잃었지만, 황제는 자유롭게 판결할 수 있게 되었습니다. 황제의 엄정함에는 언제나 사심이 없어야 하는데, 이로써 황제는 자신의 엄정한 판단에 사욕이 끼어들지 않았음을 입증했습니다. 그리고 타리우스가 원하는 곳으로 아들을 유배 보내라고 일렀습니다.

7   황제는 가죽 자루에 넣어 바느질한 뒤 물에 빠뜨리는 형벌도, 독사를 풀어 물려 죽게 하는 형벌도 내리지 않았고,[44] 감옥에 가두지도 않았습니다. 판관이 아닌 조언자의 입장에서 생각했기 때문입니다. 황제는 매우 어린 아들이 충동적으로 이런 죄를 저지르려 했고, 그 일을 꾸미면서도 두려움에 떨었던 점을 감안할 때 거의 무죄에 가깝다며, 아버지는 가장 가벼운 처벌로 만족하고 아들을 도성에서 내보내 아버지의 눈에 띄지 않게 하는 것이 마땅하다고 말씀했습니다.

제16장

1   오, 아버지로부터 협의의 자리에 초대받는 이가 받는 대접은 얼마나 귀한 것이겠습니까! 죄 없는 자녀들과 함께 공동상속자로 이름을 올리는 이가 누리는 영예는 또 얼마나 크겠습니까! 이것이 군주다운

---

43 첫째 상속자인 아들이 상속권을 잃었을 때 상속받게 될 둘째 상속자인 황제를 말한다.

44 가죽부대에 산 채로 넣어 실로 꿰맨 뒤 강에 던져 익사시키는 것은 친부살해죄를 지은 자에게 내리는 전통적 형벌이었다. 개나 수탉, 독사에게 던져 죽이는 것도 같은 형벌이었다.

                                                  화에 대하여

관용입니다. 군주는 어디를 가든 모든 일을 온화하게 처리해야 합니다. 왕은 어떤 사람의 생사도 무관심하게 대할 만큼 하찮게 여겨서는 안 됩니다. 그가 어떤 사람이든, 그는 제국의 일부이기 때문입니다.

작은 규모의 통치에서 큰 통치의 모범을 찾아봅시다. 통치의 종류는 하나가 아닙니다. 군주는 백성을, 아버지는 자녀를, 스승은 제자를, 천인대장이나 백인대장은 병사들을 다스립니다.

사소한 잘못에도 자녀들을 늘 회초리로 다스리는 아버지는 최악의 아버지로 보이지 않겠습니까? 제자들이 기억력이 부족하거나 글자를 잘 알아보지 못해[45] 더디게 읽는다고 살갗이 찢어지도록 때리는 스승이 있고, 온화한 훈계로 바로잡아주며 가르치기를 좋아하는 스승이 있다면, 과연 누구에게 자유민이 마땅히 배워야 할 학문을 맡길 수 있겠습니까? 백인대장과 천인대장이 가혹하다면, 용서받을 만한 병사들조차 탈영병으로 만들 것입니다.

말 못하는 짐승보다 더 가혹하고 잔인하게 사람들을 다스리는 것을 과연 정의롭다고 할 수 있겠습니까? 노련한 조련사는 말을 길들일 때 채찍으로 겁을 주지 않습니다. 부드러운 손길로 어루만지며 달래주지 않으면, 말은 겁에 질려 말을 듣지 않기 때문입니다.

어린 사냥개들에게 짐승의 흔적을 찾는 법을 가르치거나, 훈련된 개들로 짐승을 찾아 쫓게 하는 사냥꾼들도 마찬가지입니다. 그들은 개들을 자주 위협하지 않습니다. 그렇게 하면 개들의 사기가 꺾이고, 아무리 좋은 혈통의 개라도 그 본성이 망가져 혈통 나쁜 겁쟁이 개처럼 되어버리기 때문입니다. 그렇다고 제멋대로 돌아다니게 내버려두

---

[45] 고대의 문서들은 구두점이나 띄어쓰기가 제대로 되어 있지 않아 글을 읽기가 오늘날보다 더 어려웠다.

지도 않습니다. 이는 느릿한 걸음의 노새를 부리는 이들에게도 같은 이치입니다. 노새들이 고된 노동을 타고난 운명이라 해도, 지나친 가혹함은 멍에마저 거부하게 만들 뿐입니다.

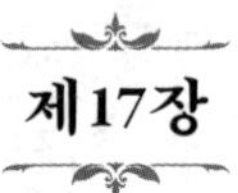

제17장

1   사람은 가장 까다로운 존재이며, 가장 정교한 솜씨로 다뤄야 하고, 가장 각별히 돌보아야 할 대상입니다. 노새나 개를 함부로 대하는 것도 부끄러운 일인데, 하물며 자기 아랫사람을 가혹하게 다루는 것보다 더 어리석은 일이 어디 있겠습니까? 질병은 분노의 대상이 아니라 치료의 대상입니다. 그런데 여기서 우리가 마주한 것은 영혼의 질병입니다. 이는 섬세하고 부드러운 치료가 필요하며, 의사는 환자에게 적대적이어서는 안 됩니다.

2   치료를 포기하는 의사는 무능한 의사입니다. 모든 이의 안녕을 책임진 사람이 영혼을 앓는 이들을 대할 때도 같은 원칙이 적용됩니다. 섣불리 희망을 버려서도 안 되고, 죽음을 예견하는 듯한 태도를 보여서도 안 됩니다. 악덕과 맞서 싸워야 합니다. 어떤 이에게는 그들의 병을 지적하고, 어떤 이에게는 더 빠르고 나은 치료를 위해 곧 나을 것이라 희망을 주어야 합니다. 군주는 병을 고치는 것뿐 아니라 흉터조차 보기 좋게 아물도록 힘써야 합니다.

3   왕은 잔혹한 형벌로는 영광을 얻을 수 없습니다. 왕이 가혹한 형벌을 내릴 수 있다는 것을 누가 의심하겠습니까? 하지만 반대로 왕이 자신의 권력을 절제하고, 많은 이들을 타인의 분노로부터 보호하며,

                    화에 대하여

자신의 분노로 인해 희생되는 이가 단 한 명도 없게 한다면, 그것이 야말로 최고의 영광입니다.

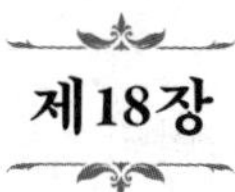

제18장

노예를 절제하여 온건하게 다스리는 것은 칭찬받을 만한 일입니 1
나. 노예가 주인의 소유라 하더라도, 주인의 명령을 어디까지 견딜
수 있는지를 따질 것이 아니라, 정의롭고 선한 본성에 따라 어떻게
대해야 하는지를 생각해야 합니다. 인간의 본성은 전쟁 포로이든 값
주고 산 노예이든 모든 노예를 아끼라고 명하기 때문입니다. 하물며
자유민이나 명문가 출신, 훌륭한 이들을 노예처럼 부리지 않고, 당신
보다는 낮지만 노예가 아닌 보호받아야 할 이들로 여기는 것이 얼마
나 더 인간의 본성에 맞고 정의로운 일이겠습니까.

노예들도 신전에 피신할 권리가 있습니다.[46] 노예에게 어떤 짓을 2
해도 된다 하더라도, 모든 생명이 지닌 공통된 권리에 따라 해서는
안 될 일이 있습니다. 베디우스 폴리오[47]를 가장 격렬히 증오한 이들

---

46 고대에는 신전으로 피신한 자를 신상 앞에서 죽이는 것을 신들의 저주를 부르는
범죄로 여겼는데, 이는 신들에 대한 오래된 경외의 표현이었다.

47 베디우스 폴리오(기원전 15년 사망)는 로마의 기사 계급 출신으로, 아우구스투스의
친구였다. 사치스럽고 화려한 삶과 노예들에 대한 잔인함으로 유명했다. 곰치
(murena, '무레나')는 몸길이 약 60센티미터의 뱀장어과 물고기로, 육식성이며 모든
종류의 어류나 무척추동물을 잡아먹는다. 흉측하게 생겼고 대담하며 성질이 사나
워 날카로운 이빨로 잠수부들을 물곤 했다. 세네카는 이 이야기를 『분노에 대하
여』 40.2에서도 언급한다.

은 바로 그의 노예들이었습니다. 그는 사람의 피로 곰치를 길렀기 때문입니다. 그는 어떤 이유로든 자신의 분노를 산 노예들을 양어장에 던지라 명했는데, 그곳은 뱀굴과도 같은 곳이었습니다. 오, 그가 곰치를 먹이기 위해 노예를 키웠든, 노예를 처벌하려 곰치를 길렀든, 천 번 죽어 마땅한 자입니다.

3 잔학한 노예 주인들이 온 나라의 증오와 혐오를 받아 지탄받듯이, 왕들도 마찬가지입니다. 왕들의 불의는 더 널리 퍼지고, 그들의 악명과 이에 대한 증오는 후대까지 이어집니다. 공공의 적으로 태어나느니 차라리 태어나지 않는 편이 낫지 않겠습니까!

제19장

1 누가 어떤 방식과 권리로 다른 이들을 다스리게 되었든, 관용보다 통치자에게 더 어울리는 덕목은 없습니다. 우리는 더 큰 권력을 가진 이가 베푸는 관용일수록 더욱 아름답고 위대하다는 것을 인정합니다. 권력은 자연의 이치에 따라 행사되기만 한다면, 결코 해로운 것이 아닙니다.

2 왕이라는 제도는 자연이 고안한 것입니다. 이는 벌을 비롯한 여러 생물에서도 볼 수 있습니다. 벌들의 왕인 여왕벌은 벌집 중심부 가장 안전한 곳의 큰 방에 있습니다. 여왕벌은 스스로 일하지 않고 다른 벌들의 일을 감독하며, 여왕벌이 사라지면 벌들은 모두 흩어집니다. 벌들은 오직 하나의 여왕벌만을 받아들이고, 여왕벌들 간의 싸움으로 더 나은 여왕벌을 가려냅니다. 여왕벌의 모습은 크기와 화려함에

   화에 대하여

서 다른 벌들과 뚜렷이 구별됩니다.

하지만 여왕벌이 다른 벌들과 가장 구별되는 점은, 다른 벌들이 쉽 **3** 게 성을 내고 몸집에 비해 싸움을 잘하며 상처를 입힌 뒤 침을 남기는 반면, 여왕벌에게는 침이 없다는 것입니다. 자연은 여왕벌이 잔인한 행동이나 보복으로 큰 대가를 치르길 원치 않았습니다. 그래서 여왕벌의 무기를 없애 분노하더라도 해를 끼칠 수단을 주지 않았습니다. 이는 위대한 왕들에게 중요한 본보기입니다. 자연은 작고 낮은 것 속에 커다란 뜻을 숨기며, 사소한 존재를 통해 위대한 통치를 가르칩니다.

인간이 끼칠 수 있는 해악이 이런 미물들보다 훨씬 더 크기에, 인 **4** 간의 마음에는 더 큰 절제가 필요한데도 이들에게서 교훈을 얻지 못하는 것은 부끄러운 일입니다. 만약 인간에게도 벌처럼, 분노해도 쉽게 해를 끼칠 수 없는 본능적 제약이 주어졌다면 어떻겠습니까? 분노가 일어나더라도 그것을 실행할 무기가 없다면, 단 한 번 외에는 보복할 수 없다면, 또한 남의 손을 빌리지 않고 오직 자신의 손으로만 복수해야 하고, 그 대가로 자신도 파멸해야 한다면, 분노는 쉽게 가라앉을 것입니다.

그리고 지금도 분노와 보복은 안전한 길이 아닙니다. 다른 이들에 **5** 게 두려움의 대상이 되고자 하는 자는 스스로도 그들을 두려워할 수밖에 없기 때문입니다. 그는 모든 이의 손길을 경계해야 합니다. 그를 노리는 이가 없을 때조차도 그런 일이 일어날 것에 대비해야 하기에, 단 한 순간도 두려움에서 자유롭지 못합니다. 다른 이를 해치지 않아도 평안하고, 권력으로 만인의 행복을 이끌어낼 수 있는데, 어찌하여 이런 삶을 거부하겠습니까? 왕으로 인해 모든 것이 불안한 곳에서 왕 자신만이 안전할 것이라고 생각하는 것은 오산입니다. 안전이란 서로를 지키겠다는 상호 약속이기 때문입니다.

6   안전을 위해 높은 요새를 짓거나, 가파른 언덕에 성벽을 쌓거나, 산허리를 깎거나, 성벽과 망루로 자신을 겹겹이 둘러쌀 필요가 없습니다. 관용은 허허벌판에서도 왕을 지켜줄 것입니다. 백성의 사랑이야말로 유일한 난공불락의 요새입니다.

7   모든 이가 원하는 삶을 살고, 감시받지 않고 하고 싶은 말을 다 하며 사는 것보다 더 아름다운 것이 무엇이겠습니까? 지도자가 건강을 조금이라도 잃으면 사람들이 기뻐하는 것이 아니라 진심으로 걱정하는 그런 세상보다 더 아름다운 것이 무엇이겠습니까? 모든 이가 지도자의 안녕을 위해서라면 귀한 것도 아낌없이 내어놓고자 하는 그런 삶보다 더 아름다운 것이 무엇이겠습니까?

8   "오, 그를 살려야 하지 않겠는가! 그는 국가가 자신의 것이 아니라 자기가 국가의 것임을 끊임없이 보여주어 선함을 증명했다." 이런 지도자의 치세에서는 정의, 평화, 순결, 안전, 명예가 꽃피우고, 국부가 풍성하며 온갖 좋은 것이 넘치는데, 누가 감히 이런 지도자를 해치려 하겠습니까? 무릇 자신의 운명을 기꺼이 내던져서라도 그를 지키려 하지 않겠습니까? 만일 인간이 신을 눈으로 볼 수 있었다면 가졌을 그 경외심으로, 사람들은 자신의 지도자를 진심으로 우러러보게 될 것입니다.

9   그렇다면 어떻습니까? 신들의 본성을 본받아 선한 일을 많이 하고, 너그러우며, 권력을 선한 일에 쓰는 지도자는 신들 곁에 있는 것이 아니겠습니까? 가장 위대한 자가 되고자 한다면, 무엇보다 먼저 가장 인자한 이가 되기를 지향해야 마땅합니다.

    화에 대하여

제20장

군주가 형벌을 내리는 경우는 크게 두 가지로 나눌 수 있습니다. 하나는 자신의 복수를 위해서이고, 다른 하나는 타인의 복수를 대신해주는 경우입니다. 먼저, 군주 자신과 관련된 전자에 대해 살펴보겠습니다. 분노가 이끄는 형벌에서는 절제의 미덕을 지키기가 더욱 어렵습니다. 1

이런 경우에 군주에게 신불리 믿지 말고 진실을 꼼꼼히 찾으며 죄 없는 자를 보호하라고 조언하는 것은 불필요합니다. 진실을 입증해야 할 책임이 피고가 아닌 재판관에게 있다고 말하는 것도 당연한 이야기입니다. 이 모든 것은 정의에 관한 것이지, 관용에 관한 것이 아닙니다. 제가 지금 말씀드리고자 하는 것은, 군주가 마음에 상처를 입어 분노한 것이 분명할 때조차도 감정을 다스려야 하며, 그렇게 할 수 있을 때만 형벌을 내리고, 그것이 어려울 때는 자신이 정한 것보다 훨씬 가벼운 형벌을 내려야 한다는 점입니다. 다른 이들에게 저지른 불의보다 군주 자신에게 저지른 불의를 더 너그럽게 용서해야 하기 때문입니다. 2

남의 것으로 너그러운 체하는 이가 아니라, 자신의 것을 덜어내어 나누는 이가 위대한 영혼의 소유자입니다. 마찬가지로 제가 말하는 관용이란 남의 고통에 무심한 태도가 아니라, 자기 자신이 고통을 당하면서도 묵묵히 감내하는 태도를 말합니다. 그는 비록 최고의 권력을 가졌더라도, 자신에게 가해진 불의를 참아내는 것을 진정한 위대함이라 여기며, 복수할 힘이 있음에도 이를 실행에 옮기지 않는 것이야말로 군주에게 주어진 가장 큰 영예임을 압니다. 3

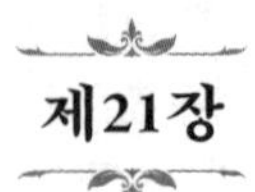

제21장

1   복수를 통해 사람들이 얻고자 하는 것은 주로 두 가지입니다. 불의를 당한 이에게 위안을 주는 것과 이후의 안전을 확보하는 것입니다. 하지만 군주의 지위는 그런 위안이 필요 없을 만큼 높고, 그 힘은 너무나 자명하여 남에게 해를 가해 증명할 필요가 없습니다. 저는 군주가 아랫사람들에게 해를 입거나 모욕을 당하는 경우를 두고 이 말을 합니다. 군주는 예전에 자신과 대등했던 이들이 이제 자기 밑에 있다는 사실만으로도 이미 충분한 복수를 한 것이기 때문입니다. 노예도, 뱀도, 화살도 왕을 죽일 수 있습니다. 그러나 누군가를 살려주는 것은 오직 그보다 높은 자만이 할 수 있습니다.

2   신들이 군주에게 생살여탈권을 주었기에, 군주는 이 권력을 고귀하게 써야 합니다. 특히 전에 대등한 위치에 있다가 군주라는 최고 자리에 오른 경우, 그것만으로도 이미 완벽한 복수이자 진정한 처벌입니다. 타인의 자비로 목숨을 부지한 자는 이미 한 번 죽은 것이나 다름없고, 높은 자리에서 내려와 정적 앞에서 자신의 생명과 지위를 구걸한 자는 이제 자신을 살려준 이의 영광을 증명하며 살아가게 됩니다. 그런 이가 사라지는 것보다는 살아 있는 것이 그를 살려준 이에게 더 큰 명예를 가져다주기 때문입니다. 그를 죽이면 승리의 기쁨은 순식간에 사라지지만, 살려두면 영원히 자비로운 군주의 기념비가 됩니다.

3   왕좌에서 떨어진 이를 다시 복위시켜 그의 왕국을 그대로 다스리게 한다면, 패배한 왕에게서 생명이 아닌 영광만을 취한 승리자에 대한 찬사는 하늘을 찌를 것입니다. 그것은 단순히 자비의 표현이자 승

                                        화에 대하여

리의 기념일 뿐 아니라, 자신의 승리가 패자의 무능 때문이 아니라 자신의 역량 덕분이었음을 증명하는 일이기도 합니다.

자국민이든 낯선 이든 미천한 자든, 그들을 가혹하게 다스리는 것 4 은 의미가 없으니 더욱 관대히 대해야 합니다. 그중 어떤 이들은 기꺼이 목숨을 살려주어야 하고, 어떤 이들에 대해서는 복수하는 것조차 꺼려야 합니다. 마치 손을 더럽히기 싫어 벌레 하나 밟지 않는 것과도 같습니다. 온 나라의 시선이 쏠린 인물이라면, 그의 생사 여부는 군주의 관용을 분명히 드러내는 상징이 됩니다. 그러므로 그런 사람은 더없이 훌륭한 자비의 기회로 삼아야 합니다.

제22장

다른 이들이 당한 불의를 살펴보겠습니다. 이를 처벌할 때 법은 세 1 가지 원칙을 따르며, 군주 역시 이를 지켜야 합니다. 첫째는 범죄자를 교화하는 것이고, 둘째는 그의 처벌을 통해 다른 이들이 더 선량하게 살아가도록 만드는 것이며, 셋째는 악인을 제거하여 나머지 사람들이 더 안전하게 살도록 하는 것입니다. 이때 오히려 가벼운 처벌이 범죄자를 바로잡는 데 더 효과적일 수 있습니다. 지킬 것이 남아 있는 사람은 더욱 조심스럽게 살아가기 때문입니다. 명예를 잃은 자는 누구든 더는 명예를 개의치 않게 되고, 이미 중한 처벌을 받아 두려울 것이 없는 자는 온갖 악행을 저지르게 됩니다.

그러나 한 나라의 도덕은 처벌을 줄일 때 오히려 더 바로 섭니다. 2 범죄자가 늘면 범죄는 습관이 되어버리기 때문입니다. 처벌받는 이들이 많아지면 범죄자라는 오명의 무게가 가벼워지고, 최상의 처방인 중형마저 자주 쓰이면 그 위엄을 잃고 맙니다.

3 　군주가 나라에 건강한 도덕을 세우고 악덕을 근절할 수 있는 가장 현명한 방식은, 악덕을 결코 용납하지 않되, 처벌을 내릴 때는 고뇌하는 태도를 보이며, 정말 어쩔 수 없을 때만 단호하게 처벌하는 듯한 모습을 보이는 것입니다. 통치자의 관용은 백성들이 죄 짓는 것을 부끄럽게 여기게 합니다. 온화한 이가 내리는 처벌은 한층 더 무겁게 받아들여지기 마련입니다.

제23장

1 　게다가 처벌이 잦으면 범죄도 흔해진다는 것을 아실 것입니다. 당신의 부친[48]께서 5년간 통치하시면서 가죽부대 형을 집행한 횟수가 이전 모든 시대의 처형 횟수를 합친 것보다 많습니다. 극악한 범죄가 법의 테두리 밖에 있을 때는 자녀들이 그런 죄를 저지르는 일이 훨씬 드물었습니다. 세상의 이치를 통달한 고결한 현인들은, 극악한 범죄는 애초에 상상조차 할 수 없는 일로 여겼습니다. 그래서 그러한 죄를 굳이 법으로 명시해 모두가 그 존재를 인식하게 만들기보다는, 차라리 아무 일도 없는 듯 침묵하는 편이 더 현명하다고 판단했습니다.

---

48 클라우디우스 황제(재위 41-54년)를 가리킨다. 로마 제국의 제4대 황제인 클라우디우스는 네로 황제의 어머니 아그리피나에게 독살당했으며, 이후 네로가 제5대 황제가 되었다.

 　　　　　　　　　　　　　　　　　　　　　　　화에 대하여

그리하여 친부살해죄는 법으로 규정되면서 시작되었고, 이에 대한 처벌은 자녀들에게 그런 죄를 저지를 수 있다는 생각을 심어주었습니다. 가죽부대 형이 십자가 형보다 더 자주 보이면서, 효심은 바닥에 떨어졌습니다.

처벌받는 이가 드문 나라에서는 죄를 짓지 말아야 한다는 공감대 ² 가 형성되어, 마치 공공의 선처럼 여겨집니다. 백성의 마음속에 '나는 떳떳하게 살아가고 있다'는 인식을 심어주는 것이 중요합니다. 그렇게 되면 그들은 실제로도 죄 없이 살아갈 것입니다. 대다수가 정직하세 살아가고 소수만이 죄를 저지른다는 것을 백성이 알 때, 죄인들에 대한 그들의 분노는 더욱 커질 것입니다. 제 말을 믿으십시오. 한 나라에 악인이 얼마나 많은지 드러내는 것은 위험한 일입니다.

제24장

전에 원로원에서 노예와 자유민을 옷차림으로 구분하자는 안건이 ¹ 올라왔습니다. 하지만 이후 노예들이 자유민의 수를 세기 시작하면 얼마나 큰 위험이 닥칠지가 분명해졌습니다. 어떤 죄도 용서하지 않는다면, 같은 상황이 벌어질 것을 경계해야 합니다. 이 나라에서 악한 자들이 더 많다는 사실이 곧 드러날 것이기 때문입니다. 많은 환자의 죽음이 의사의 치욕인 것처럼, 많은 이를 처형하는 것은 군주의 치욕입니다. 사람들은 더 온화한 군주에게 더욱 기꺼이 복종합니다.

인간의 마음은 본래 고집스러워 남의 뜻을 따르려 하지 않고, 억압 ² 이나 강요에는 본능적으로 반발하게 되어 있습니다. 따라서 억지로 이끄는 것보다는, 스스로 따르게 하는 것이 훨씬 더 효과적입니다. 좋은 혈통의 말도 느슨한 고삐질에 더 잘 따르듯이, 사람들도 관용을 보일 때 스스로 나서서 죄를 멀리하고, 백성은 그것이 자신을 위한 길이라 여깁니다. 그러므로 관용의 길을 택할 때 훨씬 더 많은 것을 이룰 수 있습니다.

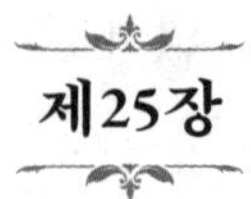

제25장

I   잔인함은 극도로 비인간적이어서 온화한 마음과는 전혀 어울리지 않습니다. 피와 상처를 즐기며 인간성을 버리고 숲속 짐승이 되는 것은 야수의 광기입니다. 알렉산드로스여, 묻겠습니다. 리시마코스[49]를 사자에게 던지는 것과 당신이 직접 물어 죽이는 것이 무슨 차이가 있습니까? 사자의 입은 곧 당신의 입이요, 사자의 야만은 당신의 야만입니다. 오, 어찌하여 당신은 자신의 발톱 대신 사자의 발톱을, 자신의 입 대신 사람을 물어뜯는 사자의 아가리를 탐하십니까! 우리는 친구마저 무자비하게 죽이는 당신의 손으로 누군가를 살려주기를 바라지도 않고, 온 백성에게 피와 재앙을 퍼뜨리는 당신의 잔혹한 마음

---

49 알렉산드로스(재위 기원전 336-323년)는 마케도니아의 왕으로, 그리스와 페르시아, 인도에 이르는 대제국을 세우고 그리스 문화와 동방 문화를 융합한 헬레니즘 문화를 탄생시켰다. 리시마코스(기원전 약 361-281년)는 알렉산드로스의 친위대 지휘관이었다. 그는 자신의 분노를 산 측근 리시마코스를 사자 굴에 넣었으나, 리시마코스는 맨손으로 사자를 제압하고 살아남았다. 이후 알렉산드로스가 죽자 마케도니아 제국이 분열되면서 트라키아와 소아시아 북서부를 다스렸다.

        화에 대하여

이 조금이라도 덜 죽이고 덜 해치기를 바라지도 않습니다. 당신이 친구를 죽일 때 짐승이 아닌 사람을 사형집행인으로 쓴다면, 우리는 그것을 당신의 관용이라 부르겠습니다.

잔인함을 가장 혐오해야 할 이유는 첫째로 그것이 관습의 한계를, 2 둘째로 인간의 한계를 넘어서기 때문입니다. 잔인함은 새로운 형벌을 찾아내고, 재주를 부려 갖가지 방식으로 고통을 주며, 더 오래 괴롭히려 고문 도구를 만들어내고, 남의 고통을 즐깁니다. 마침내 잔인함이 쾌락이 되어 살인을 즐기게 되면, 그의 마음속 끔찍한 병은 광기의 극치에 이르게 됩니다.

그런 자의 뒤에는 혐오와 증오, 독약과 칼이 재빨리 따라붙습니다. 3 그가 많은 이에게 위협이 된 만큼, 그 자신도 수많은 위험에 직면합니다. 암살 음모가 꾸며질 뿐 아니라 때로는 대중의 폭동이 일어납니다. 몇 명을 죽인다고 나라 전체가 들고일어나지는 않습니다. 하지만 광기가 널리 퍼져 모든 이가 표적이 되면, 나라 전체가 봉기합니다.

작은 뱀들이 숨어 다닌다고 해서 모든 사람이 그것을 잡으려 달려 4 들지는 않습니다. 그러나 어떤 뱀이 보통 크기를 넘어 괴물이 되어 샘물을 독으로 물들이고 불을 내뿜어 모든 것을 태워버린다면, 그 뱀은 가는 곳마다 투석기의 공격을 받습니다. 작은 악은 속이고 피할 수 있지만, 큰 악은 반드시 반발을 부릅니다.

한 집에 한 사람이 병들었다고 소동이 일어나지는 않습니다. 하지 5 만 많은 이가 죽어 나가며 전염병임이 드러나면, 온 나라가 큰 혼란에 빠지고 사람들은 모두 도망치며 신들을 향해 손을 들어 살려달라 애원할 것입니다. 한 집에 불이 나면 가족과 이웃이 물을 부어 끌 수 있습니다. 그러나 큰 화재가 일어나 많은 집이 탄다면, 도성의 일부를 태워버린 후에야 잡힐 것입니다.

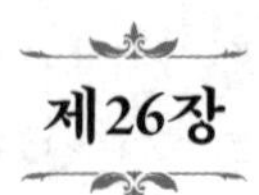

제26장

1   사인(私人)인 주인들이 노예에게 잔혹한 짓을 저지르면, 노예들은 십자가형을 받을 것을 알면서도 직접 손으로 주인에게 복수합니다. 폭군이 잔학한 짓을 저지르면, 그에게 해를 입었거나 입을 위험에 처한 민족과 백성이 그를 제거하려 일어섭니다. 때로는 폭군의 경호대조차 반란을 일으켜, 폭군에게서 배운 배신과 불충, 야만성을 그대로 돌려줍니다. 자신이 악을 가르친 이들에게 무엇을 기대할 수 있겠습니까? 그 악은 곧 드러나고, 배운 것을 넘어 더 큰 범죄를 저지르게 됩니다.

2   한 나라의 군주가 잔혹하게 통치하면서도 아무 탈 없이 권좌를 유지한다면, 그 나라는 과연 어떤 모습이겠습니까? 마치 적군에게 점령당한 도시처럼, 공포에 질려 떠는 백성들만이 존재할 것입니다. 온 나라는 슬픔과 두려움, 혼란에 휩싸일 것이며, 사람들은 심지어 기뻐하는 것조차 두려워하게 될 것입니다. 연회장에서도 마음 놓지 못합니다. 술에 취해 실수로 말을 잘못할까 봐 전전긍긍하기 때문입니다. 공연장에서도 안심할 수 없습니다. 거기서도 순식간에 범죄자로 몰려 목숨을 잃을 수 있기 때문입니다. 엄청난 비용을 들여 최고의 배우들로 성대한 공연을 한들, 감옥 같은 공연장의 구경거리를 즐길 이가 있겠습니까?

3   선한 신들이시여, 사람들을 죽이고 광기에 사로잡혀 쇠사슬 소리와 피 냄새를 즐기는 자, 그가 지나가는 곳마다 백성의 목을 치고 공포를 흩뿌리고 백성은 그 얼굴을 보기만 해도 도망쳐야 하는 존재라면, 그런 군주는 재앙이 아니라 무엇이겠습니까? 그런 삶이 사자와

    화에 대하여

곰, 뱀 같은 맹수에게 통치를 맡긴 세상과 무엇이 다르겠습니까?

이런 짐승들은 이성이 없기에 야만적이고 난폭하다 하지만, 적어 4
도 같은 종족끼리는 그렇지 않고 비슷한 종류끼리는 안전합니다. 반
면 폭군은 인간이라는 이성을 지녔음에도 가까운 이들에게조차 광기
를 절제하지 못하고, 내부든 외부든 구분 없이 마구잡이로 분노를 쏟
아냅니다. 광기가 커질수록 폭력은 더욱 거세져, 처음에는 몇 사람을
죽이던 자가 마침내는 종족 전체를 몰살하기에 이릅니다. 마을에 불
을 지르고 오랜 도시를 무너뜨리는 것을 권력이라 여기며, 한두 명을
죽이라 명하는 것은 황제에게 하찮은 일이라 믿습니다. 수많은 불쌍
한 목숨을 한번에 끊지 못하는 것을 두고, 자신의 잔혹한 권력이 부
당하게 제한받는다고 여깁니다.

군주의 진정한 행복은 많은 이의 삶을 풍요롭게 하고, 죽음 앞에 5
선 이들을 살려내며, 관용을 베풀어 떡갈나무관[50]을 받는 데 있습니
다. 시민의 생명을 구해 얻은 이 관보다 최고 권력자에게 더 어울리
고 고귀한 장식은 없습니다. 패배한 적의 무기나 야만인의 피로 물든
전차, 전쟁의 전리품들조차 이 관만큼 위엄 있게 군주를 빛내지 못합
니다. 수많은 생명을 한 번에 살리는 일은 신의 권능이며, 마구 죽이
는 일은 파괴의 권능일 뿐입니다.

---

[50] 고대 로마에서는 전쟁에서 시민의 생명을 구한 병사에게 떡갈나무 잎으로 만든
관을 수여했다. '코로나 키비쿠스'(corona civicus, 시민관)는 직역하면 "시민관"인데,
여기서는 '코로나'가 생략되었다.

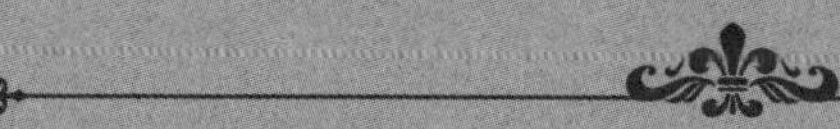

제5편

관용에 대하여 (2)

제1장

네로 황제여, 제가 관용을 주제로 글을 쓰게 된 가장 큰 계기는 당 1
신의 한 마디였습니다. 그 말씀을 들었을 때 제가 얼마나 감동했는
지, 이후에도 여러 사람에게 전했습니다. 그것은 고귀하고 위대한 영
혼의 표현이었으며, 지극히 온화히고 꾸밈없었습니다. 디른 이들에
게 들려주기 위해 급히 내뱉은 말이 아니라, 황제의 자리에서 겪는
내적 갈등 속에서 당신의 선한 본성이 드러난 것이었습니다.

당신과 같은 군주를 모시기 위해 태어난 충직한 신하 부루스[1]는 2
두 강도의 사형을 집행하기 위해 그들의 이름과 처형 사유를 적어달
라고 여러 차례 요청했습니다. 그때마다 당신은 사형 집행 명령서 작
성을 미뤘고, 그는 계속해서 끈질기게 요구했습니다. 마침내 그가 자
신의 직무상 어쩔 수 없이 서류를 작성해 제출했을 때, 서명하기를
꺼린 당신은 이렇게 외쳤습니다.

"내가 차라리 글을 몰랐더라면 얼마나 좋았을까!"

오, 이는 로마 제국 안에서 살든, 그 주변에서 불안한 자유를 누리 3
며 살든, 무력이나 정신으로 제국에 맞서는 모든 민족이 들어야 할

1　부루스(1-62년)는 클라우디우스 황제에게 기원전 51년 친위대장으로 임명된 뒤 네
로 황제 시대에도 그 자리를 지켰다. 그는 오랫동안 네로의 고문 역할을 맡았으
며, 네로 통치 초기에는 세네카와 함께 네로를 보좌하며 국정을 이끄는 위치에 있
었다.

귀한 말씀입니다! 오, 모든 이가 모인 자리에서 선포되어야 하고, 군주와 왕들이 맹세해야 할 말씀입니다! 오, 저 먼 옛날로 돌아가 온 인류가 죄 없이 살던 시대를 여는 데 어울리는 말씀입니다!

4   이제는 마음속의 온갖 악을 낳는 탐욕을 몰아내고, 공정과 선의로 되돌아갈 때입니다. 인류애, 순결, 신의, 절제—이 모든 미덕을 되살리고, 오랫동안 권력을 타락시켜 온 악덕의 시대를 끝내어, 행복과 순수의 시대에 그 자리를 내어주어야 할 때입니다.

제2장

I   황제시여, 저는 앞으로 많은 것이 그렇게 되리라 희망하며 또한 믿고 싶습니다. 당신의 그 너그럽고 온화한 마음이 제국 전체에 서서히 퍼져 나가 모든 이가 당신을 닮아갈 것입니다. 몸이 건강하려면 머리가 맑아야 하듯, 마음에 생기가 넘치느냐 시들어 있느냐에 따라 몸의 모든 부분이 활력 넘치게 씩씩하거나 힘없이 축 처지게 됩니다. 당신의 이 선함에 걸맞은 시민들과 동맹 도시들이 생겨날 것이며, 온 세상에 바른 풍속이 돌아올 것입니다. 어디서든 당신이 나서서 해결해야 할 일들이 사라질 것입니다.

2   이에 대해 좀 더 말씀드리게 허락해주십시오. 하지만 이는 당신의 귀에 듣기 좋은 말로 아부하려는 것이 아닙니다. 아첨은 제 성품과 맞지 않으며, 제가 바라는 바는 즐거운 아부가 아니라 불편하더라도 진실을 말씀드리는 것이기 때문입니다. 그렇다면 제가 무엇을 말씀드리고 싶은 것일까요? 당신이 선한 행동과 말씀에 더욱 깊이 젖어

                                                                    화에 대하여

들어, 지금 당신이 보여주신 그 선한 본성이 모든 판단의 기준이 되기를 간절히 바란다는 것뿐입니다. 저는 세상에 널리 퍼져 사람들이 자주 인용하는 명언들 대부분을 혐오스럽게 여기기 때문입니다. "사람들이 나를 두려워하기만 한다면 증오해도 상관없다"라거나, 이와 비슷한 그리스의 시구로 자신이 죽으면 흙과 불을 섞으라 한 말, 그리고 이런 종류의 다른 말이 그러합니다.

어떤 성품의 사람들은 비인간적이고 추악한 내용을 다룰 때조차 3 거친 감정을 한결 부드러운 말로 표현했습니다. 지금까지 저는 선하고 온화한 이에게서 격한 감정의 말을 들어본 적이 없습니다. 그렇다면 어찌해야 합니까? '차라리 글을 몰랐더라면' 하고 탄식하게 만든 그런 문서에 서명하는 일은, 비록 피할 수는 없다 하더라도, 그것은 반드시 매우 드물게, 진심으로 꺼리며, 오랫동안 망설인 끝에 이뤄져야 합니다. 그러니 지금처럼 여러 차례 미루다가 정말 어쩔 수 없을 때에만 해야 합니다.

제3장

관용이란 말은 듣기에 달콤하지만, 이 말에 현혹되어 실제로는 관 1 용과 정반대되는 길로 빠져들지 않으려면 관용의 본질과 특성 그리고 한계를 면밀히 살펴보아야 합니다. 관용이란 복수할 힘이 있으면서도 그 마음을 절제하는 것이며, 또한 상급자가 하급자를 처벌할 때 너그러운 태도를 보이는 것입니다. 하나의 정의만으로는 관용의 모든 면을 아우르기 어렵고, 이를테면 법정에서 불리한 판결을 받을 수 있기에 여러 정의를 함께 제시하는 편이 더 안전합니다. 그래서 관용이란 처벌을 내릴 때 마음을 너그러운 쪽으로 기울이는 것이라 할 수 있습니다.

2 이런 정의가 진실에 아무리 가깝다 해도 여러 반론에 부딪힐 수밖에 없습니다. 관용을, 정당한 처벌을 가볍게 해주는 것이라 하면, 참된 미덕은 해야 할 일을 줄이는 것이 아니라 끝까지 다하는 데 있다는 반박이 뒤따를 것입니다. 그러나 우리 모두가 아는 관용이란, 어떤 이가 엄한 처벌을 받아도 할 말이 없는 상황에서 그 수위까지 가지 않고 중간에서 멈추어 좀 더 가볍게 다스리는 것입니다.[2]

제4장

1 대부분은 관용의 반대가 엄격함이라 생각하지만, 이는 잘못된 생각입니다. 미덕들은 결코 서로 충돌하지 않기 때문입니다. 그렇다면 관용의 진정한 반대는 무엇일까요? 바로 잔인함입니다. 잔인함이란 포악한 마음으로 벌을 주는 것입니다. "하지만 처벌과 무관하게도 잔인한 자들이 있습니다. 이들은 낯선 이들을 만나 이득을 취하려는 것도 아니고 그저 죽이고 싶어서 죽이며, 죽이는 것만으로는 만족하지

---

2 라틴어 원문을 직역하면 다음과 같다. "하지만 모든 사람은 관용이란 마땅히 정할 수 있는 것 이전에 방향을 트는 것이라고 알고 있다"(Atqui hoc omnes intellegunt clementiam esse, quae se flectit citra id, quod merito constitui posset).

　　　　　　　　　　　　　　　　　　화에 대하여

못해 부시리스[3]나 프로크루스테스,[4] 해적들처럼 포로들을 채찍질한 뒤 산 채로 불태워버리는 광기 어린 자들입니다."

이 또한 분명 잔인한 행위입니다. 하지만 이는 보복을 위한 것도, 죄인에 대한 분노도 아니기에 우리가 정의한 잔인함과는 다릅니다. 우리가 말하는 잔인함이란 오직 절제되지 않은 마음으로 처벌하는 것이기 때문입니다. 그러므로 이런 행위는 잔인함이 아닌, 무자비하고 잔혹한 것을 즐기는 야만성이나 광기라 할 수 있습니다. 광기에도 여러 종류가 있지만, 사람을 죽이고 갈기갈기 찢는 것보다 더 확실한 광기는 없습니다.

따라서 제가 말하는 잔인한 자들이란 처벌할 명분은 있을지라도 그 한계를 모르는 이들을 뜻합니다. 팔라리스[5]가 그러한데, 그는 무고한 자들을 처벌한 것은 아니지만 비인간적이고 정당화될 수 없는

---

3 부시리스와 프로크루스테스는 그리스 신화에서 가장 잔혹한 두 인물이다. 부시리스는 포세이돈의 아들로 이집트의 왕이었다. 그의 통치 기간에 이집트가 큰 가뭄을 겪자, 키프로스의 예언자 프라시오스는 매년 외국인을 제우스에게 제물로 바쳐야 가뭄에서 벗어날 수 있다고 했다. 부시리스는 프라시오스를 첫 제물로 삼고 이후로도 계속 외국인들을 제물로 바쳤다. 후에 헤스페리데스의 황금사과를 찾아 이집트에 온 헤라클레스를 잡아 제물로 바치려다가 오히려 그에게 죽임을 당했다.

4 프로크루스테스는 그리스 신화에서 아테네의 영웅 테세우스 이야기에 등장하는 악한이다. 그는 자신의 집에 온 손님을 침대에 눕히고, 침대보다 크면 다리나 머리를 자르고, 작으면 사지를 늘여서 죽였다. 테세우스는 그를 같은 방식으로 처형했다.

5 팔라리스는 시칠리아의 아그리겐툼(그리스어로는 '아그리기스')에서 기원전 약 570년부터 554년까지 참주로 있었다. 그는 극도의 잔혹함으로 악명을 떨쳤는데, 특히 속이 빈 청동 황소상을 만들어 그 안에 사람을 가두고 불로 달궈 죽인 일이 유명하다. 기원전 554년 텔레마코스가 이끈 민중 봉기 때 자신이 만든 청동 황소 안에서 구워져 죽임당했다.

방식으로 처벌하는 광기를 보였다고 합니다. 잔인함을, 마음이 사납고 난폭한 쪽으로 기울어지는 상태라고 정의한다면, 사람들의 쓸데없는 말다툼을 피할 수 있습니다. 관용은 이러한 잔인함을 물리치고 멀리하라 명하지만, 엄격함과는 조화를 이룹니다.

4   이쯤에서 동정심의 본질을 살펴볼 필요가 있습니다. 많은 이들이 동정심을 미덕으로 여겨 칭송하고, 동정심 많은 사람을 선량하다 부르기 때문입니다. 그러나 동정심 역시 마음의 악덕입니다. 잔인함이 엄격함과 비슷하고 동정심이 관용과 비슷하지만, 우리는 이 둘을 모두 경계해야 합니다. 우리는 엄격함이란 가면 아래 잔인함에 빠지고, 관용이란 가면 아래 동정심에 빠지기 때문입니다. 동정심에 빠지는 것이 잔인함에 빠지는 것보다는 덜 위험하지만, 진실에서 벗어난 오류라는 점에서는 마찬가지입니다.

제5장

1   그러므로 종교가 신들을 공경하고 미신이 신들을 욕되게 하듯이, 모든 선량한 사람은 관용과 온화함을 보이되 동정심은 피해야 합니다. 동정심은 타인의 불행에 이성 없이 휘말려, 스스로를 무너뜨리는 감정적 나약함에 지나지 않습니다. 그래서 동정심은 가장 보잘것없는 자들에게서 쉽게 찾아볼 수 있습니다. 탈옥이라도 감행할 만한 흉악한 죄수들의 눈물에 마음이 흔들리는 것은 노파나 어리석고 나약한 여인들이나 보이는 자세입니다. 동정심은 현상만을 보지만, 관용은 이성적으로 원인을 살핍니다.

        화에 대하여

스토아학파가 세간의 평판이 좋지 않다는 사실을 저도 잘 알고 있 **2** 습니다. 지나치게 엄격하고 군주들에게 좋은 조언을 거의 하지 않는 다는 비판을 받고 있습니다. 사람들은 스토아학파가 현자에게 동정 도 용서도 금한다며 비난합니다. 이런 가르침들만 놓고 보면 확실히 혐오스럽게 보입니다. 인간의 잘못에 어떤 희망도 남기지 않고 모든 잘못을 처벌하도록 이끄는 것처럼 보이기 때문입니다.

만약 이것이 사실이라면, 이런 가르침이 무슨 의미가 있겠습니까? **3** 인간성을 거부하라 하고, 고난 속에서 의지할 수 있는 가장 확실한 피난처인 서로 돕고 사는 삶의 길까지 막아신다면, 그것은 진정한 철 학이 될 수 없습니다. 하지만 실상은 정반대입니다. 스토아학파만큼 인정 많고, 온화하며, 사람을 사랑하고, 공동선에 깊은 관심을 기울 이는 학파는 없습니다. 스토아학파의 목적은 자신뿐 아니라 모든 이 들을 돕고 이롭게 하는 데 있기 때문입니다.

동정심이란 남의 불행한 처지를 보고 마음 아파하거나, 다른 이들 **4** 이 부당하게 불행을 당했다고 여겨 슬퍼하는 것입니다. 하지만 현자 에게는 이런 괴로움과 슬픔이 찾아들지 않습니다. 현자의 마음은 맑 고 고요하여 어떤 것도 그의 마음을 압도하여 어둡게 만들 수 없습니 다. 인간에게 가장 어울리는 것은 크고 넓은 마음입니다. 그러나 그 런 마음은 슬픔에 잠긴 상태와는 함께할 수 없습니다.

슬픔은 마음을 산산조각 내고, 쓰러뜨리며, 위축시킵니다. 현자는 **5** 자신이 재난을 당했을 때조차 이런 슬픔을 느끼지 않습니다. 오히려 그는 운명의 모든 분노를 물리치고 그 앞에서 깨뜨려버릴 것입니다. 그는 언제나 한결같이 평온하고 견고한 모습을 지킬 것입니다. 만약 슬픔이 그의 마음속으로 스며들 수 있다면, 그는 이처럼 평온하고 견 고한 상태를 유지할 수 없을 것입니다.

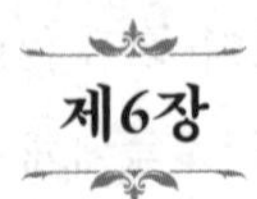

제6장

I   또한 현자는 앞을 내다보며 해결책을 마련합니다. 그런데 혼란스러운 마음에서는 맑은 생각이 나올 수 없으며, 슬픔은 진실을 꿰뚫어 보거나, 유익한 것을 찾아내거나, 위험을 피하거나, 올바른 판단을 내리는 것을 방해합니다. 현자가 동정심을 갖지 않는 것은 바로 이 때문입니다. 동정심으로 인해 마음이 그런 혼란스러운 상태에 빠지기 때문입니다.

2   현자는 동정심을 품지는 않지만, 동정하는 자들이 하는 모든 일을 기쁘고 고귀한 마음으로 행합니다. 그는 다른 이들이 눈물 흘릴 때 도우러 달려가되, 함께 눈물 흘리지는 않습니다. 현자는 난파당한 이에게 손을 내밀고, 유배 온 이에게 거처를 마련해주며, 궁핍한 자들을 도와줍니다. 동정심 있는 척하려는 이들은 대개 도움을 줄 때도 모욕적으로 던져주듯 하고, 돕는 이들을 멸시하며, 그들과의 몸 접촉마저 꺼리지만, 현자는 자신의 것을 공동의 것으로 여기며 인간 대 인간으로서 그들을 돕습니다. 현자는 슬퍼하는 어머니에게 아들을 돌려주고, 쇠사슬을 풀어주라 명하며, 검투사 경기를 폐지하고, 범죄자의 시신이라도 매장하되, 이 모든 것을 평온한 마음과 표정으로 행합니다.

3   그러므로 현자는 동정하지는 않되, 달려가 돕고 이롭게 합니다. 그는 모든 이를 돕고 공동의 이익을 추구하기 위해 태어난 사람으로서, 각자에게 마땅한 몫을 줍니다. 그는 잘못을 저질러 비난받고 바로잡혀야 할 사람들에게조차 일정한 도움을 베풀지만, 불운으로 인해 곤경에 빠졌으나 스스로 애쓰며 견디는 사람들에게는 한층 더 기꺼이

    화에 대하여

손을 내밉니다. 그리고 가능한 한, 운명이 가한 시련에도 함께 맞서기를 주저하지 않습니다. 만일 현자가 운명의 타격을 입은 이들을 일으켜 세우는 데 자신의 재물이나 힘을 아끼고 사용하지 않는다면, 그것을 어디에 더 잘 쓰겠습니까? 현자는 다리를 절거나 수척해진 이, 지팡이에 의지해야 할 만큼 노쇠한 이들 앞에서도 결코 고개를 돌리지 않습니다. 또한 도울 만한 모든 이를 돕고, 어려움에 처한 자들을 신들처럼 보살핍니다.

동정심은 불행과 이웃합니다. 동정심이 불행으로 이루어져 있고 ⁴ 불행에서 비롯되기 때문입니다. 이시디시피, 남이 눈이 침침하다고 해서 눈물이 그렁그렁해진다면, 눈이 약한 것입니다. 다른 이들이 웃을 때마다 따라 웃는 것은 단언컨대 유쾌함이 아닌 병이며, 남들이 하품할 때마다 입을 벌리는 것도 마찬가지입니다. 동정심이란 타인의 불행을 보고 과도하게 두려워하는 마음의 허점입니다. 현자에게 동정심을 요구하는 것은 마치 다른 이의 장례식에서 비통에 빠져 울부짖으라고 요구하는 것과 같습니다.

제7장

"그런데 왜 현자는 용서하지 않는가?" 이제 용서의 본질을 정확히 ¹ 짚어봐야 합니다. 그러면 현자가 왜 용서해서는 안 되는지 알게 될 것입니다. 용서란 마땅히 받아야 할 벌을 면제해주는 것입니다. 현자가 용서하지 말아야 하는 이유에 대해서는 이 문제를 깊이 연구한 이들이 상세히 설명해놓았기에, 저는 다른 이의 견해를 전하듯 간단히 말씀드리겠습니다.[6] 용서는 마땅히 벌받아야 할 자에게 주어집니다. 그러나 현자는 마땅히 하지 말아야 할 일은 결코 하지 않고, 마땅히 해야 할 일은 하나도 놓치지 않습니다. 그러므로 현자는 마땅히 내려야 할 처벌을 면제하지 않습니다.

2   하지만 현자는 자신이 용서를 통해 얻고자 하는 바를 도덕적으로 올바른 방식으로 이루어냅니다. 현자는 배려하고, 보살피며, 바로잡아주기 때문입니다. 현자는 다른 이들이 용서로 하는 일을 다른 방식으로 행합니다. 용서란 본래, 마땅히 내려야 할 처벌을 의도적으로 생략함으로써 자신의 의무를 유예하거나 넘기는 행위입니다. 따라서 현자는 그런 식의 용서는 하지 않습니다. 그러나 어떤 이가 나이가 어려 교화할 여지가 충분하다고 판단되면, 처벌 대신 말로 타이르는 것으로 그칩니다. 또 어떤 이가 범죄를 혐오하여 범죄를 피하고자 애썼음이 분명한데 속았거나 술에 취해 실수한 경우라면, 그를 무죄방면 하라 명합니다. 포로가 된 적들도 신의나 약속을 지키기 위해, 또는 자유를 얻고자 전장에 나온 경우라면 살려 보내고, 때로는 칭찬까지 합니다.

3   이처럼 현자가 행하는 것은 용서가 아닌 관용입니다. 관용은 자신의 재량으로 결정할 자유가 있으며, 법조문에 얽매이지 않고 무엇이 정의롭고 선한지를 따라 판단합니다. 관용은 죄를 사면할 수도 있고, 소송의 쟁점들도 자신의 판단에 따라 그 무게를 달리 평가할 수 있습니다. 관용에 기반한 판단은 언제나 정의롭고, 오히려 가장 정의로운

---

6   디오게네스 라에르티오스(3세기 활동)는 『저명한 철학자들의 생애와 사상』에서 스토아학파 철학자들을 다루며 현자에 관해 집중적으로 논하면서(제7권 117-125), 현자는 "아무도 동정하지도 않고 용서하지도 않는다"(123)라고 기록했다.

    화에 대하여

선택이라 할 수 있습니다. 반면 용서란 처벌해야 할 이를 처벌하지 않는 것이고, 마땅히 받아야 할 벌을 면제하는 것입니다. 관용이 무엇보다 먼저 하는 일은, 사면을 받는 사람이라고 해서 다른 사람들과 다른 대우를 받아서는 안 된다는 원칙을 세우는 것입니다. 그래서 관용은 용서보다 더 완전하고 도덕적으로 더 올바릅니다.

제가 보기에 이 문제를 둘러싼 논란은 단순한 말의 차이일 뿐, 그 4 내용에 대해서는 이미 의견이 모아져 있습니다. 현자는 많은 형벌을 사면하고, 지금은 불건전하나 본성적으로 얼마든지 건전해질 수 있는 많은 이늘을 살려숩니다. 이는 훌륭한 농부들을 본받는 것입니다. 그들은 곧고 크게 자란 나무들만 돌보는 것이 아닙니다. 어떤 이유로 구부러진 나무도 지지대로 받쳐 곧게 자라게 하고, 어떤 나무는 가지를 쳐서 그것 때문에 위로 자라지 못하는 일이 없게 하며, 위치가 나빠 약해진 나무에게는 거름을 주고, 다른 나무들의 그늘에 가려 자라지 못하는 나무에게는 하늘을 열어줍니다.

현자는 각각의 본성에 어떤 방법을 적용해야 올바르게 성장할 수 5 있는지, 굽은 것을 어떻게 해야 바로잡을 수 있는지를 알고 있습니다.[7]

---

7 이후의 원문은 전해지지 않는다.

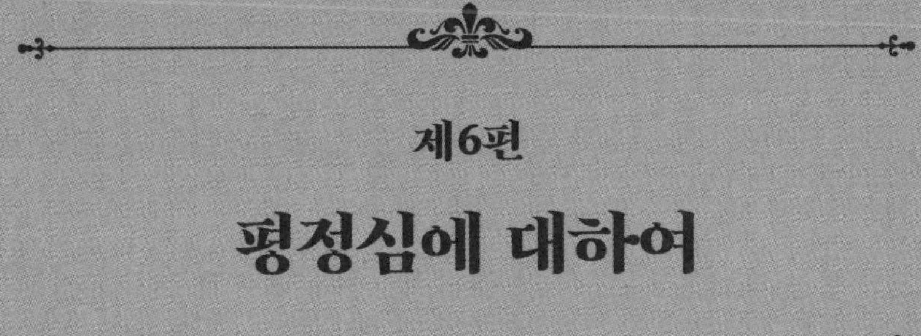

제6편

평정심에 대하여

제1장

세레누스:[1] 세네카여, 나 자신을 자세히 살펴보니 여러 악덕이 있 1
음이 분명해졌습니다. 어떤 것은 손에 잡힐 듯 선명히 드러나 있고,
어떤 것은 깊이 숨어 잘 보이지 않으며, 어떤 것은 지속해서 나타나
는 것이 아니라 간격을 두고 반복됩니다. 이 세 부류 중 마지막의 악
덕들은 여기저기 떠돌며 기회를 엿보아 공격해오는 적과 같아서, 항
상 전투태세를 갖출 수도 없고 평시처럼 무방비 상태로 있을 수도 없
어 가장 다루기 어렵습니다.

내가 의사에게 하듯 당신에게도 솔직히 고백하자면, 대개 나는 내 2
가 두려워하고 미워하는 악덕들로부터 완전히 벗어나지도 못했고 그
것에 완전히 사로잡히지도 않은 상태입니다. 최악의 상태는 아니지
만 한탄이 절로 나오고 짜증 나게 하는 그런 상태여서, 병든 것도 건
강한 것도 아닙니다.

모든 미덕이 처음에는 약하지만 시간이 지나면 강해지고 견고해 3
진다는 말을 내게 할 필요는 없습니다. 사람들에게 보이기 위해 갈고
닦는 미덕들, 즉 위엄이나 대중연설의 명성처럼 타인의 평가로 정해
지는 미덕들이 시간이 지나면 힘을 얻는다는 것은 잘 압니다. 진정한
힘을 만드는 미덕이든 사람들의 눈에 들기 위해 염색하듯 꾸미는 미

---

1 세레누스(약 63년 사망)는 세네카의 친구이며 아마도 먼 친척이었을 것으로 추정된
   다. 그는 기사 계급 출신으로, 네로 치하에서 로마의 소방대장직을 맡았다.

덕이든, 둘 다 오랜 시간에 걸쳐 제대로 된 색이 나오기에 시간이 필요하다는 것도 알고 있습니다. 하지만 무엇이든 습관이 되면 바꾸기 어려워지기에, 오랜 시간이 흐르면서 내 안에 악덕이 더 깊이 자리 잡을까 봐 두렵습니다. 선이든 악이든 오래 친숙하게 지내면 애착이 생기기 때문입니다.

4   바른 것을 향해 과감히 나아가지도, 악한 것을 향해 완전히 물들지도 못하는 이 나약한 심성을 한 번에 다 보여드릴 순 없고, 여러 부분으로 나누어 말씀드릴 수밖에 없습니다. 이제 제게 일어나는 일들을 말씀드릴 테니, 당신은 이 질병의 이름을 찾아주십시오.

5   저는 검소함에 대한 애착이 매우 크다는 것을 고백합니다. 허영심으로 꾸민 화려한 침실이나, 옷장에 보관했다 꺼내 입는 옷들, 화려하게 만들고자 수천 번 주름을 잡아 무거워진 옷들을 좋아하지 않고, 보관이나 착용에 신경 쓸 필요 없는 옷들, 즉 집에서 입는 평범하고 값싼 옷들을 좋아합니다.

6   저는 노예들이 준비하고 시중드는 식사, 며칠 전부터 식단을 짜야 하거나 여러 사람의 손을 거쳐 만드는 식사를 좋아하지 않습니다. 대신 재료를 쉽게 구하고 요리하기도 쉬운 식사, 외국을 비롯한 타지의 값비싼 식재료 대신 어디서나 구할 수 있는 재료로 만든 식사, 재산도 축내지 않고 몸에도 부담 없는 식사, 들어왔던 곳으로 다시 나가지 않는 식사를 좋아합니다.

7   세련되지 않고 순박한 어린 노예의 시중을 좋아하고, 평범한 촌부가 만들어 장인의 이름도 새기지 않은 묵직한 은그릇을 선호합니다. 또한 화려한 무늬로 눈길을 끄는 식탁이나, 귀족들 손을 거치며 나라 안에 이름난 식탁 대신, 손님의 눈길을 오래 끌어 욕심과 질투를 자아내지 않는 실용적인 식탁을 택합니다.

화에 대하여

이런 것을 좋아하고 만족하지만, 제 마음을 현혹하는 것이 있습니 **8**
다. 남의 집 아이를 돌보는 노예의 화려하고 세련된 차림새, 축제 때
보다 더 공들여 입고 황금으로 치장해 눈부신 노예들의 무리, 값비싼
것으로 바닥을 장식하고도 모자라 구석마다 재물을 쏟아부어 지붕까
지 번쩍이는 저택, 재산을 탕진하는 자들의 뒤를 쫓아다니며 그들의
호화로움에 열광하는 군중이 그것입니다. 바닥이 훤히 보이는 물이
연회장을 둘러싸고 흐르는 광경이며, 이런 무대에 어울리는 만찬은
또 말해 무엇하겠습니까?

사치는 오랜 검소함의 틈을 비집고 들어와, 눈부신 환상으로 저를 **9**
유혹합니다. 제 눈빛은 조금 흔들리지만, 저는 그런 사치에 맞서 먼
저 마음을, 다음으로 눈을 돌립니다. 마음이 무너지진 않지만, 물러
서며 씁쓸함을 느낍니다. 고개를 당당히 들고 초라한 집으로 들어서
기가 쉽지 않습니다. 혹시 저 화려함이 진짜 더 좋은 삶은 아닐까 하
는 생각이 슬그머니 들어와 제 마음을 짓누릅니다. 이것 중 어느 것
도 저를 바꾸지는 못하지만, 흔들지 못하는 것은 아닙니다.

저는 스승들의 가르침을 따라 국사를 돌보는 것을 좋아합니다. 자 **10**
주색 관복과 관직과 고관의 상징물에 이끌려서가 아니라, 친구들과
이웃들과 모든 시민, 나아가 온 인류에게 유익을 주고자 일하는 것을
좋아합니다. 비록 미숙하지만 저는 기꺼이 제논, 클레안테스, 크리시
포스[2]를 따릅니다. 그들 중 누구도 관직을 맡지는 않았지만, 모두가
다른 이들에게는 관직을 맡으라고 가르쳤습니다.

---

2 제논(기원전 약 335-263년)은 스토아학파의 시조이고, 클레안테스(기원전 약 331-
232년)는 제논의 제자로 제2대 학장이다. 클레안테스의 제자 크리시포스(기원전 약
279-206년)는 제3대 학장이 되어 스토아철학을 체계화했다.

11   시련에 단련되지 않은 제 마음이 상처를 받거나, 누구나 겪는 부당한 일을 당하거나, 일이 뜻대로 풀리지 않거나, 무의미한 일에 시간을 허비했을 때면, 저는 다시 은둔으로 돌아가려 지친 가축처럼 집으로 발걸음을 재촉합니다.

12   저는 제 집 담장 안에 머무는 것을 좋아합니다. 저 자신에게 이렇게 말합니다. "여기서는 아무도 정당한 대가 없이는 내 하루를 빼앗을 수 없다. 오직 내 일에만 매달려 자신을 갈고닦아라. 나와 무관한 일, 즉 남의 시선을 좇는 일은 멀리하라. 공적인 일과 사적인 일에서 벗어나 평정심을 누려라."

13   하지만 강력한 글과 고귀한 본보기들이 제 마음을 찌르고 일으켜 세우면, 저는 광장으로 뛰어나가 어떤 이에게는 제 목소리로, 어떤 이에게는 어떤 행동으로 도움을 주고 싶어집니다. 비록 제 행동이 아무런 도움이 되지 않더라도, 최소한 돕고자 하는 시도라도 하고 싶어집니다. 또한 법정에서 부당한 승리로 거만해진 자들의 기세를 꺾고 싶은 충동도 일어납니다.

14   맹세컨대 무언가를 탐구할 때는 사실을 직시하고, 그대로 표현하여, 사실에 근거해 말하고, 사실이 이끄는 대로 꾸밈없이 말하는 것이 최선이라 생각합니다. 저 자신에게 말합니다. "후대에 전해질 글을 쓸 필요가 있는가? 네가 그런 글을 쓰려 한다면, 그것은 후손들이 너를 기억하게 하려는 것 아니겠는가! 태어났다면 언젠가는 죽기 마련이다. 조용히 죽는 편이 덜 번거롭지 않겠는가. 그러니 시간을 생각해, 남에게 보이려 하지 말고 자신에게 도움이 되는 글을 간결하게 써라. 하루하루를 살아가려 애쓰는 이들에게는 힘든 일이 별로 없는 법이다."

15   하지만 제 마음속에서 다시 위대한 일을 하고 싶은 생각이 고개를 들면, 더 훌륭한 말과 표현을 써야겠다는 욕심이 생기고, 제 영혼은

                                        화에 대하여

더 높은 곳에서 숨 쉬며 거기서 말하고자 하는 강한 욕망을 품고, 제 말은 다루는 주제를 더 위엄 있고 장엄하게 표현하려 나아갑니다. 그렇게 저는 간결함을 지키겠다는 제 원칙을 잊고, 고상한 척하며 제 것이 아닌 말을 하게 됩니다.

이런 것을 일일이 설명하지 않고 한 마디로 말하자면, 언제나 선한 **16** 뜻으로 시작하지만, 늘 어딘가에서 흔들립니다. 제가 두려워하는 것은 이런 식으로 하다가 제 선한 의지가 서서히 사라지지 않을까 하는 것이고, 더욱 염려되는 것은 벼랑 끝에 매달린 듯 위태롭게 살게 되지는 않을까, 그리고 제 상태가 제가 생각하는 것보다 훨씬 나쁜 것은 아닐까 하는 점입니다. 우리는 자기 자신을 호의적으로 보고, 호의는 늘 판단을 흐리기 때문입니다.

사람들은 흔히 자신이 이미 지혜에 이르렀다고 생각하고, 그렇지 **17** 않음을 보여주는 어떤 증거는 감추고 어떤 것은 눈감아버립니다. 하지만 그러지 않았다면 많은 이들이 이미 지혜에 도달했을 것입니다. 우리가 바른 판단을 하지 못하는 이유를 우리 자신이 아닌 다른 사람들의 아부 탓으로 돌리는 것은 터무니없는 일입니다. 자기 자신에게 거리낌 없이 진실을 말할 수 있는 사람이 과연 있을까요? 칭송과 아부 속에 둘러싸여 살면서, 스스로에게 가장 교묘한 아첨꾼이 되지 않을 사람이 어디 있겠습니까?

만일 당신에게 이 흔들림을 멈추게 할 치료법이 있다면, 저는 당신 **18** 덕분에 평정심을 되찾은 사람이 될 것입니다. 저는 제 영혼의 이런 동요가 위험하지 않고 큰 혼란을 가져오지도 않으리라 압니다. 제가 겪는 혼란은 비유하자면, 배를 뒤흔드는 폭풍이 아닌 잔잔한 바다에서 느끼는 뱃멀미가 저를 흔들고 괴롭히는 것과 같습니다. 그러니 모든 나쁜 것을 제거해주시고, 육지를 눈앞에 두고 힘들어하는 저를 도와주십시오.

제2장

1   **세네카:** 세레누스여, 당신의 영혼 상태가 무엇과 비슷한지 오래 조용히 살펴본 결과, 오랜 중병에서 벗어난 뒤 가끔 미열과 가벼운 증상이 스치거나, 이미 후유증에서 벗어나 건강해졌는데도 그걸 믿지 못하고 불안해하며, 열이 없는데도 의사를 찾아가 열이 있다며 진맥을 청하는 이들의 경우와 가장 비슷하다고 생각하게 되었습니다. 세레누스여, 그들은 병든 것이 아니라, 건강한 상태에 익숙하지 않을 뿐입니다. 이는 마치 폭풍이 잦아들었어도 바다에 잔잔한 물결이 남아 있는 것과 같습니다.

2   그래서 지금 당신에게 필요한 것은 우리가 이미 지나온 저 가혹한 수단들, 즉 당신의 이런 점을 적대시하고 저런 점에 분노하며 이런 점을 심하게 추궁하는 것이 아닙니다. 오히려 당신에게 필요한 것은 마지막 단계의 수단들, 즉 자신을 신뢰하고 바른길을 가고 있다고 믿으며, 바로 옆에서 잘못된 길을 가는 이들을 비롯해 곳곳에서 잘못된 길을 가는 수많은 이들이 여기저기 남긴 발자국에 현혹되어 길을 벗어나지 않는 것입니다.

3   당신이 바라는 것은 위대하고 가장 높으며 신에 가장 가까운 것, 즉 흔들림 없는 상태입니다. 그리스인들은 이런 흔들림 없이 견고한

---

3   '에우튀미아'($\varepsilon v \theta v \mu i a$)는 마음이 즐거운 상태를 뜻한다. 어떤 일에도 흔들리지 않아 불안이나 두려움이 없고 늘 즐거움과 유쾌함이 있는 마음 상태다. 세네카는 이를 '평정심'(tranquillitas, '트란퀼리타스')이라 부른다. 그리스어 명칭은 그런 마음 상태의 결과인 즐거움을 강조했지만, 세네카는 그 결과의 원인이자 토대인 '흔들림 없음'을 강조하는 명칭을 썼다.

                                                                  화에 대하여

마음 상태를 '에우튀미아'[3]라고 부릅니다. 데모크리토스[4]는 이것에 관해 훌륭한 책을 썼는데, 나는 이것을 '평정심'이라 부릅니다. 그리스인들이 쓴 단어의 형태를 그대로 가져올 필요는 없기 때문입니다. 중요한 것은 그들이 이것의 명칭으로 쓴 단어의 형태가 아니라 의미를 반영한 이름을 사용하는 것입니다.

그러므로 우리가 묻는 것은 마음이 언제나 한결같이 순리를 따르고, 자신에게 호의적이며, 자신의 그런 상태를 즐겁게 바라보고, 그런 즐거움을 쉬지 않고 누리면서도, 교만하거나 비굴해지지 않고 늘 차분하고 평화로운 상태를 유지할 수 있을까 하는 것입니다. 우리의 마음이 이렇게 된다면, 그것이 바로 평정심일 것입니다. 우리는 이 평정심에 이르는 모든 방법을 찾아보아야 합니다. 그러면 당신은 그 모든 방법 중에서 원하는 것을 선택할 수 있을 것입니다. **4**

우선 모든 악덕을 끌어내어 가운데 모아놓아야 합니다. 그러면 당신은 그중 자신에게 해당하는 것이 무엇인지 알게 됩니다. 아울러 당신은 화려한 공약과 거창한 직함에 얽매여 고생하면서도 스스로의 선택이 아니라 체면 때문에 자신을 포장한 채 살아가는 이들에 비해, 자신을 혐오할 이유가 훨씬 적다는 사실도 깨닫게 될 것입니다. **5**

어떤 이들은 경솔하고 변덕스러우며 금방 싫증을 느끼고 끊임없이 계획을 바꾸고, 어떤 이들은 포기한 것에 항상 미련을 갖고, 어떤 **6**

---

4 데모크리토스(기원전 약 460-370년)는 트라키아 지방 압데라 출신으로, 고대 그리스 소크라테스 이전 시대를 대표하는 주요 철학자 중 한 사람이다. 원자론적 우주관을 체계화한 인물로, 인간의 영혼과 지성 또한 미세한 원자로 이루어져 있다고 보았다. 또한, 원자로 구성된 혼의 안정되고 명랑하며 만족스러운 상태인 '쾌활함' 또는 '행복'을 인간 삶의 궁극적 목적으로 삼았다. 이러한 가르침 때문에 그는 '웃는 철학자'라는 별칭으로 불렸다. 세네카가 언급한 그의 저작은 『현자의 마음 상태』로 추정된다.

이들은 축 처져 하품만 하지만, 이 모든 이들이 그러는 이유는 같습니다. 또한 불면증에 걸린 것처럼 이리저리 뒤척이다가 지쳐서야 겨우 잠드는 이들도 여기에 더해야 합니다. 그들은 자신의 생활방식을 끊임없이 바꾸다가, 마침내 나이 들어 새로운 시도를 꺼리게 되면 바꾸기 싫어서가 아니라 어쩔 수 없이 일정한 생활방식에 머무르게 됩니다. 그리고 흔들리지 않아서가 아니라 무기력해서 악덕을 쉽게 저지르지 않는 이들, 바라는 삶이 아니라 익숙한 습관대로 살아가는 이들 역시 여기에 더해야 합니다.

7　　이런 부류의 여러 특질을 지닌 이들을 열거하면 끝이 없지만, 그들을 만드는 것은 단 하나의 악덕, 즉 자신에게 만족하지 못하는 것입니다. 이는 절제하지 못하는 마음에서 생기고, 자신의 욕망을 드러내거나 충족하지 못할 때 생깁니다. 즉 자신의 욕구를 실현하거나 이루지 못하고 전적으로 희망에만 매달릴 때 생기는 것입니다. 그런 이들은 언제나 불안정하고 변덕스러운데, 희망에만 매달려 사는 이들의 삶은 불안정하고 변덕스러울 수밖에 없습니다. 그들은 원하는 것을 이루고자 모든 방법을 동원하고, 도덕적으로 옳지 못한 것과 해내기 어려운 것을 스스로에게 가르치고 강요합니다. 하지만 결국 힘들게 애만 쓰고 보상은 얻지 못한 채 헛수고만 했다는 것을 알고 자괴감에 빠져 괴로워합니다. 그들이 괴로워하는 이유는 악하고 잘못된 일을 했기 때문이 아니라 애초에 이룰 수 없는 것을 이루려 했기 때문입니다.

8　　이렇게 해서 그들은 시도했던 것을 후회하는 마음을 품은 채, 새로운 시작을 두려워하고, 출구를 찾지 못한 마음은 서서히 흔들리며 왔다 갔다 합니다. 자신의 욕망을 다스릴 수도 따를 수도 없기 때문입니다. 그래서 자기 뜻을 거의 펼치지 못한 채 망설이는 삶을 살게 되

　　　　　　　　　　　　　　　　　　　　화에 대하여

고, 원하는 것을 하지 못하는 마음은 무기력해집니다.

힘들게 해봐야 아무 성과 없는 것에 염증을 느껴 현실을 피해 은 9
둔 속에 틀어박혀 있으면, 앞서 말한 모든 증상이 더욱 악화됩니다.
원래 사람들 속에서 무언가를 이루고자 하는 본성을 타고났고, 본디
가만히 있지 못하는 우리의 마음은, 홀로 있을 때면 스스로를 달랠
길이 없어 은둔의 삶을 견디기 힘들기 때문입니다. 그래서 분주한 일
상에서 얻던 활력을 잃은 마음은 집안에 갇혀 외롭게 지내는 것을 견
디지 못해, 결국 자신이 버려졌다고 느낄 수밖에 없게 됩니다.

그 결과 자신에게 염증과 혐오와 불만을 느끼고, 한곳에 마음을 누 10
지 못하고 끊임없이 떠돌며, 자신의 은둔 생활이 암울하다 느끼고 괴
로워합니다. 그리고 그렇게 괴로워하는 이유를 말하기가 수치스러워
털어놓지 못하고 속으로 삭이며 고통스러워하고, 좁은 곳에 갇힌 욕
망은 출구 없이 서로를 짓누릅니다. 거기서 우울감과 무기력함을 비
롯한 불안한 마음의 수많은 동요가 생기고, 이런 감정들은 희망이 생
기면 잠시 멈췄다가 희망이 사라지고 절망이 찾아오면 다시 우울해
집니다. 여기서 할 일이 없다며 자신의 은둔을 혐오하는 마음이 생기
고, 성공한 이들을 극도로 시기하고 증오하는 감정이 생깁니다. 그들
의 비참한 무력감은 시기심을 키우고, 자신이 성공할 수 없으므로 차
라리 모두가 무너져버리길 바랍니다.

이로부터 다른 이들의 성공을 혐오하고, 자신의 처지에 절망하며, 11
운명에 분노하고, 시대를 탓하며, 그마저 지긋지긋해져 환멸을 느낄
때까지 골방에서 자신의 고통을 곱씹습니다. 인간의 마음은 본래 활
동하고 움직이려 합니다. 그래서 사람들은 자신의 마음을 자극하고
이끄는 모든 것에 기쁨을 느끼는데, 특히 몸이 부서질 듯 일에 매달
리는 나쁜 버릇을 타고난 이들은 더욱 그렇습니다. 마치 종기를 건드

리면 덧나는데도 자꾸 만지고 싶고, 몸에 난 흉한 옴도 긁으면 상처
가 나는데도 그게 오히려 시원하듯이, 욕망으로 곪은 마음 역시 아프
고 괴로우면서도 그 고통 속에서 되려 즐거움을 찾게 된다는 것, 바
로 이것이 제가 말씀드리고 싶은 점입니다.

12   어떤 것은 우리 몸에 고통을 주면서 즐거움을 줍니다. 이리저리 뒤
척이다 아직 불편하지 않은 쪽으로 눕거나, 자세를 바꾸어 시원함을
느끼는 것이 그렇습니다. 호메로스의 아킬레우스가 그러했습니다.[5]
그는 바로 누웠다가 엎드렸다가 하며 여러 자세로 누웠는데, 이는 한
자세로 오래 있을 수 없는 환자들에게 알맞은 치료법으로 쓰입니다.

13   그래서 사람들은 늘 현재를 미워하는 변덕 때문에 여행을 떠나 방
랑하며 이 해변 저 해변을 떠돌고, 때로는 바다에서, 때로는 육지에
서 새로운 것을 시도합니다. "이제 캄파니아[6]로 가자." 거기서 사치를
즐기다 싫증이 납니다. "야생을 보러 브루티움과 루카니아[7]의 산길로
가보자." 황무지 한가운데서, 끝없이 이어지는 음산하고 황량한 풍경
속에서, 지친 눈, 사치와 무절제에 익숙한 눈을 달래줄 아름답고 즐
거운 무언가가 그리워집니다. "명성 높은 항구가 있고, 겨울이 온화

---

5 아킬레우스는 기원전 8세기경 그리스 최고의 서사시인 호메로스가 쓴 『일리아스』
의 주인공이다. 바다의 여신 테티스와 프티아의 왕 펠레우스의 아들인 아킬레우
스는 트로이아 전쟁에서 그리스군 최고의 영웅으로, 총사령관 아가멤논과의 불화
로 전투에 참여하지 않다가, 부장 파트로클로스의 전사 소식을 듣고 밤잠을 이루
지 못하다가 결국 참전해 이 전쟁을 승리로 이끈다.

6 나폴리를 중심으로 한 캄파니아는 이탈리아반도 남서부에 자리 잡은 지역으로,
중서부의 로마를 중심으로 한 라티움 아래에 있다. 예부터 물산이 풍부하고 음식
과 음악과 건축 등 문화가 발달해, 화려한 저택과 별장이 즐비했던 곳이다.

7 브루티움은 이탈리아반도 남서부, 캄파니아 아래 지역으로 현재의 칼라브리아다.
루카니아는 반도 남동부 지역으로 현재의 바실리카타다.

하며, 예부터 많은 이들이 붐비는 부유한 도시 타렌툼[8]으로 가자." 너무 오래 사람들의 박수와 환호를 듣지 못해 피 흘리는 광경조차 즐거워질 것 같으면 "이제 로마로 향하자"라고 말합니다.

이렇게 그들은 여기저기 여행하며 보는 것을 계속 바꿉니다. 루크레티우스는 말합니다. "사람들은 이런 식으로 자신에게서 도망친다."[9] 하지만 그래봤자 자신에게서 도망칠 수 없는데, 무슨 소용이 있겠습니까? 각자를 따라다니며 짓누르고 압박하는 것은 자기 자신이기에, 자신이야말로 가장 부담스러운 동반자입니다. **14**

따라서 우리가 고통받고 고생하는 것은 장소의 결함이 아닌 우리 자신의 결함 때문임을 알아야 합니다. 우리는 나약해서 어떤 것도 견디지 못하고, 힘든 일이든 쾌락이든 우리 자신이든 어떤 것도 오래 참지 못합니다. 이는 어떤 이들을 죽음으로 몰아넣습니다. 계획을 자주 바꾸지만 있을 만한 새로운 곳을 찾지 못하고, 매번 제자리로 돌아오기를 반복하다 보면, 향락에 지치고 쇠약해져서 인생과 세상 자체에 염증을 느끼기 시작하며 '언제까지 이 똑같은 일을 반복해야 하나' 하는 생각이 슬그머니 올라오기 때문입니다. **15**

---

8 이탈리아반도 남동부의 항구 도시 타렌툼은 기원전 8세기에 스파르타인이 개척한 식민지로, 남부 이탈리아의 그리스 식민지를 일컫는 '마그나 그라이키아'(Magna Graecia)의 주요 도시가 되었다.

9 루크레티우스(기원전 약 94-55년)는 로마의 시인이자 유물론적 철학자다. 그는 고대 원자론에 입각해 자연현상과 사회제도를 합리적으로 설명하고 영혼과 신에 대한 사람들의 편견을 비판했다. 이 인용문은 에피쿠로스 찬양과 원자론적 합리주의를 다룬 그의 주저 『만물의 본성에 대하여』 3. 1068에 나온다.

I   당신은 이 삶에 대한 염증을 어떻게 치유할 수 있을지 내게 묻습니다. 아테노도로스[10]의 말처럼 소송과 국사를 돌보고 시민의 의무를 다하는 일에 매진하는 것이 가장 좋은 방법입니다. 해 아래에서 신체 단련에만 전념하며 하루를 보내는 운동선수들이 자신의 근육과 체력을 키우는 데 대부분의 시간을 쓰는 것이 가장 유용하듯, 시민을 위한 일을 잘 해내고자 마음을 갈고닦는 우리에게는 지금 하는 그 일에 온힘을 다하는 것이 가장 가치 있고 훌륭한 일입니다. 시민과 사람들을 위해 유용한 일을 하기로 결심하고, 자신의 직무에 헌신하여 국가와 개개인을 위해 최선을 다하는 것은 스스로를 단련하는 동시에 다른 이들에게 유익을 끼치는 일입니다.

2   누군가는 이렇게 말합니다. "하지만 야심가들이 판을 치고 거짓 고발자들이 옳은 것을 잘못된 것으로 왜곡하는 이 미친 세상에서는 순박하고 정직한 것을 가만히 두지 않으며, 도움이 되는 일보다 방해를 더 많이 겪게 될 것이기에, 법정과 공적인 삶은 피해야 한다. 그러므로 위대한 영혼은 사적인 삶 속에서 자유롭게 자신을 펼쳐 보여야 한다. 사자와 야수가 우리에 갇히면 공격성이 제약받듯이, 사람의 가장

---

10 스토아 철학자 아테노도로스(기원전 약 74-7년)는 소아시아의 타르소스 출신으로, 옥타비아누스(기원전 63년-기원후 14년, 후일의 아우구스투스)를 따라 로마에 와서 그를 가르쳤다. 황제를 공개적으로 꾸짖고, 화내기 전에 알파벳을 암송하라 가르친 일로 유명하다. 후에 타르소스로 돌아와 보에토스의 정권을 몰아내고 새로운 정치체제를 세웠다. 그의 저작은 키케로의 『의무론』에 영향을 주었고, 세네카에게도 영향을 준 것으로 보인다.

높은 활동은 인간 세상에서 물러나 홀로 은둔할 때 이루어지기 때문이다.

하지만 사람은 은둔했더라도 자신이 은둔한 그곳에서 재능과 목소리와 생각이 개인과 인류 전체에 유용하게 쓰이기를 바라야 한다. 공직 후보를 내세우고, 소송 당사자를 보살피며, 평화와 전쟁을 놓고 투표하는 사람만이 국가에 유용한 일을 하는 것이 아니다. 젊은이들을 권고하고, 훌륭한 스승이 턱없이 부족한 지금 사람들의 마음에 미덕을 심어주며, 돈과 사치를 좇는 이들을 붙잡아 되돌리거나, 그럴 수 없을 때는 그들의 발걸음이라도 늦추게 하는 일 역시 사적인 영역에서 공적인 일을 수행하는 것이다.

법정에서 단순히 판결문을 읽어주는 일과, 사람들에게 정의와 인간의 도리, 인내와 용기의 의미를 가르치는 일 중 어느 것이 더 훌륭하겠는가? 죽음을 초연하게 바라보는 법, 신을 이해하는 방법 그리고 선한 양심이야말로 가장 큰 축복이라는 진리를 전하는 일이야말로 진정으로 가치 있는 일이 아니겠는가?

그러므로 공적인 의무에서 빼낸 시간을 학문 탐구에 바친다 해도, 그것은 의무를 저버리거나 기피하는 것이 아니다. 최전선에 서거나 진의 좌우익을 방어하는 자들만이 군인으로 복무하는 것이 아니듯, 성문을 지키고 주둔지에서 비교적 안전하지만 결코 한가하지 않은 보초 임무를 서거나, 무기고를 지키는 일도 피를 흘리지는 않으나 엄연한 군인의 소임이다. 그런 임무를 맡은 이들도 모두 군인의 역할을 다하는 것이다.

당신이 학문 탐구를 다시 한다면 삶의 모든 염증에서 벗어나게 될 것이며, 낮이 싫어 밤이 오기를 바라지도 않을 것이고, 당신 자신에게 부담스럽거나 다른 이들에게 쓸모없는 존재가 되지도 않을 것이다. 많은 사람이 당신에게 이끌려 친구가 될 것이며, 탁월한 이들이 당신 곁에 자연스레 모여들 것이다. 미덕은 아무리 숨겨도 결코 숨겨지지 않고 신호를 내보내어, 미덕을 아는 사람이라면 누구든 그 흔적을 따라 미덕 앞으로 모여들기 때문이다.

7 사람들과의 교류를 모두 끊고 인간을 물리친 채 오직 우리 자신에게만 침잠하여 산다면, 해야 할 일도 열심히 추구할 다른 일도 전혀 없어 오직 홀로 학문 탐구에만 전념할 수 있을 것이다. 하지만 우리는 건물을 짓고 허물며, 바다를 막고 지형의 어려움을 극복하여 물을 끌어오는 일들에 몰두하느라, 자연이 우리에게 주었던 소중한 시간을 허비하고 있다.

8 어떤 이들은 주어진 시간을 아껴 쓰고, 어떤 이들은 마구 써서 허비한다. 우리 중에는 시간을 써서 이득을 남기는 사람도 있지만, 어떤 이들은 시간을 쓰고도 전혀 이득을 남기지 못하는데, 이보다 더 추하고 부끄러운 일은 없다. 그래서 우리는, 한평생을 살았다는 노인이 단지 나이 들었다는 사실 말고는 그 긴 세월을 살아왔다는 어떤 증거도 남기지 못한 모습을 종종 보게 된다."

제4장

1 사랑하는 세레누스여, 내가 보기에 아테노도로스는 시대에 너무 쉽게 굴복하여 도망쳤습니다. 물론 때로는 물러나야 할 때가 있다는 점을 나도 인정합니다. 하지만 그때도 군인다운 위엄과 군기를 지키며 천천히 물러나는 것이 중요합니다. 무기를 든 채 협상하는 쪽이

                                              화에 대하여

적에게서 더 나은 대우와 안전을 보장받습니다.

나는 미덕과 미덕을 추구하는 사람도 그렇게 해야 한다고 봅니다. 2
설령 운명에 막혀 실천의 기회를 잃더라도, 무기를 내던지고 도망치
거나 운명의 손길이 닿지 않는 은신처를 찾아 허둥지둥 달아나서는
안 됩니다. 오히려 자신에게 주어진 범위 안에서라도 공적 의무를 다
하고, 나라에 도움 되는 일을 자신의 능력껏 찾아 기꺼이 해나가야
합니다.

군인이 될 수 없다면 공직을 찾으십시오. 사인으로 살아야 한다면 3
대중연설가가 되고, 연설이 금지되었다면 조용히 시민을 돕는 변호
사가 되십시오. 법정에 서는 것조차 위험하다면, 집과 경기장과 식사
자리에서라도 선량한 동료, 신뢰할 만한 친구, 절도 있는 식객으로
살아가십시오. 시민의 의무를 다할 수 없게 되었다면, 인간으로서의
의무라도 다하십시오.

우리의 위대한 영혼을 한 도시의 성벽 안에 가두지 마십시오. 온 4
세계와 교류하며 세계를 우리의 조국이라 여긴다면, 우리의 미덕이
활동할 더 넓은 무대가 마련될 것입니다. 법정이나 연단, 민회에서의
활동이 막혔다 해도, 뒤를 돌아보십시오. 얼마나 광활한 지역과 많은
사람이 있는지를. 지금까지의 활동 영역이 막혔더라도, 여전히 다른
큰 영역이 남아 있습니다.

이 모든 것을 당신의 잘못이라 여기지 마십시오. 당신은 국가에 봉 5
사하기 위해 굳이 최고위직인 콘술이나 프뤼타니스, 케뤽스나 소페
스[11]가 되려 고집하지 않습니다. 또한 군대에서도 사령관이나 군호민
관같은 고위직이 아니면 복무하지 않겠다고 고집하지도 않습니다.
다른 이들이 최전선에 섰을 때 당신이 제3선에 배치되었다면, 그곳
에서 당신의 목소리로 선두 군인들의 사기를 북돋우고 모범을 보이

며 군인의 본분을 다하십시오. 두 손이 잘린 군인도 그 자리에서 함
성으로 동료들을 격려하며 자신만의 방식으로 전투에 기여할 수 있
었습니다.

6   당신도 그래야 합니다. 운명이 국가의 최전선에서 당신을 몰아냈
다면, 그 자리에서라도 목소리로 힘을 보태십시오. 누군가 당신의 입
을 막는다면 침묵으로라도 기여하십시오. 선한 시민의 행동은 결코
헛되지 않습니다. 그가 보고 듣는 모든 것, 그의 표정과 몸짓 하나하
나, 그의 굳은 의지와 의미 있는 침묵, 심지어 그가 걸어가는 모습조
차도 사람들에게 유익합니다.

7   건강에 좋은 것이 맛보거나 만지지 않아도 그 향만으로 유익하듯,
미덕은 감춰져 있어도 그 자체로 향기롭고 유익합니다. 미덕은 자유롭
게 활동하든, 어쩔 수 없이 물러나 조용히 살아가든, 공적 일에서 벗어
나 조용히 칩거하든, 폭넓게 활동하든, 어떤 상황에서도 유익을 끼칩니
다. 당신은 말없이 선한 모범을 보이는 것이 무익하다고 생각합니까?

8   그러므로 운명이나 국가 사정으로 실천적 삶이 어려울 때는 은둔
과 일을 함께하는 것이 최선입니다. 세상살이가 아무리 막막해도 옳
은 일을 실천할 기회는 언제나 어딘가에 있기 마련입니다.

---

11 '콘술'(Consul)은 고대 로마 공화정에서는 1년 임기의 선출직 국가 수반이었고, 제
   정 시대에는 황제가 임명한 행정 수반이었다. 고대 아테네에서는 500인의 시민위
   원회(βουλή, '불레')가 국정을 맡았는데, 이중 집행부를 구성하는 50인 위원을 '프뤼
   타니스'(πρύτανις)라 불렀다. '케뤽스'(Κῆρυξ)는 오늘날의 국가 수반 비서실장과 같은
   직책으로, 평시와 전시의 국가 간 책임 있는 사자이자 중요 회의, 민회, 법정의 소
   집과 참석자 호출을 맡았다. '소페스'(라틴어 Sufes, '수페스')는 카르타고 국가 수반을
   일컫는 페니키아어다.

제5장

당신은 30인 참주[12]가 갈기갈기 찢어놓은 시기의 아테네보다 더 [1]
참혹한 도시를 찾을 수 있겠습니까? 그들은 가장 훌륭한 시민
1,300명을 도륙했을 뿐 아니라, 그 잔인함은 더욱 심해졌습니다. 신
성한 법정인 아레오파고스[13]가 있고, 원로원과 그에 준하는 민회가
있던 국가였지만 음산한 도살자들이 날마다 모여들었고, 비참한 원
로원 의사당은 참주들로 발 디딜 틈 없이 가득 찼습니다. 참주들의
수가 그들이 거느린 부하들만큼이나 많았던 국가가 어찌 평온할 수
있었겠습니까? 사람들은 자유를 되찾을 희망조차 품을 수 없었고,
악당들의 막강한 힘을 꺾을 방법도 보이지 않았습니다. 그런 비참한
국가에 하르모디오스[14] 같은 인물을 찾기 쉬웠겠습니까?

하지만 소크라테스는 그 한복판에서 비탄에 빠진 아버지들을 위 [2]
로하고, 국가에 절망한 이들을 격려했으며, 위험한 탐욕을 뒤늦게 후

---

12 펠로폰네소스 전쟁에서 승리한 스파르타는 기원전 404년 아테네의 민주정을 폐
지하고 과두정인 30인 참주 체제를 세웠다. 과격파 크리티아스는 온건파 테레메
네스를 제거하고 정권을 장악한 뒤 민주파 시민 1,500여 명을 살해했다. 그러나
트라시불로스가 이끈 민주파가 기원전 403년 크리티아스군을 물리치고 민주정을
되살렸다.

13 '아레오파고스'(라틴어 Areus pagus, 그리스어 Ἄρειος Πάγος, '아레이오스 파고스')는 군신
아레스의 언덕이란 뜻으로, 고대 아테네 귀족정 시기에는 귀족들의 평의회가, 이
후에는 중대 사건을 다루는 법정이 열렸다.

14 하르모디오스는 고대 아테네 참주 히피아스의 동생 히파르코스를 암살해 참주정
을 무너뜨리고 민주정 수립의 결정적 계기를 만든 인물이다. 그는 기원전 514년
에 죽었으나, 이를 계기로 기원전 510년 스파르타 왕 클레오메네스 1세가 참주 히
피아스를 추방했고, 이로써 클레이스테네스의 민주정 개혁이 시작되었다.

회하며 재산을 빼앗길까 봐 두려워하는 부자들을 꾸짖었습니다. 그는 30인의 주인들 사이를 자유롭게 오가며, 그를 본받으려는 이들의 훌륭한 본보기가 되었습니다.

3   그러나 소크라테스를 감옥에 가두고 죽인 것은 바로 아테네였습니다. 참주 시대에는 그들을 정면으로 비판하고 모욕해도 살아남았던 그가, 민주정이 회복된 아테네에서는 자유로운 발언 때문에 죽음을 맞이했습니다. 당신은 알아야 합니다. 국가가 어렵고 힘들 때는 현자가 빛을 발하지만, 국가가 번영하고 안정될 때는 도리어 증오와 시기심이 치솟아 온갖 비열한 악덕이 판을 친다는 것입니다.

4   그러므로 국가가 허락하고 운명이 주는 대로 우리의 활동 영역이 늘어나거나 줄어들더라도, 우리는 계속 활동할 것이며 두려움에 묶여 무기력하게 있지는 않을 것입니다. 사방에서 위험이 닥치고 주위에서 무기와 쇠사슬이 울려도, 미덕을 저버리거나 숨기지 않는 사람이야말로 진정한 대장부입니다. 자신을 감추는 것은 결코 자신을 구하는 길이 아니기 때문입니다.

5   내 기억이 맞다면, 쿠리우스 덴타투스[15]는 이렇게 말했습니다. 죽기도 전에 산 자들의 무리에서 배제되는 것이야말로 최악이니, 그렇게 살기보다는 차라리 죽음을 택하겠다고 말입니다. 하지만 당신이 국정을 돌보기 어려울 때는 은둔하여 학문에 정진해야 하며, 항해 중 위험이 닥치면 즉시 항구를 찾듯이, 강제로 물러날 때까지 기다리지 말고 스스로 멍에를 내려놓아야 합니다.

---

15 쿠리우스 덴타투스(기원전 270년 사망)는 고대 로마의 장군이자 정치가로, 삼니움 전쟁(기원전 298-290년)과 피로스 전쟁(기원전 280-275년)을 끝냈다. 로마의 두 번째 상수도 건설에 전리품을 사용했으며 청백리로 유명했다.

　　　　　　　　　　　　　　　　　　　　　　　　화에 대하여

제6장

우리는 먼저 자신을, 다음으로 우리가 하는 일들을, 그리고 마지막 1
으로 그 일들의 수혜자나 함께 일하는 사람들을 면밀히 살펴보아야
합니다.

가장 중요한 것은 자기 자신을 바르게 평가하는 일입니다. 우리는 2
흔히 자신의 능력 이상을 할 수 있다고 생각하기 때문입니다. 어떤
이는 말솜씨를 과신하다 실패하고, 어떤 이는 자신의 재산으로 감당
할 수 없는 일을 벌이며, 또 어떤 이는 허약한 몸으로 감당하기 어려
운 일을 억지로 해내려 합니다. 소심한 사람은 강단이 필요한 국사에
맞지 않고, 완고하고 오만한 사람은 궁정에 어울리지 않습니다. 분노
를 다스리지 못해 화나는 일이 생기면 경솔한 말을 내뱉는 사람이 있
는가 하면, 재치 있는 말을 자제하지 못해 위험한 농담을 하는 사람
도 있습니다. 이런 사람들에게는 사회 활동보다 은둔이 더 낫습니다.
과격하고 참을성 없는 성격의 소유자는 자극에 쉽게 휘둘려 자신을
위험에 빠뜨리기 쉽기 때문입니다.

다음으로는 우리가 하고자 하는 일이 우리 힘으로 할 수 있는 것 3
인지를 평가해야 합니다. 일하는 사람의 힘이 그 일보다 항상 더 커
야 하기 때문입니다. 짊어진 이의 힘보다 짐이 더 무거우면, 결국 그
짐에 짓눌리고 말 것입니다.

또한 어떤 일들은 성과는 미미한데 새로운 일만 자꾸 파생시켜 손 4
이 많이 갑니다. 이처럼 다른 일을 계속 만들어내는 일은 피해야 하
고, 스스로 멈출 수 없는 일은 애초에 시작하지 않는 것이 현명합니
다. 끝낼 수 있거나 적어도 끝낼 희망이 있는 일만 시작하고, 하면 할

수록 커지거나 원하는 때에 마무리할 수 없는 일은 시작하지 말아야
합니다.

제7장

I　　다음으로 우리와 함께할 사람들을 선택할 때는, 우리의 시간과 노
력을 들일 만한 가치가 있는 사람인지, 또 우리의 헌신이 그들에게
진정한 도움이 되는지를 잘 살펴봐야 합니다. 어떤 이들은 우리의 헌
신을 당연한 것으로 여기기 때문입니다.

2　　아테노도로스는 자신의 호의를 제대로 알아주지 않을 이의 식사
초대는 거절했습니다. 특히 오랫동안 받은 친구들의 은혜를 겨우 한
번의 식사 초대로 갚았다고 여길 만한 이들의 초대는 더욱 사양했을
것입니다. 그런 자들은 자신의 식사 초대를 엄청난 선물인 양 여기
고, 마치 남들에게 특별한 은혜라도 베푸는 듯 착각합니다. 하지만
증인과 구경꾼들을 없애보십시오. 혼자 하는 식사는 그들에게 아무
즐거움도 주지 못할 것입니다.

당신은 자신의 본성이 일하는 것에 맞는지, 아니면 한가로이 학문
을 탐구하며 사색하는 것에 맞는지를 살펴, 타고난 재능이 이끄는 쪽
으로 가야 합니다. 이소크라테스가 에포로스를 법정에서 끌어낸 것
도,[16] 그가 역사서를 쓰는 데 더 적합한 인물이라 여겼기 때문입니다.

---

16 이소크라테스(기원전 436-338년)는 고대 그리스의 대중연설가이자 수사학자로, 아
　테네에 수사학 학교를 세워 정치가와 대중연설가들을 길러냈고, 자신의 연설문으

　　　　　　　　　　　　　　　　　　　　화에 대하여

본성에 맞지 않는 일을 강요하면 재능도 빛을 발할 수 없습니다. 본
성이 거부하는 일은 아무리 애써도 좋은 결실을 맺을 수 없기 때문입
니다.

참되고 유쾌한 우정만큼 마음을 기쁘게 하는 것은 없습니다. 모든 3
비밀을 마음 놓고 나눌 수 있는 이들이 곁에 있다는 것이 얼마나 큰
축복입니까! 친구들과 비밀을 나누면 두려움은 줄어들고, 대화는 외
로움을 덜어주며, 그들의 조언은 계획의 돌파구가 됩니다. 그들의 밝
은 모습은 근심을 덜어주고, 그들을 보는 것만으로도 마음이 즐거워
집니다. 우리는 가능한 한 욕망에서 자유로운 이들을 친구로 택해야
합니다. 악덕은 서서히 스며들어 가까운 이들에게 전염되기 때문입
니다.

전염병이 돌 때는 숨만 쉬어도 전염될 수 있어서 열병 환자 곁에 4
가지 않듯이, 친구를 사귈 때도 사람들의 성품을 잘 살펴 가장 순수
한 이들을 골라야 합니다. 병든 자와 건강한 자가 섞이면 병이 퍼지
기 시작합니다. 내가 현자만을 따르라고 말하는 것은 아닙니다. 대대
로 찾아도 찾기 힘든 그런 이를 어디서 구하겠습니까? 최고로 훌륭
한 사람이 아니라, 악에 가장 덜 물든 사람을 찾으면 됩니다.

만약 당신이 플라톤이나 크세노폰[17]처럼 소크라테스의 가르침을 5

로 정치에 큰 영향을 미쳤다. 에포로스(기원전 약 400-330년)는 이소크라테스의 제
자로, 대중연설에서 두각을 보이지 못하자 스승의 조언으로 저술과 역사 연구에
전념했다. 법정은 대중연설가의 주된 활동 무대였다.

17 크세노폰(기원전 약 430-355년)은 고대 그리스의 용병대장이자 작가다. 청년 시설
소크라테스와 교류했으며, 소크라테스의 대화를 기록한 『회상』과 『향연』을 저술했
다. 1만 명의 그리스 용병을 이끌고 소아시아에서 겪은 경험을 『아나바시스』에 남
겼고, 페르시아 제국의 창건자 키루스의 전기 『키루스의 교육』으로 명성을 얻
었다.

받은 이들의 후예 중에서, 또는 카토[18]와 같이 많은 훌륭한 인물이 살아간 시대에서 선한 사람을 찾을 수 있다면, 그보다 더 좋은 선택의 기회는 없을 것입니다. 물론 그 시대에도 이전보다 더 극악한 범죄를 저지른 자들이 많았지만, 선한 자와 악한 자가 공존했기에 카토의 진가가 드러날 수 있었습니다. 그에게는 자신을 인정할 선한 이들도, 자신의 힘을 시험할 악인들도 필요했기 때문입니다. 하지만 선한 사람이 너무나 드문 오늘날에는 사람을 고를 때 너무 까다로워서는 안 됩니다.

6   특히 비관주의자들과 아무 이유 없이 트집 잡아 불평하기를 즐기는 자들은 피해야 합니다. 그들에 대한 신뢰와 호의가 있을 수 있겠으나, 사사건건 불평하는 사람은 우리의 마음을 흐트러뜨리고 평정을 해칩니다.

제8장

1   이제 재산 문제를 살펴봅시다. 재물은 인간에게 가장 큰 괴로움과 고통을 주는 것입니다. 죽음, 질병, 공포, 욕구, 온갖 고난을 견디는 것과 비교해도, 돈 때문에 겪는 해악이 더 큽니다.

---

18 소 카토라 불리는 마르쿠스 포르키우스 카토(기원전 95-46년)를 말한다. 로마 공화정 말기의 영향력 있는 원로원 의원으로, 로마의 전통과 공화정을 수호한 대중연설가이자 스토아학파 추종자였다. 기원전 63년 재무관으로서 청렴한 재정 운영으로 칭송을 받았다.

                                    화에 대하여

따라서 우리는 돈이 없는 상태의 고통이 돈을 잃는 고통보다 가볍 2
다는 것을 생각할 필요가 있습니다. 가난한 사람은 잃을 것이 적기에
겪게 될 고통 역시 적다는 진실을 이해해야 합니다. 부자가 재산의
손실을 더 잘 견딜 수 있으리라 생각한다면 심각한 오해입니다. 사람
의 체격이 크든 작든 상처가 주는 고통은 동일한 법입니다.

비온[19]이 말했듯 머리숱이 많든 적든 머리카락이 뽑힐 때의 고통 3
은 같습니다. 가난한 자나 부유한 자나 고통은 마찬가지입니다. 누구
나 자신이 가진 돈을 꽉 붙들고 있기에, 그것을 빼앗기면 아플 수밖
에 없기 때문입니다. 하지만 앞서 말했듯 돈을 잃는 것보다 돈이 없
는 것이 견디기 쉽습니다. 그래서 운명의 보살핌을 한 번도 받지 못
한 사람이 운명에 버림받은 사람보다 더 행복할 수 있습니다.

위대한 영혼을 지닌 디오게네스[20]는 이를 알았기에 빼앗길 것 없 4
는 삶을 살았습니다. 이런 삶을 가난이나 결핍, 빈곤이라 부르든, 아
니면 당신이 원하는 대로 수치스러운 이름을 붙이든 상관없습니다.
잃을 것이 전혀 없는 또 다른 사람을 찾지 못한다면, 나는 이 사람을
행복한 사람이라 할 것입니다. 탐욕스러운 자들, 사기꾼들, 강도들,
유괴범들 사이에서도 해를 입지 않는 유일한 사람이라면, 그는 왕과

---

19 비온(기원전 약 325-250년)은 흑해 연안 보리스테네스 출신으로, 노예 생활 후 해방
되어 아테네에서 여러 학파의 철학을 공부했다. 견유학파의 논쟁법으로 유명했으
며 사회의 어리석음을 풍자하고 종교를 비판했다.

20 디오게네스(기원전 약 412-323년)는 흑해 연안 시노페 출신의 견유학파 창시자 중
한 사람이다. 해적에게 붙잡혀 코린토스의 노예가 된 후, 그곳에서 크라테스(기원
전 약 365-285년)에게 견유학파 철학을 가르쳤다. 크라테스의 제자 제논(기원전 약
334-262년)은 후에 스토아학파를 세웠다. 디오게네스는 인간의 삶이 인위적이고 가식
적이라 보고, 개처럼 단순하게 사는 것이 더 낫다고 여겼다. 사회의 인위적 관습이 인
간의 행복을 해친다고 믿어 자연의 단순함으로 돌아갈 것을 주장했다.

다름없지 않습니까?

5   디오게네스가 행복하다는 것을 의심하는 자들은 불사의 신들이 행복하다는 것도 의심할 것입니다. 신들에게는 전답도, 과수원도, 외국인 소작인이 경작하는 비싼 농장도, 시장에서 얻는 수입도 없는데 어찌 행복할 수 있겠느냐고 생각할 테니까요. 당신은 부에만 정신이 팔려 있는 자신이 부끄럽지 않습니까? 자, 우주를 보십시오. 신들은 모든 것을 다 주어서 가진 것이 없다는 것을 알게 될 것입니다. 운명이 주는 모든 것에서 벗어난 사람을 당신은 가난한 사람이라 하겠습니까, 아니면 신들을 닮은 사람이라 하겠습니까?

6   폼페이우스 가문의 해방 노예였으면서도 자신이 폼페이우스[21]보다 부유한 것을 부끄러워하지 않은 데메트리우스를 당신은 더 행복하다고 할 것입니까? 그는 예전에는 두 명의 노예와 조금 넓은 방 하나면 충분하다 여겼지만, 이제는 장군처럼 매일 노예들의 수를 보고받는 사람이 되었습니다.

7   반면 디오게네스는 유일한 노예가 도망쳤다는 말을 듣고도 그를 다시 잡을 필요가 없다며 이렇게 말했습니다. "마네스가 디오게네스 없이 살 수 있는데, 디오게네스가 마네스 없이 살 수 없다면 그것이야말로 부끄러운 일이다." 그의 말은 이런 뜻이었을 것입니다. "운명아, 네 할 일을 하라. 디오게네스에게는 이제 네게 속한 것이 없다. 내 노예가 도망친 덕분에, 오히려 나는 네 지배로부터 자유로워졌다."

8   노예들은 끊임없이 옷과 음식을 요구합니다. 그들의 끝없는 식욕을 채워주고, 옷을 사주며, 도둑질하는 손길을 감시하고, 울며불며

---

21 폼페이우스는 칼리굴라 황제 시대의 거부였으며, 그와 데메트리우스에 대해서는 더 이상 알려진 바가 없다.

억지로 하는 그들의 일을 독려해야 합니다. 그러니 자기 자신만 돌보면 되는 사람이 얼마나 행복하겠습니까! 자신의 욕구는 가장 쉽게 거절할 수 있기 때문입니다.

하지만 우리는 혼자 모든 일을 할 만큼 강하지 않으므로, 재산을 줄여 운명의 해악에 노출되는 것을 막아야 합니다. 전쟁에서도 큰 몸집 때문에 갑옷으로 다 가릴 수 없어 여기저기 부상 위험에 노출되는 것보다, 몸에 딱 맞는 갑옷을 입는 것이 더 낫습니다. 돈 문제에서도 빈곤에 빠지지 않으면서 가난에서 너무 멀지도 않은 상태가 가장 좋습니다. 9

제9장

검소하고 절약하는 삶에 만족할 때 비로소 우리는 가난을 두려워하지 않게 됩니다. 아무리 많은 재산도 검소함이 없다면 부족하지만, 검소한 삶이라면 적은 재산으로도 충분합니다. 절약하며 살면 가난도 부유함으로 바뀔 수 있어서, 적은 재산을 보완할 방법이 언제나 우리 곁에 있기 때문입니다. 1

허영을 버리고 물건을 살 때나 일을 할 때 겉치레가 아닌 실용성을 생각하는 습관을 들여야 합니다. 음식은 허기를, 음료는 갈증을 달랠 정도로만 취하고, 욕구는 필요한 만큼만 채워야 합니다. 생존을 위해 우리 몸에 의지하는 법을 배우고, 새로운 유행이 아닌 선조들의 생활방식을 따라야 합니다. 절제력을 기르고 방탕함을 억제하며, 명예욕을 제어하고 분노를 다스려야 합니다. 가난을 편견 없이 바라보고, 남들이 창피해할 만큼 검소하게 살며, 값싼 방법으로 자연스러운 2

욕구를 해결하고, 장래에 대한 지나친 희망을 단속하는 법을 배워 운이 아닌 자신에게서 부를 찾아야 합니다.

3   운은 변덕스럽고 예측할 수 없어서 막아낼 수 없고, 큰 돛을 펴도 모든 폭풍을 피할 수는 없습니다. 운명의 화살을 피하려면 몸을 낮추고 작게 움츠리는 법을 배워야 합니다. 때로는 추방이나 재난이 오히려 큰 손해를 막는 전화위복이 되기도 합니다. 온건한 방법으로는 고칠 수 없는 마음도 가난과 불명예, 파산을 겪으며 자신을 돌아보게 됩니다. 때로는 작은 고통이 더 큰 재앙을 막는 방패가 됩니다. 그러므로 많은 사람과 어울려 식사하지 않고 혼자 먹으며, 더 적은 수의 노예를 두고, 꼭 필요한 옷만 갖추고, 더 작은 집에 사는 법을 배워야 합니다. 경기장에서처럼 인생에서도 안전한 안쪽 길을 택해야 합니다.

4   학문에 돈을 쓰는 것은 가장 자유민다운 일이지만, 그것도 때에 맞아야 합니다. 평생 제목도 다 읽지 못할 수많은 책을 모아서 무엇하겠습니까? 너무 많은 책은 배움에 도움이 아니라 짐이 됩니다. 많은 저자를 헤매기보다 소수의 저자에 집중하는 편이 훨씬 낫습니다.

5   알렉산드리아[22]에서 4만 권의 책이 불탔을 때, 어떤 이는 이를 왕들의 부를 보여주는 가장 아름답고 고귀한 기념비라 칭송했습니다. 티투스 리비우스[23]도 이를 왕들의 고상한 안목과 배려가 만든 탁월한 업적이라 했습니다. 하지만 이는 고상한 안목도, 배려도 아닌 사

---

22 알렉산드리아는 지중해 연안 최대 도시로 이집트에 있다. 기원전 331년경 알렉산드로스 대왕이 세운 이 도시는 빠르게 성장해 헬레니즘 문명의 중심지가 되었다. 수많은 장서로 유명했던 알렉산드리아 도서관은 기원전 48년 화재로 많은 책이 소실되었다.

23 티투스 리비우스(기원전 59년-기원후 17년)는 고대 로마의 역사가로, 건국 신화부터 아우구스투스 시대까지를 다룬 방대한 『로마 건국사』(*Ab Urbe Condita*)를 남겼다.

화에 대하여

치일 뿐입니다. 아니, 이는 학문이 아닌 과시를 위한 것이니 '학문적' 이란 말조차 붙일 수 없습니다. 글 모르는 이들에게는 글을 배우는 책마저도 공부가 아닌 식탁 장식품이 되는 것과 같습니다. 따라서 과 시가 아닌 적절한 양의 책만을 가져야 합니다.

당신은 말합니다. "코린토스의 그림보다는 책을 사는 게 더 낫다." 6 하지만 무엇이든 지나치면 나쁩니다. 귤나무나 상아로 된 서가를 마 련하고, 알려지지 않은 저자들의 책을 찾아다니며, 책의 겉모습과 제 목에서만 기쁨을 얻고 수많은 책 속에서 하품하는 사람을 당신이 왜 두둔하는 것입니까?

가장 게으른 이들의 집에서도 온갖 연설문과 역사서가 천장까지 7 빼곡한 서가를 볼 수 있습니다. 이제는 냉탕과 온탕처럼 도서관도 저 택의 필수 장식이 되었기 때문입니다. 그들이 학문에 대한 지나친 열 정으로 그런 잘못을 저질렀다면 용서할 수 있습니다. 하지만 그들이 위대한 저자들의 작품과 초상화, 조각상을 모으는 것은 단지 벽을 장 식하고 과시하기 위함일 뿐입니다.

제10장

당신도 모르는 사이에 공적이든 사적이든 운명이 당신을 피할 수 1 없는 덫에 빠뜨렸다고 합시다. 이렇게 속박된 사람들은, 처음에는 발 에 채워진 족쇄로 자유롭게 움직일 수 없음을 무거운 짐으로 여깁니 다. 하지만 자신의 처지를 받아들이기로 마음먹으면, 운명을 피할 수 없다는 깨달음이 꿋꿋이 견디는 힘을, 익숙해짐이 쉽게 견디는 법을 가르쳐줍니다.[24] 당신에게 닥친 불행에 분노하기보다 대수롭지 않게 여긴다면, 어떤 상황에서도 위안을 얻고 고통은 줄어들며 즐거움이 생길 것입니다.

2   자연이 우리에게 준 가장 큰 선물은, 우리가 겪을 고통을 미리 알고 익숙함이라는 고통 완화제를 마련해 극심한 고통에도 곧 익숙해지게 한 것입니다. 어떤 재난이 처음 닥쳤을 때의 강도를 계속 유지한다면, 아무도 견뎌내지 못할 것입니다.

3   우리는 모두 운명에 묶여 있습니다. 어떤 이는 황금 사슬로 느슨하게, 어떤 이는 잡다한 사슬로 단단히 묶여 있지만, 어떤 사슬인지가 무슨 차이가 있겠습니까? 왼손이 묶인 것이 오른손이 묶인 것보다 나은 것도 아닙니다. 모든 사람이 똑같이 묶여 있어서, 다른 이를 묶은 자들 역시 마찬가지로 묶여 있습니다. 어떤 이는 관직에, 어떤 이는 재물에 묶여 있고, 어떤 이는 귀족 출신이라는 무게에, 어떤 이는 비천한 출신이라는 무게에 짓눌립니다. 어떤 이는 남의 권력으로, 어떤 이는 자신의 권력으로 목숨을 잃습니다. 어떤 이는 유배형으로, 어떤 이는 제관직으로 한 곳에 묶여 삽니다. 모든 인생은 노예의 삶입니다.

4   그러므로 각자의 처지에 익숙해지고, 가능한 한 불평하지 말며, 자신의 상황에서 찾을 수 있는 이로운 점을 붙잡아야 합니다. 평정심을 가졌는데도 위안을 찾을 수 없을 만큼 가혹한 처지는 없습니다. 좁은 공간도 잘 나누면 여러 용도로 쓸 수 있고, 아무리 좁은 곳도 잘 배치

---

24 라틴어 원문 "네케시타스 포르티테르 페레 도케트, 콘수에투도 파킬레"(necessitas fortiter ferre docet, consuetudo facile)는 "필연이 꿋꿋이 견디는 법을, 습관이 쉽게 견디는 법을 가르친다"는 뜻이다. '네케시타스'(필연), '콘수에투도'(습관)는 명사, '포르티테르'(꿋꿋이), '파킬레'(쉽게)는 부사, '페레'(견디다), '도케트'(가르치다)는 동사다.

    화에 대하여

하면 살 만해집니다. 어려움이 닥칠 때마다 이성적으로 생각하십시오. 그러면 어려움은 수월해지고, 좁은 것은 넓어지며, 잘 생각해서 요령껏 짊어지면 무거운 짐도 덜 누르게 됩니다.

우리의 욕망을 멀리 보내지 말고 가까이에서 맴돌게 해야 합니다. 5 욕망은 완벽한 통제 아래 두기 힘들기 때문입니다. 이룰 수 없거나 어려운 욕망은 버리고, 가까이 있어 이룰 가능성이 큰 욕망을 좇아야 합니다. 하지만 모든 욕망이 똑같이 하찮고, 겉모습만 다를 뿐 속은 모두 같이 공허하다는 것을 알아야 합니다.

또한 높은 자리에 있는 이들을 부러워하지 말아야 합니다. 그들은 6 높이 서 있는 것 같지만 사실은 낭떠러지에 서 있는 것입니다. 반대로 불운으로 그런 위태로운 자리에 오른 이들은, 비록 오만해질 만한 것이 주어졌더라도 그 오만함을 버리고 자신의 운을 평범한 수준으로 낮춰야 더 안전해질 것입니다. 하지만 많은 이들이 추락하는 것 외에는 내려올 방법이 없어 그 자리에 매달립니다. 그들이 그 자리에 오르며 남들을 괴롭힌 것이 가장 큰 부담이 되어 내려올 수 없는 것입니다. 이는 그들이 그 자리에 못 박혀 있다는 증거입니다. 그런 이들은 정의롭고 온화하며 인정 있게, 너그럽고 자비롭게 행동함으로써 안전하게 내려올 발판을 마련해야 합니다. 그것이 높은 자리에서 안전하게 내려올 수 있는 길이기 때문입니다.

하지만 마음의 동요를 막는 가장 확실한 방법은, 우리가 올라설 수 7 있는 자리의 한계를 스스로 정하는 것입니다. 운명에 모든 것을 맡기지 않고, 우리가 정한 지위에 이르기 전에 멈추는 것입니다. 그러면 어떤 욕망이 마음을 부추겨도, 한계가 정해져 있어 불확실하고 위험한 곳으로 끝없이 나아가지는 못할 것입니다.

제11장

1 지금까지 내가 한 말은 불완전하고 평범하며 바른 정신을 갖지 못한 사람에 관한 것이고, 현자에 관한 것이 아닙니다. 현자는 겁내며 조심스레 걸을 필요가 없습니다. 그는 자신을 확고히 믿기에 운명에 맞서 나아가는 것을 주저하지 않고 한 치도 물러서지 않을 것이기 때문입니다. 또한 현자는 운명을 두려워할 이유가 없습니다. 그는 노예와 재산, 지위뿐 아니라 자신의 몸과 눈과 손, 삶을 더 풍요롭게 하는 모든 것, 심지어 자신조차도 운명이 임시로 맡긴 것으로 여기고, 언제라도 돌려달라 하면 미련 없이 돌려줄 사람으로 살아가기 때문입니다.

2 하지만 현자는 비록 자신이 자기 것이 아님을 알고 있더라도, 그렇다고 자신을 하찮게 대하지는 않습니다. 오히려 신탁재산을 맡은 경건하고 양심적인 관리인처럼 모든 것을 세심하고 성실하게 행합니다.

3 또한 그 신탁재산을 돌려달라는 명령을 받으면, 현자는 운명을 원망하지 않고 이렇게 말합니다. "당신의 것을 내게 맡겨준 것에 감사드립니다. 그것으로 큰 이득을 보았지만, 이제 돌려달라 하시니 감사히 돌려드립니다. 당신이 원하신다면 계속 보관하겠으나, 그렇지 않다면 은그릇과 은화, 집과 가족을 돌려드리겠습니다." 자연이 전에 맡긴 것을 돌려달라 하면 우리는 이렇게 말해야 합니다. "당신이 처음 주신 것보다 성숙해진 영혼을 받아주십시오. 나는 뒤돌아서거나 도망치지 않겠습니다. 당신은 내가 모르는 사이에 영혼을 주었지만, 나는 이제 자발적으로 기꺼이 돌려드립니다. 가져가십시오."

왔던 곳으로 돌아가는 것인데 무엇이 그리 고통스럽고 괴롭겠습 4
니까? 잘 죽는 법을 모르는 사람이야말로 인생을 잘못 사는 것입니다.
그러므로 우리는 삶에 지나친 가치를 두지 말고, 목숨을 하찮게 여겨
야 합니다. 키케로가 말했듯이, 우리는 목숨을 아끼려 발버둥치는 검
투사는 싫어하면서도 목숨을 하찮게 여기는 검투사는 좋아합니다. 이
와 같은 일이 우리에게도 일어난다는 것을 알아야 합니다. 죽음을 두
려워하는 것이 오히려 죽음의 원인이 되기도 하기 때문입니다.

우리를 가지고 노는 운명은 이렇게 말합니다. "왜 내가 불안에 떨 5
며 안절부절못하는 너 같은 악인을 살려두어야 하느냐? 네가 목을
내밀지 않으려 하니 더 깊이 찔려 더 심한 상처를 입을 것이다. 반면
너는 칼을 피하거나 막지 않고 당당히 받아들이니 더 오래 살다가 더
편히 죽게 될 것이다."

죽음을 두려워하는 자는 진정으로 살아 있는 삶을 누릴 수 없습니 6
다. 반면 태어날 때부터 이런 조건에 동의했음을 아는 사람은 그대로
살아가며, 자신에게 일어나는 모든 일을 예상했기에 강인한 정신으로
대처하고 극복할 것입니다. 준비된 사람에게 미리 예상한 재난과 불행
이 닥치면 그 위력이 약해지기 때문입니다. 반대로 늘 행복만을 바라
는 사람에게는 재난과 불행이 심각하고 고통스러운 일이 됩니다.

질병, 포로, 파괴, 화재가 일어나지만 그 어느 것도 예상 밖의 일이 7
아닙니다. 나는 자연이 나를 온갖 일이 벌어지는 혼란 속에 두었음을
알고 있습니다. 이웃의 곡소리가 여러 번 들렸고, 요절한 이들의 장례
행렬이 횃불과 촛불을 앞세워 내 집 앞을 지나갔습니다. 옆 건물이 무
너지는 굉음이 들렸고, 법정과 원로원에서 알던 이들이 하룻밤 사이
에 죽어 교제의 악수를 나눴던 손을 놓아야 했습니다. 늘 내 주위를
맴돌던 위험이 이제 내게 닥친다고 해서, 내가 놀라야 하겠습니까?

8   대부분은 항해를 계획하며 폭풍은 생각하지 않습니다. 형편없는 작가의 말이라도 훌륭하다면 인용하는 것을 부끄러워하지 않겠습니다. 푸블릴리우스[25]는 익살극의 허튼 대사나 관객석을 향한 말을 할 때마다 희극은 물론 비극보다도 더 강렬한 대사를 남겼는데, 그중 하나가 이것입니다. "누군가에게 일어날 수 있는 일은 누구에게나 일어날 수 있다."[26] 우리가 이 말을 마음 깊이 새기고, 매일 다른 이들이 겪는 수많은 불행을 보면서 지금은 아니더라도 언젠가 우리에게도 일어나리라 생각한다면, 그런 일들이 덮치기 훨씬 전에 준비할 수 있을 것입니다. 위험이 닥친 뒤에는 대처할 마음을 갖추기에 너무 늦습니다.

9   "이런 일이 일어날 줄은 몰랐다." "당신이라면 이런 일이 일어날 거라 생각했겠느냐?" 당신에게 그런 일이 일어나지 않으리라 생각할 이유가 있습니까? 가난, 굶주림, 구걸이 뒤따르지 않는 부가 어디 있습니까? 수치스러운 죄수복, 비난, 불명예, 극도의 경멸이 따르지 않는 관리의 관복, 복점관의 지팡이, 귀족의 가죽 신발끈이 어디 있습니까? 파괴, 유린, 폭군, 사형집행인이 없는 왕국이 어디 있습니까? 이 상반된 것 사이는 그리 멀지 않아서, 왕좌에 있던 자가 다른 이의 무릎을 붙잡고 애걸하게 되는 것은 순간입니다.

10   그러므로 처지는 언제든 바뀔 수 있고, 누군가에게 일어나는 일은

---

25 푸블릴리우스(기원전 85-43년 활동)는 시리아 안타키아 출신의 노예였다. 공화정 말기에 주인이 그의 재능을 알아보고 해방시켜 교육을 시켰고, 이후 무언극 작가로 성공했다. 특히 그의 짧은 도덕적 격언들이 유명해 세네카도 자주 인용했다.

26 라틴어 원문 "쿠이비스 포테스트 아키데레 쿠오드 쿠이쿠암 포테스트"(cuiuis potest accidere quod cuiquam potest)에서 '쿠이비스'는 "누구에게나", '쿠이쿠암'은 "누군가에게"라는 대명사이고, '아키데레'는 "일어나다", '포테스트'는 "할 수 있다"라는 동사다.

당신에게도 일어날 수 있음을 아십시오. 당신이 부유하다 해도 폼페이우스보다 더 부유할 수는 없을 것입니다. 오래된 친척이자 새 권력자가 된 가이우스는 폼페이우스의 집을 폐쇄하려 그를 궁으로 불렀는데, 그곳에서 빵과 물조차 주지 않았습니다.[27] 수많은 강이 자신의 영지에서 시작되고 끝나던 그가 몇 모금의 물을 구걸했습니다. 친척의 궁에서 굶주리고 목말라 죽어가는 동안, 그의 상속자는 굶는 그의 장례를 준비하고 있었습니다.

당신이 최고의 관직에 있다 해도, 세야누스[28]만큼 높이 오르거나 모든 권력을 한 손에 쥘 수는 없을 것입니다. 하지만 원로원이 그를 호송하던 날, 군중은 그를 갈기갈기 찢어놓았습니다. 신들과 인간이 쌓을 수 있는 모든 것을 받았던 그에게서 사형집행인이 끌고 갈 것조차 남지 않았습니다. 11

당신이 왕이라 해도 마찬가지입니다. 눈앞에서 자신을 태울 장작더미가 불타올랐다 꺼지는 것을 보며 살아서 왕국의 멸망과 자신의 죽음을 경험한 크로이소스[29]나, 로마를 공포에 떨게 한 지 1년도 안 12

---

27 가이우스는 칼리굴라 황제(재위 37-41년)를 가리키며, 정식 명칭은 가이우스 카이사르 게르마니쿠스(Gaius Caesar Germanicus)다. 거부 폼페이우스에 대해서는 알려진 바가 없으나, 세네카는 『평정심에 대하여』 8.6에서도 그와 그의 시종 데메트리우스를 언급했다.

28 세야누스(기원전 약 20년-기원후 31년)는 로마 제2대 황제 티베리우스의 근위대장이었다. 14년에 근위대장이 된 후 개혁을 통해 근위대를 권력의 중심으로 만들었고, 20년대에는 황제의 신임을 얻어 정적들을 제거하며 세력을 키웠다. 26년 티베리우스는 그를 집정관으로 임명하고 카프리섬으로 물러났으나, 31년 반역죄로 그를 처형했다.

29 크로이소스(재위 기원전 약 585-546년)는 리디아의 마지막 왕이다. 기원전 547년이나 546년 페르시아의 키루스에게 패해 화형당할 뻔했으나, 갑작스러운 비로 불이 꺼져 목숨을 건졌다.

되어 포로가 되어 구경거리가 된 유구르타[30]를 굳이 예로 들지 않
겠습니다. 우리는 아프리카의 왕 프톨레마이오스[31]와 아르메니
아의 왕 미트리다테스[32]가 가이우스의 경비병 아래 갇힌 것을 보았
습니다. 한 사람은 추방되었고, 다른 한 사람은 더 안전한 도피처만
을 바랐습니다. 이토록 변화무쌍한 세상에 살면서도 자신만은 예외
라고 여긴다면, 역경이 닥칠 때 결국 무너지고 말 것입니다. 하지만
역경은 미리 알면 이겨낼 수 있습니다.

제12장

I 우리가 유념해야 할 것은, 불필요한 일에 힘쓰지 말고, 헛된 노력
으로 자신을 소진하지 말아야 한다는 점입니다. 얻을 수 없는 것을

---

30 유구르타(기원전 약 160-104년)는 북아프리카 누미디아의 왕으로, 형제들을 죽이고
왕위를 차지했다. 이에 로마가 개입해 전쟁이 일어났고, 처음에는 승승장구했으나
결국 로마 장군 마리우스의 부하 술라에게 잡혀 로마로 끌려가 옥사했다.

31 프톨레마이오스(재위 23-40년)는 로마의 속국이던 마우레타니아(현 알제리에서 대서
양에 이르는 북아프리카 지역)의 왕이었다. 로마에서 교육받고 왕이 되었으나 40년
칼리굴라 황제에게 처형당했다.

32 미트리다테스(재위 기원전 120-63년)는 소아시아 북부 폰투스 왕국의 왕으로, 공화
정 시기 로마가 맞닥뜨린 가장 강력하고 두려운 적 중 하나였다. 그는 소아시아와
헬레니즘 세계에 대한 로마의 지배를 분쇄하기 위해 미트리다테스 전쟁(기원전 88-
63년)을 벌였으나, 기원전 66년 폼페이우스가 이끄는 로마군에 대패했다. 패잔병
을 이끌고 흑해와 카스피해 사이의 험준한 코카서스 산맥을 넘어 피신한 그는, 다
시 세력을 모아 로마에 맞서려 했지만 아들의 반란에 휘말려 한 성채로 쫓겨 들어
가 결국 자결했다.

                                          화에 대하여

바라서도 안 되고, 얻을 수 있는 것이라 해도 허망한 욕망을 좇다가 많은 수고 끝에 깨닫게 되는 후회를 피해야 합니다. 달리 말해, 아무런 결실도 없는 헛수고를 해서는 안 되며, 들인 노력에 비해 보잘것없는 결과를 얻는 일도 피해야 합니다. 결과가 없거나 초라할 때면 서글픔이 뒤따르기 때문입니다.

집과 극장과 광장을 배회하는 수많은 사람처럼 이곳저곳을 기웃 2
거리며 남의 일에 간섭하면서, 마치 항상 분주한 사람인 양 행세하는 습성을 끊어내야 합니다. 그런 사람들 중 하나가 집을 나설 때, 당신이 "어디로 가서 무엇을 할 생각인가"라고 묻는다면, 그는 "맹세컨대 나도 모르지만, 누군가를 만나서 무슨 일인가를 하게 될 것이다"라고 대답할 것입니다.

그들은 무작정 배회하다가 자신이 정한 일이 아닌, 우연히 마주친 3
일을 합니다. 그저 아무 생각 없이 빈둥거리며 돌아다닐 뿐입니다. 이는 마치 덤불 사이를 기어다니는 개미들이 허투루 나뭇가지를 타고 꼭대기까지 올라갔다가 다시 땅으로 내려오기를 반복하는 것과 같습니다. 수많은 사람이 이런 삶을 살아가고 있습니다. 이는 끊임없이 무언가를 하는 듯하지만, 실상 아무것도 이루지 못하는 공허한 삶입니다.

당신은 마치 불난 곳으로 달려가는 자들 같은 그들을 안타깝게 여 4
길 것입니다. 그들은 여기저기 돌아다니며 좌충우돌하여 자신도 넘어지고 남도 넘어뜨리면서, 인사할 이유도 없는 이에게 먼저 인사하고, 알지도 못하는 이의 장례식에 참석합니다. 소송이 잦은 이를 따라 법정에 가고, 결혼을 여러 번 한 이의 약혼식에 참석하며, 가마 뒤를 따라다니다 때로는 직접 가마를 들어주기도 합니다. 이렇게 쓸데없이 돌아다닌 후 녹초가 되어 집으로 돌아와서는, 자신이 왜 집을 나왔고 어디에 있었는지조차 기억하지 못한다고 말합니다. 그러나 그들은 다음 날에도 똑같은 발자취를 따라 헤맵니다.

5   그러므로 우리가 힘쓰고 애쓰는 모든 것은 우리가 정한 목적을 향해야 합니다. 그들이 끊임없이 움직이는 것은 근면함 때문이 아니라, 거짓된 망상이 그들을 사로잡아 미치게 만들기 때문입니다. 사실 그들도 무엇인가를 기대하며 움직이지만, 다만 마음이 망상에 사로잡혀 허망함을 보지 못한 채 겉모습만 좇아다닐 뿐입니다.

6   이처럼 헛되고 하찮은 이유로 온 도시를 돌아다니는 사람들로 도시는 넘쳐납니다. 그들은 해야 할 일이 없으면서도 해가 뜨면 집을 나가, 아무 용무 없이 여러 집을 찾아가 문을 두드리고 문지기에게 인사하다가 쫓겨나기 일쑤이지만, 정작 자신의 집에서는 누구보다도 만나기 어려운 사람이 됩니다.

8   이런 악습에서 가장 혐오스러운 악덕이 생겨나는데, 바로 남의 말을 엿듣고, 공적인 일이나 사적인 일을 캐고 다니며, 알아서도 위험하고 들어서도 위험한 비밀들을 알아내려 하는 것입니다.

제13장

1   나는 데모크리토스[33]가 "평화롭게 살고자 하는 사람은 사적으로든

---

[33] 데모크리토스(기원전 약 460-370년)는 소크라테스 이전 그리스의 주요 철학자다. 원자론적 우주관을 체계화했으며, 사람의 영혼과 지성도 원자로 이루어진 섬세한 물질이라고 보았다. 그는 원자로 이루어진 혼의 안정되고 명랑하며 만족스러운 상태인 쾌활함, 즉 행복을 인간 삶의 최종 목적으로 여겼다.

    화에 대하여

공적으로든 많은 일을 해서는 안 된다"고 말한 의도가 바로 여기에 있다고 봅니다. 물론 여기서 '많은 일'이란 쓸데없는 일들을 뜻합니다. 꼭 해야 한다면, 사적이든 공적이든 수없이 많은 일도 마땅히 해내야 하기 때문입니다. 반면 신성한 의무가 아닌 일에 우리가 끌려들어가서는 안 됩니다.

많은 일을 하는 사람은 자신을 운의 손아귀에 맡기는 것과 같습니다. 하지만 가장 안전한 길은 가능한 한 운을 시험하지 않는 것, 운이 불가피하게 개입되는 일에서는 늘 운을 염두에 두고 대비하는 것, 그리고 결코 운을 기대하지 않는 것이 아니겠습니까? "배를 타고 가는데 설마 무슨 일이 생기겠는가", "법무관이 되려는데 설마 어떤 방해가 있겠는가", "내 사업은 뜻대로 될 텐데 설마 무슨 방해가 있겠는가."

우리가 현자에게는 그가 생각한 것과 어긋나는 일이 결코 일어나지 않는다고 말하는 까닭이 여기에 있습니다. 이는 현자가 인간이 겪게 마련인 온갖 재난에서 벗어나 있다는 뜻이 아니라, 사람들이 저지르는 오류에서 벗어나 있다는 뜻입니다. 또한 현자에게 모든 것이 원하는 대로 된다는 것이 아니라 생각한 대로 된다는 뜻입니다. 현자가 가장 먼저 생각하는 것은 자신의 계획이 좌절될 수도 있다는 점입니다. 자신의 계획이 반드시 이루어질 것이라 기대하지 않았다면, 원하는 바가 이루어지지 않더라도 마음의 고통은 한결 가벼울 수밖에 없습니다.

제14장

우리는 유연하게 처신해야 합니다. 따라서 우리의 결정에 지나치게 집착하지 말고, 우연히 맞닥뜨린 상황에 맞춰 움직여야 하며, 평정심의 가장 큰 적인 변덕을 부리지 않는 한, 계획과 처지가 바뀌는 것을 두려워하지 말아야 합니다. 운은 우리가 꼭 붙들고 놓지 않는 것을 강제로 빼앗기 마련이어서, 집착하면 불안과 불행이 따르기 때문입니다. 하지만 자제력을 잃은 변덕은 더욱 심각한 결과를 낳습니다. 그러므로 아무것도 바꿀 수 없는 것과 아무것도 지켜내지 못하는 것은 모두 평정심을 위태롭게 합니다.

2   우리의 마음은 어떻게든 모든 외적인 것에서 벗어나 자신에게로 돌아와야 합니다. 마음은 자신을 신뢰하고 기뻐하며, 자신의 것을 바라보아야 하고, 외부의 것으로부터 가능한 한 멀리 물러나 있어야 하며, 자신에게 집중하고, 어떤 것도 손실이라 여기지 않으며, 불운이나 재난조차 좋은 쪽으로 해석해야 합니다.

3   우리의 스승 제논[34]은 배가 난파되어 전 재산이 바다에 가라앉았다는 소식을 듣고 이렇게 말했습니다. "운명이 나를 모든 것에서 해방시켜 철학에만 전념하라 명하는구나." 어떤 참주가 철학자 테오도로스[35]를 위협하며, 그를 죽이고 시신조차 매장하지 못하게 하겠다고 하자, 그는 이렇게 응수했습니다. "당신은 내 한 줌의 피만을 마음대로 할 수 있을 뿐이오. 시신이 땅 위에서 썩든 아래에서 썩든 그것이 내게 중요할 것이라 생각한다면, 당신이야말로 어리석은 자요."

---

34 제논(기원전 약 335-263년)은 스토아학파를 창시한 고대 그리스의 철학자다. 그의 철학은 금욕과 극기를 통해 자연과 일치된 삶을 추구했다.

35 확실치 않으나, 아마도 키레네 학파의 철학자 테오도로스(기원전 약 340-250년)로 추정된다. 키레네 학파는 소크라테스의 제자 아리스티포스(기원전 약 435-356년)가 창시한 초기 소크라테스 학파 중 하나로, 지식에서 비롯된 즐거움만이 유일한 선이라고 가르쳤다.

    화에 대하여

카누스 율리우스[36]는 우리 시대에 태어났지만, 누구라도 감탄하지   4
않을 수 없는 탁월한 인물이었습니다. 그가 가이우스와 오랜 논쟁을
벌인 뒤 자리를 뜨려 하자, 저 팔라리스[37]가 "헛된 희망에 빠져 잘못
처신하지 않도록, 내가 그대를 끌고 가 처형하라 명했네"라고 말했습니
다. 이에 카누스는 "최고의 군주시여, 감사합니다"라고 대답했습니다.

그의 이 대답에서 여러 가지 뜻을 읽을 수 있어, 그가 정확히 무슨   5
의도였는지 단정하기 어렵습니다. 카누스는 가이우스가 너무나 잔인
해서, 죽이는 것조차 은혜로 여기게 만든다며 모욕하려 한 것일까
요? 아니면 사람들이 자식을 잃고 재산을 빼앗기고도 감사하다 말해
온 것처럼, 가이우스의 광기가 일상이 된 것을 꾸짖은 것일까요? 혹
은 죽음을 자유라 여기고 기꺼이 받아들인 것일까요? 어떤 의미였
든, 그의 대답은 위대한 영혼을 보여주는 것이었습니다.

누군가는 "가이우스가 그런 명령을 내린 후 다시 그를 살려두라 했   6
을 수도 있다"고 말합니다. 하지만 카누스는 처형 명령을 두려워하지
않았고, 가이우스의 이런 명령들이 충실히 이행되었음은 잘 알려진 사
실입니다. 카누스가 처형될 때까지 열흘 내내 아무 근심 없이 지냈다
는 것을 믿을 수 있겠습니까? 그가 한 말들, 보여준 행동들 그리고 그

---

36 카누스 율리우스는 칼리굴라 황제에 의해 처형된 스토아학파 철학자다. 죽은 뒤
친구들에게 나타나 영혼에 관해 알려주겠다고 약속했는데, 실제로 한 친구의 환
상 속에 나타나 약속을 지켰다고 전해진다.

37 가이우스는 칼리굴라 황제를 지칭한다. 팔라리스는 기원전 약 570년부터 554년
까지 시칠리아의 아그리겐툼(그리스어로는 '아크라가스')을 다스린 참주다. 그는 극
도의 잔혹함으로 악명이 높았는데, 특히 청동 황소상 안에 사람을 가두고 불로 달
궈 죽인 일이 유명하다. 그러나 기원전 554년 텔레마코스가 이끈 민중 봉기로 자
신이 만든 청동 황소 안에서 죽음을 맞았다. 여기서 세네카는 칼리굴라를 팔라리
스에 빗대어 표현한다.

의 평정심, 이 모든 것이 실제라는 게 믿기지 않을 정도입니다.

7   사형수들을 끌고 가던 백인대장이 강도들과 장기를 두던 카누스에게도 일어서라 명령했습니다. 호출받은 그는 말들을 세고 나서 상대에게 "이보게, 내가 죽은 후에 자네가 이겼다고 거짓말은 하지 말게"라고 말했습니다. 이어서 백인대장에게 목례하며 "자네는 내가 말 한 개만큼 앞서 있었다는 것을 증언해주게"라고 했습니다. 당신은 정말 카누스가 장기에 몰두하고 있었다고 생각합니까? 그는 조롱한 것입니다.

8   친구들이 그를 잃는 것을 슬퍼하자, 그는 이렇게 말했습니다. "왜들 슬퍼하는가? 자네들은 영혼이 불멸하는지 궁금해하지만, 나는 이제 곧 알게 될 것일세." 그는 죽는 순간까지도 진리를 탐구하기를 멈추지 않았고, 자신의 죽음조차 탐구 대상으로 삼았습니다.

9   그의 친구인 한 철학자가 뒤따르다가, 우리의 신 카이사르에게 매일 제를 올리는 언덕[38]이 가까워졌을 때 "카누스, 지금 무슨 생각을 하는가? 심경이 어떠한가?"라고 물었습니다. 카누스는 "영혼이 빠져나가는 그 찰나의 순간을 영혼이 인식할 수 있는지를 관찰할 작정일세"라고 답한 뒤, 무언가를 발견하면 친구들을 찾아다니며 영혼의 상태가 어떠한지 알려주겠다고 약속했습니다.

10   폭풍의 한가운데서도 평정을 잃지 않는 모습을 보십시오. 자신의 운명조차 진리 탐구에 활용하고, 마지막 발걸음을 내딛는 순간의 영혼에게도 물음을 던지며, 죽는 순간뿐 아니라 죽음 자체에서도 배우

------

38 로마 제국의 초대 황제 아우구스투스(기원전 63년-기원후 14년)가 서거하자, 원로원의 서약에 따라 2대 황제 티베리우스는 팔라티움 언덕과 카피톨리움 언덕 사이에 신황 아우구스투스 신전을 세웠다. 티베리우스는 카프리섬에서 휴양 중 신전 봉헌식을 위해 로마로 오기 직전 죽었고, 봉헌식은 기원전 37년 말 이틀에 걸쳐 3대 황제 칼리굴라(재위 37-41년)가 성대하게 거행했다.

고자 하는, 영원불멸할 자격이 있는 영혼을 보십시오. 이 사람보다 더 마지막 순간까지 철학을 놓지 않은 이는 없었습니다. 이런 위대한 인물은 쉽게 잊어서는 안 되며, 사람들의 관심 속에 늘 살아 있어야 합니다. 가장 고귀한 인물이여, 가이우스의 희생자들 중 가장 위대한 분이여, 우리는 당신을 영원히 기억하겠습니다!

제15장

개인적 슬픔을 덜어내는 것만으로는 충분하지 않습니다. 때로는 많은 이들이 악행을 저지르고도 잘 살아가는 것을 보며 인류 전체를 증오하게 되기 때문입니다. 검소함은 자취를 감추었고 순수함은 까마득히 잊혔으며, 이익이 없다면 그 누구도 신의를 지키려 들지 않습니다. 이익이든 손해든 욕망을 좇는 일은 모두 혐오스럽고, 분수를 지키지 않고 온갖 추악한 짓을 저질러서라도 빛나고자 하는 야망이 판을 칩니다. 이런 것을 생각하면 미덕이 모두 사라져 기대할 수도, 추구해도 얻을 것도 없는 것처럼 느껴져 어둠만이 남고 마음은 그 속으로 빠져듭니다.

그러므로 우리는 이를 다른 관점에서 보아, 대중의 모든 악덕을 미워할 일이 아닌 우스꽝스러운 일로 여겨야 합니다. 이 점에서는 헤라글레이도스기 이닌 데모크리토스를 본받아야 합니다.[39] 헤라클레이

---

39 제6편의 주석 4를 참고하라.

토스는 대중을 보며 울었지만, 데모크리토스는 웃었기 때문입니다. 우리가 하는 모든 일이 헤라클레이토스에게는 가련하게, 데모크리토스에게는 어리석게 보였습니다. 그러니 모든 것을 하찮게 여기고 편안한 마음으로 받아들여야 합니다. 인생을 한탄하는 것보다 웃어넘기는 편이 더 인간적입니다.

3   더구나 슬퍼하는 사람보다 웃는 사람이 인류에 더 큰 기여를 합니다. 후자는 희망을 남겨두지만, 전자는 구제불능이라 절망하며 어리석게도 눈물만 흘립니다. 전체적으로 볼 때, 웃음을 참지 못하는 사람이 울음을 참지 못하는 사람보다 더 큰 마음을 지닙니다. 웃는 이는 세상사의 무게에 휘둘리지 않으므로, 일어나는 모든 일을 크지도 심각하지도 비참하지도 않은 것으로 받아들입니다.

4   즐거워하거나 슬퍼하는 이유는 사람마다 다르며, 이는 비온[40]의 말이 옳음을 보여줍니다. "인간의 모든 일은 처음과 비슷하여, 인간의 삶은 잉태되었을 때보다 더 신성하거나 근엄하지 않으며, 무에서 태어났다가 무로 돌아갈 뿐이다."

5   그러므로 대중의 행동과 악덕에 대해서는 지나치게 감정적으로 반응하지 말고, 웃지도 울지도 않는 담담한 태도가 더 바람직합니다. 타인의 불행에 괴로워하는 것은 끝없는 고통을 짊어지는 일이며, 그 불행을 보고 즐거워하는 것은 비인간적인 태도이기 때문입니다.

6   누군가 아들을 매장하러 가는 것을 보고 슬픈 표정으로 눈물 흘리는 것은 쓸데없는 동정입니다. 오로지 자신의 불행에 대해서만, 그것도 관습이 아닌 자연이 요구하는 정도로만 슬퍼해야 합니다. 많은 이

---

40 제6편의 주석 19를 참고하라.

                                                화에 대하여

들이 모두가 우는데 자신만 눈물을 흘리지 않는 것이 도덕적으로 추하고 부끄럽다고 여겨, 사람들 앞에서는 울지만 혼자 있으면 눈물이 마르는 경우가 많습니다. 남의 시선을 의식하는 이런 악습은 깊이 뿌리박혀, 가장 순수해야 할 슬픔조차 위선으로 만들어버렸습니다.

제16장

이제 우리가 다룰 내용은 우리를 우울하고 근심스럽게 만드는 것   I
입니다. 선한 이들이 불행한 최후를 맞았으니, 소크라테스는 감옥에서 죽었고, 루틸리우스는 추방지에서 생을 마감했으며, 폼페이우스와 키케로는 부하들의 손에 목숨을 잃었고, 살아 있는 미덕의 화신이던 카토는 자신과 국가를 위해 스스로 목숨을 끊었습니다.[41] 이런 일들을 보면서, 우리는 운명이 사람들에게 내리는 보상이 너무나 불의

---

41 세네카가 여기서 언급한 이들은 로마 공화정 말기의 충의지사들이다. 루틸리우스(기원전 약 158-78년)는 대중연설가이자 정치가로, 파나이티오스 밑에서 스토아철학을 배웠고 집정관을 지냈다. 그는 아시아 총독 쿠인투스 마르키우스 스카이볼라의 특사로서 아시아인들을 기사 계급의 착취로부터 보호하려다 오히려 속주민 착취 혐의로 고발되었다. 무고였으나 기사 계급 출신 배심원들에 의해 유죄 판결을 받고 스미르나로 유배되어 그리스어로 로마사를 썼다. 폼페이우스(기원전 106-48년)는 카이사르와 제1차 삼두정치를 이룬 뛰어난 장군으로, 카이사르와의 권력 다툼에서 패해 이집트에서 살해당했다. 키케로(기원전 106-43년)는 집정관을 지내고 정치와 연설, 저술로 공화정을 수호하다 제2차 삼두정치 당시 안토니우스가 보낸 부하에게 살해되었다. 카토(기원전 95-46년)는 청렴결백한 원로원 의원이자 연설가, 스토아학파 추종자로서 공화정을 지키려 했으나, 벌족파 폼페이우스 편에서 평민파 카이사르와 싸우다 패배 후 자결했다.

하고 불공평함에 괴로워할 수밖에 없습니다. 가장 고결한 이들이 가장 처참한 운명을 맞이하는 것을 목격하고 나서, 누가 자신의 미래에 희망을 품을 수 있겠습니까?

2 　그렇다면 이렇게 생각해보십시오. 그들이 각자 맞이한 죽음을 어떻게 받아들였는지를 살펴보는 것입니다. 그들이 용기 있게 죽었다면 그런 용기를 마음으로 흠모해야 하고, 여자처럼 겁에 질려 죽었다면 우리는 그들로부터 잃을 것이 아무것도 없습니다. 그들은 당신이 자랑스러워할 만한 미덕의 소유자이거나, 아니면 존경할 가치조차 없는 비겁자일 뿐입니다. 가장 위대한 이들이 용감히 죽음을 맞이했는데, 그것을 본 사람들이 겁쟁이가 된다면, 이보다 더 부끄러운 일이 어디 있겠습니까?

3 　우리는 칭송받을 자격이 있는 이들을 칭송하며 이렇게 말해야 합니다. "더욱 담대하게 죽음을 맞이한 이일수록 더욱 축복받은 사람이다! 당신은 이제 모든 재난과 시기와 질병에서, 그리고 감옥에서 벗어났다. 신들은 당신이 더는 불운을 겪거나 운명에 휘둘리며 사는 것이 옳지 않다고 여겼던 것이다." 반면 죽음 앞에서 삶을 돌아보며 주저한 자들은 내쳐야 합니다.

4 　나는 웃으며 죽은 자든 울며 죽은 자든 누군가의 죽음에 눈물 흘리지 않을 것입니다. 웃으며 죽은 자는 내 눈물을 닦아주었고, 울며 죽은 자는 자기 자신을 위해 울었으니 다른 이가 그를 위해 굳이 눈물 흘릴 필요가 없습니다. 내가 산 채로 불타 죽은 헤라클레스[42]를,

---

42 제우스와 알크메네 사이에서 태어난 헤라클레스는 헤라의 박해 속에서도 열두 과업을 이루어 그리스 최고의 영웅이 되었으나, 남편의 사랑을 의심한 아내가 준 히드라의 독이 묻은 옷을 입고 극심한 고통 속에서 스스로 장작더미에 올라 불타 죽었다.

　　　　　　　　　　　　　　　　　　화에 대하여

수없이 많은 못에 박혀 죽은 레굴루스[43]를, 스스로 목숨을 끊은 카토 [44]를 위해 눈물을 흘려야 합니까? 그들은 모두 짧은 시간을 들여 영원한 존재가 되는 길을 찾았고, 죽음으로써 불멸이 되었습니다.

제17장

사람들 앞에서 자신을 과시하려 애쓰고 본래 모습을 감추려 하는 것도 근심의 큰 원인이 됩니다. 많은 이들이 남에게 보여주기 위한 가식적인 삶을 삽니다. 숨겨둔 민낯이 드러날까 전전긍긍하며 끊임없이 자신을 경계하는 것은 고통스러운 일입니다. 사람들이 우리를 볼 때마다 평가한다고 생각하면 걱정과 근심에서 벗어날 수 없습니다. 의도와 달리 본모습이 자주 드러나고, 아무리 조심스레 감춰도 늘 가면을 쓴 삶은 즐겁거나 편안할 수 없기 때문입니다. 1

반면에 진실하고 꾸밈없으며, 행동을 전혀 숨기지 않는 단순하고 진솔한 삶은 얼마나 큰 즐거움을 주는지요! 하지만 사람들에게 모든 것을 드러내면 멸시당할 위험이 있습니다. 한 번 익숙해진 것은 무엇 2

---

43 레굴루스는 기원전 267년과 256년에 집정관을 지낸 로마의 장군이다. 제1차 포에니 전쟁 중 에크노무스 해전에서 승리했으나, 이듬해 아프리카로 진군하던 중 바그라다스강 전투에서 패해 포로가 되었다. 이후 포로 교환 협상을 위해 로마로 보내지며 반드시 복귀하겠다고 맹세했고, 로마에 도착한 그는 카르타고 포로 송환에 반대하는 의견을 원로원에 전했다. 가족과 친구들의 간청에도 불구하고, 맹세를 저버리는 것은 신의를 잃는 일이라며 자진해 카르타고로 돌아갔다.

44 카토는 앞에서 언급된 소 카토, 즉 마르쿠스 포르키우스 카토(기원전 95-46년)를 가리킨다.

이든 얕보는 이들이 있기 때문입니다. 그러나 미덕은 드러내도 그 가치가 떨어지지 않으며, 계속된 가식에 괴로워하느니 차라리 모든 것을 드러내고 멸시당하는 편이 낫습니다. 이 문제에서는 중용을 지켜야 합니다. 진솔한 삶과 경솔한 삶은 큰 차이가 있기 때문입니다.

3   우리는 자주 자신에게로 돌아가야 합니다. 평정심을 지닌 이들도 그렇지 못한 이들과 어울리다 보면 마음이 흐트러지고 격정이 일어나며, 아직 완전히 치유되지 않은 마음의 약한 부분이 덧나기 때문입니다. 그러나 혼자 있는 것과 함께 있는 것을 자연스럽게 오가야 합니다. 혼자 있으면 사람이 그립고, 함께 있으면 자신이 그리워지기에, 이 둘은 서로를 치유합니다. 고독은 군중에 대한 혐오를, 교류는 고독의 권태를 치유합니다.

4   마음은 늘 긴장된 상태로 있어서는 안 되고, 오락이나 농담도 즐겨야 합니다. 소크라테스는 아이들과 노는 것을 부끄러워하지 않았고, 카토는 공무에 지쳤을 때 술로 긴장을 풀었으며, 스키피오[45]는 박자에 맞춰 몸을 움직이며 장군다운 춤을 추었습니다. 그는 요즘 유행하는 것처럼 부드럽게 발을 옮기거나 여자보다 더 나긋나긋하게 움직이는 춤이 아닌, 옛 남자들이 축제 때 추던 남성적인 춤, 적들이 보아도 위신이 서는 그런 춤을 추었습니다.

5   마음에는 쉼을 주어 긴장을 풀어줘야 합니다. 쉬고 나면 마음은 더 좋아지고 예리해지기 때문입니다. 비옥한 땅이라도 쉬지 않고 경작하면 안 됩니다. 중간에 휴경하지 않으면 생산력이 빠르게 고갈되기

---

45 스키피오 아프리카누스(기원전 약 235-183년)는 제2차 포에니 전쟁에서 카르타고 본국을 공략하는 전략으로 한니발을 본국으로 유인해 기원전 202년 자마 전투에서 승리하고 전쟁을 끝낸 로마의 명장이다.

 화에 대하여

때문입니다. 마찬가지로 마음도 쉼 없이 혹사하면 활력을 잃지만, 잠시 긴장을 풀면 힘을 되찾습니다. 끊임없이 마음을 혹사하면 둔하고 무기력해집니다.

놀이와 오락에 대한 사람들의 욕구가 큰 것은 그것이 본래 어떤 6 즐거움을 주기 때문입니다. 하지만 잦은 놀이와 오락은 마음의 무게와 힘을 모두 앗아갈 것입니다. 잠은 회복을 위해 필요하지만 밤낮없이 잠에 빠져 있는 것은 죽음과 같습니다. 가끔 긴장을 푸는 것과 늘 해이한 삶을 사는 것은 큰 차이가 있습니다.

입법자들은 축제일을 법으로 정해 온 나라 사람들이 즐겁게 놀 수 7 있게 했습니다. 노동할 때도 중간중간 쉬는 것이 필수라고 여겼기 때문입니다. 앞서 말한 위인들 중 어떤 이들은 한 달에 여러 날을 휴일로 정했고, 어떤 이들은 하루를 일과 휴식으로 나누었습니다. 예컨대 위대한 연설가 아시니우스 폴리오[46]는 해 질 무렵 두 시간 전부터는 아무 일도 하지 않았습니다. 새로운 신경 쓸 일이 생기지 않도록 그 시간 이후에는 편지조차 읽지 않았고, 하루 동안 쌓인 피로를 이 두 시간에 모두 풀었습니다. 어떤 이들은 가벼운 일을 오후로 미루고 낮에 휴식을 취했습니다. 우리 선조들은 원로원에서도 해 질 무렵 이후에는 새로운 보고를 금지했습니다. 군인들은 밤에 교대로 보초를 섰고, 출정에서 돌아온 이들은 야간 보초를 면제받았습니다.

마음은 가혹하게 몰아붙이지 말고, 자양분이 되는 휴식으로 부드 8

---

[46] 아시니우스 폴리오(기원전 75년-기원후 4년)는 로마의 정치가이자 군인, 연설가, 문인이다. 『영웅전』의 저자 플루타르코스(약 46-120년)는 그의 역사서를 자주 인용했다. 베르길리우스의 후원자이자 호라티우스의 친구로 유명했으며, 두 시인 모두 그에게 작품을 헌정했다. 카이사르와 폼페이우스의 내전에서 카이사르를 지지했고, 정계 은퇴 후에는 작가로서 문인들을 후원했다.

럽게 돌봐야 합니다. 야외에서 산책하며 신선한 공기를 마시고 심호
흡하여 마음을 더 강하게 하고 새 힘을 얻게 해야 합니다. 때로는 마
차 여행을 하거나, 장소를 바꾸거나, 연회에서 어울리거나, 술에 취
하는 것도 활력을 줍니다. 정신을 잃을 정도가 아니라 술의 힘을 적
당히 빌리기 위해[47] 종종 취할 때까지 마셔야 합니다. 술에 취하면 근
심과 걱정이 사라지고, 마음 깊은 곳이 흔들리며, 육체의 병과 정신
의 슬픔도 치유되는 듯한 느낌이 듭니다. 술의 신을 '리베르'[48]라고
부르는 것은, 단순히 술에 취해 아무 말이나 하기 때문이 아니라, 술
이 걱정에 사로잡힌 마음을 해방시키고 새로운 활력을 불어넣어, 어
떤 일에도 더욱 담대히 맞설 수 있도록 하기 때문입니다.

9   자유가 그러하듯 술도 적당히 마시는 것이 이롭습니다. 솔론과 아
르케실라오스[49]는 술을 즐겼고, 카토는 폭음한다는 비난을 받았다고

---

47 '메르고'(mergo)는 "잠그다, 담그다, 가라앉히다"를, '데프리모'(deprimo)는 "내리누르
다, 억누르다, 함몰시키다"를 뜻한다. 직역하면 "술이 우리를 가라앉히기 위해서
가 아니라 억누르게 하기 위해"로, 두 동사는 취기의 정도를 나타낸다.

48 '리베르'(Liber)는 로마 신화에 등장하는 전원의 신으로, 동식물의 번식과 성장을
관장하며 생명의 순환을 상징한다. 동시에 그는 인간의 근심을 덜어주는 술의 신
바쿠스(Bacchus)의 또 다른 이름이기도 하며, 이는 곧 그리스 신화의 디오니소스
(Dionysos)와 동일한 존재다. 리베르의 신성은 단순한 쾌락이나 흥청거림을 넘어,
인간 존재의 억압을 풀어내고 본연의 자유를 회복시키는 상징이기도 하다. 그의
이름인 '리베르'는 라틴어로 '자유로운', '속박받지 않는', '거침없는'이라는 뜻을 지
니며, 물리적 구속뿐 아니라 정신적 억압으로부터의 해방을 암시한다. 로마인들
은 이러한 속성 덕분에 리베르를 정복과 권력의 찬란함보다는, 인간의 자연성과
자유의 본질을 환기시키는 존재로 받아들였다.

49 솔론(기원전 약 640-560년)은 아테네의 정치가이자 시인이며, 그리스 일곱 현인 중
한 명으로 다양한 개혁을 주도했다. 아르케실라오스(기원전 약 315-241년)는 플라톤
아카데메이아의 제6대 학장이며, 중기 아카데메이아 시대를 열어 회의주의 철학
을 이끌었다.

화에 대하여

합니다. 하지만 폭음은 카토로 하여금 부끄러운 짓을 하게 만든 것이 아니라 오히려 올바른 일을 하게 했습니다. 술을 자주 마셔 나쁜 습관이 들게 해서는 안 되지만, 때로는 마음을 기쁨과 자유로 이끌어 맨정신의 우울함에서 잠시라도 벗어나게 해야 합니다.

한 그리스 시인은 "때로 미치는 것도 즐거운 일이다"라고 했고,[50] 플라톤은 "맨정신으로 시의 문을 두드려봐야 아무 소용이 없다"고 했으며, 아리스토텔레스는 "위대한 재능치고 광기가 섞이지 않은 것은 없었다"고 했습니다.

우리가 그들의 말을 믿든 믿지 않든, 마음이 영감을 받지 않고서는 범상한 것을 뛰어넘는 위대한 말을 할 수 없습니다. 마음은 평범하고 관습적인 것을 내려놓고 영감을 따라 더 높이 날아올랐을 때만, 필멸의 인간이 할 수 있는 것 이상을 노래할 수 있었습니다. 자기 안에 갇혀 있는 동안에는 마음이 높은 곳의 숭고한 것에 닿을 수 없습니다. 늘 다니던 길을 벗어나 도전의 재갈을 물고 자신의 한계를 뛰어넘어, 평소라면 엄두도 내지 못했을 높이를 향해 미친 듯이 돌진해야 합니다.

친애하는 세레누스여, 당신은 평정심을 유지하고, 잃었다 되찾으며, 서서히 스며드는 악습들에 맞설 힘을 가지고 있습니다. 하지만 잘못된 길로 빠지려는 마음을 끊임없이 세심하게 살피고 주의를 기울이지 않는다면, 그 어떤 것도 약점을 이겨낼 만큼 충분히 강하거나 효과적이지 않다는 것을 알아야 합니다.

10

11

12

---

50 메난드로스(기원전 약 342-290년)는 아테네의 연례 희극 경연대회에서 8번 우승한 신 희극의 대가로 108편의 희곡을 남겼다.

제7편

현자의 항상심에 대하여

제1장

세레누스여,[1] 여자와 남자가 모두 사회 발전에 크게 이바지하지만, 여성은 순종하고 남성은 지배하도록 태어났다는 점에서 다르듯이, 스토아학파의 현자들과 다른 학파의 현자들 역시 그만큼이나 서로 다릅니다. 다른 학파의 현자들은 마치 주치의가 가장 강력한 처방 대신 환자가 감당할 만한 치료법을 선택하듯 배우는 이들의 기분을 맞춰가며 부드럽게 가르칩니다. 반면 남자다운 길을 걷는 스토아학파의 현자들은 철학 입문자들이 가르침을 편하게 받아들이게 하는 데 관심을 두지 않고, 처음부터 어떤 공격도 닿지 못할 만큼 높이 솟아 운명마저 초월한 저 봉우리로 우리를 이끄는 데 집중합니다.

"하지만 우리가 부름받은 그 길은 가파르고 험하다." 도대체 무슨 말입니까? 평탄한 길로 가서 어찌 높은 곳에 오를 수 있겠습니까? 하지만 그 길은 생각만큼 험하지 않습니다. 그저 초입만이 바위와 절벽으로 이루어져 통과할 수 없어 보일 뿐입니다. 멀리서 보면 거리로 인한 착시 때문에 길이 중간중간 끊어진 것처럼 보이지만, 더 가까이 다가가면 멀리서는 착시로 뭉뚱그려 보이던 곳들이 차례로 우리 앞

---

1 세레누스(약 63년 사망)는 세네카의 친구이자 먼 친척으로 추정된다. 기사 계급 출신으로 네로 치하에서 로마의 소방대장을 지냈다. 이 서신 형식의 에세이는 라틴어 원문의 문체를 고려해 '그대' 또는 '자네' 대신에 '당신'이라는 표현을 사용했다. 라틴어 원문에서는 하대하거나 존대하는 문체는 나오지 않는다.

에 펼쳐지면서, 멀리서 가파른 경사로 보이던 것이 완만한 비탈로 바뀝니다.

3   공정하지 못한 것에 분노하는 당신은 최근 우연히 카토[2]에 관한 이야기가 나오자, 이 시대가 카토를 알아보지 못해 폼페이우스와 카이사르보다 뛰어난 그를 바티니우스 같은 자보다 못하게 여긴 것에 분개했습니다. 광장에서 어떤 법안에 반대하는 연설을 하려던 카토가 그 법안을 찬성하는 자들에게 옷이 찢기고 연단에서 끌려내려와 파비우스 문[3]까지 끌려가면서, 이성을 잃은 무리에게 욕설과 침 뱉음을 비롯한 온갖 모욕을 당한 일이 당신에게는 부당하게 여겨졌기 때문이었습니다.

제2장

1   그때 나는 당신이 나라를 걱정하는 마음에 격앙된 것이 당연하다

---

2   소 카토로 불린 마르쿠스 포르키우스 카토(기원전 95-46년)는 공화정 말기의 영향력 있는 원로원 의원이다. 스토아학파를 따르며 로마의 전통과 공화정을 수호했다. 기원전 55년 정무관 선거에서 카이사르의 지지자 바티니우스에게 패했으나, 기원전 63년 재무관으로서 청렴한 재정 운영으로 명성을 얻었다. 기원전 49년 내전에서 폼페이우스 편에 서서 카이사르와 맞섰고, 폼페이우스가 패해 살해당한 후 46년에 자결했다.

3   파비우스 문(arcus Fabianus)은 기원전 121년 퀸투스 파비우스 막시무스 알로브로기쿠스가 갈리아 지방의 알로브로게스 부족과의 전쟁에서 승리한 것을 기념하기 위해 로마 광장의 동쪽 끝에 세운 아치형 개선문이다. 로마인들은 이를 로마 광장의 경계로 여겼다.

    화에 대하여

고 대답했습니다. 이쪽에서는 푸블리우스 클로디우스,[4] 저쪽에서는 바티니우스[5]와 극악무도한 자들이 맹목적 욕망에 사로잡혀, 나라를 팔아먹는 것이 곧 자신들의 파멸임을 깨닫지 못하고 있었기 때문입니다. 하지만 나는 카토 자신에 대해서는 걱정하지 말라고도 당부했습니다. 현자는 결코 불의에 상처 입거나, 모욕에 흔들리지 않기 때문입니다. 불사의 신들이 이전 시대에는 울릭세스[6]와 헤르쿨레스[7]를 현자의 본보기로 주었다면, 우리에게는 카토를 주었습니다. 우리 스토아학파는 힘들고 어려운 일에 굴하지 않고 쾌락을 경멸하며 모든 두려움을 이겨낸 이를 현자라 부르기 때문입니다.

카토는 맨주먹으로 짐승과 싸우거나, 불과 칼로 괴물을 무찌르거나, 한 사람이 하늘을 떠받친다는 신화가 통하던 시대의 인물이 아니었습니다. 옛 순진함은 흔적도 없이 사라지고 교활함이 극에 달해 활개를 치던 시절, 카토는 온갖 형태의 악과 천하를 삼분해 가지고도

---

4 푸블리우스 클로디우스(기원전 93-52년)는 제1차 삼두정치 시기의 평민파 정치가이자 거리 선동가다. 로마 최고 명문가 중 하나인 클라우디아 가문 출신이었으나, 평범한 평민 가정의 양자가 되어 호민관직에 올랐다. 정적들을 집요하게 괴롭혀 키케로를 추방으로 몰아넣는 등 과격한 정치 행보로 유명했다.

5 바티니우스는 공화정 말기의 정치가로, 가이우스 카이사르의 지지 아래 기원전 59년에 호민관이 되었고 47년에는 카이사르에 의해 집정관직에 올랐다.

6 울릭세스(Ulixes)는 트로이아 전쟁의 영웅 오디세우스의 라틴어 이름이다. 호메로스의 『오디세이아』에서 10년간의 트로이아 전쟁을 마친 뒤 또 다른 10년의 귀향 길에서 겪은 모험과, 고향 이타카에서 아내 페넬로페를 괴롭히는 구혼자들에 대한 복수를 그린 주인공이다.

7 헤르쿨레스(Hercules)는 그리스 신화의 영웅 헤라클레스의 라틴어 이름이다. 제우스와 알크메네 사이에서 태어난 그는 헤라 여신의 끊임없는 박해 속에서도 열두 과업을 완수하며 지혜와 용맹을 겸비한 그리스 신화 최고의 영웅으로 성장했다.

만족할 줄 모르는 세 사람[8]의 끝없는 권력욕에 맞서, 자신의 무게를 이기지 못해 가라앉던 타락한 국가의 악덕들에 홀로 맞섰고, 무너져 가는 국가를 한 손으로 떠받치려 안간힘을 썼습니다. 그러다 마침내 그가 제거되자, 그와 함께 그가 오랫동안 지탱해온 것도 무너져 내렸습니다. 이렇게 결코 분리될 수 없었던 둘이 동시에 사라졌습니다. 자유가 죽자 카토도 더는 살 수 없었고, 카토가 죽자 자유도 더는 살 수 없었기 때문입니다.

3 대중이 카토의 정무관직을 박탈하고, 그의 옷을 찢고, 그의 신성한 머리에 침을 뱉음으로써, 카토에게 불의를 행할 수 있었다고 당신은 생각합니까? 현자는 해악을 당할 수 없기에, 불의나 모욕을 당하지 않습니다.[9]

제3장

1 내게는 부글부글 끓어오르는 당신의 마음이 보입니다. 당신은 이렇게 외치려 하겠지요.

"바로 그런 말들 때문에 너희 스토아학파의 가르침이 신뢰를 잃는

---

8 제1차 삼두정치는 기원전 60년, 평민파 지도자 가이우스 카이사르가 벌족파인 원로원 세력을 견제하기 위해 폼페이우스 장군, 거부 크라수스와 맺은 정치 동맹이다. 이들 3인이 국가 권력을 분점한 체제를 일컫는다.

9 대중은 현자가 불의와 모욕을 당한다고 생각하지만, 현자에게는 그것이 불의도 모욕도 아니며 해도 되지 않는다. 이는 대중이 선한 자들이 나쁜 일을 겪는다고 여기나, 실제로 선한 자들은 그것을 나쁜 일로 경험하지 않는다는 논리와 같다.

                                        화에 대하여

것이다. 너희는 믿을 수도, 심지어 희망조차 가질 수 없는 것들을 공언한다. 현자는 결코 가난하지 않다고 강조하면서도, 정작 노예 하나 없이 지내고, 집도 없고, 먹을 것조차 부족한 처지에 놓이는 일이 흔하다는 것은 부정하지 않는다. 너희는 현자가 미치지 않았다고 하면서도, 그가 이성을 잃어 헛소리를 내뱉고 기이한 행동을 할 수 있다는 것은 인정한다. 너희는 현자는 노예가 아니라고 하면서도, 노예로 팔린다면 주인의 명령을 따르고 노예의 본분을 다할 것이라는 점은 시인한다. 그러니 너희는 눈썹만 치켜뜨며 대단한 척하지만, 사실 너희나 다른 학파나 이름만 다를 뿐 다 똑같다.

그래서 '현자는 불의나 모욕을 당하지 않는다'는 말은 처음 들을 때는 고귀하고 위대해 보이지만, 그 속에 다른 속셈이 숨어 있지 않은지 의심스럽다. 현자가 불의를 당하고도 분노하지 않는다는 말과 불의를 당하지 않는다는 말은 큰 차이가 있다. 당신이 현자는 평정심으로 불의를 잘 견딘다고 한다면, 그것은 특별할 게 없다. 그저 불의를 반복해서 당하다 보면 누구나 익숙해지는 인내심을 현자도 가졌다고 말하는 것이니까. 하지만 현자는 불의를 당하지 않는다는 말이 사실이라면, 즉 아무도 현자에게 불의를 저지를 수 없다는 뜻이라면, 나는 모든 것을 제쳐두고 스토아학파의 제자가 되리라."

나는 그럴듯한 말로 현자를 치장하려 한 것이 아닙니다. 진정 현자는 불의가 결코 닿을 수 없는 곳에 있다고 말한 것입니다. "그렇다면 현자에게 도전하거나 시험하려는 자가 없다는 말인가?" 신성한 성물 가운데 도둑맞지 않는 것은 없습니다. 그러나 도둑의 손이 닿지 않을 만큼 높은 곳에 있는 성물은 아무리 훼손하려 해도 그 숭고함을 잃지 않습니다. 훼손될 수 없다는 말은 훼손하려는 이가 없다는 뜻이 아니라, 훼손하려 해도 끝내 훼손되지 않는다는 뜻입니다. 이것이야말로 현자가 지닌 진정한 특성임을 증명해 보이겠습니다.

4   도전받지 않은 힘보다 도전을 이겨낸 힘이 더 강하다는 것은 분명합니다. 시험받지 않은 힘은 의심스럽지만, 온갖 공격을 물리친 힘은 그 강함이 확실히 증명된 것이 아니겠습니까? 따라서 현자는 불의를 전혀 당하지 않아서가 아니라, 당해도 해를 입지 않기에 본질적으로 더 훌륭하다는 것을 아셔야 합니다. 한가로이 놀고먹는 자들과 어울려 여가를 즐기는 사람이 아니라, 전쟁에 굴하지 않고 적이 다가와도 두려워하지 않는 사람이야말로 진정 용기 있는 사람이라 하겠습니다.

5   그러므로 나는 현자는 불의에 결코 굴복하지 않는다고 말합니다. 사람들이 현자에게 얼마나 많은 무기를 던지든 상관없습니다. 어떤 무기도 현자를 관통할 수 없기 때문입니다. 어떤 돌은 너무나 단단해서 쇠망치로 내리쳐도 깨지지 않고, 금강석은 자르거나 깎거나 갈아도 소용없어 오히려 도구의 날을 무디게 만듭니다. 어떤 것은 불에 타지 않아 맹렬한 불길 속에서도 강도와 형태를 유지합니다. 바닷가의 어떤 바위들은 오랜 세월 거센 파도에 시달려도 흔적 하나 남기지 않습니다. 현자의 정신도 이처럼 어떤 불의도 해를 입힐 수 없을 만큼 견고하고 강인한 힘을 지니고 있습니다.

제4장

1   "그렇다면 현자에게 불의를 가하려 시도하는 자가 없다는 말인가?" 사람들은 그런 시도를 하지만, 그 불의는 현자에게 닿지 못합니다. 현자와 현자가 아닌 자들 사이의 거리가 너무나 멀어 해로운 힘

화에 대하여

이 현자에게 미치지 못하기 때문입니다. 추종자들의 지지로 높은 자리에 올라 강력한 권력을 쥔 자들이 현자에게 해를 입히려 할 때도, 화살이 시위를 떠나고 투석기의 돌이 눈앞에서 사라질 만큼 높이 날아가도 천공에 닿지 못하고 떨어지듯, 그들의 모든 공격도 현자에게 이르지 못합니다.

어떻습니까? 한번 생각해보십시오. 저 어리석은 왕[10]이 수많은 화 2
살을 쏘아 하늘을 어둡게 하려 했을 때, 그 화살들 중 단 하나라도 해에 닿았습니까? 그가 깊은 바다에 쇠사슬을 던졌을 때, 그 사슬이 넵투누스에게 닿았습니까? 천체들은 인간의 손이 닿지 않고, 사람들이 신전을 부수고 신상을 불태워도 신성은 해를 입지 않듯이, 사람들이 현자에게 오만방자하고 뻔뻔스럽게 폭력을 휘둘러도, 현자에게 해를 입히려는 그들의 모든 시도는 결국 좌절되고 맙니다.

"하지만 현자에게 해를 입히려는 자가 아무도 없는 편이 더 낫지 3
않은가." 그런 말은 인류가 어떤 죄도 저지르지 않기를 바라는 것인데, 그것은 어려운 일입니다. 그리고 현자에게 해를 입히려는 자들이 그런 일을 하지 않는다면, 그것은 그들에게는 좋은 일이지만, 해를 입으려 해도 입을 수 없는 현자에게는 좋은 일이 아닙니다. 장군이 적진에서도 안전하게 침착함을 유지하는 것이 그의 군대가 강하다는 가장 확실한 증거이듯, 현자의 힘은 도전 속에서 평정을 지킬 때 가장 분명히 드러난다는 것을 나는 압니다.

---

10 페르시아 제국의 제4대 왕 크세르크세스(재위 기원전 486-465년)는 제3차 페르시아
   전쟁에서 그리스 원정을 위해 헬레스폰토스 해협에 배다리를 놓으려다 실패하자,
   바다를 채찍으로 300대 치고 쇠사슬을 던지게 했다. 넵투누스(Neptunus)는 그리스
   신화의 바다의 신 포세이돈의 라틴어 이름이다.

제5장

1   세레누스여, 당신도 알듯이 불의와 모욕은 구분해야 합니다. 불의는 본질적으로 더 심각하고, 모욕은 더 가볍습니다. 모욕은 사람에게 상처를 입히지는 않고 분노만 일으키는 것이어서, 예민한 이들에게만 심각하기 때문입니다. 가장 견디기 힘든 것이 모욕이라 여기는 이들은 마음이 유약하고 허한 사람들입니다.[11] 그래서 뺨을 맞느니 차라리 채찍을 맞겠다 하고, 모욕적인 말을 듣느니 차라리 사형을 당하거나 곤장을 맞는 게 더 낫다고 여기는 노예가 생겨납니다.

2   그토록 터무니없는 지경에 이른 이들은 실제로 고통받을 때뿐 아니라 고통받을 것이란 생각만으로도 마치 어린아이처럼 안절부절못합니다. 어린아이들은 어둠이나 흉한 몰골, 추한 얼굴만 봐도 겁에 질려 어쩔 줄 모르고, 귀에 거슬리는 이름이 들리거나 누가 손가락을 까딱하거나, 사람들이 갑자기 피하는 것과 우연히 마주치기만 해도 그 실체도 모른 채 울음을 터뜨리며 비명을 지릅니다.

3   불의의 목적은 남에게 해를 입히는 것입니다. 하지만 지혜는 해를 입힐 여지를 갖고 있지 않습니다. 지혜에 해를 입힐 수 있는 유일한 것은 도덕적 추악함이지만, 지혜에는 미덕과 도덕적 올바름이 자리 잡고 있어 도덕적 추악함이 침투할 수 없습니다. 해를 입힐 수 없다면 불의는 무의미합니다. 현자에게 유일하게 해가 될 수 있는 것은 도덕

---

11 '유약하고 허한'은 '디솔루티오'(dissolutio)와 '바니타스'(vanitas)를 옮긴 것이다. 디솔루티오는 단단히 뭉치지 못하고 해체되어 흐트러진 상태를, 바니타스는 확고한 목적 없이 마음이 공허한 상태를 의미한다.

화에 대하여

적 타락뿐입니다. 그러나 이미 도덕적 올바름을 갖춘 사람에게는 그 어떤 타락도 영향을 미칠 수 없습니다. 따라서 불의는 현자에게 결코 닿을 수 없습니다. 불의가 남에게 해를 입히는 것이라면, 현자는 어떤 해도 입지 않기에 불의는 현자에게 아무런 영향도 미치지 못합니다.

모든 불의는 불의를 당한 사람에게 손해를 입히는 것이기에, 사회 4 적 지위나 신체를 비롯한 우리의 외부에 있는 것이 손상되지 않았다면, 그것은 불의를 당했다고 할 수 없습니다. 하지만 현자에게는 잃을 수 있는 것이 없습니다. 현자는 모든 것을 자기 안에 간직했고, 운명에 기대는 것이 전혀 없기 때문입니다. 현자는 미덕으로 만족하기에, 그가 지닌 좋은 것은 안전합니다. 미덕은 운명의 도움을 필요로 하지 않고, 운명에 따라 커지거나 작아지지도 않습니다. 이미 최고의 경지에 이른 것은 더 이상 커질 여지가 없으며, 운명은 자신이 준 것만을 빼앗아갈 뿐이기 때문입니다. 미덕은 자유로워 아무도 건드릴 수 없고, 한 치의 흔들림도 없어서, 어떤 일이 닥쳐와도 견고히 서 있기에 꺾이기는커녕 조금도 굽히지 않습니다.

미덕은 무시무시한 형틀 앞에서도 눈 하나 깜짝하지 않고, 어려울 5 때나 순탄할 때나 표정이 변하지 않습니다. 그래서 현자는 자신이 잃었다고 여길 만한 어떤 것도 실제로 잃지 않습니다. 현자는 오직 절대 빼앗길 수 없는 단 하나, 곧 미덕만을 자신의 것으로 간직할 뿐이고, 그 밖의 다른 것은 마치 남에게서 빌린 것처럼 사용하기에 언제든 내어줄 수 있습니다. 현자에게 진정으로 속한 것은 미덕뿐이며, 그 미덕이 안전하다면 현자도 안전합니다. 그러므로 현자에게 해를 입힐 수 있는 불의는 존재하지 않으며, 결국 현자에게는 불의 자체가 저질러질 수 없습니다.

'폴리오르케테스', 즉 도시들의 함락자라는 별명을 가진 데메트리 6

오스[12]가 메가라를 점령한 뒤, 그곳의 철학자 스틸보에게 무엇을 잃었는지 묻자, 그는 "원래 내게 있던 모든 것이 그대로 있으니, 나는 아무것도 잃지 않았소"라고 답했습니다. 그러나 그가 조상에게서 물려받은 재산은 강탈당했고, 그의 딸들은 적의 손에 끌려갔으며, 그의 조국은 이제 적의 지배 아래 놓였습니다. 그는 승리한 군대의 창끝에 둘러싸인 채, 정복자의 자리에 앉은 적국의 왕 앞에서 심문을 받아야 했습니다.

7   하지만 스틸보는 자신의 도시는 점령당했으나 자신은 정복당하기는커녕 아무런 해도 입지 않았다고 증언함으로써, 데메트리오스에게서 승리를 빼앗았습니다. 스틸보는 누구도 건드릴 수 없는 자신의 진정한 재산은 여전히 그대로 지니고 있었고, 그가 가진 것 중 적들이 약탈해간 것들은 본디 자신의 것이 아니라 운명이 잠시 맡긴 것일 뿐이라 여겼습니다. 그래서 그는 그런 것들에 마음을 두지 않았습니다. 외부에서 온 것은 언제든 외부로 사라질 수 있는, 본래부터 불안정한 소유물이기 때문입니다.

제6장

1   이제 전쟁과 적군을 이기고 도시들을 파괴하며 명성을 떨친 저 위

---

12 '폴리오르케테스'(Poliorcetes)는 그리스어 폴리오르케테스(Πολιορκητής)를 음차한 것이다. 데메트리오스(기원전 337-283년)는 마케도니아의 왕이다. 메가라는 아테네와 코린토스 사이 사로니코스만 북쪽에 있던 그리스 도시국가다.

                                                     화에 대하여

대한 왕조차 빼앗지 못했던 그에게, 도둑이나 중상모략자나 폭력적인 이웃이나, 자식을 잃어 후계자 없는 늙은 왕이 수여한 막강한 권력을 쥔 부자가 과연 불의를 저지를 수 있을지 생각해보십시오.

사방에서 칼이 번뜩이고, 군사들은 약탈에 열을 올리며, 도시 전체 **2**
가 화염과 피와 학살로 뒤덮였습니다. 신전이 그 안의 신상들 위로 무너져 내리는 그 순간에도 오직 한 사람만이 평화를 누렸습니다. 그러니 당신은 내 말을 섣부른 과장이라 여기지 마십시오. 당신이 여전히 의심스럽다면 보증인을 세우겠습니다. 인간에게 이토록 강인하고 위대한 정신이 존재할 수 있다는 사실을 믿기 어려워하는 것 같으니 말입니다. 그때 스틸보가 한가운데로 나서며 이렇게 말합니다.

"인간으로 태어나 인간의 한계를 뛰어넘을 수 있다는 사실을 의심 **3**
하지 마라. 인간은 고통과 손실, 종기와 상처, 주변의 큰 혼란과 격변을 두려움 없이 마주할 수 있다. 어려운 때는 침착하게 행동하고 순탄할 때는 절제할 수 있으며, 고난 앞에서 물러서지도 않고 영화로움에 기대지도 않을 수 있다. 오직 자기 자신, 그중에서도 더 나은 부분만을 자신의 것으로 여기고 나머지는 모두 자신의 것이 아니라고 여기기에 운명이 어떻게 변하든 한결같을 수 있다.

수많은 나라를 파괴한 자의 지휘 아래 공성퇴가 성벽을 뒤흔들고, **4**
은밀히 파놓은 땅굴과 도랑으로 높은 망루들이 순식간에 무너지며, 흙으로 쌓은 공격용 보루가 성채만큼 높이 솟아도, 굳건히 세워진 정신을 흔들 수 있는 어떤 무기도 없다는 것을 보여주기 위해 내가 여기 서 있다. 방금 나는 폐허가 된 집에서 빠져나와 사방의 화염을 피해 피를 흘리며 달려왔다.

내 딸들이 어떤 일을 당했는지, 그들이 조국보다 더 비참한 처지가 **5**
되었는지 알지 못한다. 나는 홀로 있고 늙었으며, 주변에는 적들뿐이다. 그러나 나는 단언하건대 내 재산은 온전히 그대로다. 내가 가진 모든 것이 여전히 내게 있다.

6   당신이 나를 이겼다고 생각하지 마라. 당신의 운명이 나의 운명을 이긴 것뿐이다. 나를 떠나 주인을 바꾼 것이 지금 어디에 있는지 모르지만, 본래 내 것이었던 모든 것은 지금도, 앞으로도 내 곁에 있을 것이다.

7   부자들은 선조의 유산을 잃었고, 색을 밝히는 자들은 자신들이 사랑하는 것, 곧 큰 수치를 무릅쓰고 아끼던 정부를 잃었으며, 야심가들은 악행을 마음껏 저지르던 원로원과 광장을 잃었고, 탐욕스러운 고리대금업자들은 헛된 부를 꿈꾸며 즐거워하던 장부를 잃었다. 그러나 나는 분명 이전에 가진 모든 것을 그대로 지니고 있다. 그러니 무엇을 잃었는지 알고 싶다면, 눈물을 흘리며 탄식하는 자들, 칼 앞에서 재물을 지키려 맨몸으로 저항하는 자들, 돈주머니를 움켜쥐고 도망치는 자들에게 가서 물어보라."

8   그러므로 세레누스여, 인간과 신의 미덕으로 가득한 저 완전한 사람은 아무것도 잃지 않는다는 사실을 알아야 합니다. 그의 재산은 난공불락의 요새에 둘러싸여 있습니다. 그 요새는 알렉산드로스에 의해 무너진 바빌론의 성벽[13]보다도, 단 한 사람에 의해 함락된 카르타고와 누만티아의 성[14]보다도, 적군의 발자국이 남은 로마의 카피톨리

---

13 바빌론의 이중 성벽은 고대에 그 견고함으로 유명했다. 내성은 두께 6.5미터, 길이 2.6킬로미터였고, 도시 전체를 두른 외성은 10.5킬로미터에 달했다.

14 카르타고는 지중해 동쪽 티레에서 건너온 고대 페니키아인이 북아프리카 튀니스만 연안에 세운 식민도시로, 상업과 항해에 능했으며 로마는 이들을 '포에니인'이라 불렀다. 로마와 카르타고는 기원전 3세기 중반부터 2세기 중반까지 세 차례 포에니 전쟁을 치르며 지중해 패권을 놓고 격돌했고, 이는 고대 지중해사의 향방을

     화에 대하여

움[15]과 성채보다도 훨씬 견고합니다. 현자를 외부의 공격과 파멸로부터 지켜주는 그 성채는 뚫을 틈조차 없으며, 신의 손길로 빚어진 듯 높고 완전한 요새입니다.

제7장

당신은 우리[16]가 말한 그런 현자는 어디에서도 찾을 수 없다고 입버릇처럼 말하지만, 그렇게 말해서는 안 됩니다. 그런 현자는 인간 본성을 근거 없이 미화해서 만들어낸 것도, 허상을 쌓아올린 것도 아닙니다. 우리는 이미 우리가 말한 현자의 모습을 보여주었고, 비록 오랜 시간을 두고 극히 드물게 나타나겠지만 앞으로도 그런 현자가 있을 것입니다. 평범한 대중을 뛰어넘는 위대한 인물은 쉽게 태어나지 않기 때문입니다. 이 논의의 시작이 된 마르쿠스 카토는 우리의 본보기를 넘어선 인물일 것입니다. 1

해를 입히려면 가해자가 피해자보다 더 강해야 합니다. 하지만 악은 미덕보다 강하지 않습니다. 그러므로 현자는 해를 입을 수 없습니 2

좌우한 전쟁이었다. 누만티아는 이베리아반도 중앙의 켈트이베리아 도시국가로, 로마의 팽창에 맞서 오랫동안 완강히 저항했다. 소 스키피오라 불린 푸블리우스 코르넬리우스 스키피오(기원전 약 185-129년)는 기원전 146년 카르타고를 정복해 '아프리카누스'(Africanus)라는 칭호를, 기원전 133년 누만티아 함락으로 '누만티누스'(Numantinus)라는 칭호를 얻었다.

15 카피톨리움은 로마의 3대 주신인 유피테르(제우스), 유노(헤라), 미네르바(아테나)를 모신 신전과 그 신전이 있는 언덕을 가리킨다.

16 여기서 '우리'는 스토아학파 철학자들을 가리킨다.

다. 선한 이들에게 불의를 저지르려는 자들은 악한 자들입니다. 선한 이들은 서로 평화롭게 살지만, 악한 자들은 서로에게도, 선한 이들에게도 해를 끼칩니다. 그러나 약한 자만이 해를 입을 수 있는데, 악한 자는 선한 자보다 약하고 선한 자에게 해를 끼치려 하는 것은 오직 악한 자뿐이므로, 현자는 불의를 당해도 해를 입지 않습니다. 현자 외에는 선한 자가 없다는 점은 굳이 언급할 필요가 없을 것입니다.

3 어떤 사람은 이렇게 말할지도 모릅니다. "소크라테스가 부당하게 유죄판결을 받았다면, 그는 분명 불의에 의해 해를 입은 것이 아닌가요?" 그러나 여기서 우리는 분명히 짚고 넘어가야 합니다. 누군가가 불의를 저질렀다고 해서, 반드시 그 대상이 해를 입는 것은 아닙니다. 마치 누군가가 내 별장의 물건을 훔쳐 내 집에 놓았다면, 그는 도둑질을 했지만 나는 아무것도 잃지 않은 것과 같습니다.

4 누군가에게 해를 가하려 했어도 실제로는 해가 발생하지 않을 수 있습니다. 남편이 자기 아내를 다른 남자의 아내로 착각하고 동침했다면, 아내는 간통하지 않았으나 남편은 간통한 것입니다. 누군가가 내게 독약을 주었으나 다른 음식과 섞여 약효를 잃었다면, 그는 해를 끼치지는 못했어도 범죄를 저지른 것입니다. 누군가가 나를 칼로 찔렀으나 옷 때문에 상처를 입지 않았더라도, 그가 강도짓을 했다는 사실은 변함없습니다. 모든 범죄는 착수했다면 미수에 그쳐도 이미 범죄가 성립됩니다.

5 어떤 것들은 한쪽만으로도 존재할 수 있지만, 다른 쪽은 반드시 그 한쪽이 있어야만 성립하는 관계가 있습니다. 가령, 우리는 걸음을 옮기고 있더라도 달리고 있지는 않을 수 있습니다. 그러나 달리려면 반드시 발을 움직여야 합니다. 마찬가지로, 물속에 있다고 해서 반드시 수영하는 것은 아니지만, 수영하기 위해서는 반드시 물속에 있어야

화에 대하여

합니다.

우리가 다루는 것이 바로 이런 종류입니다. 내가 해를 입었다면 누 6
군가가 불의를 저지른 것이 분명하지만, 누군가가 불의를 저질렀다
고 해서 내가 반드시 해를 입는 것은 아닙니다. 해를 피할 방법이 많
기 때문입니다. 나를 치려던 주먹이 가로막히고, 나를 겨냥한 창이
빗나가듯, 어떤 것이 중간에 개입해 불의를 차단함으로써, 불의는 저
질러졌어도 해는 입지 않을 수 있습니다.

제8장

불의를 저지른다고 해서 정의를 훼손할 수는 없습니다. 서로 반대 1
되는 것은 결코 하나로 섞일 수 없기 때문입니다. 또한 불의가 없이
는 누구에게도 해를 입힐 수 없습니다. 따라서 현자에게 불의를 저질
러 해를 입히겠다는 말은 애초부터 앞뒤가 맞지 않습니다. 또한 아무
도 현자에게 불의를 저질러 해를 입힐 수 없듯이, 누구도 현자를 이
롭게 할 수 없다는 사실에 놀라지 마십시오. 현자는 부족함이 없어
다른 이의 도움을 받을 수 없고, 악한 자에게는 현자에게 줄 만한 것
이 없기 때문입니다. 다른 이에게 무언가를 주려면 자신이 먼저 가지
고 있어야 하는데, 악한 자는 현자가 기꺼이 받을 만한 것을 가지고
있지 않습니다.

그러므로 누구도 현자에게 해를 입히거나 이롭게 할 수 없습니다. 2
신적인 것은 도움이 필요하지도 않고 해를 입을 수도 없기 때문입니
다. 현자는 신들과 가장 가까운 이웃이며, 죽음을 제외하면 신과 가

장 닮은 자입니다. 현자가 추구하는 것은 언제나 고귀하고, 질서 정연하며, 흔들리지 않고, 일관되고, 고요하며, 자비롭고, 공동선을 지향하는 것입니다. 따라서 현자는 하찮은 것을 탐하지도 않고, 그것을 잃었다고 눈물 흘리지도 않습니다.

3   이성에 의지해 신적인 정신으로 인간사의 모든 일을 헤쳐 나가는 현자에게는 불의가 스며들 틈이 전혀 없습니다. 당신은 내가 인간이 저지르는 불의만을 말한다고 생각합니까? 운명이 저지르는 불의도 마찬가지입니다. 운명은 미덕을 마주할 때마다 적수가 되지 못해 늘 물러났습니다.

설령 운명이 온갖 권력을 동원해, 법과 폭군의 분노를 넘어서는 극심한 위협을 가해오더라도, 우리가 마음의 평정을 잃지 않고 '죽음은 해악도 불의도 아니다'라는 사실을 꿰뚫어 본다면, 우리는 손실이나 고통, 불명예나 유배, 사랑하는 이와의 사별과 같은 일을 훨씬 가볍게 견뎌낼 수 있습니다.

현자는 그런 일들이 한꺼번에 몰려와도 압도되지 않고, 개별적으로 공격해오면 더욱 미동도 하지 않습니다. 운명이 저지른 불의들 앞에서도 평정을 잃지 않는 현자가, 운명의 하수인인 권력자들이 저지른 불의들 앞에서는 얼마나 더 평정을 잘 지키겠습니까!

제9장

1   현자는 겨울의 혹독한 추위와 같은 악천후, 열병과 같은 질병들, 그 밖의 우연한 모든 일을 잘 견뎌냅니다. 하지만 다른 이들이 자신

                                        화에 대하여

들도 현자와 같은 지혜를 지녀 그것으로 모든 일을 한다고 여긴다면, 현자는 그것을 높게 평가하지 않습니다. 그들은 지혜가 아니라, 기만과 술수, 마음의 동요와 같은 운명의 장난에 따라 움직이기 때문입니다. 지금 이 순간에도 우리 주변에는 운명이 일으킨 사소한 혼란들이 넘쳐납니다.

불의의 원천이 얼마나 널리 퍼져 있는지 생각해보십시오. 매수된 2 고발자, 무고, 권력자들의 증오, 시민들 사이의 강도 행각처럼 우리를 위험에 빠뜨리려는 것이 그러합니다. 힘겹게 쟁취한 이익이나 특권을 잃는 것, 기대했던 상속이 다른 이에게 돌아가는 것, 유력한 가문의 호의를 잃는 것조차도 흔한 불의의 사례입니다. 그러나 현자는 이 모든 기대에서 벗어나 있기 때문에, 무엇을 얻고 잃는 데 집착하지도 두려워하지도 않습니다.

어떤 이들은 이렇게 말합니다. "아무리 굳건한 사람이라도 불의는 3 분명히 느끼고, 그 사실을 인식하면 격정이 일어나는 법이다." 그러나 오류를 제거하여 자신을 잘 다스리는 사람은 깊은 평정 속에 있어 격정이 일지 않습니다. 불의가 그에게 영향을 미친다면 동요할 것이지만 현자는 분노에서 자유롭습니다. 불의로 해를 입은 듯 보이는 것으로는 분노가 생기지 않고, 실제로 해를 입었을 때만 분노가 생기는데, 현자는 불의가 자신을 해칠 수 없음을 알기 때문입니다. 그래서 현자는 굳건히 서서 기뻐하며, 끝없는 기쁨으로 가득합니다. 현자는 온갖 일과 사람들의 공격 앞에서 위축되기는커녕, 오히려 이를 자신의 경험과 미덕을 시험하는 기회로 삼습니다.

그러니 간곡히 권합니다. 공평한 마음으로, 불의는 현자에게 닿지 4 못한다는 이 명제를 받아들이십시오. 여러분이 이 명제를 받아들인다고 해서 여러분의 뻔뻔함, 욕망, 무모함, 오만함이 줄어들지는 않을 것입니다. 현자가 이런 자유를 얻는다고 해도 여러분의 악덕이 사라지는 것은 아닙니다. 우리가 이 명제를 받아들이라고 하는 것은 여러분의 불의를 막으려는 것이 아닙니다. 다만 현자가 모든 불의를 물리치고 인내와 위대한 마음으로 자신을 지킬 수 있다는 것을 보여주려는 것입니다.

5   신들의 경기에서 많은 선수들은 상대가 자신을 쓰러뜨리려 끊임없이 공격해도 불굴의 인내로 끝까지 버텨, 상대를 지치게 만들어 승리를 거둡니다. 현자가 바로 그런 부류의 사람이라 생각하십시오. 현자는 오랜 훈련으로 적의 어떤 공격도 끝까지 견뎌내, 적을 스스로 지치게 만들 수 있는 강인한 힘을 얻었습니다.

제10장

1   우리의 논의 첫 부분을 마쳤으니, 이제 나머지로 넘어가겠습니다. 여기서는 현자가 모욕을 당할 수 없다는 것을 여러 근거로 설명할 것인데, 일부는 내 생각이지만 대부분은 스토아학파의 공통된 견해입니다. 모욕은 불의보다 가벼워서, 이에 대해서는 응징보다는 항의로 대처해야 한다고 보았고, 법률도 처벌할 만한 것으로 여기지 않았습니다.

2   모욕감은 무례한 말이나 행동으로 마음이 위축될 때 느끼는 굴욕감에서 생깁니다. "오늘 저 사람이 다른 이들은 초대하고 나만 빼놓았다"거나, "그가 건방지게 내 말을 무시하거나 공개적으로 비웃었다"거나, "그가 나를 상석이 아닌 맨 끝자리에 앉혔다"는 식의 말들은

                                          화에 대하여

불편한 심기를 토로하는 것이 아니고 무엇이겠습니까? 이런 모욕감을 느끼는 이들은 부족함 없이 살며 모든 것을 뜻대로 해온 사람들입니다. 열악한 처지에 있는 이는 이런 것에 신경 쓸 여유가 없기 때문입니다.

지나치게 한가하고, 유약하며 여성적인 본성을 타고나고, 진정한 불의를 겪어보지 못하고, 모든 것을 뜻대로 해온 이들이 이런 일로 모욕감을 느끼는데, 이는 대개 상황을 잘못 해석해서입니다. 따라서 모욕감을 느끼는 것은 자신에게 분별력과 자신감이 없음을 드러내는 것입니다. 그는 자신이 분명히 멸시받았다고 여기고 분노하지만, 이런 감정은 억눌린 마음이 느끼는 굴욕감에서 비롯됩니다.

반면 현자는 모욕감을 전혀 느끼지 않습니다. 그는 자신의 위대함을 알고, 누구도 자신에게 그런 영향을 미칠 수 없다는 것을 압니다. 그래서 그는 괴로움이라기보다 단순한 불편함에 가까운 이런 일들을, 이겨낸다기보다는 처음부터 느끼지도 않습니다.

물론 현자를 무너뜨리지는 못해도, 타격을 주는 것이 있습니다. 신체의 고통과 불구, 친구와 자녀의 상실, 전쟁으로 인한 조국의 재난이 그러합니다. 현자도 이것을 느낀다는 점을 부정하지 않습니다. 그들은 아무것도 느끼지 못하는 돌이나 쇠가 아니기 때문입니다. 감각이 없어 아무것도 느끼지 못한 채 참는 것은 미덕이 아닙니다. 그렇다면 이런 경우 현자는 어떻게 할까요? 현자는 어느 정도 타격을 받아 상처를 입지만, 그 상처를 싸매고 치료하며 봉합합니다.

반면 이보다 가벼운 것은 아예 감각적으로 받아들이지 않습니다. 그런 일에 미덕을 소모하지 않고, 무심히 지나치거나 웃어넘깁니다.

제11장

1   모욕을 일삼는 이들은 대개 행운에 취해 오만방자하게 구는 자들입니다. 현자는 그들의 부풀어 오른 오만함을 꺾을 무기를 지니고 있는데, 그것은 모든 미덕 중 가장 아름다운 덕, 바로 대범함[17]입니다. 대범함이란, 실체도 없고 진실도 없는 꿈이나 밤의 환영 같은 헛것들을 마음에 두지 않고 가볍게 흘려보내는 태도입니다.

2   또한 현자는 세상의 모든 것이 자신보다 열등하다는 사실을 알기에, 그런 것들이 더 높은 존재를 감히 멸시할 수 없다는 것도 잘 알고 있습니다. 모욕이란 말은 경멸이란 말에서 비롯됐습니다.[18] 다른 이를 경멸하지 않는다면 모욕이란 불의를 저지르지 않기 때문입니다. 그러나 늘 다른 이들을 경멸해온 사람도 자신보다 더 위대하고 훌륭한 이를 경멸하지는 않습니다. 예컨대 아이들이 부모의 얼굴을 때리고, 아기가 어머니의 머리칼을 잡아 뽑거나, 침을 뱉거나, 감춰야 할 곳을 드러내거나, 상스러운 말을 서슴지 않아도, 우리는 이를 모욕이라 하지 않습니다. 무슨 까닭이겠습니까? 아이들이나 아기는 누군가를 경멸할 수 없는 존재이기 때문입니다.

3   그래서 우리는 주인을 모욕하는 노예들의 익살을 즐깁니다. 노예

---

17 '마그나니미타스'(magnanimitas)는 '마그누스 아니무스'(magnus animus, 큰마음)의 명사형이다. 크고 넓은 마음, 곧 대범함, 관대함, 도량을 뜻한다. 운명이 불운을 가져다주는 것은 인간이 어찌할 수 없지만, 관대함으로 그 불운의 기세를 꺾고 무디게 할 수는 있다. 제4편의 주석 9를 참고하라.

18 '모욕'을 뜻하는 '콘투멜리아'(contumelia)는 '경멸'을 뜻하는 '콘템프투스'(contemptus)에서 파생했다.

                                                      화에 대하여

들이 손님들 앞에서 감히 주인을 모욕하는 익살을 부리는 것은 주인
이 먼저 그런 익살을 받아들였기 때문입니다. 이렇게 하여 주인을 향
한 모욕적인 말, 심지어 조롱에 가까운 말을 가장 잘하는 노예는 그
런 말을 마음껏 할 자유를 얻습니다. 그래서 어떤 이들은 대담한 어
린 노예들을 사들여, 그들의 뻔뻔스러움을 키우고 모욕적인 말을 퍼
붓도록 훈련시킵니다. 하지만 우리는 이를 모욕이 아닌 재담이라 부
릅니다. 그런데 같은 말을 듣고 때로는 즐거워하고 때로는 화내며,
친구가 하면 악담이라 하고 어린 노예가 하면 모욕을 빙자한 익살이
라 하는 것은 얼마나 어리석은 일입니까!

제12장

우리가 어린 노예들을 대하듯, 현자는 모든 사람을 그렇게 대합니 1
다. 모든 사람은 어린 시절을 지나 백발이 되어서도 여전히 아이이기
때문입니다. 사람들은 나이가 들어서도 유년기의 잘못된 마음을 간
직할 뿐 아니라 더 큰 잘못들을 저지릅니다. 몸집이 커지고 외모가
바뀐 것 말고는 아이와 다를 바 없으며, 그 밖의 것은 전혀 나아지지
않았습니다. 나이 들어서도 사람들은 갈팡질팡하고, 쾌락을 맹목적
으로 쫓으며, 불안에 떨다가 두려움 앞에서만 조용해집니다.

그래서 아이들과 어른들 사이에 차이가 있다고 할 수 없습니다. 아 2
이들이 손가락뼈로 만든 주사위와 호두, 동전을 탐내듯 어른들은 금
과 은, 도시를 탐냅니다. 아이들이 관복을 입고 막대기 다발에 도끼
를 끼운 '파스케스'를 들고 법정놀이를 하며 관리 흉내를 내듯, 어른

들은 마르스 연병장과 광장, 원로원에서 같은 놀이를 진지하게 합니다.[19] 아이들이 바닷가에서 모래성을 쌓듯, 어른들은 무슨 큰일이라도 하듯 성벽을 쌓고 요새를 만드느라 힘쓰지만, 정작 이런 방어 시설들이 오히려 전쟁과 파괴를 부르곤 합니다. 따라서 아이들과 어른들은 똑같지만, 아이들과 달리 더 큰 잘못을 저지르는 것은 어른들입니다.

3 그러므로 현자가 사람들의 모욕을 농담으로 여기는 것은 당연합니다. 그리고 아이들에게 하듯 때때로 그들을 벌주고 훈계하는데, 이는 현자가 불의로 해를 입어서가 아니라 그들이 불의를 저질렀기 때문이며, 앞으로 다시는 불의를 저지르지 않게 하기 위함입니다. 이는 마치 가축을 채찍으로 길들이는 것과 같습니다. 우리는 사람 태우기를 거부하는 가축에게 화를 내는 것이 아니라, 채찍으로 고통을 주어 고집을 꺾는 방식으로 다스립니다. 그러므로 "현자는 불의를 당해도 해를 입지 않고 모욕을 당해도 모욕감을 느끼지 않는데, 왜 불의나 모욕을 저지른 자들을 벌하는가"라는 물음에 대한 답을 알았을 것입니다. 현자는 그들을 응징하는 것이 아니라 훈육하는 것입니다.

---

19 로마 공직자들은 자주색 깃이 달린 관복을 입었다. '파스키스'(fascis)는 본래 "다발"을 뜻한다. 로마의 고위 공직자, 특히 집정관의 경호원들은 도끼가 꽂힌 막대기 다발인 '파스케스'(fasces)를 들고 다녔다. 이는 권력과 권위, 결속의 힘을 상징했으며, 이후 국수주의적 전체주의를 뜻하는 '파시즘'(fascism, 결속주의)이라는 단어가 유래했다. '마르스 연병장'(campus Martius)으로 번역한 단어는 원문에는 '캄푸스'로만 되어 있다. '캄푸스'는 원래 넓게 펼쳐진 들판을 의미한다. 영어 '캠퍼스'(campus)의 어원이다.

                                        화에 대하여

제13장

현자가 아닌 이들도 이유는 다르더라도 모욕에 끄떡없는 견고한 [1] 마음을 지닐 수 있다면, 현자에게 그런 마음이 있다는 것을 의심할 이유가 있겠습니까? 어떤 의사가 미치광이에게 분노합니까? 찬물을 마시지 말라는 처방을 받은 열병 환자가 악담을 해도, 어떤 의사가 그것을 모욕으로 여기겠습니까?

의사가 환자를 대하듯, 현자는 모든 사람을 대합니다. 치료가 필요 [2] 하면 의사는 환자의 은밀한 곳을 만지고, 대소변을 살피는 것도 꺼리지 않으며, 욕설을 들어도 피하지 않습니다. 현자는 평민의 옷을 입었든 관복을 입었든, 혈기왕성하게 활보하는 이들 모두가 실은 건강하지 않은 무절제한 환자임을 압니다. 그래서 치료자는 환자들이 병든 채 심통을 부려도 화내지 않고, 자신을 받들든 무시하든 거기에 어떤 가치도 두지 않습니다.

현자는 거지가 존경심을 보여도 기뻐하지 않고, 최하층민에게 인 [3] 사했는데 답례가 없어도 모욕으로 여기지 않듯이, 많은 부자가 자신을 우러러봐도 쳐다보지 않습니다. 부자들은 거지와 다를 바 없고, 거지는 조금 모자란 데 비해 부자는 훨씬 더 모자라서 오히려 더 불

---

20 메디아인은 기원전 11세기에 현 이란 북서부에 메디아를 건국한 이란계 유목민이다. 기원전 6세기까지 중앙아시아와 아프가니스탄에 이르는 대제국을 이루었으나, 페르시아 제국의 키루스 2세(재위 기원전 559-529년)에게 정복되었다. 세네카 시대에 메디아인은 일반적으로 페르시아인을 지칭했다. 따라서 여기서는 페르시아의 왕이라는 뜻이다. 페르시아는 신바빌로니아, 메디아, 리디아를 차례로 정복하며 거대 제국으로 성장했다.

행하다는 것을 알기 때문입니다. 또한 메디아인의 왕[20]이나 아시아의 아탈로스 왕[21]이 자신의 인사를 무시하고 거만하게 지나친다 해도 현자는 개의치 않습니다. 왕이란 지위는 권세 있는 집안의 병든 자들을 돌보는 하인과 다를 바 없어서, 조금도 부럽지 않은 자리임을 알기 때문입니다.

4 카스토르 신전[22] 앞의 시끄러운 노예시장처럼, 하찮은 노예들로 가득한 가게를 운영하며 노예를 사고파는 이들 중 누군가가 내 인사를 무시했다고 해서, 내가 굳이 기분 나빠할 이유가 있을까요? 전혀 없습니다. 자기보다 더 열등한 자들만 데리고 있는 이에게서 무슨 선한 것이 나오겠습니까?

그러므로 현자는 그런 자들이 자신을 예우하든 무례히 대하든 상관치 않듯이, 왕이 자신을 어떻게 대하든 개의치 않습니다. "당신은 파르티아인[23]과 메디아인, 박트리아인[24]을 복종시켰소. 하지만 그들은 당신이 겨누는 활이 두려워 붙어 있을 뿐, 실은 당신의 가장 위험

---

21 아시아는 본래 리디아의 한 도시 이름이었으나 후에 그 지역 전체를 가리키게 되었다. 아탈로스 왕(기원전 269-197년)은 '구원자'로 불린 아탈로스 1세로, 소아시아 페르가몬의 왕이었다. 그는 소아시아 전역을 다스렸고, 마케도니아-카르타고 동맹에 맞서 로마와 손잡고 마케도니아 전쟁에 참전했다.

22 카스토르와 폴룩스는 '디오스쿠로이'(제우스의 아들들)로 불린 그리스 신화의 쌍둥이 영웅이다. 이들은 아르고호 원정, 칼리돈 멧돼지 사냥, 헤라클레스의 12과업 등 주요 모험에 참여했다. 기원전 5세기부터 로마에서 신으로 숭배되어 신전이 세워졌다. 카스토르-폴룩스 신전은 로마 광장 중심부에 있어 원로원 회의와 정치 연설의 장소로 자주 사용되었다.

23 파르티아인의 지배 세력은 이란 북부 유목민 출신이나 페르시아 제국 아케메네스 왕조를 계승했다고 자처했다. 이들은 기원전 247년부터 기원후 226년까지 서아시아를 다스린 파르티아 왕조를 세웠다.

24 박트리아인은 중앙아시아의 박트리아 지역(현재 우즈베키스탄과 타지키스탄 남부, 아프가니스탄 북부)에 살았던 이란계 민족이다.

   화에 대하여

한 적들입니다. 언제든 당신을 배신하고 새로운 주인에게 충성을 바칠 준비가 되어 있는 자들이오."

따라서 현자는 누가 모욕해도 흔들리지 않습니다. 모든 사람은 서로 다르지만, 현자는 모든 이가 똑같이 어리석다고 여기기 때문입니다. 사람이 한번 불의나 모욕에 흔들리기 시작하면, 이후로는 한시도 평정을 유지할 수 없습니다. 평정은 오직 현자만이 지닌 미덕입니다. 그래서 현자는 누군가 자신을 모욕했다 해도, 그것을 자신의 모욕으로 받아들이지 않으며, 모욕한 자에게 괜한 권위를 부여하는 어리석음도 범하지 않습니다. 모욕에 상처받는 것은, 결국 그 말을 한 자를 자신보다 더 높은 위치에 놓는 것과 다르지 않기 때문입니다.

제14장

여자에게 모욕을 당할 수 있다고 여기는 자들은 제정신이 아닙니다. 여자가 얼마나 많은 재산을 지녔는지, 얼마나 많은 가마꾼을 거느리는지, 얼마나 화려한 장신구를 달고 다니는지, 얼마나 큰 가마를 타는지는 중요하지 않습니다. 아무리 많이 배워도 지혜를 얻지 못한 여자는 모두 욕망을 다스리지 못해 거칠게 날뛰는 짐승이나 다름없습니다.

어떤 이들은 이발사의 무례함, 문지기의 까다로움, 호명하는 노예의 거만함, 시중드는 노예의 오만함을 모욕이라 부릅니다. 이런 것에서 모욕을 느끼다니 얼마나 우스운 일입니까! 남들이 일으킨 소란 속에서도 마음의 평화를 잃지 않는 영혼은 얼마나 큰 즐거움을 누리겠습니까!

"그렇다면 어떻게 하겠다는 것인가?

2   현자는 무례한 문지기가 지키는 문간을 피해야 하는가?"

현자는 필요하다면 그런 문지기에게도 다가갈 것이며, 사나운 개를 달래듯 먹이를 던져줄 것이고, 어떤 다리를 건널 때 통행세를 내듯 문을 통과하기 위해 돈을 건네는 것도 꺼리지 않을 것입니다. 현자는 물건을 살 때 값을 치르듯, 문지기가 누구든 통행세를 요구하면 지불할 것입니다. 문지기에게 욕설을 퍼붓고, 자신의 출입증을 부수고, 주인에게 가서 문지기를 채찍으로 치라고 요구해야 직성이 풀리는 자는 옹졸합니다. 문지기와 다투는 자는 그를 자신과 같은 격으로 만드는 것이니, 이긴다 해도 문지기와 똑같은 사람이 됩니다.

3   "하지만 주먹으로 맞았다면 현자는 어떻게 할까?" 현자는 카토가 얼굴을 맞았을 때처럼 행동할 것입니다. 카토는 화내지도 않았고, 불의를 당했다며 보복하지도 않았으며, 용서조차 하지 않았습니다. 오히려 불의가 있었다는 사실 자체를 부정했습니다. 불의를 용서하는 것보다, 불의 자체를 받아들이지 않는 것이 더 큰 정신력을 보여주는 것이었기 때문입니다.[25] 이에 대해 더 말하지 않겠습니다. 현자와 다른 모든 이들이 좋고 나쁨을 보는 관점이 다르다는 것은 누구나 알기 때문입니다.

4   현자는 사람들이 추하거나 불행하다고 여기는 것에 개의치 않고, 대중이 가는 길을 따르지 않으며, 별들이 땅과 반대로 도는 것처럼 사람들의 생각과 정반대로 움직입니다.

---

25 라틴어 '아그노스코'(agnosco)는 '인정하다', '이그노스코'(ignosco)는 '용서하다'를 뜻한다. 세네카는 앞의 한 글자만 다른 이 두 단어로 언어유희를 하고 있다.

                                        화에 대하여

제15장

그러니 이렇게 묻기를 그만두십시오. "현자가 죽도록 맞고 눈이 뽑 1
혀도 불의를 당하지 않았다는 것인가? 광장에서 불량배들이 욕설과
험담을 퍼부어도 모욕을 당하지 않았다는 것인가? 왕의 연회에서 식
탁 아래 앉아 허드렛일 하는 노예들과 함께 먹으라 명령받아도 모욕
이 아니란 말인가? 인간의 자존심을 짓밟는 일을 강요당해도 모욕이
아니란 말인가?"

그런 일들은 수와 정도의 차이일 뿐 본질은 같습니다. 작은 일들이 2
현자에게 영향을 미치지 못한다면 큰일들도 마찬가지이고, 적은 수
의 일들이 현자를 흔들지 못한다면 많은 수의 일도 마찬가지입니다.
여러분은 자신의 나약한 마음을 기준으로 현자의 위대한 마음을 가
늠하고, 자신이 견딜 수 있는 정도에 조금 더한 것이 현자의 한계라
생각합니다. 하지만 현자는 자신의 미덕으로 말미암아 여러분과는
다른 세계에서 살아가고 있어서, 여러분과는 공통점이 없습니다.

사람이 감당하기 어렵고 차마 눈 뜨고 볼 수 없는 끔찍한 일들을 3
떠올려보십시오. 현자는 그런 일들이 하나씩 오든 한꺼번에 닥치든
무너지지 않고 견뎌냅니다. 현자가 어떤 일은 견디고 어떤 일은 견디
지 못한다고 말하는 건, 그의 위대함을 부정하는 일입니다. 운명 앞
에 무너진다면, 그는 운명을 이긴 자가 아닙니다.

이를 스토아학파만의 엄격함이라 여기지 마십시오. 여러분이 나태 4
함의 후견인으로 여기고, 유약함과 게으름, 쾌락으로 이끈다고 생각
하는 에피쿠로스[26]조차 "현자는 운명에 방해받는 일이 드물다"라고
했습니다. 이것이 거의 대장부다운 말이 아닙니까! 그렇다면 한 걸음

더 나아가 운명이란 것 자체를 아예 지워버리는 게 어떨까요?

5   현자의 이 집은 좁고 꾸미지 않았으며, 시끄럽지도 화려하지도 않고, 뇌물 받고 사람을 가려 들이는 거만한 문지기도 없습니다. 하지만 이렇게 비어 있는 문턱을 운명은 넘지 못합니다. 자신이 준 것이 없는 곳에는 발을 들여놓을 수 없음을 알기 때문입니다.

제16장

1   인간의 육체를 가장 중시하는 에피쿠로스마저 불의에 맞서 목소리를 높이는데, 어찌 불의를 이기는 것이 믿기 힘들거나 인간의 한계를 넘는 일로 보일 수 있겠습니까? 에피쿠로스는 현자가 불의를 견딜 수 있다고 하지만, 우리는 현자에게는 불의란 아예 없다고 말합니다. 우리의 이 말을 사람의 본성에 어긋난다 하지 마십시오.

2   우리는 매질과 폭행, 신체의 훼손이 고통스럽다는 것을 부정하지 않습니다. 다만 이 모든 것이 불의로 인한 해악이라는 점을 부정하는

---

26 에피쿠로스(기원전 341-271년)는 소아시아 사모스섬 출신으로, 고대 그리스 에피쿠로스학파를 창시했다. 그는 원자론적 유물론의 세계관 위에서, 운명을 포함한 모든 것에 흔들리지 않는 평정심을 바탕으로 고통 없는 최대의 쾌락을 누리는 것이 인간의 행복한 삶이라고 가르쳤다. 많은 사람이 그가 흔히 말하는 감각적 쾌락을 추구했다고 오해하지만, 실제로 그는 사람들이 말하는 쾌락은 평정심을 깨뜨리고 결국 고통을 초래하므로 진정한 쾌락의 방해물이라고 말했다. 또한 운명의 영향으로 평정심이 방해받기에, 쾌락을 위해서는 운명의 영향에서도 벗어나 있어야 한다고 가르쳤다. 이는 운명과 관련한 세네카의 주장과 유사하다. 세네카는 후에 에피쿠로스학파도 큰 틀에서는 스토아학파와 다르지 않다고 말한다.

    화에 대하여

것입니다. 우리는 현자가 이런 일을 당할 때 고통을 느끼지 않는다고 말하는 것이 아니라, 이런 일들이 미덕을 조금도 훼손하지 못하므로 불의로 인한 해악이라 할 수 없다는 것입니다.

에피쿠로스와 우리 중 누구의 말이 더 진실인지는 나중에 살피겠지만, 둘 다 불의를 하찮게 여긴다는 점은 같습니다. 이 둘의 차이가 무엇이냐고요? 그것은 가장 용맹한 두 검투사와 같습니다. 한 사람은 상처를 감추고 두 발로 버티고 서 있고, 다른 한 사람은 군중을 향해 자신은 상처 하나 없으니 시합을 계속하자고 외치고 있습니다.

이 차이를 지나치게 확대해석할 필요는 없습니다. 본질은 불의를 **3** 대하는 태도에 있습니다. 즉, 불의와 그 그림자에 불과한 모욕을 대수롭지 않게 여기는 태도 말입니다. 그리고 이를 위해 반드시 현자가 될 필요는 없습니다. 제정신을 지닌 사람이라면 누구든 이렇게 말할 수 있어야 합니다. "내가 이 불의와 모욕을 당해야 할 사람인가? 만약 그렇다면, 그것은 모욕이 아니라 정당한 심판이다. 반대로, 그렇지 않다면 부끄러워해야 할 이는 나를 모욕한 그 사람이다."

모욕이라 말하는 것이 무엇입니까? 누군가가 나의 대머리, 나쁜 **4** 눈, 빈약한 다리, 키를 두고 놀렸다 칩시다. 이는 분명한 사실을 지적한 것인데 어찌 모욕이 되겠습니까? 우리는 한 사람 앞에서 그런 말을 들으면 웃어넘기면서도 여러 사람 앞에서 들으면 분노합니다. 우리끼리는 그런 말을 마음껏 하면서도 다른 이에게는 그럴 자유를 주지 않습니다. 절제된 농담은 즐기다가도 지나치면 격분합니다.

제17장

1 크리시포스[27]는 누군가가 자신을 "바다에 빠진 거세된 숫양"이라 부른 것에 분개한 사람의 이야기를 전합니다. 또한 원로원에서 우리는 오비디우스 나소[28]의 사위 코르넬리우스 피두스가 코르불로에게 "털 뽑힌 타조"라는 말을 듣고 눈물 흘리는 것을 보았습니다. 그의 품성과 삶을 공격하는 심각한 악담에는 눈 하나 깜짝하지 않던 그가 이런 말에 눈물을 흘린 것입니다. 이성을 잃은 마음은 이토록 약한 것입니다.

2 누군가 우리의 말투나 걸음걸이를 따라 하거나, 신체적 결함이나 발음을 흉내 낼 때 우리가 화를 내는 까닭은 무엇입니까? 그런 것이 우리가 할 때보다 남이 흉내 낼 때 더 또렷이 보이기 때문입니다! 어떤 이들은 노년이나 백발처럼 피하고 싶었던 것이 찾아왔을 때 남들이 그것을 지적하면 불쾌해합니다. 어떤 이는 자신의 가난을 비웃는 것이 견딜 수 없어 숨기려 하지만, 오히려 그렇게 숨기는 것이 남들

---

27 크리시포스(기원전 약 279-206년)는 스토아학파 창시자 제논의 제자 클레안테스에게 배워 제3대 학장이 된 그리스의 철학자로, 스토아 철학을 최초로 체계화했다. 그는 세계가 신적 로고스(이성)의 지배를 받으며, 모든 불행은 이 신적 로고스의 질서에서 벗어날 때 발생하므로, 신적 로고스의 학문인 논리학을 습득해야 한다고 가르쳤다. 그의 『명제 논리학』이 유명하다.

28 오비디우스 나소(기원전 약 43-기원후 17년)는 아우구스투스 황제 시대의 시인이다. 베르길리우스, 호라티우스와 함께 라틴 문학의 3대 시인으로 인정된다. 그의 가장 유명한 서사시는 『변신 이야기』다. 코르넬리우스 피두스에 대해서는 알려진 바가 없고, 코르불로(약 7-67년)는 로마의 유명한 장군으로, 칼리굴라 황제의 이복형제이자 도미티아누스 황제의 장인이었다.

에게 조롱거리가 됩니다. 이런 경우에는 남들이 조롱하기 전에 먼저 자신의 가난을 드러내면, 모욕으로 즐거움을 얻으려 한 뻔뻔한 자들은 조롱거리를 잃게 됩니다. 자조하는 사람을 조롱하는 이는 없기 때문입니다.

바티니우스[29]는 태생적으로 사람들의 조롱과 혐오를 살 만한 외모 였지만, 자신의 외모를 먼저 조롱함으로써 매력 있는 익살꾼이 되었습니다. 그는 자신의 발과 짧은 목을 두고 많은 농담을 했습니다. 이로써 그는 수많은 정적들, 특히 키케로의 조롱을 피할 수 있었습니다. 끊임없는 자조로 무감각해지고 뻔뻔해져서 부끄러움마저 잊은 그가 그렇게 했다면, 교양과 지혜를 닦아 어느 정도 경지에 오른 사람이 그러지 못할 이유가 있겠습니까? 3

모욕을 하는 자에게서 그 즐거움을 빼앗는 것이 또 다른 응징입니다. 남을 모욕하는 자들은 이렇게 말합니다. "망했군! 알아차리지 못한 모양이야." 모욕이 성공하려면 모욕당한 이가 알아차리고 분노해야 하기 때문입니다. 또한 당신을 모욕한 자는 결국 자신을 압도할 상대를 만나게 될 것이며, 자연스레 당신의 원한도 풀리게 될 것입니다. 4

---

29 바티니우스는 공화정 말기의 정치가로, 가이우스 카이사르의 지지로 기원전 59년에 호민관이 되었고, 기원전 47년에는 집정관이 되었다. 공화정 말기에는 원로원 귀족들 중심의 벌족파와 대중의 지지를 받은 평민파 간의 대립이 극심했다. 키케로(기원전 106-43년)는 공화정의 이상을 끝까지 지키려 한 인물로, 평민파의 지도자 가이우스 카이사르와 첨예하게 대립했다. 카이사르의 열렬한 지지자이자 당파적 폭력의 주동자였던 바티니우스는 카이사르의 최대 정적인 키케로를 괴롭혀 결국 추방당하게 했다.

I 가이우스 황제[30]는 수많은 악덕을 지니고 있었는데, 그중에서도 특히 누구에게든 모욕을 주어 낙인을 찍고자 하는 기이한 욕망이 두드러졌습니다. 하지만 그 자신에게도 조롱거리가 될 만한 것이 넘쳐났습니다. 광기 어린 창백한 얼굴은 흉측했고, 노파 같은 이마 아래의 사나운 눈빛은 섬뜩했으며, 드문드문 난 머리카락으로 가린 대머리는 보기 흉했습니다. 게다가 목은 뻣뻣한 털로 뒤덮여 있었고, 두 다리는 앙상했으며, 두 발은 기형적으로 컸습니다. 그가 자신의 부모와 조상들 그리고 온갖 계층의 사람들을 모욕한 일화를 일일이 소개하자면 끝이 없을 것이기에, 그에게 파멸을 초래한 단 하나의 일화만을 소개하겠습니다.

2 그의 절친 중 하나였던 아시아티쿠스 발레리우스[31]는 불같은 성격의 소유자로, 남에게서 모욕을 당했을 때 그저 참고 넘기는 사람이 아니었습니다. 가이우스는 많은 사람이 모인 연회에서 발레리우스의 아내와 동침했던 일을 큰소리로 떠들어대며 그를 조롱했습니다. 선

---

30 여기서 가이우스 황제는 칼리굴라 황제(재위 37-41년)를 말한다. 정식 이름은 가이우스 카이사르 게르마니쿠스(Gaius Caesar Germanicus)다.

31 데키무스 발레리우스 아시아티쿠스(약 5-47년)는 갈리아 속주 출신으로는 최초로 원로원 의원이 된 인물로, 35년과 46년 두 차례 집정관을 지냈다. 그는 클라우디우스 황제의 어머니이자 칼리굴라 황제의 할머니인 안토니아 미노르의 집안에 자주 드나들며 칼리굴라의 절친이 되었다. 그는 칼리굴라가 암살되기 1시간 전 극장으로 초대받아 함께 자리했는데, 황제가 암살된 후 가장 먼저 의심을 받았다. 여기서 세네카는 그를 "모욕을 당했을 때 그저 참고 넘길 사람이 아니었다"고 말하며, 그도 황제 암살에 일정 부분 관여했을 것임을 암시한다.

한 신들이여, 어떻게 남편 앞에서 이런 말을 할 수 있단 말입니까! 한 국가의 군주가 이런 짓을 저지르는 것도 말이 안 되는데, 하물며 전임 집정관도, 그 누구도 아닌 바로 그 여인의 남편 앞에서, 자신이 저지른 간통과 그 정사가 불만족스러웠다고 스스럼없이 까발리는 것이 말이 됩니까!

근위대장이었던 카이레아는 발레리우스와는 달리, 그의 용맹함과 3 는 어울리지 않는 가녀린 목소리를 지녀서 그의 업적을 모르는 이는 그가 근위대장이라는 사실을 의심할 정도였습니다. 카이레아가 암구호를 무엇으로 정할지를 가이우스에게 물을 때마다, 가이우스는 비치는 옷을 입고 샌들을 신은 채 온갖 금장식으로 치장한 모습으로, 때로는 "베누스", 때로는 "프리아푸스"[32]라 대답하며 그의 가녀린 목소리를 조롱하고 모욕했습니다. 결국 카이레아는 더는 암구호를 묻지 않기 위해 칼을 들 수밖에 없었습니다! 그는 가이우스를 살해할 음모를 꾸민 자들 중 가장 먼저 칼을 들어 가이우스의 목을 관통했습니다. 이어서 공적으로든 사적으로든 당한 불의를 갚고자 하는 수많은 칼날이 사방에서 쏟아졌습니다. 하지만 가이우스를 가장 먼저 찌른 사람은 절대로 그럴 것 같지 않았던 바로 카이레아였습니다.

이 가이우스는 모든 것을 자신에 대한 모욕으로 여겼습니다. 다른 4 이를 모욕하기를 좋아하는 사람일수록 정작 자신이 모욕당하는 것은 참지 못하는 법입니다. 그는 헤레니우스 마케르가 자신을 "가이우스"

---

32 '베누스'는 그리스 신화의 미와 사랑의 여신 아프로디테의 라틴어 이름으로, '내시'를 가리키는 속어였다. '프리아푸스'는 그리스 신화의 번식과 다산의 신 프리아포스의 라틴어 이름이다. 프리아포스는 거대한 남근을 지닌 기형적 모습으로 묘사되는데, '프리아푸스'는 도리어 발기가 제대로 되겠느냐는 조롱의 말이다.

라 부르며 인사했다는 이유로 분노했고, 어느 백인대장이 자신을 "칼리굴라"[33]라 불렀다는 이유로 처벌했습니다. 가이우스는 군영에서 태어나 군인들 속에서 자라나며 "칼리굴라"로 불렸기에, 군인들에게는 "칼리굴라"보다 더 친숙한 이름이 없었습니다. 하지만 이제는 황제가 된 가이우스가 자신의 어린 시절 별명인 "칼리굴라"로 불리는 것을 모욕이자 치욕으로 여겼던 것입니다.

5   따라서 오만방자하고 거만하며 남에게 불의를 저지르는 자가 우리를 모욕하더라도, 우리가 그것을 대수롭지 않게 여기고 응징하지 않더라도, 언젠가는 누군가가 그를 응징하리라는 사실이 우리에게는 위안이 됩니다. 그런 자의 악덕은 결코 한 사람을 모욕하는 것으로, 또 한 번의 모욕으로 그치지 않기 때문입니다. 이제 인내로 칭송받은 이들의 본보기를 살펴봅시다. 소크라테스는 자신을 겨냥해 공연된

---

33 '칼리굴라'(Caligula)는 '군화'라는 뜻으로, 어린 시절 사령관이었던 아버지를 따라 병영에서 자란 그가 로마군 군화인 '칼리굴라'와 동일한 모양의 유아용 구두를 신고 다니는 것을 보고 병사들이 붙인 별명이다. '반장화'(cothurnus, '코투르누스')는 그리스어 '코토르노스'(κόθορνος)에서 유래한 단어로, 비극배우들이 키를 높이려고 신었던 장화를 가리킨다. 발 전체와 다리 중간까지 오며, 높은 굽이 특징이었다.

34 소크라테스(기원전 약 469-399년)를 희화화한 대표적 희극은 고대 그리스의 3대 희극시인 중 하나인 아리스토파네스(기원전 약 445-385년)가 쓴 『구름』으로, 기원전 423년에 공연되었다. 이 작품은 아들의 낭비로 빚에 시달린 아버지가 아들을 소크라테스의 궤변학교에 보내 궤변술을 배우게 한다. 졸업한 아들은 궤변으로 채권자들을 내쫓지만, 아버지까지 때리고 궤변으로 정당화하자 분노한 아버지가 소크라테스의 학교에 불을 지른다는 내용이다.

35 소크라테스의 아내 크산티페는 남편의 말과 행동을 전혀 이해하지 못해 남편을 경멸했고 늘 욕설과 잔소리를 일삼는 악처의 대명사가 되었다. 어느 날 크산티페가 소크라테스에게 호통을 치며 물벼락을 안기자, 소크라테스는 "저것 봐, 천둥 뒤에는 항상 소나기가 쏟아지는 법이야"라며 시치미를 뗐다고 한다. 하지만 플라톤의 『파이돈』은 크산티페를 헌신적인 아내이자 어머니로 묘사하고, 크세노폰의 『향연』에서 소크라테스는 크산티페를 옳고 그름을 따지는 여자라고 말한다.

화에 대하여

희극들[34]에서 조롱을 너그럽게 받아들여, 아내 크산티페가 그에게 더러운 물을 끼얹었었을 때처럼[35] 웃어넘겼습니다. 안티스테네스[36]는 자신의 어머니가 트라키아 출신의 야만인이라는 조롱을 받자, 신들의 어머니도 이다산 출신이라며 응수했습니다.

제19장

말싸움과 논쟁은 피해야 합니다. 이런 상황에 휘말리지 않고 최대 1
한 멀리하는 것이 현명합니다. 그것은 오직 생각 없는 자들만이 하는 일이기에, 그들이 저지르는 일을 무시해야 합니다. 또한 대중이 주는 예우와 불의를 모두 하찮게 여겨야 합니다. 대중에게서 불의를 당해도 괴로워하지 말고, 예우를 받아도 기뻐하지 말아야 합니다.

만약 모욕당하는 것이 두렵거나 싫어서, 또는 듣기 싫은 말을 들었 2
다고 여자처럼 괴로워한다면, 우리는 마땅히 수행해야 할 공적, 사적 의무들을 저버리게 될 것이며, 때로는 사람들의 안위와 관련된 의무

---

36 안티스테네스(기원전 약 446-366년)는 소크라테스의 제자이자 견유학파의 창시자다. 처음에는 소피스트 고르기아스 문하에서 수사학을 배웠으나, 후에 소크라테스의 열렬한 제자가 되었다. 소크라테스의 가르침 중 윤리적 부분을 발전시켜 미덕을 따르는 금욕적 삶을 주창했다. 후대는 그를 견유학파의 창시자로 본다. 트라키아는 발칸반도 동부 지역을 가리킨다. 트라키아인은 인신 공양, 동물숭배 등을 행하는 호전적이고 야만적인 민족으로 알려졌다. 이다산은 소아시아의 산으로, 현재 튀르키예 북서부 차나칼레 남단에 있다. 소아시아에서 제우스의 어머니 레아는 '키벨레'라는 이름으로 숭배되었고, 이 산은 키벨레 여신 숭배의 중심지였다. 레아는 이 산에서 제우스를 낳았다.

마저 저버리게 될 것입니다. 또한 우리는 종종 권력자들에게 분노하여, 그 정념을 절제하지 못하고 거침없이 드러냅니다. 하지만 모든 것에 맞서 싸우는 것이 진정한 자유가 될 수는 없습니다. 그것을 자유라 여기는 것은 잘못된 생각입니다. 진정한 자유란, 불의조차 흔들수 없는 내면의 중심을 지키는 데 있습니다. 외부로부터 오는 칭송이나 조롱에 기대지 않고, 오직 자신을 즐거움의 원천으로 삼는 삶—그것이야말로 불안에 휘둘리지 않는 자유로운 삶입니다.

3   모욕을 받았을 때 보복할 힘이 있다면, 누군들 그러고 싶지 않겠습니까? 하지만 현자는 지혜를 추구하는 사람이기에 다른 치료책을 씁니다. 불의와 모욕을 감내하며 살아갈 수밖에 없고, 그런 삶을 받아들여야 하는 이들은 아직 완전한 지혜에 이르지 못해, 여전히 대중의 시선과 평가에 자신을 맞추며 살아가는 사람들뿐입니다. 그러나 이런 일들에 대비가 되어 있는 이들에게는 그 모든 것이 가볍게 지나갑니다. 가문과 명성, 재산이 더 뛰어난 사람일수록 자신이 최전방에서 있음을 명심하여 더욱 용기 있게 견뎌내야 합니다. 그런 사람은 자신이 겪는 모욕과 욕설, 비방, 치욕을 비롯한 온갖 굴욕을 적군의 함성이나 멀리서 날아와 투구 주위를 맴도는 창과 돌처럼, 소리는 요란하나 상처는 입히지 못하는 것으로 여기고 견뎌야 합니다. 또한 자신이 겪는 불의를, 마치 갑옷을 뚫고 들어온 창끝이 만든 상처처럼 받아들이되, 결코 쓰러지거나 물러서지 말아야 합니다. 적이 포위하고 압박해 온다 해도 항복은 비겁한 선택입니다. 우리는 자연이 우리에게 맡긴 자리를 끝까지 지켜야 합니다. 그 자리가 어떤 자리냐고 묻습니까? 바로 남자의 자리입니다.

4   하지만 현자의 방식은 그것과는 다릅니다. 여러분은 아직 싸우고 있지만, 현자는 이미 싸움을 마쳤고, 승리를 얻었습니다. 더는 자기

이익을 위해 다투지 마십시오. 오직 진리를 향한 희망만을 품고, 더 나은 것을 받아들일 준비를 하십시오. 그것을 믿음과 맹세로 굳건히 하십시오. 이 세상에는 운명조차 꺾을 수 없는 사람이 있고, 운명도 어찌할 수 없는 사람이 있습니다. 이것이야말로 인류가 공유할 수 있는 가장 고귀한 자산입니다.

독자의 이해를 돕기 위해 1권과 2권(현대지성 클래식 67·68)에는 동일한 해설을 수록했다.
수록 작품은 각 권별로 주제에 따라 나뉘어 있으나, 세네카 에세이 전체의 철학적 맥락
과 흐름을 함께 조망할 수 있도록 공통 해설을 제공한다. 따라서 두 권 중 어느 한 권만
읽더라도 전체 구성과 의도를 이해하는 데 어려움이 없도록 구성했다.

해설 일러두기

독자의 이해를 돕기 위해 1권과 2권(현대지성 클래식 67·68)에는 동일한 해설을 수록했다.
수록 작품은 각 권별로 주제에 따라 나뉘어 있으나, 세네카 에세이 전체의 철학적 맥락
과 흐름을 함께 조망할 수 있도록 공통 해설을 제공한다. 따라서 두 권 중 어느 한 권만
읽더라도 전체 구성과 의도를 이해하는 데 어려움이 없도록 구성했다.

불안과 분노가 나를 뒤흔들 때
세네카가 전하는 단단한 삶의 기술

박문재

세네카(기원전 약 4년-기원후 65년)는 로마의 황금기를 관통한 사상가이다. 아우구스투스 황제가 세운 로마 제정이 시작된 지 20년 후에 태어나, 티베리우스, 칼리굴라, 클라우디우스, 네로로 이어지는 초기 다섯 황제의 시대를 살았던 인물이다. 그의 14편의 저작을 살펴보면, 한 가지 핵심 주제가 떠오른다. 바로 "인간의 의지로는 어찌할 수 없는 운명을 어떻게 극복할 것인가"라는 질문이다.

삶이란 본래 불확실한 것이지만, 특히 전쟁과 재해가 끊이지 않던 고대인들에게 운명을 이겨내는 길은 없었을까? 자연이 부여한 운명의 굴레에서 벗어나 인간이 주체성을 발휘할 수 있는 영역은 과연 존재하는가? 세네카는 이 답을 '영혼'에서 찾았고, 영혼의 평정심과 항상심을 추구하는 스토아학파 철학에서 참된 자유를 발견했다.

선배 철학자인 스토아학파의 키케로(기원전 106-43년)가 정치인으로 현실 정치에 깊이 관여하면서도 은둔 시절에 쓴 저작들은 『의무론』을 제외하면 대체로 철학적 성격이 강했다. 반면 세네카는 네로의 스승이자 고문으로 활동하며 철학적 삶을 추구했음에도, 그의 에세이들은 놀라울 만큼 현실적이다.『인생의 짧음에 대하여』에서 파울리누스에게 공직을 내려놓고 은둔생활을 시작하라고 권하는 대목이 이를 잘 보여준다.

네로의 고문으로 있으면서도 세네카는 명예욕과 야심, 권력욕에서 자유로운, 초연한 마음으로 조언했다. 이런 태도 덕분에 네로 치세 초기에 황제를 올바른 방향으로 이끌어 선정을 펼치게 할 수 있었다. 하지만 그는 결국 정치적 음모에 휘말려 네로에게 자결 명령을 받고 생을 마감했다. 현실 정치의 무자비함은 세네카마저도 비켜 가지 않았다.

세네카는 자신의 철학적 신념에 따라 죽음이라는 운명조차 담담히 받아들였다. 그에게는 오히려 평생 추구해온 영혼의 자유를 완성하는 순간이었을 것이다. 외부의 시선으로는 그의 최후가 비참해 보일지 모르나, 비록 완벽한 현자의 경지에는 이르지 못했더라도, 그는 자신이 가르쳐온 영혼의 평정심과 항상심을 몸소 실천하며 초연한 삶의 완성을 이루어냈다.

세네카와 그의 저작들은 우리에게 인생의 목표를 다시 생각해보게 한다. 세속적 성공과 출세, 개인의 취향에 따른 삶도 중요하지만, 과연 이것이 인생의 궁극적 목표가 될 수 있을까? 비록 이런 것에서 완전히 자유로울 수는 없더라도, 우리가 지향해야 할 더 높은 차원의 인생 목표가 있지 않을까? 사람다움의 본질은 무엇이며, 인생이란 과연 무엇일까? 스토아학파를 비롯한 모든 고대 그리스 철학은 이 질문에 답하고자 고뇌했고, 각자의 방식으로 해답을 제시했다.

그리스 철학의 원천은 소크라테스에게서 비롯되며, 소크라테스 철

화에 대하여

학의 핵심은 '오직 이성'이었다. 분노에 관한 분석에서 볼 수 있듯이, 세네카는 자신의 저작들에서 명료한 이성을 통해 이 문제들을 해결하고자 했다. 공화정 말기에서 제정 초기까지 로마의 지성인들을 매료시켰던 스토아 철학을 바탕으로, 세네카는 이 책에서 인생의 난제들에 대한 해법을 제시한다.

I. 세네카의 삶과 역사적 배경

앞서 언급했듯이 세네카(기원전 약 4년-기원후 65년)는 아우구스투스가 세운 로마 제정이 시작된 지 약 20년 뒤에 태어나, 티베리우스, 칼리굴라, 클라우디우스, 네로에 이르는 초기 다섯 황제의 시대를 살아갔다. 이에 따라 세네카의 생애는 네 시기로 구분하여 살펴보는 것이 합당하다.

1. 아우구스투스 황제부터 티베리우스 황제 시대까지

로마 제국의 첫 황제 아우구스투스(재위 기원전 27년-기원후 14년)의 이야기는 극적인 사건에서 시작된다. 기원전 44년, 율리우스 카이사르가 벌족파에 의해 암살된 것이다. 당시 옥타비아누스(후일 아우구스투스)는 젊은이로서, 어린 시절부터 총명함과 영민함을 발휘해 카이사르의 신임을 얻었고, 카이사르 누나의 외손자였음에도 카이사르의 친아들을 제치고 후계자로 지목되었다.

겨우 19세의 나이에 정치적 소용돌이 한가운데에 던져진 옥타비아누스는 기원전 43년, 안토니우스, 레피두스와 함께 제2차 삼두정치를 결성해 벌족파와 전쟁에 나섰다. 이후 레피두스가 사망하면서 삼두정치는 붕괴하고, 옥타비아누스는 기원전 31년 악티움 해전에서 안토니우스를 격파해 전권을 장악했다. 100년 넘게 이어진 공화정 말기의 내전을 종식시킨 그는, 모든 권한을 원로원과 평민에게 환원하는 파격적인 선택을 한다.

이에 원로원은 기원전 27년, 그에게 '존엄한 자'라는 뜻의 아우구스투스라는 칭호를 수여했고, 이로써 겉으로는 공화정 형태를 유지하면서도 실질적인 제정 체제가 출범한다. 그러나 이 변화는 결코 평탄하지 않았다. 아우구스투스는 벌족파의 끊이지 않는 반란과 암살 시도에 맞서며 수 차례 피비린내 나는 숙청을 단행해야 했다. 그럼에도 그의 관용 정책은 점차 효과를 발휘하여 벌족파의 저항을 잠재울 수 있었다. 아우구스투스 치세 동안 베르길리우스, 호라티우스, 리비우스 같은 대문호들이 등장하면서 라틴 문화의 황금기가 열렸고, 제국 전역에는 '팍스 로마나'(pax Romana, 로마의 평화)라 일컫는 황금시대가 열렸다.

제2대 황제 티베리우스(재위 14-37년)는 아우구스투스의 정책을 충실히 계승했다. 그는 공화정과 민주주의 원리를 존중하고, 사치와 향락을 억제했으며, 빈민 구제를 위한 식량 배급 등 실용적이고 합리적인 정책을 펼쳐 로마의 태평성세를 이어갔다. 그러나 그의 치세에도 어두운 그림자는 존재했다. 정적에 대한 가혹한 처벌과 제거, 궁정 내 음모, 특히 근위대장 세야누스의 권력 남용은 티베리우스 치세의 큰 오점으로 남았다.

기원후 26년, 티베리우스는 세야누스에게 권력을 맡긴 채 카프리섬으로 은둔했다. 이 시기 세야누스의 횡포는 절정에 이르렀고, 결국 권력 찬탈을 꾀하는 지경에 이르렀다. 이때 뿌리내린 근위대의 폐단은 네로 황제 시기까지 이어져, 온갖 권력 남용과 음모의 온상으로서

 화에 대하여

로마 정치의 혼란을 부추기게 된다.

세네카, 본명 루키우스 안나이우스 세네카(Lucius Annaeus Seneca)는 바로 이 격변기의 한가운데서 태어났다. 그는 아우구스투스 치세인 기원전 4년과 1년 사이, 히스파니아(현재의 스페인) 바이티카 속주의 코르도바에서 기사 계급의 부유한 가문 출신으로 태어났다. 그의 아버지 루키우스 안나이우스 세네카 1세는 로마에서 수사학 교사이자 작가로 명성을 떨쳤으며, 세네카는 기원후 5년경 가족과 함께 로마로 이주해 그곳에서 성장했다. 어머니 헬비아는 바이티카 지역의 명문가 출신이었다.

세네카 가문의 영향력은 형제들을 통해서도 확인할 수 있다. 형 안나이우스 노바투스는 훗날 유니우스 갈리오로 개명하여 아카이아 속주의 총독을 지냈고, 그곳에서 기독교의 사도 바울을 만나기도 했다(사도행전 18:12). 동생 안나이우스 멜라는 공직을 멀리하고 은둔 생활을 선택했으나, 그의 아들 마르쿠스는 후일 네로 황제 암살 음모에 연루되어 비극적인 최후를 맞는다.

세네카는 어린 시절부터 문학, 문법, 수사학을 두루 익혔고, 티베리우스 시대에는 당대 최고의 사상가들에게 철학을 배웠다. 스토아학파의 아탈로스, 스토아와 피타고라스주의를 접목한 섹스티우스학파의 소티온, 그리고 파피리우스 파비아누스 등이 그의 스승이었다.

그러나 세네카는 건강이 좋지 않았다. 소아 천식으로 고통받았고, 20대 중반 무렵(약 20년경)에는 결핵까지 앓았다. 건강 회복을 위해 그는 외숙부 가이우스 길레리우스가 총독으로 재임 중이던 이집트(16-31년)로 보내졌고, 외숙모의 세심한 보살핌 아래 약 10년간 머물렀다. 이 시기에 대해 세네카는 『헬비아에게 보내는 위로』에서 따뜻한 필치로 외숙모를 회상한다.

31년, 외숙부가 임기를 마치고 귀환하던 중 난파로 사망했지만, 세네카와 외숙모는 무사히 로마로 돌아왔다. 이후 외숙모의 후원을 받아, 37년 41세의 나이에 재무관으로 선출되면서 원로원 의석을 얻고 정계에 본격적으로 발을 들이게 된다.

세네카의 저작에서 특히 주목할 점은 그의 균형 잡힌 역사관이다. 그는 아우구스투스를 성군으로 평가하면서도, 티베리우스에 대해서는 극단적인 비난을 삼가며 비교적 객관적인 시각을 견지했다.

2. 칼리굴라 황제 시대

로마 제국의 제3대 황제 칼리굴라(재위 37-41년)는 원로원의 지지를 등에 업고 황위에 올랐다. 그의 통치 초기에는 기대가 컸다. 세금을 감면하고, 검투사 시합과 전차 경주를 부활시키는 등 민심을 사로잡는 정책을 펼치며 원로원, 군대, 평민 모두로부터 높은 인기를 얻었다. 아우구스투스와 티베리우스가 다져놓은 제국 통치 기반을 이어받아 급격한 변화를 피했던 덕분에, 로마는 한동안 안정세를 유지할 수 있었다.

그러나 시간이 흐르면서 칼리굴라의 통치는 급속히 극단으로 치달았다. 자신이 신의 화신이라는 망상에 사로잡혀, 최고신 유피테르와 동등한 존재로 자처했다. 무차별적인 학살과 폭압이 이어졌고, 초기의 인기 정책들은 결국 국고를 고갈시키는 결과를 초래했다. 재정이 악화되자 그는 땔감에까지 세금을 부과하는 등 무리한 조세 정책을 남발했다. 이같은 모순된 통치는 민심의 급격한 이탈을 불러왔고, 결국 그는 근위대 병사들의 손에 암살당했다.

세네카의 정계 입문은 칼리굴라 즉위 초기에 이루어졌다. 그의 탁월한 대중 연설 능력은 많은 주목을 받으며 순조로운 출발을 알렸다.

하지만 이런 성공이 오히려 화를 불렀다. 세네카의 인기를 시기한 칼리굴라는 그에게 자결을 명령했다. 다행히 세네카가 중병을 앓고 있어 오래 살지 못할 것이라는 말에 칼리굴라가 명령을 철회하면서 겨우 목숨을 부지할 수 있었다. 이런 경험 때문인지 세네카는 자신의 저작에서 칼리굴라를 '괴물' 같은 최악의 폭군으로 묘사했다.

여기서 주목할 점이 있다. 칼리굴라의 본명은 '가이우스 카이사르 게르마니쿠스'였기 때문에, 세네카는 그의 이름을 '가이우스 카이사르'로 기록한다. 이는 공화정 말기의 위대한 지도자 가이우스 율리우스 카이사르(기원전 100~44년)와 혼동하지 않기 위한 구분이다.

3. 클라우디우스 황제 시대

로마 제국의 제4대 황제 클라우디우스(재위 41-54년)의 즉위는 누구도 예상치 못한 일이었다. 율리우스 가문 출신이 아니었던 그는 칼리굴라 치하에서 정치적으로 철저히 배제되어 있었고, 대신 『에트루리아의 역사』, 『카르타고의 역사』 등 역사 연구와 저술에 몰두하고 있었다. 그러나 칼리굴라가 갑작스럽게 암살되자, 근위대의 지지를 받아 황제 자리에 올랐다.

집권 후 클라우디우스는 체계적인 관료제도를 도입하고, 칼리굴라 시대에 바닥난 제국 재정을 긴축 정책으로 회복시켰다. 과도한 축제와 행사를 대폭 축소해 국고 낭비를 막았고, 아우구스투스와 티베리우스 시대의 통치 체계를 복원하여 원로원의 신임을 얻었다.

그러나 황실의 사생활은 문제를 일으켰다. 첫 번째 황후 메살리나는 극도로 방탕한 생활을 일삼았으며, 심지어 밤에는 사창가에 나가 매춘을 일삼기도 했다. 결국 간통 사건이 발각되어 황제의 측근들에 의해 처형되었다. 이후 클라우디우스는 조카이자 과부였던 아그리피나를 새 황후로 맞아들였지만, 이는 또 다른 비극의 서막이 되었다.

정치적 야망이 강했던 아그리피나는 전 남편과의 사이에서 낳은 아들 도미티우스를 황제 자리에 올리려 했다. 그녀는 도미티우스를 클라우디우스의 양자로 삼아 이름을 네로로 바꾸고, 황제의 친딸 옥타비아와 결혼시켰다. 후계 구도를 다진 뒤, 아그리피나는 클라우디우스를 독살하고, 근위대의 힘을 빌려 네로를 황제로 즉위시켰다.

이 시기는 세네카에게도 시련의 시기였다. 41년, 황후 메살리나는 정적 제거를 위해 세네카가 칼리굴라의 누이 율리아 리빌라와 간통했다고 거짓 고발했다. 원로원은 세네카에게 사형을 선고했으나, 클라우디우스가 이를 유배형으로 감형했다.

이로써 세네카는 41년부터 49년까지 8년간 코르시카섬에 유배되어 지냈다. 이 기간에 그는 『헬비아에게 보내는 위로』와 『폴리비우스에게 보내는 위로』라는 두 편의 위로서를 집필했다. 전자는 유배된 아들을 걱정하는 어머니 헬비아를 위로하는 글이고, 후자는 동생을 잃은 황제의 측근 폴리비우스를 위로하는 내용이다.

49년, 새 황후 아그리피나의 도움으로 세네카는 로마로 복귀했다. 그는 재무관직을 맡았고, 네로의 교육을 담당하는 스승으로 임명되었다. 세네카의 저작에서 클라우디우스는 칼리굴라 치하에서 무너진 나라를 다시 일으켜 세운 인물로 평가된다.

4. 네로 황제 시대

로마 제국의 제5대 황제 네로(재위 54-68년)는 율리우스-클라우디우스 왕조의 마지막 통치자로, 아우구스투스부터 시작된 이 왕조의 막을 내린 인물이다. 16세의 나이에 근위대의 추대를 받아 황제가 된 그는, 초기 5년간은 뛰어난 통치력을 보여주었다. 국사 세네카와 근위대장 부루스의 조언을 받아들여 해방 노예 중용, 감세 정책, 원로원 존중, 매관매직 근절 등 개혁적인 정책들을 시행했다.

하지만 시간이 흐르면서 네로의 본성이 드러나기 시작했다. 어머니 아그리피나의 통제에서 벗어나려는 시도는 연쇄적인 비극을 초래했다. 그는 먼저 잠재적인 경쟁자이자 클라우디우스의 친아들이기도 했던, 의붓동생 브리타니쿠스를 제거했으며, 59년에는 포파이아 사비나와의 결혼을 반대한 어머니 아그리피나마저 살해했다. 이후 황비 옥타비아를 섬으로 유배 보낸 뒤 처형하고, 포파이아와 결혼했다.

그럼에도 대외적으로는 성공적인 통치를 펼쳤다. 브리타니아에서 일어난 반란을 진압하고, 동방 원정대를 보내 아르메니아를 점령했으며, 강대국 파르티아와 평화협정을 맺는 등 외교적인 성과를 거두었다. 그로 인해 로마에서 네로의 인기는 여전히 높았다.

그러나 상황은 급격히 악화되었다. 최측근이자 근위대장인 부루스가 병으로 세상을 떠나고, 세네카마저 고향으로 돌아가며 네로는 현명한 조언자들을 잃게 되었다. 64년, 로마 대화재가 발생해 팔라티노 언덕과 첼리오 언덕의 왕궁과 주택가가 모두 잿더미로 변했다. 네로는 9일 동안 계속된 이 화재의 책임을 그리스도교도들의 방화로 돌리고, 300여 명을 잔혹하게 처형했다. 이 사건을 계기로 네로에 대한 여론은 급격히 나빠졌다.

결국 68년, 히스파니아의 총독 갈바가 반란을 일으키며 로마로 진군했다. 원로원과 시민들, 심지어 근위대까지 갈바의 편에 서자, 네로는 로마를 탈출해 교외의 하인 집에 숨어 자살로 생을 마감했다. 네로의 죽음으로 율리우스-클라우디우스 왕조는 막을 내렸고, 그 후 1년 동안 네 명의 황제가 교체되는 혼란기가 시작되었다.

세네카는 네로가 즉위한 54년부터 62년까지 근위대장 부루스와 함께 황제의 최측근 고문으로 활동했다. 그는 네로의 즉위 연설문을 작성하며 사법 절차의 정당성과 원로원의 권위 회복을 약속했고, 클라우디우스 황제의 장례식 조사도 썼다. 55년, 네로가 클라우디우스 황제의 친아들인 브리타니쿠스를 살해한 후, 세네카는『관용에 대하여』라는 글을 통해 네로를 경계하려 했다. 이 글은 겉으로는 아부가 담겨 있었으나, 실제로는 통치자가 따라야 할 스토아 철학의 덕성을 제시하려는 의도가 깔려 있었다.

62년, 부루스의 사망 이후 세네카의 영향력은 급격히 쇠퇴했다. 그는 62년과 64년 두 차례에 걸쳐 사임을 청했으나, 네로는 이를 거부했다. 결국 세네카는 시골 영지로 물러나 연구에 전념하며 로마와 왕궁을 멀리했다. 65년, 로마의 지도적인 정치인 피소의 네로 암살 음모가 발각되면서 많은 이들이 처형되었고, 피소와 세네카, 그리고 세네카의 조카 마르쿠스에게도 자살 명령이 내려졌다. 세네카는 로마의 전통에 따라 동맥을 끊어 생을 마감했다.

II. 철학자 세네카와 스토아 철학

세네카의 정치 경력은 사실상 황후 아그리피나에 의해 네로의 스승으로 발탁되어, 황제를 교육하고 정치 고문 역할을 수행한 것이 전부였다. 공화정 말기의 스토아 철학자 키케로가 정계에 입문해 집정관을 지내고 중앙 정계에서 뚜렷한 족적을 남긴 것과는 대조적이다. 세네카는 오히려 스토아 철학을 담은 저술 활동을 통해 더 큰 명성을 얻었다. 따라서 스토아 철학과 철학자 세네카에 대해 보다 자세히 살펴볼 필요가 있다.

 화에 대하여

1. 철학자 세네카

세네카는 로마 제국 시대를 대표하는 스토아 철학자다. 그는 특히 윤리학 분야에서 탁월한 저술 활동을 펼쳤으며, 그의 글에서는 제논, 클레안테스, 크리시포스와 같은 고대 스토아 철학자들의 사상이 자주 언급된다. 당시 로마 사회에서 스토아 철학은 상당한 영향력을 발휘했고, 특히 상류층은 이를 정치적 처신의 지침으로 삼았다.

세네카의 저작은 윤리학 이론과 실천적 조언을 함께 다루되, 이 둘이 구분되면서도 긴밀히 연결되어야 한다는 점을 강조한다. 그는 철학을 "인생의 상처를 치유하는 연고"로 비유했다. 분노나 슬픔 같은 파괴적 감정은 이성으로 극복하거나 다스려야 하며, 죽음처럼 거스를 수 없는 운명 앞에서도 흔들리지 않는 영혼의 미덕을 세워야 한다고 그는 강조했다. 세네카의 모든 저술은 이러한 스토아 철학의 근본 사상을 바탕으로 전개된다.

2. 스토아 철학

스토아학파는 제논(기원전 약 335-263년)에 의해 창시되었다. 플라톤의 『대화편』에 등장하는 소크라테스의 논리와 입장을 체계화한 철학이라 할 수 있다. 이 철학의 핵심에는 "인생에서 가장 중요하고 돌볼 가치가 있는 것은 오직 영혼뿐"이라는 사상이 자리 잡고 있다. 한 인간이 어떤 삶을 살았든, 그의 영혼이 운명을 초월해 평정심과 항상심을 얻었다면 그것이야말로 훌륭한 삶이라 여겼다.

이러한 삶을 위해서는 선악에 대한 분명한 통찰이 필요하다. 스토아학파가 추구한 것도 바로 이 지식이었으며, 고대 그리스에서 전통적으로 중시된 미덕들은 이 지식이 다양한 형태로 표현된 것에 지나지 않았다. 따라서 신분의 고하, 부와 빈곤, 삶과 죽음 같은 외적이고 운명적인 요소들은 영혼의 상태와 무관하며, 훌륭한 삶에 영향을 미치지 않는 도덕적 중립지대에 속한다고 보았다.

스토아 철학에 따르면 오직 미덕만이 참된 선이며, 행복에 이르는 충분조건이다. 미덕의 삶이란 우주적 이성('로고스')에 근거해 사적 영역과 공적 영역 모두에서 어떻게 처신해야 하는지를 아는 것을 의미한다. 스토아학파가 말하는 '자연에 일치하는 삶'이란 바로 이 로고스, 즉 우주적 이성의 질서에 부합하는 삶을 뜻한다. 인간은 본성적으로 우주적 이성에 따라 살아가도록 만들어졌으며, 이 세계 역시 자연, 신 혹은 로고스라 불리는 최고의 이성적 질서 아래에 존재한다고 보았다.

스토아 철학에서 인식론은 윤리학의 토대를 이룬다. 자연, 신, 로고스에 따라 살아야 한다는 신념을 가진 이들에게 참과 거짓을 구별하는 일은 가장 중요한 과제였다. 이는 소크라테스가 자연철학적 논쟁을 제쳐두고 오직 이성만을 진리의 기준으로 삼은 태도와도 맥을 같이한다. 소크라테스가 대화법을 통해 거짓된 입장을 논파했듯, 스토아 철학자들은 감정을 일종의 왜곡된 판단으로 보았다. 세네카 역시 여러 저작에서 평정심을 해치는 과도한 슬픔과 분노가 얼마나 비이성적인지를 논리적으로 밝혀냈다.

플라톤이 『국가』에서 여러 계층이 조화를 이루는 이상 국가를 구상했다면, 제논은 자신의 『국가』에서 오직 현자들로만 이루어진 이상 공동체를 그렸다. 비록 제논이 스토아학파의 기초를 놓았지만, 오늘날 우리가 알고 있는 스토아 철학의 대부분 체계를 정립한 인물은 제3대 학장 크리시포스(기원전 약 280-206년)였다. 그가 제시한 혁신적 개념 중 하나는 국적을 넘어선 이성적 인간들의 공동체, 즉 세계시민('코스모폴리테스') 사상이었다.

파나이티오스(기원전 약 185-110년)와 포시도니우스(기원전 약 135-50년)가 이끈 중기 스토아학파는 새로운 방향을 열었다. 특히 파나이티오스는 도달하기 힘든 현자의 이상을 내세우기보다는, 현자가 되기 위해 노력하는 현실 인간을 위한 윤리 체계를 제시했다. 이를 통해 중기 스토아 철학은 우주적 관점을 넘어, 개별 국가의 정치 윤리와 개인적 의무의 문제까지 포괄할 수 있게 되었다. 키케로의 『의무론』도 파나이티오스의 사상을 바탕으로 쓰였다.

로마 시대에 들어 세네카, 루푸스(30-100년), 에픽테토스(55-135년), 마르쿠스 아우렐리우스 황제(121-180년) 등이 스토아 철학을 대중적으로 확산시켰다. 이들 중 유일하게 세네카만이 라틴어로 저술했다는 점은 특기할 만하다.

스토아 철학이 로마 상류층에 깊은 영향을 끼칠 수 있었던 것은 로마 고유의 전통 윤리와 친화적이었기 때문이다. 로마의 핵심 미덕으로는 '피데스'(신의), '비르투스'(용기), '피에타스'(경건과 충효)가 있다. '피데스'는 로마법의 기초가 된 신의성실의 원칙을 의미했으며, '비르투스'는 전쟁에서의 용맹을 넘어 보편적 미덕으로 확장되었다. '피에타스'는 신과 인간, 조국과 가정 사이에서 요구되는 의무와 본분을 뜻하는데, 신에 대한 경건, 조국에 대한 충성, 부모에 대한 효도로 구체화되었다.

스토아학파의 영향력은 키케로 시대부터 본격적으로 확대되었다. 아테네가 철학의 중심지로서의 위상을 잃어가던 시기에, 로마 황제들은 스토아 철학을 국가 이념으로 채택했고, 특히 아우구스투스는 로마 공화정의 가치 계승을 강조하는 과정에서 스토아 철학을 적극 활용했다. 스토아의 '현자' 개념은 이상적 정치 지도자의 모델로 자리 잡았으며, 세네카의 저작들은 이러한 시대적 흐름 속에서 스토아

실천 철학의 구체적 방향을 제시했다.

III. 세네카의 저작 및 내용 소개

세네카의 문학적 유산은 놀라울 만큼 폭넓고 다양하다. 그의 이름
으로 전해지는 10편의 희곡 중 8편이 진짜 그의 작품으로 인정되는
데, 이 희곡들은 세네카의 스토아 철학적 신념과는 상당히 다른 특징
을 보인다. 억제되지 않은 감정이 불러오는 광기와 파멸 그리고 운명
의 압도적 힘을 강조하는 그의 희곡들은, 16세기까지 학자들 사이에
서 철학자 세네카와 극작가 세네카를 서로 다른 인물로 여길 정도였
다. 이 작품들은 중세와 르네상스 시대 유럽 대학에서 널리 읽히며
막대한 영향력을 끼쳤다.

산문 부문에서는 14편의 에세이와 124편의 서신이 전해진다. 저술
연대순으로 보면 『마르키아에게 보내는 위로』(40년), 『분노에 대하
여』(41년, 3권), 『어머니 헬비아에게 보내는 위로』(42년), 『폴리비우스
에게 보내는 위로』(44년), 『인생의 짧음에 대하여』(49년), 『현자의 항
상심에 대하여』(55년), 『행복한 삶에 대하여』(58년), 『은둔에 대하여』
(62년), 『평정심에 대하여』(63년), 『섭리에 대하여』(64년)가 있다.

전통적으로는 이들 저작의 배열 순서가 다르게 전해지는데, 이는
당시 정확한 연대 추정이 어려웠기 때문으로 보인다. 여기에 네로 황
제를 위해 쓴 『관용에 대하여』(56년, 2권)를 추가하면 총 14편의 에세
이가 된다.

한편, 세네카의 서신은 정계 은퇴 후 은둔 생활을 하던 시기에, 친
구이자 시칠리아 총독이었던 루킬리우스 유니오르에게 보낸 124편

의 편지로 구성되어 있다.

현대지성 클래식은 세네카의 대표적 산문 에세이 14편 가운데 오늘의 독자들에게 가장 깊은 울림을 줄 수 있는 텍스트 전체를, 주제별로 두 권으로 나누어 소개한다. 철학자 세네카는 단지 고대 로마 스토아주의의 대표자가 아니라, 수천 년이 지난 오늘에도 여전히 유효한 '내면의 기술'을 전하는 실천 철학자다. 특히 분노, 불안, 상처, 두려움 등 감정의 소용돌이 속에서 어떻게 흔들리지 않고 살아갈 것인가에 대해 세네카가 남긴 통찰은, '멘탈 회복력'과 '감정 관리'가 핵심 화두가 된 현대 사회에서 더욱 실질적인 가치를 지닌다.

제1권 『화에 대하여』는 '감정에 휘둘리지 않는 삶'을 주제로, 스토아 철학의 핵심인 자기 통제와 평정심의 덕을 탐구한다. 『분노에 대하여』에서는 인간을 파괴하는 가장 위험한 감정인 '화'의 본질과 그것을 다스리는 방법을, 『관용에 대하여』는 타인의 실수와 결점 앞에서 왜 용서가 필요한지를 설명한다. 『평정심에 대하여』와 『현자의 항상심에 대하여』는 삶의 불안과 고난 속에서도 흔들리지 않는 단단한 내면을 어떻게 구축할 수 있는지 알려준다.

여기에 더해 제2권 『인생의 짧음에 대하여』는 시간과 운명, 인간 존재의 본질에 관한 세네카의 통찰을 담고 있다. 『인생의 짧음에 대하여』는 "시간이 부족하다"고 말하는 현대인들에게, 사실은 '삶이 짧은 게 아니라 시간을 낭비하고 있을 뿐'이라는 도발적 메시지를 던진다. 『행복한 삶에 대하여』는 외부 조건이 아닌 내면의 이성과 덕에서 비롯된 진정한 행복을 말하고, 『은둔에 대하여』에서는 세상의 번잡함으로부터 한 걸음 물러나는 것이 결코 패배가 아닌 철학적 선택임을 강조한다. 『섭리에 대하여』는 "왜 선한 사람에게도 불행이 닥치는

가"라는 보편적 질문에 우주적 질서와 내면 단련의 관점에서 답하며, 세 편의 위로의 글(『마르키아에게 보내는 위로』, 『헬비아에게 보내는 위로』, 『폴리비우스에게 보내는 위로』)에서는 상실과 죽음을 받아들이고 이겨 내는 법을 따뜻하고 단단한 언어로 들려준다.

이 두 권의 책은 고대 철학의 문장을 되살리는 데 그치지 않고, 감 정에 휘둘리고 시간에 쫓기는 시대를 살아가는 독자들에게 '자기 통 제'와 '마음의 단련', 그리고 '삶의 본질에 대한 성찰'이라는 화두를 다시 꺼내 들게 한다. 철학이 삶을 위한 것이라면, 세네카만큼 그것 을 자신의 언어로 끝까지 밀고 나간 인물도 드물다. 고통과 분노, 불 안과 상실, 그리고 허망한 시간 속에서 흔들리는 인간에게 그의 문장 은 시대를 넘어, 다시 우리를 위한 도구로 다가온다.

이제 1권에 수록된 세네카의 주요 저작들을 조금 더 깊이 살펴 보자.

1. 『분노에 대하여』(41년, 3권)

이 작품은 분노라는 감정을 스토아 철학의 관점에서 깊이 있게 분 석한다. 분노의 본질을 파헤치고, 이를 다스리는 실천적인 방법을 제 시한다. 이 글은 스토아학파 제3대 학장 크리시포스(기원전 약 279- 206년)의 『정념에 대하여』('페리 파톤')로부터 큰 영향을 받았다.

정확한 집필 시기는 알려져 있지 않지만, 대체로 40년대 초반으로 추정된다. 세네카의 형 루키우스 노바투스(후일 갈리오로 개명)가 분노 를 다스리는 방법에 대해 질문한 것이 이 책의 집필 계기가 되었다.

이 저작은 크게 두 부분으로 나뉜다. 첫 번째 부분(1-2.17)에서는 분노의 이론적 측면을 다룬다. 분노가 초래하는 파괴적 결과를 서술

                                        화에 대하여

한 뒤, 분노의 본질을 정의하고 다음과 같은 핵심 질문들을 탐구한다. "분노는 인간 본성에 뿌리내린 것인가? 완화할 수 있는가? 피할 수 없는가? 완전히 제거할 수 있는가?"

두 번째 부분(2.18-3)에서는 실천적 처방을 제시한다. 어린이와 성인 모두에게 나쁜 기질을 피하는 법을 교육하는 방법을 논하고, 분노를 예방하거나 제거하기 위한 구체적인 실천 방안을 제시한다.

스토아 철학의 핵심 목표는 악덕의 굴레에서 벗어나 미덕이 이끄는 자유로운 삶을 향해 나아가는 것이다. 이를 위해서는 분노를 비롯한 감정들을 이성의 통제 아래 두어야 한다. 세네카는 감정과 이성의 관계에 대해 독특한 통찰을 보여준다. 그는 이성적 지성 안에서 감정이 발생하는 이유를 "진리에 대한 불완전한 이해" 때문이라고 보았다. 즉, 감정은 '불완전한 인식'에서 비롯된다는 것이다. 스토아 철학은 이러한 관점에서, 분노를 인간 본성에 어긋나는 것으로 간주했다.

2. 『관용에 대하여』(56년, 2권)

이 저작은 세네카가 네로의 고문으로 활동하며, 초기 5년간 네로의 선정을 이끌어내기 위해 쓴 글이다. 특히 55년, 네로가 정적이자 클라우디우스 황제의 친아들인 브리타니쿠스를 살해한 직후 집필된 것으로, 특별한 의미를 지닌다.

세네카는 이 글에서 시라쿠사의 폭군 디오니시오스와 로마의 술라 같은 폭군들을 아우구스투스 황제와 대비시킨다. 특히 암살을 시도한 킨나를 관용으로 포용했던 아우구스투스의 사례를 들어, 네로에게 관용의 덕목을 본받을 것을 권유한다.

그는 스토아 철학의 핵심 개념인 우주적 이성(로고스)에 부합하는 통치만이 진정한 권력이 될 수 있다고 주장한다. 관용은 단순한 동정이나 나약함이 아닌, 더 높은 차원의 덕목이며, 우주의 이치에 합당한 통치자만이 진정한 권력을 얻을 수 있다는 것이다. 세네카는 이러한 스토아 철학적 이상을 바탕으로, 물리적 강제력이 아닌 이성과 덕에 근거한 통치의 중요성을 설득력 있게 강조한다.

3. 『평정심에 대하여』(63년)

이 글은 62년경, 친구 세레누스의 고민에 답하는 형식으로 쓰였다. 세레누스는 어떻게 하면 걱정과 불안, 삶에 대한 권태를 이겨낼 수 있는지 세네카에게 물었다. 세네카는 데모크리토스(기원전 약 460-370년)의 『쾌활함에 대하여』('페리 에우튀미에스')에서 영감을 받아, 그리스어 '에우튀미아'(모든 불안에서 벗어난 쾌활한 상태)를 라틴어 '트란퀼리타스'(tranquillitas, 평정심)로 옮겨 논의를 전개한다.

글은 세 부분으로 구성된다. 1-10장에서는 극단을 피하고 중용을 취하는 유연한 삶으로 평정심을 얻을 수 있다고 설명하며, 사치를 경계하고 검소함을 권장한다. 11-15장에서는 현자의 평정심('아타락시아')이 세계에 대한 올바른 이해에서 비롯된다는 점을 논증한다. 이성적 추론, 세심한 주의, 예견이 평정심을 가능하게 하며, 이에 도달한 현자는 인류의 불의와 타락에도 흔들리지 않는다. 마지막 16-17장에서는 자연의 질서에 따라 사회생활과 개인의 삶, 노동과 여가 사이의 균형을 이루는 것이 평정심을 얻는 길이라고 결론짓는다.

4. 『현자의 항상심에 대하여』(55년)

이 글은 세네카가 친구 안나이우스 세레누스를 위해 쓴 것으로, 『평정심에 대하여』, 『은둔에 대하여』와 함께 세레누스를 위한 3부작을 이룬다. 세 작품 모두 세속적 삶을 초월한 현자의 모습을 탐구한다.

세네카는 이 글에서, 스토아 철학이 흔히 생각하는 것처럼 냉혹하거나 가혹한 것이 아님을 설명한다. 그는 카토 2세를 비롯한 다양한 역사적 인물들의 사례를 통해, 현자는 운명의 부침에도 흔들리지 않는 존재임을 보여준다. 일반인의 눈에는 비참해 보이는 상황조차 현자에게는 자신의 철학을 실천하고 입증할 기회에 불과하다는 것이다.

스토아 철학의 궁극적 이상은 운명과 세속적 사건에 흔들리지 않는 자유로운 존재가 되는 것이다. 이는 자연의 이치에 부합하는 삶을 의미하며, 이를 위해 올바른 지식에 근거하여 감정에 휘둘리지 않는 평정심과 항상심을 갖추어야 한다. 세네카는 비록 모든 이가 완전한 현자가 될 수는 없더라도, 현자를 목표로 끊임없이 정진해야 한다고 강조한다.

2권에는 인생의 본질과 시간, 죽음, 운명에 대한 성찰을 담은 다음의 글들이 실려 있다.

1. 『인생의 짧음에 대하여』(49년)

49년경, 장인 파울리누스에게 보낸 이 글은 시간의 본질에 대한 스토아 철학의 깊이 있는 통찰을 담고 있다. 당시 파울리누스는 로마 제국의 곡물 공급을 총괄하는 중책을 맡고 있었다.

세네카는 자연이 인간에게 충분한 시간을 주었음에도, 사람들이 스스로 시간을 허비하기 때문에 인생이 짧게 느껴진다고 지적한다. 그는 시간을 올바르게 활용하려면 목적의식을 가지고 현재에 충실히 살아야 한다고 강조한다.

이 글은 시간과 삶의 관계를 체계적으로 탐구한다. 먼저 1장에서는 "인생이 짧다"는 일반적인 한탄에 대해, 시간을 올바르게 사용한다면 인생은 충분히 길다는 역설적인 깨달음을 전한다. 이어 2장부터 9장까지는 사람들이 시간을 낭비하는 다양한 방식을 날카롭게 분석한다.

중반부(10-17장)에서는 은둔 생활('오티움')의 본질을 다루는데, 세네카는 은둔을 단순한 도피로 오해하는 대중적 인식과 진정한 철학적 은둔의 의미를 구분해 설명한다. 마지막 18장부터 20장까지는 현자의 이상적 삶을 그린다. 끊임없이 분주한 일상에 매몰되어 시간을 허비하는 대중과 달리, 현자는 과거, 현재, 미래를 꿰뚫는 통찰을 바탕으로 시간을 자유롭게 다루는 삶을 산다는 것이다.

이러한 철학적 고찰을 바탕으로 세네카는 파울리누스에게 공직에서 물러나 철학적 은둔의 삶을 통해 진정한 자유를 추구할 것을 권고한다.

2. 『행복한 삶에 대하여』(58년)

이 글은 세네카가 형에게 보낸 것으로, 『분노에 대하여』에서는 그의 본명 노바투스로, 여기서는 입양 후의 이름인 갈리오로 언급된다. 정식 제목은 "행복한 삶에 대하여 갈리오에게"(*Ad Gallionem de Vita Beata*)이며, 세네카의 도덕 사상이 가장 원숙하게 드러난 작품이다.

저작은 크게 두 부분으로 구성된다. 첫 번째 부분(1-17장)에서는 행복한 삶의 개념을 정의하고, 그 도달 방법을 논의하면서 에피쿠로스학파의 주장을 반박한다. 두 번째 부분(17-28장)에서는 철학적 이상과 현실 삶의 관계를 다룬다. 특히 21-24장에서는 스토아 철학자가 부를 소유하는 것이 위선이라는 비판에 답한다. 이 논의는 여러

지역에 대규모 영지를 소유했던 부자 세네카가 58년 원로원 의원 푸블리우스 루푸스로부터 부정 축재 혐의로 고발당했던 사건과 밀접한 관련이 있다. 이 부분은 거기에 대한 일종의 철학적 해명이라 할 수 있다.

3. 『은둔에 대하여』(62년)

네로 황제의 고문직에서 물러나 은둔 생활을 하던 시기에 친구 세레누스를 위해 쓴 이 글은 단편 형태로만 전해진다. 세네카는 이 글에서 은둔 생활을 통해 자연과 우주를 깊이 있게 이해할 수 있다고 설명한다.

'오티움'(otium)으로 번역된 은둔은 단순한 여가가 아니라, 공적 의무에서 벗어난 자유로운 삶을 의미한다. 스토아학파는 원칙적으로 현자의 공적 참여를 지지했지만, 세네카는 뜻을 펼칠 수 없는 상황에서는 은둔이 오히려 더 현명한 선택이 될 수 있다고 주장한다. 은둔한 현자는 국가라는 한정된 시각을 넘어, 우주적 시각에서 근본적인 질문을 탐구함으로써 인류에 기여할 수 있다고 본다.

4. 『섭리에 대하여』(64년)

시칠리아 총독이었던 친구 루킬리우스에게 보낸 이 글의 정식 제목은 "섭리가 존재한다면, 왜 선한 사람들에게 많은 불행이 닥치는가"(Quare bonis viris multa mala accidant, cum sit providentia)이다. 제목이 시사하듯, 이 글은 섭리 자체보다는 선한 사람들이 겪는 불행의 의미를 해명하는 데 초점을 맞춘다.

대화 형식으로 전개되는 이 글에서 세네카는 스토아 철학의 관점에서 흥미로운 답변을 제시한다. 일반적으로 '불행'이라 불리는 것들은 사실 선한 사람의 덕성을 시험하는 계기일 뿐, 참된 불행이 아니라고 본다. 따라서 선한 사람, 즉 현자에게는 진정한 의미의 불행이 존재하지 않는다. 겉보기에 불행해 보이는 상황조차 현자의 덕성을 시험하고 드러내는 기회가 된다는 것이다. 현자는 운명과 그 목적을 이해하고 있으며, 필요한 모든 미덕을 자신 안에 지니고 있기에 운명에 의존하지 않는다. 세네카에 따르면 현자에게 진정한 불행은 오직 미덕을 잃는 것, 즉 악한 생각을 품거나 범죄를 저지르거나 물질과 명예를 탐하는 데 있다.

5. 『마르키아에게 보내는 위로』(40년)

세네카의 '위로' 시리즈 세 편은 기원전 5세기까지 거슬러 올라가는 고대 위로 문학의 전통을 계승하고 있다. 이 작품들은 세네카의 스토아 철학 사상을 가장 선명하게 드러낸다. 개인에게 보내는 서신 형식을 취하고 있지만, 실질적으로는 철학적 에세이에 가깝다.

『마르키아에게 보내는 위로』는 세네카가 간통 혐의로 유배되기 1년 전에 집필한 작품이다. 전통적인 위로 문학의 형식을 따르면서도 개인 서신과 철학적 에세이를 절묘하게 조화시켰으며, 삶과 죽음에 대한 스토아 철학의 깊이 있는 통찰을 담고 있다.

수신자인 마르키아는 저명한 역사가 아울루스 코르두스(25년 사망)의 딸로, 막강한 부와 영향력을 지닌 가문의 일원이었다. 그녀는 아들 메틸리우스의 죽음 이후 3년이 넘도록 깊은 애도에 잠겨 있었다. 세네카는 이 글에서 젊은 자녀를 잃은 어머니들의 다양한 사례를 제시하며, 이런 비극이 결코 이례적인 일이 아님을 강조한다. 그리고 스토아 철학의 핵심 교훈에 따라, 최악의 운명마저도 언제나 예상하고 받아들일 준비가 되어 있어야 함을 역설한다.

 화에 대하여

특히 세네카는 두 가지 대조적 사례를 들어 설명한다. 아우구스투스 황제의 누이 옥타비아 2세는 20대에 요절한 아들 마르켈루스를 잃은 슬픔에 평생 잠겨 살았다. 반면 황후 리비아는 젊은 나이에 잃은 아들 드루수스에 대한 슬픔을 절제했는데, 이는 황제와 남은 아들 티베리우스를 위해 자신이 해야 할 도리라고 여겼기 때문이었다. 세네카는 리비아의 태도를 이성적 슬픔 극복의 모범으로 제시한다.

6. 『어머니 헬비아에게 보내는 위로』(42년)

이 글은 세네카가 갑작스러운 유배로 상심한 어머니 헬비아를 위로하기 위해 42년(혹은 43년경)에 쓴 작품이다. 전통적인 위로 문학의 수사적 기법을 따르면서도, 스토아 철학의 깊이 있는 통찰을 담아냈다.

세네카는 정치적 음모에 희생되어 유배를 당했다. 41년, 그는 칼리굴라 황제의 누이 율리아 리빌라와의 간통 혐의로 고발당했다. 실제로는 황후 메살리나가 정적 율리아 리빌라를 제거하기 위해 꾸민 계략이었지만, 세네카는 이 사건으로 인해 8년간 코르시카섬으로 유배당했다.

이 글에서 세네카는 자신의 처지가 결코 비참하지 않다고 강조한다. 유배는 단순히 거처를 옮기는 것에 불과하며, 물질적 결핍 또한 욕망을 초월한 인간에게는 아무런 의미가 없다고 강조한다. 특히 그는 어머니 헬비아가 살아온 강인한 삶을 되새기며, 과거의 시련들을 견뎌낸 것처럼 이번 시련 역시 극복할 수 있다고 격려한다.

7. 『폴리비우스에게 보내는 위로』(44년)

43년 또는 44년경, 유배 생활 중에 집필한 이 글은 세네카의 유배

경험을 생생하게 전해준다. 수신자인 폴리비우스는 클라우디우스 황
제의 서기관으로, 동생의 죽음으로 깊은 슬픔에 빠져 있었다. 세네카
는 이 글을 통해 죽음이라는 피할 수 없는 운명에 대해 스토아 철학
의 통찰을 전한다.

특히 주목할 점은, 이 글이 폴리비우스 개인에 대한 위로보다는 사
별과 슬픔에 대한 보편적이고 철학적인 성찰에 더 중점을 두고 있다
는 사실이다. 실제로 폴리비우스의 동생 이름조차 언급되지 않는다.
세네카는 개인적 애도보다는 현실적인 해결책을 제시한다. 곧, '신과
같은' 클라우디우스 황제를 의지하고, 황제를 보필하는 중대한 임무
에 몰두함으로써 슬픔을 극복할 것을 권유한다.

IV. 텍스트

이 책에 수록된 세네카의 14편 에세이는 John W. Basore, *Seneca*:
Moral Essays, 2 Volumes (London and New York: Heinemann, 1928, 1932)
에 수록된 라틴어 원문을 대본으로 삼았다. 영어 번역본으로는
Basore의 영어 대역본과 John Davie, *Seneca*: *Dialogues and Essays*,
Oxford World's Classics (Oxford: Oxford University Press, 2007)를 참조
했다.

라틴어 고유명사는 외래어 표기법에 따랐으나, 그리스어에서 음역
된 경우에는 그리스어 본래 발음을 기준으로 표기했다.

본문의 난외주에 표시된 숫자는 절(節) 번호를 가리킨다. 에라스무
스(1469-1536)는 1515년, 세네카 전집의 라틴어 판본을 출간하면서
최초로 기본적인 텍스트 구분 체계를 도입했다. 이어 립시우스(1547-

1606)는 1605년에 세네카 전집을 편집하며 오늘날 사용되는 장(章)과 절(節) 구분의 기초를 마련했다. 그러나 현재 널리 통용되는 장절 체계를 확립한 것은 독일의 고전문헌학자 하아제(1808-1867)이다. 그는 1852-1853년에 토이프너 출판사를 통해 3권으로 구성된 비평판 세네카 전집을 간행했다. 이후 라틴어로 출간되는 대부분의 세네카 저작은 토이프너 판본의 장절 체계를 따르고 있다.

1852-1853년에 간행된 토이프너 판본의 공식 명칭은 *Lucius Annaei Senecae Opera Quae Supersunt*("루키우스 안나이우스 세네카의 현존하는 작품들")이며, 이 명칭은 오늘날까지 세네카 전집을 대표하는 표준 라틴어 제목으로 널리 사용되고 있다.

현대지성 클래식은 세네카의 에세이 전체 14편을 수록하면서, 이 전집을 *Lucius Annaei Senecae Opera*("루키우스 안나이우스 세네카 전집")라는 명칭으로 소개한다. 각 권의 한글판 제목은 해당 권에서 가장 대표적이면서도 오늘의 독자에게 깊은 울림을 주는 에세이의 제목을 따왔으나, 전체 구성은 에세이 전체를 주제별 흐름에 따라 새롭게 분류한 것이므로, 원서명은 1권과 2권 모두 동일하게 유지한다.

기원전

106년　키케로 출생

100년　가이우스 율리우스 카이사르 출생

44년　가이우스 율리우스 카이사르 암살

43년　키케로 암살

31년　악티움 해전에서 옥타비아누스가 안토니우스를 격파

27년　옥타비아누스, 원로원으로부터 아우구스투스 칭호를 받음

　　　　로마 제국의 실질적 시작

4년　세네카, 히스파니아의 코르도바에서 출생

기원후

5년　세네카, 로마에서 수사학과 철학 교육을 받기 시작

14년　제1대 황제 아우구스투스 서거. 제2대 황제 티베리우스 즉위

21년　세네카, 이집트 총독이던 외숙부 집에서 요양

31년　세네카, 로마 귀환

37년　제2대 황제 티베리우스 서거. 제3대 황제 칼리굴라 즉위

　　　　세네카, 재무관 선출

40년　『마르키아에게 보내는 위로』 저술

41년　제3대 황제 칼리굴라 암살.

　　　　제4대 황제 클라우디우스 즉위.

　　　　『분노에 대하여』 저술

　　　　세네카, 율리아 리빌라와의 간통 혐의로 코르시카섬 유배

42년　　『어머니 헬비아에게 보내는 위로』 저술

44년　　『폴리비우스에게 보내는 위로』 저술

49년　　세네카, 황비 아그리피나의 청원으로 로마 귀환

　　　　네로의 스승으로 임명

　　　　『인생의 짧음에 대하여』 저술

54년　　제4대 황제 클라우디우스 서거

　　　　제5대 황제 네로 즉위

　　　　세네카, 근위대장 부루스와 함께 네로의 고문 취임

55년　　네로, 이복동생 브리타니쿠스 독살

　　　　『현자의 항상심에 대하여』 저술

56년　　『관용에 대하여』 저술

58년　　『행복한 삶에 대하여』 저술

59년　　네로, 모친 아그리피나 살해

62년　　근위대장 부루스 사망

　　　　세네카, 정계 은퇴

　　　　『은둔에 대하여』 저술

63년　　『평정심에 대하여』 저술

64년　　『섭리에 대하여』 저술

65년　　피소의 네로 암살 음모 발각

　　　　세네카의 조카 마르쿠스 처형

　　　　세네카, 네로의 자결 명령으로 생을 마감

68년　　네로, 반란으로 축출되어 로마 근교에서 자결

69년　　갈바를 시작으로 한 해 동안 네 황제가 교체되는 혼란기 도래

옮긴이 **박문재**

서울대학교 법과대학 법학과와 장로회신학대학교 신학대학원 및 동 대학원을 졸업했고, 독일 보쿰 대학교에서 수학했다. 고전어 연구 기관인 비블리카 아카데미아에서 고대 그리스어와 라틴어 원전들을 공부했다. 대학 시절에는 역사와 철학을 두루 공부했으며, 전문 번역가로서 30년 이상 인문학과 신학 도서를 번역해왔다.

역서로는 『프로테스탄트 윤리와 자본주의 정신』(막스 베버), 『자유론』(존 스튜어트 밀), 『실낙원』(존 밀턴) 등이 있고, 라틴어 원전을 번역한 책으로는 『고백록』(아우구스티누스), 『철학의 위안』(보에티우스), 『유토피아』(토머스 모어) 등이 있다. 그리스어 원전에서 옮긴 아우렐리우스의 『명상록』과 『소크라테스의 변명·크리톤·파이돈·향연』, 『아리스토텔레스 수사학』, 『아리스토텔레스 시학』, 『플라톤 국가』, 『이솝우화 전집』 등은 매끄러운 번역으로 독자들의 호평을 받고 있다.

현대지성 클래식 67

화에 대하여

1판 1쇄 발행 2025년 8월 1일
1판 2쇄 발행 2025년 9월 5일

지은이 루키우스 안나이우스 세네카
옮긴이 박문재
발행인 박명곤   **CEO** 박지성   **CFO** 김영은
기획편집1팀 채대광, 백환희, 이상지, 김진호
기획편집2팀 박일귀, 이은빈, 강민형, 박고은
기획편집3팀 이승미, 김윤아, 이지은
디자인팀 구경표, 유채민, 윤신혜, 권지혜
마케팅팀 임우열, 김은지, 전상미, 이호, 최고은

펴낸곳 (주)현대지성
출판등록 제406-2014-000124호
전화 070-7791-2136 **팩스** 0303-3444-2136
주소 서울시 강서구 마곡중앙6로 40, 장흥빌딩 10층
홈페이지 www.hdjisung.com **이메일** support@hdjisung.com
제작처 영신사

ⓒ 현대지성 2025

"Curious and Creative people make Inspiring Contents"
현대지성은 여러분의 의견 하나하나를 소중히 받고 있습니다.
원고 투고, 오탈자 제보, 제휴 제안은 support@hdjisung.com으로 보내 주세요.

이 책을 만든 사람들
편집 채대광   **디자인** 윤신혜

현대지성 클래식 살펴보기